金融市场创新系列丛书

天津金融资产交易所 TIANJIN FINANCIAL ASSETS EXCHANGE　天津金融资产登记结算公司

金融市场法律实务新解

顾　雷　丁化美　著

中国法制出版社
CHINA LEGAL PUBLISHING HOUSE

丛书序

中国金融市场正在经历一场百年未有之大变局。国际国内形势深刻变化，经济结构深度调整……金融改革迎风而动，金融市场激荡前行。

天津金融资产交易所作为我国首家金融资产交易所，十年来致力于推动“直接融资 信用天下”愿景的实现，不断推进我国多层次金融市场体系的建设，并用2.5万亿元的直接融资额实实在在为实体经济输送金融血液。

天津金融资产登记结算公司作为我国金融市场重要的基础设施，多年来坚持走独立、公允、安全及合规性的路子，致力于让交易环境更简单，目前已经成为我国金融市场建设与发展的核心机构。

作为中国金融市场建设重要的参与者、建设者，我们同时也是思虑者、建言者。我们希望将十年之行思付诸笔端，触达金融之基础，例如“信用”与“风险”；前瞻金融之发展，例如“科技”与“空间”……

慎思行远，知行合一。

期待以此丛书面世之机，能与读者产生共鸣，共赴中国金融市场改革征程！

序　一

当今金融市场中，互联网金融异军突起，发展迅猛。由于金融市场本身并没有发育成熟，依然存在不少制度性缺陷，所以，用法律为新生不久的互联网金融保驾护航就显得尤为重要。

从长远发展看，金融行业应该借助法律武器，才能更好地发展金融业务。如果金融行业依然我行我素，缺乏法制观念，片面强调颠覆和创新，一味拒绝融合法理元素，最终可能与时代发展渐行渐远，其结局是不言而喻的。当然，法律并不能禁锢金融市场的创新，消除社会经济活动的欲望，更不能改变市场趋利避害的特性，其只是要求人们依据合法途径与方式追求和实现自己的利益。所以，未来既不会是“程序员定义未来”的金融天下，也不可能是“合议庭决定一切”的铁板一块，而是二者既有冲突，又有融合，互利共赢，共同推动我国金融市场有序、健康发展。

让我感到欣慰的是，今天的金融市场中，金融和法律相互抵销现象越来越少。公开的服务公约、公平的交易行为、公正的有序合作已逐渐占据金融市场主导位置。互联网金融开放了越来越多的社交平台，让越来越多的传统金融用户逐渐对接，获取更为方便、可得和及时的金融服务。而法律也越来越多地为金融市场提供了专业服务，增加了越来越多的法理元素，让更多的互联网金融快乐地融入规范的法律怀抱，并获得了最大边际效应，在市场开发和产品融合中愉快地共同前行。

雨果曾经说过：“科学到了最后阶段，便遇上了法律。”今天，金融到了关键阶段，只能创新，但创新需要法律规范。除此之外，别无他法。这才是真正的财富——有想法就要探索，有探索就会发展，有发展才有未来。这符合新时代的金融法律潮流，让互联网金融的流量滋润投资者的心田，让金融的架构体系赢得市场用户的美好口碑，享受大众营销的商业乐趣。两者之间的平衡点，就是金融与法律的对话。

由天津金融资产交易所总裁丁化美及首席经济学家顾雷联袂撰写的《金融市场法律实务新解》由中国法制出版社付梓印刷了。该书凝聚了两位作者潜心研究的心血。

值得一提的是，我的学生顾雷博士利用业余时间，刻苦钻研互联网金融前沿问题。本书从法律角度分析互联网金融市场中各种新问题，为互联网金融提出了不少有价值的监管建议，再现了金融与法律不同视野下的研究思路，揭示了规行矩步和开拓创新碰撞的激情火花，既是互联网时代的记忆整合，也是法律社会的理念碰撞，映现出求索、开拓的学者风格，汇聚了顾雷博士从事金融行业以来的思索与心得，更是来自于金融市场一片的真实体验和感悟。

我衷心地希望丁化美和顾雷再接再厉，继续研究传统金融和互联网金融理论，将理论研究与金融交易实践结合起来，革故鼎新。当然，我更希望互联网金融的从业者善于学习，勤于思考，敢于实践，不断创新，成为中国金融进步的推动者，而不是破坏者。

是为序。

中国人民大学副校长：吴晓求

2019 年 7 月 30 日于中国人民大学金融与证券研究所

序　二

近年来，互联网金融发展势头迅猛，与传统金融之间产生了越来越多的竞争，双方一直在博弈，似乎都在试图证明自己的存在与主导地位。于是，这种相互竞争好像演变成一种生存方式，即彼此相互渗透的商业模式。一方面，传统银行、保险、证券、基金和信托机构的运行制度和互联网金融机构运行制度有着巨大差异。由此，人们产生了对互联网金融机构的很多疑虑。例如，互联网金融机构可以完全省去开设营业网点的资金投入和运营成本，资金供求双方可以通过网络平台自行完成信息甄别、匹配、定价和交易，遵循“无传统中介、无交易成本、无垄断利润”的经营理念，但对于传统金融来说，至少目前是难以做到的，虽然有些大型银行一直致力于普惠金融的推广，但传统金融很难将互联网金融游戏规则全部拿来使用，加之双方在社会责任方面的差异，传统金融行业不愿意互联网金融和它共同承担金融主宰者的角色。

另一方面，互联网金融本身在很多方面也没有完全发育成熟。例如，互联网金融风险防控体系、互联网安全规则、互联网金融法律体系、金融市场规则方面，至今尚未健全，有的甚至还是空白。自 2015 年至今，互联网金融领域违规犯罪，从“e 租宝”到“上海中晋”，从 2018 年 P2P 集体爆雷到“7 · 14 高炮”屡禁不绝。从某种意义上看，这不仅是由于两者运行规则、风险识别存在冲突，更是由于互联网金融自身存在法律漏洞和制度缺陷。所以，那种认为互联网金融可以取代传统金融的观点是说不通的，至少也是过于超前的。

从长远发展战略角度来看，传统金融应该借助电商平台将银行服务前移，增强企业、个人客户的粘性，同时渗透消费和销售端，通过掌握和了解个人、企业的采购、销售、消费等交易数据，结合银行已经积累的金融数据，更好地发展传统金融业务。如果传统金融依然我行我素，缺乏开拓和创新精神，一味拒绝融合互联网金融合理元素，最后只能是与时代发展渐行渐远，其结局是不言而喻的。

与此同时，随着行业监管细则的不断出台和完善，互联网基金销售、互联网保险、互联网信托和互联网消费金融等互联网金融业务规则也将逐渐融合到传统金融模式，互联网业务运作日趋规范。所以，未来既不会是“程序员改变世界，工程师定义未来”，也不会是“银行家主宰行业，投资人决定一切”。两者在竞争中发展，既有冲突，又有融合，互利共赢，共同推动我国金融事业的有序、健康发展。

今天，金融到了承上启下阶段，需要创新，但必须依靠法律不断地规范市场，这样的行为才有未来。除此之外，创新和规范之间没有其他的平衡点。我想，这应该就是金融与法律的对话吧。

积沙成塔，集腋成裘，集小流终成江海。这本书，对近年来国内外金融界尤其是互联网行业、金融资产交易行业进行了深入研究，对国内互联网金融监管政策和法律也进行了深入解读，不仅汇聚了顾雷博士从事金融行业以来的思索与心得，是来自金融市场一线的真实体验和感悟，更折射出互联网时代求索、开拓的学者风采。

顾雷博士刻苦钻研金融前沿问题，尤其是互联网金融理论，笔耕不辍，汇编成册，一共收录了70多篇文章，再现了我们传统金融和互联网金融的不同发展路径，揭示了规行矩步和开拓创新的碰撞火花，诠释了现代金融与法律合规的激情对话。借此《金融市场法律实务新解》出版发行之际，我希望能对金融从业者创造精神起到推动作用，不再萧规曹随，安于现状，探索出更有效的新途径，在金融和法律对话中，传递出互联网时代的声音。

是为序。

中国普惠金融研究院院长：贝多广

2019年7月31日于北京文化大厦

CONTENTS 目录

前言……001

上篇 金融资产交易

1. 金融资产交易所

金交所：互联网金融风险的下一个高发地……003

金交所：2017 年三大问题亟待解决……006

从清理整顿回头看金交所的金融创新标准……009

现实差距、技术创新与业绩赶超
——城镇化进程带给金融资产管理公司机会与挑战……012

机制创新才是互金行业发展的最强动力……027

二元化金融市场和结构化交易……030

信用的呐喊……037

征信，记录你的信用行为……040

用金融和科技创新致敬改革开放 40 年……042

2.PPP资产交易和管理

首家交易平台，PPP项目将迎来春天
——写在首家政府和社会资本资产交易管理平台正式启动之际…………046
加强立法与细化规则才是推广PPP项目当务之急…………049
PPP项目不能违规走偏，更不能停滞不前（上篇）
——解读财政部“92号文”及市场反馈分析…………055
PPP项目不能违规走偏，更不能停滞不前（下篇）
——解读国资委“192号文”及市场反馈分析…………058
人工智能带给金融资产交易市场的利弊分析…………060
社会资本介入PPP的模式、路径和风险防控（上篇）
——以“鸟巢”国家体育场PPP项目为例…………063
社会资本介入PPP的模式、路径和风险防控（下篇）
——以杭州浙金网“PPP+P2G”模式为例…………071
PPP行稳致远须从提升项目可融资性破题…………078
盘活存量　激活增量…………081

3.不良资产处置

设立全国统一不良资产处置交易平台的思考…………084
不良资产市场发展机遇背后需要警惕潜在风险…………090

中篇　互联网金融篇

1.互联网金融发展

对互联网金融发展指导意见的理解与分析
——兼论金融资产交易所机遇和挑战…………095
对互联网金融业务模式及风险的认识和理解…………105

互联网金融发展不能再钻制度漏洞 …………………………………………112
互联网是我国社会生活的发展趋势 …………………………………………114
互联网金融聚焦社会低收入人群的民生需求……………………………117
共享原则和平等精神是互联网的本质特征 ………………………………120

2. 互联网金融风险防范

从“机场逮捕”再看互联网金融风险 ………………………………………123
从非法集资犯罪看中国金融风险何在 ……………………………………126
互联网金融不再是世外桃源 …………………………………………………129
清除“抽屉协议”灰尘还透明市场环境
——从深铁集团自曝的所谓“抽屉协议”谈起 ……………………………131
从互联网金融专项整治看网络风险的有效应对 …………………………133
互联网金融专项整治后的成效、问题和展望………………………………136
警惕因互联网技术革新带来垄断现象 ……………………………………142
对现金贷的监管“空洞”，只能补漏，不可绝杀……………………………145
从 2018 年资管新规谈穿透式监管的弊端 …………………………………148
2018 年互联网金融网络安全五大新看点 …………………………………152
再论互联网金融大数据安全的新看点 ……………………………………155
传统金融与互联网金融的冲突与融合 ……………………………………161

下篇 传统金融篇

1. 传统金融改革与发展

链接金融市场方能激活区域经济……………………………………………167
打通金融支持制造业价值创造新渠道 ……………………………………171

企业破产就是企业金融业务的失败，破产重组就是企业金融业务的重建……175

谈供应链金融新实践……178

我国债券发行历史经验、市场现状与发展前景……183

操纵证券交易价格行为样态比较与案例评析……197

房地产投资信托的市场前景与方案设计……220

金融衍生与创新产品的相互促进与策略选择
——以金融资产管理公司金融衍生品种为例……231

我国台湾地区中小企业融资现状与经验启示……247

我国存款保险制度的现实评估、策略选择与立法前景……260

我国地方政府融资平台研究综述……271

我国股票市场资金供求关系动态分析与研判……285

量化宽松调整后对房地产与流动性影响的简要分析……307

并购与重组：如何识别风险与提高公司存量资源的配置效率？
——从金融资产管理公司并购重组模式和案例谈起……316

上市公司应收账款现状研究与前景分析……337

中小企业融资选择与金融资产管理公司介入模式……349

我国经济领域热点问题的解读与分析……356

今天急砸百万，明天稳赚千万？
——我国 2016 年房价上涨以后局势分析……361

冷静、客观地看待深港通的长期利好……363

基本养老保险基金入市，真的可以拯救股市吗？……366

2. 传统金融风险防范

从光大证券“8·16 乌龙指事件”再谈内幕交易……368

对国内巨额债务别掉以轻心
——押宝“债转股”是一项危险的游戏 …… 381
中国资本市场监管究竟应“管”什么？ …… 384
重罚“多伦股份”：修改大股东减持无须“鲜言” …… 387
银行争发“同业存单”，谁来支持实体经济？ …… 390
警惕债转股成为僵尸国企负债循环的“复活”游戏 …… 393
侵害公民个人信息行为入刑 …… 395
他山之石，可以攻玉
——谈当前去金融杠杆与经济发展问题 …… 398
股市与债市，可以共患难不能同富贵 …… 402

后记 …… 404

前　言

近年来，引发金融风险的原因十分复杂，其中，有银行自身经营上的因素，也有货币政策环境的问题，还有监管制度和法律法规本身不完善原因。当然，化解金融风险一直是重中之重。党的十九大报告也明确提出今后我国金融市场工作总基调：深化金融体制改革，健全促进宏观经济稳定、支持实体经济发展的现代金融体系，加快发展多层次资本市场，逐渐完善金融监管，推进金融创新，提高银行、证券、保险等行业竞争力，维护金融市场稳定。为此，必须处理好金融创新和风险防范的关系，从过往的惨痛教训中总结宝贵经验。

但是，加强监管并非“一刀切”，不仅要为金融去杠杆创造良好货币环境，还要逐步扭转市场预期，为有序化解金融风险创造条件。在这个过程中，强化监管必然需要统筹兼顾。一是有序推进，既要针对重点风险进行处置和化解，也要考虑机构和市场的承受能力；二是疏堵结合，既要清理一些不合理的业务模式，也要为银行适应利率市场化和客户需求变化而进行的合理创新保留足够的空间，尤其是对互联网金融市场中的创新业务，要在“堵后门”的同时“开正门”，让“影子银行”重新走上业务创新的正轨；三是标本兼治，既要强化已有政策的执行力度，也要根据现实情况不断完善和优化监管制度，有效降低监管成本，引导银行转变经营理念、健全风险治理机制。

令人欣慰的是，国务院金融稳定发展委员会正式在北京成立。金融稳定发展委员会坚持稳中求进，坚持底线思维，积极推进结构性去杠杆有序推进，高风险金融业务收缩，一些机构野蛮扩张行为有所收敛，金融乱象得到初步遏制，市场约束机制逐步增强，市场主体心理预期出现积极变化，审慎经营理念得到强化，金融市场运行整体稳中向好。

对此，我们必须致力于确保实现金融创新与稳定发展的双重效应，牢牢把握市场规范这个核心任务，着力提升金融的“承载力”，广聚“金融之水”服务天津、面向全国，增强金融机构活力、创新力，增强金融市场抵御风险能力，不仅要打造品牌响、服务强的金融“航空母舰”，更要提升“金融堤坝”护卫力，坚守金融创新发展、防范金融风险、维护金融安全的市场发展路径，遏制非法集资蔓延势头，进一步推动完成互联网金融风险整治，打赢防控金融风险攻坚战。

2019年中央经济工作会议再次强调“增强金融服务实体经济的能力”，就是利用大数据、人工智能等现代科技启动互联网金融，让金融服务深入中国偏远地区，为民造福，更是互联网金融的大众化、普惠化、民主化最全面的体现，有效推动社会金融资产导流，提高经济增长效率，总体上增加社会财富，使社会资源配置效率保持在合理高位上，重新配置社会责任。

当然，真正实现金融有效服务实体经济并不简单，不仅需要技术创新，还需要建立相应的法律制度，还要妥善处理好传统金融与互联网金融的关系。否则，社会效果适得其反。前些年国内盛行的P2P、现金贷等都可以佐证。因为昙花一现的金融创新绝不是市场繁荣，风靡一时的市场改革也不能帮助实现共同富裕。

我国互联网金融发展趋势表明，传统金融行业与互联网金融存在融合的一面，互联网金融并没有形成一个独立业态，没有对传统金融体系造成颠覆性的冲击。互联网金融与商业银行之间也并非颠覆关系，而是互补与合作的关系。例如，传统金融借助电商平台将银行服务前移，渗透到消费和销售端，通过掌握和了解个人、企业的采购、销售、消费等交易数据，结合银行已经积累的金融数据，更好地发展传统金融业务。互联网金融也不是对传统金融的实质颠覆，没有脱离金融的本质，只是理念和思维的一次创新。互联网金融突破了传统银行服务存在的信息不对称、交易成本高以及民间小额理财需求难以满足等问题，利用互联网金融业态独有的大数据、便利化特点，依靠互联网技术来完善金融服务及其渠道，将互联网基金销售、互联网保险、互联网信托和互联网消费金融融合到传统金融中去，为金融服务提供多元化的服务渠道，而不是一种“颠覆性”的强制改变。从国际经验看，在欧美等成熟市场，互联网金融也只是传统金融的补充，也没有完全取代传统金融。

总之，就是让传统银行业积极主动拥抱互联网，革新技术并革新理念，加快互联网金融业务的布局和转型，使其成为推动互联网金融深入发展的核心角色，让市场机制对金融资源配置起决定作用，构建起微观主体有活力、宏观调控有度的市场经济体制。

当然，这需要理论上的探讨，需要对互联网金融市场发生的问题进行总结，探索出当今金融市场各种新情况、新问题的应对措施和建议，在金融市场中不断反思，在反思中深入实践，撞击出远见卓识的思想火花。特别是对金融市场中一些重大的理论问题进行探讨，有利于金融市场全体参与者从中吸取经验教训，提高金融机构理论视野，提高广大金融从业者理论水准，有利于金融市场立法者和监管者总结过去，展望未来，注重制度建设，为更好地完善监管和立法提供鲜活的金融市场元素。

上篇

金融资产交易

1. 金融资产交易所

金交所：互联网金融风险的下一个高发地

文 / 顾雷

早在2011年和2012年，国务院办公厅专门发布了《国务院关于清理整顿各类交易场所切实防范金融风险的决定》（国发〔2011〕38号）、《国务院办公厅关于清理整顿各类交易场所的实施意见》（国办发〔2012〕37号），开始整顿金融资产交易所（以下简称金交所）的不规范行为。但从目前情况看，治理效果并不显著，各地金交所依然存在自设投资门槛、监管规则不统一、投资者适当性管理空缺等问题，部分业务还与地方融资平台、不良资产处置等业务存在交叉，金交所正在逐渐积聚以下几个方面的金融风险。如果再不彻底清理整顿，互联网金融的下一个风险爆发点很可能就是金交所。

首先，从业务创新模式分析，金交所存在创新产品带来的巨大的系统风险。

目前，通过对国内40家金交所比较发现，大多数金交所产品募集渠道基本上依赖于互联网线上募集、手机APP，并支持会员（投资者）的线上绑卡、支付和清算。因此，在收益权转让、定向委托投资等服务形态上，金交所的线上平台与互联网金融平台已无实质性差别，开展的所谓“理财业务”与互联网金融形态较为相似，金交所自身也成为理财产品的发起主体，直接向融资方提供定向融资计划、理财计划等“类证券化”融资服务，还参与地方债融资、房地产融资等专项业务。例如，天津金融资产交易所推出的“房融宝”

（房屋直接融资收益权收益分享合约产品），其实质就是通过“买入返售不动产类资产＋相关方担保”进行融资，产品年化收益率高达8%—9.50%。类似的“创新产品”在其他金交所也有存在，成为当今金交所国内非标债权融资的另一“赚钱通衢”。

金交所这种所谓“创新模式”的正当性值得思考，除增加他项权证的抵押，并通过收益分享、回购协议的方式实现回款外，其交易结构的实质依然是委托定向投资、定向融资、收益权分享或收益权转让等模式，不仅模糊了其与互联网融资机构的界限，而且这些产品直接投向了房地产资产，变成了房地产抵押融资类理财产品，带来了较大的短期带息负债的风险，属于清理整顿交易所不规范之列。

更有甚者，由于现行法律对“收益权”及其基础资产没有明确的界定，对这类标的的拆分、转让不能有效追偿和维权，《国务院关于清理整顿各类交易场所切实防范金融风险的决定》就明确禁止“不得将任何权益拆分为均等份额公开发行”，但仍有不少金交所公然违反该决定。以“金融创新”名义将拆分权益类资产销售，开展类资产证券化业务，且销售对象人数突破了200人限制，直接导致拆分转让受让主体扩大到非合格的投资人群。在出现法律纠纷时，由于并未发生持有人实质性变更，大多数受让人无法直接进行追索。这等于是向不合格投资者募集、销售、转让私募产品或者私募产品收益权，实际上就是利用私募基金低门槛的准入资格去套利公募基金高标准的融资活动，已经涉嫌非法公开发行业务。曾一度引起市场关注的“招财宝”与部分金交所联合运作下的私募债违约纠纷就是最好的证明。

其次，从投资者适当性分析，金交所内控管理手段难以奏效。

国务院整顿金融市场秩序之后，原先P2P、众筹等互联网金融平台的大量客户纷纷转移落户金交所。而金交所对投奔而来的会员（投资者）虽然设置了准入标准，但是，会员资格门槛很低，内部风控徒有虚名。实际上，金交所对投资者适当性的认定标准，是由金交所自行决定的，既没有严格的法律界限和政策依据，也没有监管机构的认定许可，无法有效杜绝滥竽充数带来的金融风险。例如，有的金融资产交易所需要注册会员“入会”，才能认购其定向融资计划、金e淘等产品，但并不需要满足任何“注册开户条件”；还有的金交所通过互联网在面向C端的理财业务时，虽然规定必须引入第三方的强担保措施，但实践中大多以信用担保替代，担保形同虚设，产品兑付风险急剧放大。

再次，从业务监管层面分析，对金交所的监管存在代位失当和法律制度疏漏。

目前，我国对金交所的监管遵循“谁批谁管”和“归属地管理”原则，地方金融局对金交所实行全面代管。但问题是，金交所开展的类资产证券化、股权转让、资金募集、收益权转让、信息撮合、资产投资回购和定向融资计划，表现了较强的专业性，这些业务基本上都是围绕证券法、信托法和保险法等开展的。只有“三会”（银监会、保监会、证监会）才了解这些业务实质，懂得如何监管。地方金融局不仅不属于“三会”管辖，而且对这些业务不甚了解，长期以来也没有制定专门的监管法律制度，监管手段、监管效率和监管制度存在重大疏漏。于是，金交所无形之中成为游离在“一行三会”监管体系以外的一种特殊代管存在，监管不过就是“走走场，过过账”，并无真正监管处罚能力。

最后，从员工激励机制方面分析，金交所业绩推进方式并不利于防范风险的发生。

在40多家金交所中，大多数金交所按照产品销售规模来对员工提成奖励。这种赚取风险利差的激励机制，可能会使业务人员轻视投资风险提示，甘冒道德风险来“完成任务”以获取自己“应得”的奖金。至此，金交所不仅远离了其作为一个交易平台的初衷，更异化为一种类似担保公司的信用中介，蜕变成利益当事人，不再是一个单纯的互联网金融产品交易的中介场所。

2017年1月16日写于文化大厦

金交所：2017年三大问题亟待解决

文/顾雷　张璐

目前，金融资产交易所（以下简称金交所）业务跨度大，线上、线下属性重叠。从其产品构架上看，其业务除传统的泛资产管理、挂牌登记、托管外，还有保险、私募、理财、P2P等业务；再从商业模式上看，从最早的B2B发展至B2C、B2F甚至C2B等业务。这些不同类别的业务均对应不同的监管主体，因此地方金融局捉襟见肘，很难有效统一监管。而依靠“一行三会”，也存在重大问题，多头监管，难以整合，扯皮推诿不断发生，导致监管效果每况愈下。目前，金交所似乎游离在一个充满危险的灰色地带，成为互联网金融风险下一个高发地。要彻底改变这种状况，目前可以考虑先行先试以下三大步骤。

首先，使用新的金交所网络支付清算平台，建立新的金交所监管模式。

金交所现在的第三方支付凭借着“一键式”的便捷操作，多数第三方支付机构都是直接对接银行，绕过了独立的清算机构，始终缺少一个统一的“游戏规则”，存在一定风险漏洞。但是，类似的风险并未引起金交所高度警醒，依然有不少金交所与互联网金融平台深度合作，销售互联网金融创新产品。“招财宝违约事件”就是最好的证明。

中国人民银行计划在2017年建立“非银行支付机构网络支付清算平台”，对第三方支付实现统一监管。由于该平台在功能上与银联十分相似，也被业内俗称为“网联”。我们认为，新设的“网联”机构，完全可以覆盖金交所平台业务。其一端连接持有互联网支付牌照的支付机构，另一端对接银行系统，有利于看清第三方支付机构的资金流向，防止赌博、贩毒、洗钱等犯罪行为的发生，彻底消除目前的风险隐患，还可降低金交所拓展与维护银行渠道的成本，直接对全国 40 家金交所实行统一监督和管理。

其次，结合非标资产风险特征、互金属性，严格划分金交所业务红线。

第一，确保交易中介机构杜绝信用担保。目前，网络贷款平台（P2P/众筹）与金交所合作，大多涉及债务转让、收益权转让、定向融资计划等业务类型。因此，我们建议金交所通过互联网在面向 B 端的理财业务时，特别是认购其定向融资计划、金 e 淘等产品，金交所必须引入第三方的强担保措施，拒绝信用担保，最大化保护投资者利益。

第二，避免向 C 端客户销售理财产品。上海陆家嘴国际金融资产交易所、天津金融资产交易所、重庆金融资产交易所以及新近成立的几家互联网金融资产交易中心均已涉足 C 端理财业务，将一系列次级贷、次级债卖给普通民众。与机构投资者（B 端）相比，由于个体投资者（C 端）缺乏对风险的识别力和估值能力，资金实力和抗风险能力都较差。如果金交所将不良资产等高风险债权打包为理财产品售予个体投资者，或者拆分转让收益权变相突破 200 人的界限，在风险披露制度还不完善的情况下，一旦发生兑付风险，扩大范围以后的个人投资者就相当于股市中的“小散户”，将面临更大的金融风险而无法自救，可能引发群体恐慌性抛售，进而引发社会动乱。

第三，不触碰标准化金融产品和业务。这也是区分金交所与上海证券交易所、深圳证券交易所的主要界限，如果突破了这个界限，就等于金交所也可以交易标准化的股票、债券或者基金品种。这混淆了与证券交易的界限，有非法集资嫌疑，扰乱了金融秩序，后果将是灾难性的。

最后，对接中央登记系统，增加金交所的交易透明度。

银行业信贷资产登记流转中心有限公司官网显示，目前只有天津金融资产交易所、安徽金融资产交易所、上海联合产权交易所、深圳前海金融资产交易所等 7 家金交所与银行业信贷资产登记流转中心有限公司签署了战略合作协议，还有 30 多家地方金交所没有签署协议。这些金交所自己设立一套登记结算系统，造成各地市场割裂、交易透明度低、登记效率低和重复计算等问题。为此，必须通过系统对接和登记再确权，把地方交易系统与中央登记系统对接起来，通过单一资产账户在不同地方交易平台开展流转交易，实现资产、债权和股权类交易集中登记与账户统一管理，提高地方金交所产品及交易的信息透明度和标准化程度，增强地方金交所平台的公信力。

归根结底，目前全国居然有40多家地方金交所，这本身就是存在很大问题的。既然是电子化的交易系统，没有空间障碍，没有地域差别，为何还需要那么多金交所和交易中心呢？既然是电脑联网系统，没有交易品种区别，没有流转程序不同，全国有一两家金交所直接联网就可以了，何必成立如此多的地方金融资产交易所呢？

有时，我们真的分辨不清某个平台究竟是互联网金融平台还是金交所交易平台了。

2017年2月7日写于文化大厦

从清理整顿回头看金交所的金融创新标准

文 / 顾雷

2010 年各地成立的金融资产交易所或金融资产交易中心（以下统称金交所）是我国金融需求与创新结合而快速产生的机构。随着近年来金交所的快速发展，其业务范围不断扩宽。金交所创新了不少金融产品，也创造了很多交易方式，交易结构日趋复杂。目前，有些金交所喜欢刻意“创造”金融产品，认为只有彻底改变过去的行业规则才能生存下去。这似乎是金融资产交易行业的一个“共识”了，“颠覆”传统金融规则好像成了金交所一种业务常态。

果真如此吗？金交所的创新与发展的关系到底应该怎样呢？

我们认为，金交所的创新一定是专业化的创新，是专业机构里的专业人员从事的专业事情。如果不是金融专业人员，必然误读“金融创新”的真实含义，逐渐演变成随性的“瞎玩”行业规矩，最后演化为随意“编造”金融规则。

如果说，金交所可以创新金融，跨界互联网，那一定是从金融领域到技术层面，绝不是从技术领域到金融层面。因为，金交所业务创新必须遵循金融行业规律，互联网金融创新必须尊重金融法律法规。红线业务坚决不能触碰，这不仅是对个体投资者的尊重，也是对国家法律制度的尊重。

金交所的创新是专业化的创新，绝不会是业余机构的生造。不应把侥幸的规避政策当成一种创新，不应把偶尔的违法违规当成一种创新，更不应把金融发展历史反复证明错误的东西改头换面再作为一种创新业务推出。

那么，对于金交所来说，什么才算是“反复证明错误的东西”呢？

地方金交所大都热衷于融资业务，其中，不少地方交易场所既未获得联席会议的验收或备案，也不符合《国务院关于清理整顿各类交易场所切实防范金融风险的决定》（国发〔2011〕38号）及《国务院办公厅关于清理整顿各类交易场所的实施意见》（国办发〔2012〕37号）规定。这种打擦边球业务的合规性依然存疑。例如，交易场所将拆分权益类资产销售，且销售对象人数变相突破200人限制，并采取集中交易方式进行交易，将权益按照标准化交易单位持续挂牌交易，开展类资产证券化业务，设立从事保险、信贷、黄金等金融产品交易提供场所。

以上这些都是反复证明错误的业务。我们不应该忘记2015年的“e租宝”“泛亚”“上海晋中”以及蚂蚁金服“招财宝”与部分金交所联合运作的私募债违约纠纷事件。这些事件严重损害了投资者利益，败坏了互联网金融声誉，给社会稳定带来了极大危害。

交易产品、流程设计无标准规范不是创新，缺乏有效风控和风险补偿机制更不是创新。金交所必须坚持从事对互联网发展有贡献的业务，绝对不研制对投资者不负责任的产品，杜绝通过虚构或夸大平台实力、融资项目信息和回报等方法进行虚假宣传，更不能在交易平台上欺诈发行股票等金融产品。

目前，部际联席会议有关成员正积极指导省级人民政府主管部门将“回头看”工作各项整治措施和政策要求落实到位，将继续开展监管套利、空转套利、关联套利的“三套利”专项治理。从对全国金交所的清理整顿，我们可以清楚地看到金交所创新必须符合的“三大标准”。

第一大标准，使用新的金交所网络支付清算平台，建立新的金交所监管模式。

地方股权交易中心的第三方支付多是凭借着“一键式”的便捷操作直接对接银行，绕过了独立的清算机构，始终缺少一个统一的“游戏规则”，存在一定风险漏洞。但是，类似的风险并未引起金交所高度警醒，依然有不少金交所与互联网金融平台深度合作，销售互联网金融创新产品。“招财宝违约事件”就是最好的证明。

第二大标准，结合非标资产风险特征、互金属性，严格划分金交所业务红线。

确保交易中介机构杜绝信用担保。目前，网络贷款平台（P2P/众筹）与金交所合作，大多涉及债务转让、收益权转让、定向融资计划等业务类型。因此，金交所通过互联网在面向B端的理财业务时，特别是认购其定向融资计划、金e淘等产品，必须引入第三方的强担保措施，拒绝信用担保，最大化保护投资者利益。

第三大标准，避免向C端客户销售理财产品。

另外，金交所的创新行为不能触碰标准化金融产品和业务。这也是区分金交所与上海证券交易所、深圳证券交易所的最主要界限。目前，有的邮币卡交易场所便存在标准化交易的问题。其把邮票切割成为“等额”份额销售，设立交易操作系统，让投资者投资买卖交易，产生“邮票行情”；个别还设立涨停板制，这就是严重的问题了。业务突破，不等于金交所也可以交易标准化的股票、债券或者基金品种，否则就是混淆了与证券交易的法律界限，有非法集资嫌疑，扰乱了金融秩序，后果将是灾难性的。

总之，金交所的创新必须坚持“两做，两不做”原则，只做平台业务，不做融资业务；只做中介机构，不做放款媒介，目的就是使金交所回到交易中介（平台）的本质，稳步经营，健康发展，这才是我国金交所发展的正道。

2017年2月27日写于水穿石咖啡馆

现实差距、技术创新与业绩赶超

——城镇化进程带给金融资产管理公司机会与挑战

文／顾雷

一、城镇化面临的现状与发展空间

（一）低水平城镇化制约着经济发展

改革开放30多年来，我国的城镇化发展取得了显著成就。城镇化率由1978年的17.9%上升到2012年的51.27%，城镇化的发展阶段由初期阶段快速迈入中期阶段。但从总体上看，我国的城镇化仍处于较低水平，还存在与产业发展不协调、与资源环境承载能力不匹配、地区发展不平衡等问题。

从经济结构上看，我国工业发展水平已进入中期阶段，与西方发达国家相比，我国城镇化水平为50.5%，低于世界平均水平的51.99%，落后于发达国家70%以上的城镇化水平，城镇化水平相对落后。

表1　2011年世界主要国家城镇化率及工业化水平

（%）

国家／地区	中国	日本	法国	韩国	印度	英国	德国
城镇化率	50.5	91.14	85.74	83.2	31.3	79.64	73.94
工业增加值/GDP	47	29	21	39	27	23	29

数据来源：世界银行网站

工业化水平决定社会的供给面，城镇化水平决定社会的需求面。而城镇化水平的相对滞后将制约内需扩大、产业结构调整升级，并在一定程度上制约工业化的步伐。2012年，我国百元GDP产值中工业贡献率为47%，而全球平均百元GDP产值中工业贡献率为26%，我国工业化水平领先于世界平均水平21个百分点，但城镇化水平却大大落后于工业化进程。显然，较低水平的城镇化已经成为制约我国经济发展的突出因素之一。

（二）城镇化发展的巨大空间

1. 城镇化资金渠道的改变

党的十六大以来，我国城镇化人口得到了迅猛增长。2003—2012年，我国城镇人口每年平均增长2096万人。截止到2012年12月30日，城镇人口占总人口的比重达到51.27%，比2003年上升了12.18个百分点，城镇人口为69,079万人，比2003年增加了18,867万人；乡村人口为65,656万人，比2003年减少了12,585万人。

表2　2002—2011年全国城镇人口比重

年　份	城镇人口数（万人）	城镇人口比重（%）	比重比上年提高（%）
2003	50,212	39.09	1.43
2004	52,376	40.53	1.44
2005	54,283	41.76	1.23
2006	56,212	42.99	1.23
2007	58,288	44.34	1.35
2008	60,633	45.89	1.55
2009	62,403	46.99	1.10
2010	64,512	48.34	1.35
2011	66,978	49.95	1.61
2012	69,079	51.27	1.32

资料来源：国家统计局2012年统计数据

与此同时，对城镇化的投资却并没有同比例增加。随着我国逐步向市场经济体制变轨，我国城镇基础设施由主要依靠政府投资向多元化投资转变，国家财政预算内基建投资份额已由1981年的54.28%下降到2012年的4.1%。可见，政府对城镇基础设施的投资已不再占主导地位。城镇基础设施未来已经不太可能主要依靠政府支持，来自银行的贷款、引进外资和企业自筹资金以及金融工具融资的比例日益上升，2012年的企业投资数额与1981年企业投资数额相比将近翻了4番，城镇基础建设的资金来源渠道已经发生了巨大的变化，一味依靠国家财政拨款的时代已经不再。

表3　我国城镇基础设施建设资金来源结构

（%）

年　份	国家预算内投资	国内贷款	利用外资	企业自筹	其他
1981	54.3	20.6	10.1	15.1	_
1986	38.2	18.4	11.0	21.7	_
1990	8.7	19.6	6.3	65.4	_
1995	3.0	20.5	11.2	65.3	_
2000	4.8	25.6	16.2	53.3	10.6
2007	3.9	15.3	3.4	60.6	16.8
2008	4.3	14.5	2.9	64.8	13.5
2009	5.1	15.7	1.8	61.4	16.0
2010	4.7	15.2	1.6	62.6	15.9
2011	4.3	13.4	1.5	66.3	14.6
2012	4.1	10.9	1.1	78.4	5.5

数据来源：历年《中国统计年鉴》

从上表可以看出，国家预算内投资呈大幅下降趋势的同时，近30年来企业自筹资金比例一直在大幅增长。这种资金供求渠道的反相变化给城镇化带来了新的机遇，也给金融资产管理公司提供了巨大的发展空间。

2. 城镇化所需资金的来源初探

根据《中国城市发展报告（2010）》的估算，若使我国的城镇化水平达到

70%左右，所需投入的城市基础设施建设资金约为40万亿—50万亿元。显然，如此巨额的资金投入，仅靠传统的以财政投资为主导的投融资模式已无法满足，更何况近30年国家财政预算一直呈大幅下降趋势。

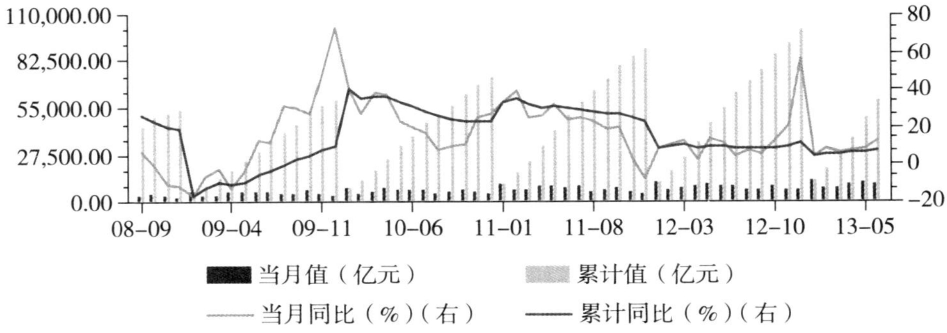

图1　我国城镇基础设施建设资金来源结构

资料来源：Wind资讯

从当今国际社会看，成功的城镇化意味着农民有在国（境）内随处迁移、找到工作、携带家属、购买房屋、接受教育和获得当地的退休福利等各种权利。

而城镇化需要大量的资金支持，如何获得资金的支持?

有效发挥金融体系与金融市场的基本功能也许是一条最现实的路径。金融体系最基本的功能就是促进储蓄有效地转化为投资，通过为要素空间聚集提供金融支持，促进要素在空间的有效集聚，扩大聚集经济效应和辐射能力，实现金融资源有效率的配置，从而有效促进城镇化进程。

金融机构可以成为城镇化的主要资金来源，这些资金通过支持城镇基础设施和公共服务体系建设、产业结构调整、企业生产经营和居民生活等，反过来影响城镇化进程。两者之间存在均衡关系、互动关系，金融机构发挥的效率越大，对城镇化的影响也越大，对城镇化的贡献也就越大。

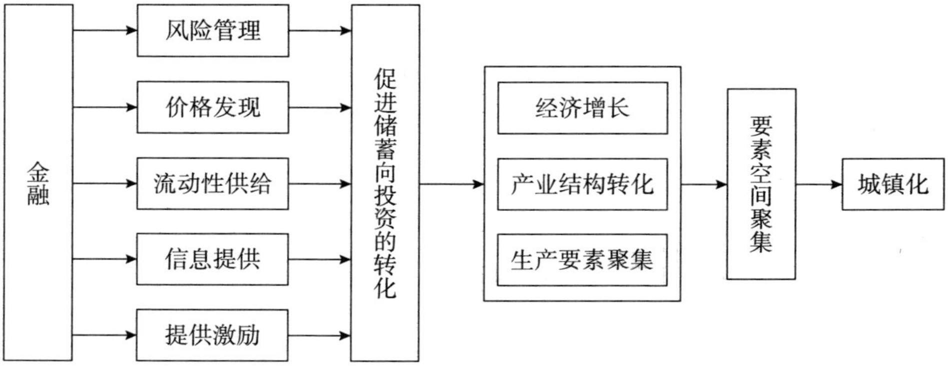

图2　金融与城镇化的关系①

金融资产管理公司以“化解金融风险、提升资产价值、服务经济发展”为使命，更应该密切关注并积极参与城镇化建设，以股改为契机，在房地产贷款、地方融资平台贷款、银信合作产品、非银行金融机构等方面全力支持城镇化发展，并联动信托、担保、房地产等子公司为城镇化建设研发新产品，适应新时期城镇化建设的金融服务新需求，创新业务模式，寻找新的利润增长点，为推进城镇化提供强大动力。

二、国外城镇化之比较与经验借鉴

（一）城镇化之国际比较

1. 城镇化与工业化之比较

根据钱纳里发展模型，城镇化率和国家经济水平、工业化程度存在正相关关系。当人均 GDP 达到 1000 美元以上，制造业增加值占 GDP 比重达到 38%时，城镇化率可达到 65%。当今世界主要发达国家城镇化与工业化之比均超过 65%以上，最高的是日本，已经达到了 90%，我国该比例约为 50%。

① 郑长德:《中国金融中介发展与城镇化关系的实证研究》，载《广东社会科学》2007 年第 2 期。

但是，我国人均 GDP 已超过 5000 美元，而制造业增加值占 GDP 比重也达到 47%。显然，城镇化 50%的占比落后于发达国家的平均水平。这说明，我国在城镇化进程中，还具备巨大的发展空间。

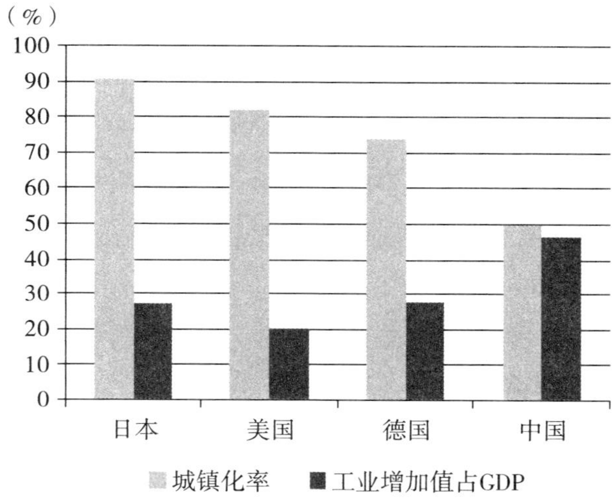

图 3　城镇化与工业化比较

数据来源：世界银行数据库

2. 城镇化率的比较

根据国家统计局 2012 年统计年鉴数据，2007 年我国城镇化率为 44.9%，2008 年为 45.68%，2009 年为 46.59%，2010 年上升至 49.7%，2011 年已经达到 51.27%，2012 年刚刚超过 50%，到 2013 年年底有望达到 52.3%。但如按户籍人口计算仅为 35%左右，仍然低于世界发达国家的城镇化率 80%的平均水平，也滞后于我国经济发展和工业化水平。

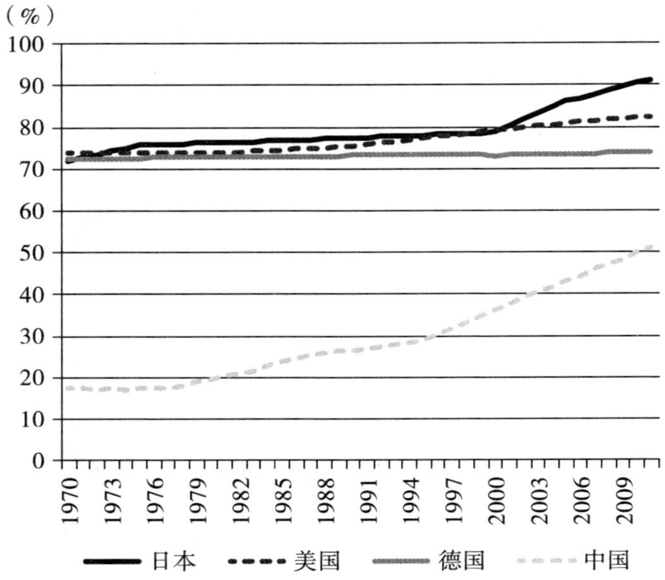

图 4　城镇化率的国际比较

数据来源：世界银行数据库

当然，目前关于城镇化的统计并不是绝对的，其中仍然存在一定的误差。现有的城镇人口统计中显然包含大量农业人口。2011 年外出农民工的人数相当于城镇总人口的 23%，而在目前统计的城镇人口中，农民工及其家属占据整体的 27.5%。由此，有专家认为 6.91 亿农民中有一部分人是“被城市化”的，即 1.59 亿农民工。从统计资料上看，他们是城市人，但他们的福利、住房、教育都是农民工式的。真实的城镇化率只有 40% 左右。[①] 由此看来，我国城镇化未来发展的空间将是广阔和深远的。

（二）城镇化演化模式之比较

从国外经验看，城镇化的推进有三种模式。一是以英国“15 世纪末至 19

① 《专家：中国真实城镇化率只有 40%　核心问题是“城市为谁建”》，人民网：http://politics.people.com.cn/n/2012/1026/c1001-19391072.html?_fin，最后访问日期：2014 年 1 月 6 日。

世纪中”为代表的强制性迁移模式，即圈地运动。二是以美国“19 世纪 20 年代—20 世纪 70 年代”为代表的自由迁移模式，以农业生产的机械化、劳动生产率提高为前提，大量农村劳动力向大城市的工业部门和第三产业部门迁徙。三是以日本为代表的“跳跃式转移”和“农村非农化转移”相结合的就地城镇化模式。

1. 美国城镇化的演化模式

美国以市场为主导，政府通过各种渠道募集建设资金，以大城市为主导，同时重视中小城镇的发展，建设“都市化村庄”，实行市场为主导的开放式城镇化进程，总体上政府没有刻意引导，但在市政规划和提供资金等方面给予支持。例如，美国地方政府大量发行市政债券，利用发达的金融市场进行直接融资，支持城镇化的发展。

20 世纪 60 年代，美国实行“示范城市”的试验计划，通过大城市人口的分流，充分发展小城镇，采取圈域经济“都市圈”模式，建立起由国际性大都市、全国性中心城市、区域中心城市、地方小城市和中心镇等共同组成的城镇体系。从几百万人口到几百人的小城镇都有，但以 10 万人以下的居多，大约占城市总数的 99.3%。显然，美国的城镇化并不是简单地把大城市做成超大城市，而是在沿铁路和高速公路沿线建立起一批又一批的中小城镇，同时，伴随着高速公路的网络化发展，原有的大城市也得到了迅速扩张。①

2. 英国城镇化的演化模式

19 世纪末，英国为解决日益严重的城市问题，产生了“霍华德花园城市规划理论”。根据霍华德的理论，花园城市是为健康、生活以及产业而设计的城市，四周有永久性的农业地带围绕，城市的土地归公众所有，由委员会受托管理。“二战”后，英国开始兴建一大批新城镇。这些新城镇马路旁绿树成荫，住宅区有完善的城市设施，工厂区与住宅区中间有道路和绿带相隔，环境

① 陈晓华:《国外城市化进程中乡村发展与建设实践及其启示》，载《世界地理研究》第 14 卷第 3 期，2005 年 9 月。

良好。[①]

为解决城市基础设施建设的资金问题，20世纪90年代，英国政府尝试将原由公共部门所提供的服务通过招投标等方式委托给私营部门来做，政府变成公共服务购入者。英国政府将其命名为PFI（Private Finance Initiative），意为“私人融资活动”或“民间主动融资”，通过民间融资来弥补基础设施资金缺口。这种模式为许多国家在城镇化过程中起到了很好的借鉴作用。

3. 日本城镇化的演化模式

20世纪60年代，日本政府制定了《农业基本法》和《农业现代化资金筹措法》，国家贴息向农户提供长期贷款，促使农业现代化，并逐渐通过“卫星城”模式和“村镇合并计划”促进城镇化协调发展。到了70年代末，日本城镇化水平由27.8%提升为72%。

在城镇化进程中，日本一直坚持以中心城市为依托，中小城市为网络，小城镇星罗棋布的城市化体系，逐步将“母都市—绿化隔离带—卫星城”的发展模式纳入法定城市规划，合并村镇建立新城市，并坚持因地制宜建设特色城镇，充分利用丰富的温泉等自然资源，在保持土地原始形态的基础上，开发特色旅游产业，带动城镇经济快速增长。这些有益的经验在全世界都曾引起过广泛关注和借鉴。[②]

三、探索城镇化进程的金融服务新路径

（一）以公司股改为契机，创新综合金融服务模式

财政部已正式批准金融资产管理公司股份制改制方案。改制后，金融资产管理公司将建立现代股份制企业公司治理结构，体制机制、市场定位等方

---

① 刘铮、景玉琴：《西方国家建设小城镇的经验及对我国的启示》，载《长白学刊》2002年第3期。

② 杨特、包佳丽：《国外城镇化发展战略成败及启示》，载《中国经贸导刊》2010年第24期。

面发生变化，公司支持实体经济的经营机制更灵活、产品更丰富、服务更综合。因此，改制将是金融资产管理公司在支持实体经济方面更大作为的良好契机。

金融资产管理公司完全可以依托专业化化解金融风险的经验，通过开展远期不良资产承诺收购业务，提前帮助银行业锁定风险，及时有效转移和化解银行不良贷款风险。同时，还可以开展银行委托贷款远期承诺收购业务，引渡社会闲置资金，有效开展表外业务等创新业务，为公司增加新的利润增长点。

（二）以实体经济为支撑，提供专项金融服务

在城镇化的过程中，国内经济面临经济结构转型，很多企业经营情况良好，只是苦于财务状况不佳。由此，金融资产管理公司完全可以发挥自身专业优势，通过帮助企业收购其在银行的不良债务，通过债务展期、债转股、融资增信、追加股权投资等金融手段，为企业注入充足的流动性，解决企业资金压力，为实体经济提供全面的金融业务。在企业得到全面改善后，公司适时退出资金，实现自身收益最大化。

（三）以中小企业为支点，助力解决就业问题

目前，我国85%以上企业为中小企业，中小企业贡献了80%以上的就业机会，创造了60%以上的经济效益，中小创新型企业良好发展已经成为国家经济转型与发展的重要环节。

金融资产管理公司因不良债权问题常年与中小企业打交道，在中小企业金融服务方面经验丰富。公司可以借城镇化发展的大好机会，以房地产、水泥、新型建材、机械设备和大众消费品等行业中小企业为重点，利用金融资产管理公司具有多牌照经营优势，通过融资增信、融资担保、融资租赁、融资咨询、股权投资等方式，发挥牌照资源优势，为中小企业提供全生命周期金融专业服务。

（四）以阶段性直接融资为抓手，启动企业债券发行

为响应国家启动城镇化发展的号召，金融资产管理公司应该考虑启动阶

段性融资为手段，积极参与支持城镇化有关的企业发展。房地产项目最需要的是资金支持，这可以通过资本市场解决。即发行企业债券应该具有一个非常有效的融资渠道，可以发动房地产业务发展的金融引擎，吸引社会资金的流入，降低融资成本，直接由企业设计融资利率、还款期限和支付方式，支持政府公共基础建设、棚户改造、廉租房、经济适用房等项目建设，最终形成金融化、房地产、城镇化三者共同协调发展的良好局面。

四、城镇化进程中的技术创新与思考

（一）在基础资产证券化方面有所作为

1. 逐步将最适合的基础资产率先证券化

虽然但凡能产生现金流的资产都可以被证券化，但对于我国这样一个新兴市场来说，还是存在一个对基础设施资产的优先选择过程。从本质上来说，这是被证券化的基础资产未来现金流的分割和重组过程。根据国外基础资产证券化的经验，具有下列特征的基础资产比较容易实现证券化：（1）能够在未来产生可预测的、稳定的现金流；（2）持续一定时期的低违约率、低损失率的历史记录；（3）本息偿还分摊于整个资产的存续期内；（4）金融资产的债务人有广泛的地域和人口统计分布；（5）原所有者已持有该资产一段时间，有良好的信用记录；（6）金融资产的抵押物有较高的变现价值或它对于债务人的效用很高；（7）金融资产具有标准化、高质量的合同条款；（8）基础资产具有很高的同质性。

上述这些条件，不外乎都符合两个最重要的资产证券化条件：一是未来有可预期的稳定的现金流；二是持续的低违约率。金融资产管理公司恰恰是最具备这项优势的主体。公司旗下众多的办事处、平台公司都存有大量与上述基础设施资产相匹配的资产，我们可以有选择地将制度上比较容易突破、质量比较好的基础资产先证券化。这可以极大地拓展我国基础设施建设项目融资空间，加快我国资本市场与国外资本市场的融合，从而拓宽城镇化建设融资渠道，有利于基础设施领域证券化业务的开展，为我们下一步开展基础设施资产证券化打下基础。

2. 基础资产证券化的运作优势

传统融资方式操作复杂，难度大，一般都必须经过确定项目、项目准备、招标、谈判、签署相关文件合同、维护、移交等阶段，涉及政府的许可、审批以及外汇担保等诸多环节，牵涉范围广，不易实施，且融资成本因中间环节多也日趋增高。

基础资产证券化与其他传统融资方式的最大区别在于：它是一种资产融资而非产权融资，其信用基础是一组特定的资产，而非发行人的整个资产。其融资方式的优点是：（1）投资分散，投资风险小。资产证券化项目的投资者是资本市场上的债券购买者，人数众多，极大地分散了投资的风险。这种债券还可以在二级市场上转让，变现能力强，因而投资风险减少。（2）资产证券化是以现存和未来可预见现金流量支撑的固定回报投资证券，而不是以发起人信用支撑的证券，因而可以降低证券的风险。（3）资产证券化采用“真实出售”，实现“破产隔离”，避免投资者受到原始权益人的信用风险影响。（4）基础设施资产证券化融资方式运作相对简单，融资成本低。在运作中，该方式只涉及原始权益人、特设机构载体、投资人、证券承销商等几个主体，无须政府的许可、授权及外汇担保等环节，是一种主要通过民间的非政府途径，既实现了操作的简单化，又最大限度地减少中间环节费用，降低了融资成本。

（二）保障性住房建设的融资模式

金融资产管理公司分层基金业务的操作流程与房地产投资信托（Real Estate Investment Trusts，REITs）类似，主要区别在于前者没有证券化，即不上市流通，具体操作流程如下：

（1）金融资产管理公司和社会投资者认购基金，形成基金池，基金公司负责管理该基金。按照风险偏好将投资者分为低风险偏好投资者和高风险偏好投资者，认购低风险收益基金份额。金融资产管理公司认购高风险高收益基金份额。

（2）基金池中的资金不设定固定投资方向，由房地产公司进行具体操作，按照不同风险偏好投资者投入资金比例对不同类型的保障房进行投资，确保在风险可控的前提下达到收益最大化。

（3）在操作流程中，低风险偏好投资者的收益主要来自廉租房、公租房的租金收入，由经济适用房和限价房的收入对未能达到基本投资收益率的部分进行弥补。高风险偏好投资者的收益主要来自经济适用房、限价房，以及商业房地产项目的部分收益。

（4）认购的基金份额均设定一定期限，期限届满后可收回本金及收益，或继续投资；期限内赎回需缴纳一定手续费，并按约定价格将基金份额转让给房地产公司。

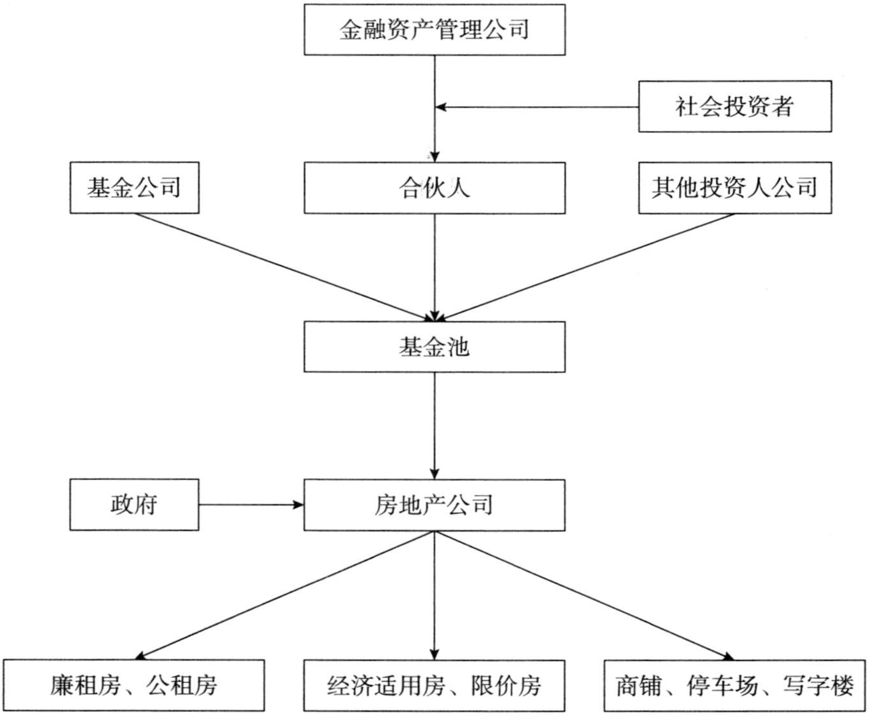

图 5　保障房建设的融资模式

（5）根据风险偏好不同，对于收益分配顺序和抵押物处置优先分配权也不同。收益分配和抵押物处置分配顺序按照低风险偏好投资者、高风险偏好投资者、房地产公司进行分配。在项目开发出现风险时，由项目所在地办事处收购，收购后可以采取“收购＋增信”“收购＋投资”等方式继续运作该项目，有效化解项目风险。

（三）适时启动房地产投资信托业务

房地产投资信托（Real Estate Investment Trusts，REITs），是从事房地产买卖、开发、管理等经营活动的一种金融方式。REITs 实际上是由专业人员管理的房地产类的集合资金投资计划，通过发行基金，集合公众投资者资金，在有效降低风险的同时通过将出租不动产所产生的收入以派息的方式分配给投资者，从而使投资者获取长期稳定的投资收益。REITs 也是一种房地产的证券化产品。通常采用股票或受益凭证的形式，使房地产这种不动产流动起来。

与房地产证券化的其他方式相比，REITs 在产权、资本经营上更具优势，REITs 常常在证券市场上公开交易，因此它又比房地产有限合伙公司方式具有更多的流动性，其流动性仅次于现金。由此，房地产公司完全可以利用这一房地产证券化的产品，大胆引入 REITs，由房地产公司设立房地产投资信托基金公司公开，发行收益凭证（如基金单位、基金股份等），将投资者的不等额出资汇集成一定规模的信托资产，交由专门的投资管理机构加以管理，获得收益再由基金券持有人按出资比例分享，风险共担。

结束语

城镇化是党的十八大部署的建设中国特色社会主义的重大战略之一，城镇化不仅是我国未来经济增长的最大红利，更是金融资产管理公司未来发展的增长引擎，积极推进城镇化将事关金交所长远发展的大战略。因此，我们必须挖掘金融服务新思路，构建公司城镇化建设的业务体系，认真思考和研究城镇化进程带给我们的机遇和挑战。

2014 年 1 月 6 日写于海通大厦

机制创新才是互金行业发展的最强动力

文 / 顾雷　徐秋琳

互联网时代是创新引领的时代，持续创新能力是一个企业永续发展的法宝。支撑持续创新的根本在于形成持续创新的机制，也是支持互联网金融（以下简称互金）行业走向未来的关键所在。

只有机制才是选人用人的最佳动因，只有机制才能让所有员工保持创新活力，而创新就是把分散的个体真正凝聚成为一个战斗的团队，并成为互联网金融企业创新发展的最强动力。

这是一种适应互金行业的机制，是一种优胜劣汰的机制，吸引最大多数优秀分子加入该行业，不是鱼龙混杂，良莠不分的文件堆积和制度标牌，是一种团队协同重于个人打拼、团队智慧优于个人表现、团队价值高于个人价值的一种机制。

这是一种公平合理的机制，不是陈旧制度的框架，是一种传播正能量的机制，激励每一位互金从业人员开创属于未来的新天地，真正体现贡献者的现实价值。强调促进组合创新，不是个人能力比拼；突出集体创新，不是平均主义再现；凸显个体开拓，不是懒汉庸人温床。

在这种机制下，互金行业将产生一大批符合互联网金融特征的规章制度，作为永续发展的立足之本，作为根植于企业内部的文化基因，彰显互联网金融企业最强的核心竞争力。

为了实现这种机制目标，互金行业对机制进行全面重建，改革招聘用人和晋升制度，摒弃大锅饭和终身制，致力于建立公司与员工、高管与员工的新型劳动关系，实行简单、透明和联动的工作关系。根据“目标一致，与众不同”原则，实行扁平化管理，所有岗位竞聘都是公开的，所有级别晋升都是透明的。机制造人，机制用人，在传统金融与创新金融价值链中重塑自我价值和企业文化。

在互金行业从业人员职责和岗位选择方面，所有的岗位都因事而设，所有的职责都是明确的。选择最合适的人员在最合适的岗位上，每一位都是工作岗位上的CEO，每一位都是专业领域中的MAKER，每一位员工都可以自主挑选工作岗位，能上能下，能进能出。让每一位从业人员都成为不可替代的人才，建立“一人一岗、一岗一职、一职一薪”的新型劳动关系。

在从业人员的薪酬制度方面，互金行业对从业人员的考核机制均以利润指标为中心，强化目标管理。所有的工作与核心利益挂钩，在员工薪酬体系上，不再平均分配，实行“级别与岗位相分离，薪酬与职务相分离”原则。薪酬能高能低，强调薪酬是从业人员自己创造的新型理念，营造自我开发、自我加压、自我更新的创业氛围，做到行为有规范，评价有标准，引领全体员工更好地实现精神追求和价值体现，最终形成具有统一思想、统一目标、统一行动的职业大军。

在从业人员学习和培训方面，强调持续的学习能力是持续的创新能力的前提。只有专业的，才是有生命力的。专业的人员干专业的事情，强化专业的服务能力。让每一位从业人员都成为创客，互金行业将涌现更多响应极客文化，推广极客概念，追随极客精神，不分性别、不分年龄、不分何处，共同战斗在互联网金融、网络世界和电脑科技最前线并追求极致的人，以期达到用人观念与经营目标的最佳和谐统一。

互金行业规章制度的梳理和再造将极大地改变现有互金行业运行模式和业务格局，是互金行业对互联网金融社会化的一种再造，其目的就是更好地推进互金行业全面市场化改革，充分发挥人力资本在互联网金融交易结构中的核心作用，秉承“创新、创业、创造”的企业精神，建立“自我评价、自我修复、自我提升”的生态管理体系，最终建成以互联网金融为指导、以业务创新为核心、以客户服务为宗旨的国内一流金融资产互金行业，并伴随着互联网金融发展共同开创出一片灿烂、辉煌的新天地！

一旦创新成为信仰，所有困难都将化为动力！

2018年3月28日写于国际金融大厦

二元化金融市场和结构化交易①

文 / 丁化美

一、金融市场——二元化金融市场

“二元化的金融结构”是经济学家罗纳德·麦金农提出的发展中国家的一种金融现象，通俗来说就是国家采取利率管控，银行利率不能覆盖通货膨胀率和应有的资金成本，而银行贷款作为一种稀缺资源补充到了本不该得到该资金的企业或行业中。另外，由于银行利率没有市场化，市场的需要就必然催生出银行体系外的一个金融市场（比如高利贷市场）。这就是所谓的“二元化的金融结构”。目前，从我国金融机构监管设立的角度来看，我国二元化金融市场由标准化市场和非标准化市场组成。

（一）标准化市场与资产

一般来说，标准化市场是由国家金融监管部门（一行三会）指定设立的交易场所，包括上海证券交易所、深圳证券交易所、中小股份转让系统、中证机构间报价系统、中国银行间市场交易商协会、上海期货交易所、郑州商品交易所、大连商品交易所、中国金融期货交易所、上海黄金交易所等。目前，市场认为在标准化市场内交易的资产是“标准化资产”。

---

① 本文来自丁化美在“天金所第一届不良资产结构化交易研讨会暨第五期共建单位明星产品推介会”上的演讲。

标准化资产，指在银行间市场及证券交易所市场上市交易的债权性金融产品或股权性金融产品，包含国债、地方政府债券、中央银行票据、政府机构债券、金融债券、公司信用类债券、资产支持证券、同业存单。

标准化股权资产，现阶段主要是在沪深交易所市场上市的股票、权证等品种，依据其上市条件的不同，又分为主板股票、中小板股票、创业板股票和新三板股票等。

标准化债权资产，主要是指在银行间市场和沪深交易所市场上市交易的债券产品。主要包括国债、企业债（银行间市场）、公司债（交易所市场）、银行中期票据和短期融资券（银行间市场），以及中小企业私募债（交易所市场）等，以及为腾挪非标债权规模而创新设立的商业银行债权直接融资工具和资管计划、资产支持证券（Asset-Backed Security，ABS）、资产支持票据（Asset-Backed Medium-term Notes，ABN）产品等。

标准化资产一般需要满足六个条件：一是产品准入有标准；二是资产登记有标准；三是账务体系有标准；四是信息披露有标准；五是交易流程有标准；六是监管监测有标准。

（二）非标准化市场与资产

2013 年 3 月 27 日，银监会在公布的《关于规范商业银行理财业务投资运作有关问题的通知》（银监发〔2013〕8 号）中，首次对“非标准化债权资产”明确定义：指未在银行间市场证券交易所市场交易的债权性资产，包括但不限于信贷资产、信托贷款、委托债权、承兑汇票、信用证、应收账款、各类受（收）益权、带回购条款的股权型融资等。

目前，非标资产交易场所包括上海票据交易所、中征应收账款融资服务平台、银行业信贷资产登记流转中心、中国信托资产登记公司、金融资产交易所、互联网金融交易平台、场外交易市场或柜台交易市场等。

（三）标准化市场与资产及非标准化市场与资产之比较

表 1　标准化债权资产与非标准化债权资产之比较

	标准化债权资产	非标准化债权资产
交易场所	银行间市场证券交易所市场	非银行间市场证券交易所市场
产品类型	类型较少，标准化	类型丰富，个性化
流动性	强	弱
透明度	高	低
信息披露程度	高	仅限特定方
风险	低	高
盈利模式	低成本融资 + 高杠杆投资	期限错配 + 高收益投资
收益	相对较低	相对较高
规模体量	小	大
客户质量	客户一般信用资质高	客户信用资质一般
准入标准	有	无
等级标准	有	无
监管监测标准	有	无
账务体系标准	有	无

表 2　标准化资产与非标准化资产之比较

<table>
<tr><th></th><th>行　业</th><th>规模总量（万亿）</th><th>近五年平均增长率</th><th>平均收益率</th><th>融资成本</th></tr>
<tr><td rowspan="6">标准化资产</td><td>国债</td><td>12</td><td>28.56%</td><td>3%—4.4%</td><td rowspan="4">3.30%—4.20%</td></tr>
<tr><td>地方政府债</td><td>14.2</td><td>3.46%</td><td>2.3%—4.5%</td></tr>
<tr><td>信贷资产支持证券</td><td>0.955</td><td>4.14%</td><td>3.5%—4.7%</td></tr>
<tr><td>中央银行票据</td><td>0</td><td>-53.74%</td><td>1.57%—1.99%</td></tr>
<tr><td>同业存款</td><td>8</td><td>63.30%</td><td>4.5%—4.8%</td><td rowspan="2"></td></tr>
<tr><td>公司信用债</td><td>7</td><td>36.03%</td><td>4.95%</td></tr>
</table>

续表

	行　　业	规模总量（万亿）	近五年平均增长率	平均收益率	融资成本
非标准化资产	信贷	230	12%—15%	5.5%—9%	6.53%—8.33%
	信托	23.14	25.8%	7.8%—8.5%	
	保险	16.26	20.37%	4.8%—5.5%	
	租赁	5.6	45%	9%	
	委托债权	1.2	-15.96%	5.6%—9.3%	
	承兑汇票	4	189%	5%—8%	
	应收账款	11	11.27%	8%—9%	

表 3　标准化市场与非标准化市场之比较

	名　　称	成立时间	主管部门	流转的资产
标准化市场	中国银行间市场交易商协会	2007	人民银行	债权、拆借、票据、黄金、外汇等
	上海证券交易所	1990	证监会	证券、股票
	深圳证券交易所	1990	证监会	证券、股票
	上海黄金交易所	2002	人民银行	黄金 、白银、铂金
	上海期货交易所	1991	证监会	黄金、白银、铜铝锌铅等期货合约
	郑州商品交易所	1990	证监会	白糖 -SR 棉花 -CF 强麦 -WS 硬麦 -WT 等
	大连商品交易所	1993	证监会	玉米、棕榈油、焦煤纤维板、铁矿等期货和期权
	中国金融期货交易所	2006	证监会	期权、外汇期货、金融衍生产品
	上海保险交易所	2016	保监会	保险资管产品

续表

	名　　称	成立时间	主管部门	流转的资产
非标准化市场	上海票据交易所	2016	人民银行	票据资产
	中征应收账款融资服务平台	2011	人民银行	应收账款
	银行业信贷资产登记流转中心有限公司	2013	银监会	信贷资产及其收益权、资管产品收（受）益权
	中国信托资产登记公司	2016	银监会	信托产品及其受益权
	中证机构间报价系统	2013	证监会	收益凭证、理财彩票、私募债资产支持证券、私募基金等
	交易所资管份额转让平台	2013	证监会	券商集合资管、基金及子公司特定资管产品份额
	保险资产管理产品注册发行系统	2015	保监会	保险债权投资计划等资管产品

通过以上数据不难看出，非标准化资产的资金成本普遍高于标准化资产的资金成本。原因有以下三个：第一，在我国，非标准化市场有较大的资金供需缺口，政府的行政性资金分配政策使非国有企业在标准市场上难以获得资金，这导致居民对非标准化市场的非标准化资产的需求比较庞大。第二，我国政府较多的金融管制压制了非标准化市场的资金供给。第三，非标准化市场上高利率的重要组成部分之一就是风险升水。由于政府对违规金融活动的处罚比较重，再加上溢出到非标准化市场的资金的相当一部分来自官方金融市场的贷款，企业将这部分资金转手到非标准化市场，不仅风险更大，其成本也更高。上述三个原因说明中国非标准化市场的借贷利率水平会高于标准化市场，也就是说，企业通过非标准化市场融资的成本往往高于标准化市场。

二、结构化交易——创造金融资产的流动性

金融市场存在二元化现象，标准化市场和非标准化市场并存，前者的产品风险低，标准化；后者的产品风险高，个性化。二者不应完全割裂、相互独立，应和谐发展、相互有交易。为了促进两个市场的和谐发展，相互流通，结构化交易应运而生。

结构化交易有三个维度：时间、规模、信用等级。基于这三个维度把非标准化资产转化为结构化资产，结构化资产就是可交易资产，可交易资产就可以在金融市场进行无障碍交易，获取便宜资金，降低进入标准化市场门槛。

结构化交易连接了标准化市场和非标准化市场，实质上就是创造了金融资产的流动性，创造金融资产流动性的目的就是把企业实体经济从金融机构捆绑中释放出来，解放生产力；终极目的就是实现中小企业低成本的直接融资。

三、结构化交易的产品

结构化交易有以下产品：

（1）远期保——以抵押资产定价为基础，以资产处置权保证，从根本上化解信贷机构的风险资产；为专业资产管理和风险资产处置机构提供稳定的资产。

（2）不良资产投资配资——以资产处置权保证，为不良资产投资机构提供快速融资，同时为专业资产管理机构提供安全性高、流动性强的标准化资产，活跃不良资产交易市场。

（3）企业破产重整基金——为破产企业提供破产清算费用，解开企业破产的死结；为破产企业提供重整资金，激活破产企业。

（4）直融宝——为中小微企业和家庭提供快速融资，提供行业性解决方案。

（5）机构宝——为企业和机构提供高流动性、高收益和低风险投资方案，

实现非标准化资产向可交易性金融资产转换。

（6）基于核心企业应收应付对冲交易——从根本上解决中小微企业融资困境；化解企业三角债。

2017 年 11 月 24 日写于天津于家堡

信用的呐喊

文 / 丁化美

《左传》里有“君子之言，信而有征”的说法，意思是说一个人说话是否算数，是可以得到验证的。

信用之所以存在，首先源于一种不言自明的安全感，更多的时候则是依赖于日积月累的信任，长期的习惯使经济生活中的主体产生强烈的心理预期，日积月累的点滴行为使人们依据理性做出可靠的判断，如此反反复复，最终铸就信用的围城，就像一个印记，深深地刻印在经济生活的每一处。

信用难得却易失。经过百般考验、千般磨难洗礼之后的信用堡垒，或许只因为偶尔的“一不小心”或“有意为之”而坍塌。信用的产生、建立、维系、恶化、缺失和瓦解从来都是不可逆的，从固若金汤到危如累卵，只那么一步就会陷入万劫不复的境地。简言之，信用存在于“信”，巩固于“用”，既可以因“用”而更“信”，也可以因“用”而不信，信用来之不易。

最初的信用表达是从信任开始的，信任推动交易便产生了信用。表达信用也许只需一张简易粗糙并不规范的借条，或者一句口头承诺。简单的表达方式并不妨碍信用的完美实现，有借有还是亘古不变的规则。如今为了表达信用，动辄数月草拟合同，洋洋洒洒万语千言，意图穷尽所有不诚信的可能性，囊括可预见的一切风险。满纸的法律条文、错综的名词概念、纷繁的行为规范、复杂的结构设计，细化出的各种守则条例不断揭示出人与人之间内心的“恶”，不信任成为人们践行信用的最大成本。

人们偏离了信用的轨道，为了践行信用，又创造出金融，金融在此意义上成为信用的化身。当交换的大门打开，双方或多方的物物交换无法满足实际需求或者止步于不信任时，代表双方信用的中介机构即应运而生，扮演着“信用持有人”“信用守护神”的角色走向历史前台。这些机构承载信用、储备信用、放大信用、守护信用，以其自身职能的不断完善，润滑着不同交易群体，牵连着社会各个层面。此类机构的诞生昭示着金融的出现，也大体勾勒出金融本来的面目。

由此看来，金融的催生起源于人们之间的不信任，却又将信用作为赖以生存的空气，两者息息相关，朝夕为伴，唇齿相依。世移事易，发展至今天的金融却不断对信用缺失推波助澜，金融与信用步入若即若离、亦近亦远的“暧昧”地步，让人们对金融抱着既爱又怕、既喜又怒的复杂情绪，原本简单的金融也被解读出多重含义。

信用的演变改变了金融，金融的本质是促进信用的流动，帮助实现信用的传递，方便实现交易之目的，让人类社会进入更“文明”的时代。现在的金融逐渐为利益所驱使，跨过了原有的功能，偏离了原定的方向，失去了原本的面目，金融的运行不再以信用为基础，而是靠交易前的物质保障和交易失败后的法律制裁来支撑。人们试图通过金融达成经济的一切目标，超越是非，无关伦理，于是乎，扯起金融的大旗，走向唯利是图的丘壑。其实，不论金融何其繁荣，我们都应明白，金融于经济来说是车厢，而不是货物；是桥梁，而不是车轮；是助燃剂，而不是发动机；金融只能让经济运行得更快，却不能裹挟经济起步前行。一句话，金融并不是万能的。

自从有了金融，人们把经济危机、信用危机归纳为金融危机，将其视为另一种形式的现代战争。金融亦无罪，金融危机只是经济危机在金融上的表现。道德的缺失、价值体系的转变滋生了这场巨祸，却让无辜的金融无端背上这个沉重的骂名。若非要给金融一个罪名，那也不是危机，而是信用的缺失。

孔子在两千年前就说过“民无信不立”。金融发展到今天，已经远远不限于最初的借贷行为，正是因为赤裸裸的与金钱发生着各式各样的联系，金融行业到处弥漫着奢华和骄傲的氛围。而一次次危机警醒我们，金融只是服务工具，过分地夸大金融的作用只会使泡沫越变越大直至最后破裂，金融与经济倒置的局面不会长存，长期的扭曲将会衍生更大的灾难。金融早晚要回归到最本源的状态——为信用的实现服务，为经济目标的实现服务。

时至今日，人们突然发现，脱离了信用的金融成为经济发展的“鸡肋”，失去了信用的经济社会人们之间的交往是多么迷茫；没有了信用，我们为之付出的成本有多么巨大。

2017 年 8 月 31 日写于天津于家堡

征信，记录你的信用行为

文 / 丁化美

征信一词最早源于《左传》中的“君子之言，信而有征”，意思就是说一个人说话是否算数，是可以得到验证的。

在现代社会生活中，无论个人还是企业，都不可避免地要与信用打交道。个人去办贷款、找工作，或者企业去办贷款、招聘员工等，常常都会被询问“信用记录”如何，或者需要提供“信用报告”，有的还要查询是否进入“黑名单”。“信用报告”是征信的最终结果，它被人们形容为“经济身份证”。

征信是专业化的、独立的第三方机构为个人或企业建立信用档案，依法采集、客观记录其信用信息，并依法对外提供信用信息服务，征信为专业化的授信机构提供了信用信息共享的平台。

征信让诚实守信的行为被记录并且保存，无形中为社会守信主体增加了一笔财富；也让失信行为被记录并且保存，在现在或者将来某一时刻让失信主体为其过去被记录的失信行为而买单。征信的出现，建立了一种无形的奖惩机制，约束了原本不守诚信的社会主体，也给予了原本诚实守信的社会主体的守信行为一个公允。

追根溯源，征信活动的产生源于信用交易的产生和发展。信用是以偿还为条件的价值运动的特殊形式，包括货币借贷和商品赊销等形式，如银行信用、商业信用等。现代经济是信用经济，信用作为特定的经济交易行为，是商品经济发展到一定阶段的产物。信用本质是一种债权债务关系，即授信者（债权人）相信受信者（债务人）具有偿还能力，而接受受信者所作的未来偿还的承诺。但随着商品经济日益发达，信用交易的范围日益广泛，特别是当信用交易扩散至全国乃至全球时，信用交易的授信方想要了解受信方的资信状况就会变得极为困难。此时，了解市场交易主体的资信就成为一种需求，征信活动也就应运而生。

如果失信行为不被记录，失信者不受惩罚、不付出代价，那么失信的主体就很难有诚实守信的动力和约束力，一些原本诚实守信的主体也可能会不再守信。因为不守信和守信的结果是一样的，甚至不守信的结果比守信的结果更能让自己受益，那么守信的主体会越来越少，不守信的主体会越来越多，最终甚至造成“劣币驱逐良币”的后果。所以，要解决失信问题，首先应当让失信行为被记录，并让失信主体受到相应的惩罚。健全现代市场经济的社会信用体系，最重要的环节就是建立和完善征信体系，准确识别个体身份，收集和保存其信用记录，依法使用这些记录，使守信行为得到褒奖，失信行为受到惩戒，使每个主体更加重视和保持自身良好的信用记录，从而为整个社会的诚信建设打下坚实的基础。

征信业是市场经济中提供信用信息服务的行业。征信服务可以为防范信用风险、保障交易安全创造条件，促进形成诚信者受益、失信者受罚的社会环境。2012 年以前，中国还没有一项现行的法律法规来规范征信业务活动，直到 2012 年 12 月 26 日，国务院常务委员会会议审议通过了《征信业管理条例》，对采集、整理、保存、加工个人或企业信用信息并向信息使用者提供的征信业务活动作出规范，由中国人民银行及其派出机构依法对征信业进行监督管理。我国征信业从无到有，逐步发展，作用日益显现，征信市场初具规模。

近年来，征信法规制度建设不断推进，逐步建立了以国家法规、部门规章、规范性文件和标准为主的多层次制度体系，保护了信息主体权益，有力促进了征信业的发展，推进了社会信用体系建设。中国人民银行组织商业银行建成的企业征信系统，已经为全国几千万户企业建立了信用档案。征信能够从制度上约束企业行为，有利于形成良好的社会信用环境。

2017 年 9 月 22 日写于天津于家堡

用金融和科技创新致敬改革开放40年[①]

"天津是一片创新创业的沃土，十年前是，如今更是如此。"

作为天津本土创新性金融企业的代表，天津金融资产交易所总裁丁化美开宗明义地讲道。

十年前，天津作为金融改革先行先试的发端之地，孕育了多家优质的金融机构。我国第一家金融资产交易所——天津金融资产交易所（以下简称天金所）就诞生于此。

用丁化美的话讲："我们企业'直接融资　信用天下'的初心和使命诞生于此，后续的发展壮大也根植于此。虽然金融改革波澜壮阔，但有了对创新的坚持，对初心的坚守，我们的企业才得以一路稳健前行。"

一、严守初心

2010年6月11日是一个值得纪念的日子。这一天不仅诞生了我国第一家全国性的金融资产交易机构——天金所，更标志着金融资产交易所（以下简称金交所）行业的起航。

"天津金融资产交易所成立的初衷是提升金融资产流动性，建设全国统一的、专业化、高效的不良资产交易市场，使其成为与天津作为北方金融中心相适应的全国性公开市场"，丁化美回忆说。

1999年，国有商业银行将1.4万亿元不良信贷资产剥离给四大资产管理

① 盛长琳:《坚持金融创新　以科技引领未来》，载《新金融观察报》。

公司。2004年左右开始，国有商业银行开始不良资产二次剥离。不同于第一次由财政注资政策性买断的方式，二次剥离是在公开市场上交易，这就需要建立金融不良资产的公开交易平台。

恰逢2006年天津滨海新区获得综合配套改革金融改革创新先行先试的政策，探索建立金融资产的交易中心，这是天金所建立的背景。

挂牌没多久，天金所就开创了一个里程碑。2010年6月26日上午，中国第一笔不良金融资产远程网络电子竞价的交易达成，交易标的福州金龙房地产有限责任公司挂牌项目增值率达到27%。

“当时，很多人都担心网络电子竞价可能由于网络故障等风险，无法保证交易的安全性。但事实证明，新技术的发展势不可当。经过9年来的不断技术升级和服务完善，天金所更加坚定地推进依靠技术进步支撑业务发展的步伐。”在接受新金融记者采访时，丁化美再次表达了对于创新理念的坚持。

随后，全国各地金交所陆续成立。后因交易所乱象频发，市场风险急剧增大，2011年、2012年国务院对各类交易场所进行了大整顿，出台了《国务院关于清理整顿各类交易场所切实防范金融风险的决定》（国发〔2011〕38号）、《国务院办公厅关于清理整顿各类交易场所的实施意见》（国办发〔2012〕37号），成立了联席会议对各类交易场所进行整治和验收，并规定各类交易场所在通过联席会议的验收后方可开展业务。

这场漫长的清理整顿一直持续到2017年。2017年2月10日，证监会新闻发言人邓舸称，对2017年6月30日仍未整改规范或通过部际联席会议验收的交易场所予以撤销关闭。

在这几年中，中国金融市场也发生了天翻地覆的变化。互联网金融从野蛮生长到逐步规范，银行一度借助“非标”实现表外资产的迅速扩张，但随后受到监管的清理整顿。

天金所的业务和战略重心一直围绕在促进存量金融资产的流动性，建立信用生态体系，为中小企业实现直接融资。特别是在不良资产业务领域，在不断专业深耕、业务拓展的基础上，“不良资产结构化交易”已经成了天金所的“品牌”之一。

谈到过去几年的稳健发展，丁化美说：“初心易得，始终难守。创新发展与合规发展是天金所一直以来的坚持。也正是这种坚持，让我们自成立以来未出现过一起不可控的风险事件。”

二、拥抱互联网时代

“互联网是一个时代，势不可当。”在丁化美看来，浙江蚂蚁小微金融服务集团有限公司（以下简称蚂蚁金服）入股是天金所发展的一道分水岭。

2015 年，天金所完成增资和引进战略投资者工作，在原有股东中国长城资产管理公司和天津产权交易中心的基础上，引进蚂蚁金服战略、中国东方资产管理公司和中信信托有限责任公司。

“当时，互联网技术迫切需要在金融领域取得突破，金融也急需获得互联网技术的支持。”丁化美认为，蚂蚁金服与天金所的合作恰好是一次不谋而合的发展尝试，也在行业内树立了典范。

金融创新与互联网技术的珠联璧合，让平台思维和平台力量获得了大幅拓展。在他看来，交易所最重要的定位是搭建一个资产交易平台。

“没有搭建平台之前，我们更多的是项目思维，一个项目组 10 个人盯住一个项目做 3—5 年。搭建平台后，一个项目组可以同时做 100 个面向全球的项目，这就是专业平台的力量。”

但同时，丁化美也指出，平台的发展必须在监管的框架下进行，任何金融活动都不能脱离监管体系，要严格遵守法律法规，行稳方能致远。

时下，金融科技的发展如火如荼。一向将创新基因根植于企业战略发展理念的天金所又适时成立了金融科技研究院，并在今年 6 月成功研发推出我国首款区块链智能合约产品。该产品针对供应链金融的痛点进行了量身定制的研发，利用数据可信化、确权自动化、合约智能化等先进技术，致力于为中小微企业提供更简单高效的融资服务。丁化美说：“金融科技是交易所的未来，技术创新日新月异，交易所的发展也要日积跬步，厚积薄发。”

金融改革的浪潮奔涌向前。传统金融与现代金融，金融与科技的激荡与竞合都充满着创新的味道。浪潮之下，初心易得，始终难守。丁化美却一直希望，伴随时代发展、紧跟科技潮流，始终追寻“直接融资　信用天下，服务中小微企业”的愿景。

2. PPP 资产交易和管理

首家交易平台，PPP 项目将迎来春天

——写在首家政府和社会资本资产交易管理平台正式启动之际

文 / 顾雷

我国 PPP 项目的第一波高潮是在 2005 年前后，当时全国采用 PPP 模式运作的项目累计超过 1000 个，涉及交通、通信、能源、水资源等领域，总投资突破 1 万亿元。但是，在随后的几年中，PPP 项目一直是举步维艰，项目数量不升反降，始终没有出现一个持久而快速的发展势头。

究其原因，最关键的问题就是缺少一个专门运作和管理的平台，使民间资本在投入 PPP 项目后的风险退出问题始终得不到解决，巨大投资风险无法转移，最终导致 PPP 项目成为一具半死不活的资本合作的“僵尸”。

沉寂了多年以后，2013 年 11 月，党的十八届三中全会决定允许社会资本通过特许经营等方式参与城市基础设施投资和运营。2014 年 5 月，财政部正式成立政府和社会资本合作（PPP）工作领导小组，同年 12 月还下发了首批 30 个 PPP 合作示范项目名单、操作指南和指导意见，国家发展改革委也在门户网站开辟 PPP 项目库专栏，公开发布 PPP 推介项目共 1043 个，总投资为 1.97 万亿元。这表明社会资本的退出机制已纳入国家顶层设计范围。截止到 2016 年年底，全国入库 PPP 项目共计 11,260 个，签约落地 1351 个 PPP 项目，总投资为 2.2 亿元，PPP 项目总体落地率已超过 30%。2017 年 2 月 28 日，我国首家“政府和社会资本资产交易管理平台”在天津正式启动，天津金融

资产交易所成为全国首家正式签约的单位，这标志着国家层面推进 PPP 改革，统一规范、公开透明、专业高效的 PPP 市场再次进入推广实施阶段。一时间，PPP 模式成为当前最热门、最火爆的话题，PPP 项目如雨后春笋般层出不穷，PPP 入库投资规模正在稳步上升。

2016—2017 年我国 PPP 入库项目及投资规模一览表

时　间	入库规模（个数）	入库项目投资规模（万亿元）
2016 年 6 月	9285	10.61
2016 年 7 月	10,170	12.03
2016 年 8 月	10,313	12.32
2016 年 9 月	10,471	12.46
2016 年 10 月	10,685	12.74
2016 年 11 月	10,828	12.97
2016 年 12 月	11,260	13.59
2017 年 1 月	11,576	13.78
2017 年 2 月	12,746	15.03

数据来源：中商产业研究院

当然，无论是采取 BOT、BT、BOO、BOOT、ROT、DBFO 和 TOT 方式，还是采取项目贷款、信托贷款、明股实债、有限合伙基金、项目收益债和资产证券化等模式，都离不开一个交易平台。只有搭建 PPP 平台，才能引入城镇化建设基金、基础设施投资基金、产业投资基金、不动产基金以及证券投资基金等参与 PPP 资产证券化产品，建立多元化、可持续的资金支持机制，发挥 PPP 项目资金募集的作用。

与传统的融资模式相比，PPP 平台有利于提高效率和降低工程造价，进一步消除项目风险和资金风险，风险发生率降低 10% 左右。因为在政府和社会资本资产交易管理平台上，可以建立 PPP 资产、交易和管理平台的四级交易体系，可以通过资金融通、投资银行、现金管理、项目咨询服务、夹层融资等方式管理 PPP 项目，为市场参与主体提供一站式解决方案，例如 PPP 平台通过多种产品结构、交易模式打造股权、债权的摘挂牌或公开竞价，实现PPP资产相互交易转让，为PPP项目提供了资产证券化、股权回购、股权转让等社会资本的风险退出渠道，解决了资金持有者的风险退出问题。

2017年，政府的一项重要的任务，就是进一步完善政府和社会资本合作模式，用好1800亿元引导基金，2016年落实了500亿元，实际签约517亿元，仍有1100多亿元没有落实。为此，各省级发改委已于2017年3月前推荐1—3个拟进行证券化融资的传统基础设施PPP项目，正式行文报送国家发改委。中国证监会也在PPP产品审核环节开辟“绿色通道”，协调解决资产证券化过程中的问题与困难，包括推动建立针对PPP项目资产证券化的风险监测、违约处置和增信机制，研究完善信息披露及存续期管理要求，确保资产证券化PPP项目信息披露公开透明，完成结构化交易配置、资产证券化、大宗撮合交易和信息撮合等业务。

我们知道，2017年我国经济稳增长和社会稳定是政府的首要任务，上半年货币政策有可能收紧，一个高效、透明、开放的PPP平台不仅与京津冀协同发展大战略息息相关，还能更好地服务国家经济转型升级、产业结构调整，成为实现国家优化资源配置、深入推进供给侧结构性改革等全局性改革的关键一子，我国PPP平台的第二个灿烂春天已经到来！

2017年3月27日写于天津于家堡

加强立法与细化规则才是推广 PPP 项目当务之急

文 / 顾雷

我国 PPP 项目的第一波高潮出现在 2005 年前后，当时采用 PPP 模式运作的项目累计超过 1000 个，总投资突破 1 万亿元，但以后就没有太大发展，因为 PPP 项目“三高两低”的老问题（准入门槛高、投资规模高、风险预期高、法律保障低和投资回报低）一直存在，民营资本参与 PPP 项目的空间依然狭窄，PPP 项目长期延续半死不活的状态。

第一，PPP 项目谈判时间长，签约时间长，实际合作时间可能更长，工期短的七八年，长的需要 20 多年，前后可能要经历多个书记与市长的任期。而有的地方政府追求当期政绩。因此，前一任市长的施政方略，后一任可能会不认账，有的甚至不愿意看到前任栽的“果树”在本届内“开花结果”，最终导致 PPP 项目不了了之或者变相终结。例如，江苏省某市某污水处理厂采取 BOT 模式融资建设，在合同签订后由于市委主要领导的更迭，社会资本被迫与新一任政府重新商定投资回报率，直接导致项目延期。

因此，如果信用政府建设不到位，仅靠一两任市长书记对 PPP 项目感兴趣，而不从政府职能转变去培育 PPP 项目，社会资本如何敢和政府进行长达 10—20 年的投资合作？只有把政府在 PPP 合同中承诺的支出责任纳入年度预算和财政规划，防止“新官不理旧账”，才能打消社会资本对政府换人换届的顾虑，在机制上确保社会资本对 PPP 项目充满信心。

第二，我国 PPP 项目现行法律法规在一定程度上存在“法律冲突”问题。例如，财政部颁布的《政府和社会资本合作法（征求意见稿）》认为项目合作方之间发生争议时，可以提起民事诉讼或仲裁。而发改委发布的《基础设施和公用事业特许经营管理办法》规定特许经营者在认为权利被侵犯时，可依法提起行政复议或行政诉讼，认为特许经营属于行政法律范畴。显然，这两个部门在PPP项目的争议解决上存在审理归属权的分歧，进而导致双方在职能部门分工、协调、审批、监管等方面的矛盾冲突，最后让执法机构无所适从，项目当事人上告无门，造成争议解决机制无法落实问题。

目前，国家发改委、财政部、深圳证券交易所等颁布了各自的PPP项目规章制度，各地方政府也出台了一些指导意见、暂行办法、鼓励措施等。这些文件多具有临时性，带有浓厚的行业与区域色彩，且较为分散，无法形成一套系统的法律体系，可以说是五花八门、各自为政，出现不同法律法规之间"打架"的现象。

第三，目前，我国出台的涉及财政风险防范的政策文件少之又少，除2015年12月财政部《PPP物有所值评价指引（试行）》和同年4月《政府和社会资本合作项目财政承受能力论证指引》两部文件涉及风险外，其他各部委发布的政策文件均未涉及财政风险问题。但是，这两部文件对风险衡量指标、识别标准和量化分析均未作出详细规定，只笼统提出每一年PPP项目的财政支出预算不能超过公共预算的10%。显然，这种"指标型"规定过于原则，实践中不好操作和掌握，容易让政府在与社会资本合作时陷入财政风险和道德风险的旋涡。

虽然国家有关部门2016年就加快PPP项目法律法规的制定，出台了预算法、政府采购法，并在其实施条例中增加PPP管理条款，还积极推动《PPP条例》的制定，但实际效果并不尽如人意，难以厘清PPP项目和政府特许经营的法律关系，也难以协调各级法律法规冲突。目前，PPP项目法律层面依然存在很多疏漏和现实困境。

首先，风险控制未完全覆盖PPP项目的全成长周期。关于PPP项目风险防范的文件，大都集中在项目识别和项目准备阶段。例如，《PPP物有所值评价指引（试行）》只规定物有所值评价在项目的准备或识别阶段进行，没有涉及项目采购、项目建设、项目运营及项目终结阶段的风险控制。而《政府和社会资本合作项目财政承受能力论证指引》基本集中在PPP项目初期评估财政承受能力，没有在项目全生命周期防范财政风险。显然，这种只注重前期风险防范，不关心后期风险控制的做法，难以形成全生命周期的风险防范体系，可能会使PPP项目风险在后期集中爆发，为PPP项目整体运营埋下了重大隐患。

其次，缺乏针对民间资本的风险分担比例和收益保障机制。众所周知，社会资本最关注的就是PPP项目风险防范，而目前PPP相关政策法规却没有构建政府和社会资本合作的风险分担矩阵。例如，《政府和社会资本合作模式操作指南（试行）》只是提出“建立政府和社会资本间的风险分担框架”，没有明确界定社会资本方承担风险的分担比例。民间资本PPP项目风险退出问题依然没有一个清晰的解决方案。

再次，PPP项目融资大都来源于银行贷款，资金来源单一化现象严重，缺乏多元化的合法渠道，加之目前商业银行针对PPP模式贷款的条件过多，使社会资本无法顺利地进入公共产品及服务领域，在一定程度上制约了PPP项目的快速发展。

最后，对PPP项目的收益保障和争议解决机制依然很不完善。《政府与社会资本合作法（征求意见稿）》只规定PPP项目要避免收益的过高和过低，但这在市场实践中难以量化。不少政府为了政绩好看，认为PPP模式可以包治“百病”，一味追求短时间内立竿见影的效果，在对定价机制、约束性条款等内容都没有谈妥的情况下，相互比拼PPP项目出笼数量、出笼速度，存在“先项目后立法”现象。更为糟糕的是，一旦合作双方产生利益分歧和争执，没有一套专门的PPP争议解决机制，各部委之间法规存在法律冲突，民间机构的利益诉求很难得到有效保障。

2016年，我国首家PPP资产交易管理平台建立，天津金融资产交易所成立的“政府和社会资本资产交易管理平台”确实具有积极的意义，一定程度上提高了基础设施建设和公共服务的运营效率，初步解决了PPP平台的项目流动性和交易程序化问题。但是，PPP模式十分复杂，涉及多方环节和利益，面临擅自缩短项目周期、承诺固定回报、明股实债等变相融资问题，远不是一个 PPP 平台可以涵盖和解决的。

第一，尽快推动 PPP 的立法进程。

未来在 PPP 方面，政府首要任务是启动 PPP 立法工作，尽快完成《政府与社会资本合作条例》的审批工作，对 PPP 项目的事前准备、项目识别、项目采购、项目执行、项目移交环节以及利益主体权利义务做出明确规定，并公开征求社会各方意见，减少争议，让政府和社会参与机构都有法可依、有章可循。

第二，加强防范财政风险的法律制度建设。

由于大多数 PPP 项目的落地率较低，地方政府为了大力推广 PPP 模式而存在过度财政补贴现象，存在以假乱真的“伪 PPP 项目”，有的地方政府甚至把 PPP 模式简单地当作融资工具或发债手段，PPP 项目已经异化成了一种融资平台公司，严重违反国家财政风险监管制度。对此，我们必须建立科学的财政风险监管体系，建立财政风险评价指数体系和风险动态监测模型，并设定风险阀值，以便更好地监测项目运行过程中的动态风险，及时发现并处置出现的财政风险，评估融资方式和融资规模与项目周期匹配问题，制止政府各种变相兜底的违规举债的融资行为，将项目风险更好地控制在政府的可控范围。

有学者在 2017 年 5 月 18 日举行的“中国政府与社会资本合作 PPP 良好实践国际研讨会”上提出，未来应该建立一个相对独立的监管机构，由国务院设立“国家 PPP 项目监管中心”，单独行使对 PPP 的监管职能，确保 PPP 项目得到明确、快速有效的监管。我们认为，这是统一的顶层设计，可能改变我国没有专门机构负责 PPP 模式监管的落后局面，可以有效提升各方主体尤其是民营资本参与 PPP 的信心，并防止制度碎片化、监管碎片化的发生。

第三，为多元化的融资体制提供制度保障。

2017 年，我国 PPP 入库项目 14.6 万亿元，落地 2.9 万亿元，存量还很大。如果没有资本市场的配合，只依靠单一财政拨款方式，PPP 项目融资难、融资贵的问题就一直难以解决。因此，我们必须进一步探索多元化的融资体制，积极推动股权、信贷、发债等多途径的民间融资方式，不能将PPP项目融资渠道停留在财政拨款上面，放宽市场准入，鼓励多种市场主体公平竞争，打破地域和所有制等限制，强化金融机构为PPP项目提供长期、大额、低息资金的职能，缓解社会资本方的融资压力。

第四，建立PPP项目业务标准，强化PPP项目退出机制。

中央银行、财政部、证监会和证券交易所应该联合发文，建立起PPP资产交易和管理平台的四级交易体系，通过资金融通、投资银行、现金管理、项目咨询服务、夹层融资等方式管理PPP项目，逐渐形成行业示范和业务引导效应，并在PPP项目中期流转和后期管理模式中提供退出渠道，实现参与主体资金的安全化，消除对社会资本进入PPP项目被长期套牢的后顾之忧，增强社会资本参与的信心和积极性。

总之，2017年，政府的一项重要任务就是完善政府和社会资本合作模式。2017年，我国固定资产投资增速不会大幅回落，基建投资增速将保持在20%左右，整体固定资产投资规模预计在16万亿元左右。目前，全国入库PPP项目共计11,260个，但PPP项目总体落地率只有不到30%。到2020年，我国城镇化率可能达到60%，由此带来的投资需求约为30万亿元。由此可见，PPP项目仍然有很大的发展空间。2017年4月25日，国家发展改革委办公厅颁布了《政府和社会资本合作（PPP）项目专项债券发行指引》，开始规范由PPP项目公司或社会资本方发行，募集资金主要用于以特许经营、购买服务等PPP形式开展项目建设、运营的企业债券。5月5日，保监会印发了《关于保险资金投资政府和社会资本合作项目有关事项的通知》，明确保险资金可以通过基础设施投资计划形式，鼓励向符合国家“一带一路”、京津冀协同发展、长江经济带和河北雄安新区等发展战略的PPP项目开展融资。这些新规定将在PPP市场上开启一扇新的大门，PPP项目正在成为全国性的大市场，方兴未艾，潜力巨大。

我们相信，大战略需要大手笔，大手笔需要大市场。一个高效、透明、开放的PPP模式可以反哺市政基础建设，更好地服务于国家经济转型升级、产业结构调整，并把 PPP 由一种市场化投融资工具提升为推进国家治理体系和治理能力现代化的重要手段，进而推动政府行政、财政、投资等体制机制变革。

2017 年 6 月 12 日写于立水桥

PPP项目不能违规走偏，更不能停滞不前（上篇）

——解读财政部“92号文”及市场反馈分析

文 / 顾雷

党的十九大以来，党中央、国务院要求将防控金融风险放在突出位置，近期举行的国务院常务会议又对防控地方政府隐性债务风险、纠正PPP不规范行为作出明确部署。为此，财政部于2017年11月10日印发《关于规范政府和社会资本合作（PPP）综合信息平台项目库管理的通知》（财办金〔2017〕92号，以下简称92号文），严禁通过保底承诺、回购安排、明股实债等方式进行融资，禁止将融资项目包装成PPP项目或变相BT项目。例如，92号文要求地方政府承担的项目建设成本与运营成本均应根据绩效考核结果进行支付，且绩效考核的部分占比不得低于30%，防止当前部分PPP项目通过所谓“工程可用性付费”方式，以“项目竣工即应支付”名义提前锁定政府对建设成本的无条件支付义务，使社会资本快速回收大部分投资从而实现早期退出，强化PPP项目对社会资本回报的效果，防止政府对项目各项支出承担无条件的支付义务，使PPP项目异化为变相版的BT项目。

由此可见，92号文的出台，目的就是纠正当前各地PPP项目实施过程中出现的走偏问题，进一步提高入库项目质量和信息公开程度，把一些不适宜采用PPP模式的项目清理退库，最大限度实现PPP项目在国有资源和民间资本上的最佳配置。

当然，不少市场人士流露出越来越多的担忧，集中体现在92号文出台以后的政府付费类项目不能再做了，这极有可能导致PPP市场停滞不前。我们认为，这种担心是可以理解的，毕竟PPP项目的成败关系到各地市政建设和经济发展的重大问题。

事实上，92 号文规定的是“审慎开展政府付费类项目”，其并没有完全禁止开展政府付费类项目。我们理解的“审慎”是对 10% 的财政可承受能力重新评价，通过政府付费和可行性缺口补助的项目建立与“产出绩效挂钩的付费机制”。对这一条款分析，我们完全可以推断出财政部的初衷是要规范开展政府付费类项目，建立更加完善的绩效考核机制，并没有将其视为违规走偏而禁止开展的意思。

还有一些市场人士对 92 号文规定的“未按时足额缴纳项目资本金、以债务性资金充当资本金或由第三方代持社会资本方股份”属于清理出库 PPP 项目也表现了较大的忧虑和不安，担心这条规定限制了社会投资人进行 PPP 资本金融资。我们认为，“债务性资金”指的是项目本身不能再是债务性资金，即不能再用“债务性资金充当资本金”，也就是《国务院关于固定资产投资项目试行资本金制度的通知》（国发〔1996〕35 号）中规定的“投资项目的资本金是指在投资项目总投资中，由投资人认缴的出资额，对投资项目来说是非债务性资金”情形，并没有禁止社会投资人从事 PPP 资本金融资业务。

其实，92 号文是鼓励开通前期工作的“绿色通道”，设定了社会资本方选择标准，提倡民营企业运用 PPP 模式盘活存量资产加大开发资本金融力度。92 号文主要针对民间投资人以结构化融资的方式进行资本性融资，再以股权方式投入 PPP 项目中的违规行为。这个资本金对于投资人来说是一个债，以股东借款这种“小股大债”的模式。这种通过股东借款的方式投入公司 PPP 项目资本金的做法，违反了《国务院关于固定资产投资项目试行资本金制度的通知》（国发〔1996〕35 号）的规定，但 92 号文并没有限制民间资本参与 PPP 项目的热情，财政部是鼓励做好民营企业 PPP 项目资本金融资业务的，不会影响 PPP 项目未来在互联网时代的快速发展。

目前，我们最应该做的，就是继续鼓励民间资本参与 PPP 项目建设，除国家法律法规明确禁止准入的行业和领域外，不得以任何方式和理由限制民间资本参与 PPP 项目，在各级政府管理下进一步规范 PPP 项目运作，不能因为防止违规走偏而故步自封，更不能因为害怕风险而停滞不前，将分散的社会资金集中起来，获取长期稳定收益，造福人民，回报社会，让 PPP 项目继续在阳光照耀下茁壮成长，让 PPP 行业在规范、透明和公平的市场环境下健康发展。

PPP 项目不能违规走偏，更不能停滞不前（下篇）

——解读国资委“192 号文”及市场反馈分析

文 / 顾雷

国资委《关于加强中央企业 PPP 业务风险管控的通知》（国资发财管〔2017〕192 号，以下简称 192 号文）发布以后，央企投资 PPP 项目，无论是项目的审批、收益、投资规模，还是资本金增信、合并报表都有了更严格的要求。央企需要更精细化的设计，需要更合理的资金投向，才能开展 PPP 项目运作。为此，引发了 PPP 行业广泛关注和市场人士普遍热议。

我们认为，192 号文总体上是要求所有 PPP 项目必须由央企（集团）总部统一审批，这是 192 号文的核心点。也就是说，192 号文规定了央企参与 PPP 项目的限制性规定。例如，192 号文规定，“纳入中央企业债务风险管控范围的企业集团，累计对 PPP 项目的净投资原则上不得超过上一年度集团合并净资产的 50%，不得因开展 PPP 业务推高资产负债率”。这包括两个方面的限制：一个是央企投资 PPP 规模不能超过其合并报表净资产的 50%；另一个是央企开展 PPP 业务时，如果导致资产负债率“高于 85% 或近 2 年连续亏损的子企业”，就不能单独投资 PPP 项目。同时，192 号文还设定了 PPP 投资财务管控指标，诸如投资回报率“原则上不应低于本企业相同或相近期限债务融资成本”，等等。这些规定主要是防止央企在投资 PPP 项目中超低价的恶性竞争现象，杜绝以往市场中的短期不理智行为。

当然，市场人士最担心的还是 192 号文明令禁止以“明股实债”方式引入金融机构资金的规定，会不会由此引起整个 PPP 市场大面积萎缩。

从目前 PPP 运作情况看，由央企牵头参与的 PPP 项目已达 1062 个，占总 PPP 项目的 35%；投资额为 5.7 万亿元，占总成交数的 59%。其中，资管、保险、信托以“明股实债”方式参与的大约占项目总数的 30%。由于金融机构很难真实提供纯正的股权融资，依赖投资人给予一定的担保和增信，因此带出了很多泥沙俱下的问题项目。这已经成为当今 PPP 行业里的一个公开秘密。

因此，192 号文的出台，实际上就是要求央企投资 PPP 项目必须坚持“不增信、不担保、不兜底”三大原则。具体而言，在股权合作中，央企不得为其他方股权提供担保、承诺收益，也不能购买劣后级份额，甚至不能为第三方提供担保和承诺收益。根据 192 号文的规定，无论是项目审批、收益、投资规模，还是资本增信、合并报表都有了更加严格的要求，不仅需要合理控制资金投向，而且需要精细化的设计方案，并在项目实施上有更多的制度安排。比如，央企需要把具体项目中的风险点识别出来，然后在投资人和金融机构之间进行分配，探索进行更精细、更恰当的结构化的设计，包括对结构化分级设计的限制，不再对优先级提供保本保收益等增信要求，不再简单采取兜底、回购等“明股实债”方式投资 PPP 项目。

如此看来，192 号文促使央企投资 PPP 项目有一个更规范的发展路径，回归到更健康的理性运作模式上来，并不是简单叫停央企投资 PPP 项目。一句话，就是不再走“先发展再治理、先发展再规范”的创新老路。虽然一定程度上影响央企投资 PPP 项目的落地速度，但反过来说，也给地方国企、民企带来了占有 PPP 市场更多份额的机遇和更好的投资机会，对社会投资人会更有信心，因为投下的 PPP 项目质量会更好，地方国企、民间资本可以更有效地推动 PPP 回归公共服务供给侧机制的本源。所以说，192 号文并不是利空消息，而是一个长远的利好政策。

2017 年 12 月 21 日写于文化大厦

人工智能带给金融资产交易市场的利弊分析

文 / 顾雷

2017年以来，云计算、大数据等技术的成熟催化了人工智能技术的发展，使完成复杂任务的可能性大幅提升，推动了计算机视觉、自然语言处理、机器人技术、语音识别技术在金融行业的渗透。毫无疑问，人工智能在未来也将改变金融资产交易模式，替代交易人员承担更多重复性工作，并在智能研判、智能交易、智能风控三大方面对金融资产交易市场产生重大影响。

一、智能研判

人工智能的主要好处是在运行中具有自我完善能力和积累更多数据，利用语音识别与自然语言处理技术，通过电话、网页在线、个人网银、掌上银行、APP、微信及微信公众号等对外客户服务渠道，对海量通话、各种用户单据数据进行识别、分析和处理，强化智能语言处理技术、交易图形识别、电子交易执行、组合数据优化处理能力，挖掘其内在价值，用于客户偏好分析、了解资产交易意图、交易行情研判和资产优化配置，打造一个前端的智能顾问，帮助交易机构（包括客户）更好地了解交易市场，为客户服务与客户营销等提供数据与决策支持。

这方面有代表性的是美国先锋基金、嘉信智能投资组合、Betterment、Wealthfront、Personal Capital公司。根据统计公司Statista的统计，2017年仅这五家美国投资顾问公司通过人工智能管理的资产规模就达2248.02亿美元，到2021年将有5095.55亿美元，年复合增长率29.3%。美国公司人工智能帮助管理和交易资产的经验，确实值得国内金融资产交易机构学习和借鉴。

二、智能交易

（1）交易模式更加个性化、智能化。在传统交易模式下，受人力和数据处理技术影响，金融资产交易对绝大多数客户仅提供标准化服务，只能对少数高净值客户提供定制化服务。而人工智能可以批量实现对所有客户的人性化服务，在沟通客户、交易产品、需求设计、服务渠道、服务方式和风险管理方面迎来新变革，使个性化与全面化有机统一。

（2）交易大数据处理能力大幅提升。长期以来，金融资产交易行业沉淀了大量数据，包括各类金融资产交易模式、客户信息、市场分析数据、风险控制方式等。这些数据容量巨大，形态多样，无法及时有效转换成可分析数据，但通过人工智能的深度学习系统，尤其在基础资产上开发的标准化金融产品和金融衍生产品的咨询、开发、设计、交易服务方面，人工智能将大幅度提高数据处理和运算能力。

简单来说，人工智能可以提高数据获取、数据转换、特征分析、交易模型的功能，根据资产质量、资产数量、交易对象、交易费率和交易价格，帮助金融资产交易机构对交易策略量化分析和风险模型预测。而且，人工智能还可以摆脱人为情绪因素，对诸如普通信贷及银行贷款、票据、信托产品、租赁产品的分析和研判更加理性，并摆脱人类生理极限，不停歇地强化这些功能，一直到目标达成，完全可以超过人类知识所及的运算能力。

三、智能风控

人工智能可以在线过程分析（Online Analytical Processing，OLAP）、聚类、滤波、神经网络、预测模型等量化风险预测手段，对不同来源的交易数据进行整合，分析交易上下游、同业合作、竞争对手、结算公司等关联数据，检测数据真伪，主动发现并识别不良资产、信贷资产、信托资产、保险资产、私募股权基金在营销、交易方面的潜在风险。

当然，人工智能也有弊端。人工智能将慢慢替代金融资产交易人员，并逐步导致大量人力的闲置，有时也会产生电脑故障等操作风险。

但是，我们无须对此产生恐惧或抵触情绪。金融资产交易是一种强调流程、步骤和程序的行业，其社会实践性较低，它更需要一种固定方法和稳定结构推进交易朝着“更快捷、更简单、更精准”方向发展。而人工智能恰恰可以做到这一点，可以最大限度地节约人力成本，使业务失误概率为零。这显然是我们的交易人员很难做到的，富余的交易人员可以通过人工智能进行深度学习，开创更新的业务领域。因为我们坚信，任何一个市场都是因为需求而产生的，到那时一定会有新市场、新行业、新业务需要我们去开发、去管理、去开展，充分展示人类无限的想象空间，最大限度地释放互联网金融红利，划定好人工替代和智能替代之间的边界，处理好人工替代和社会安定之间的关系，并绽放出人类越来越灿烂的智慧光芒。

人工智能带来的不仅是高端技术的再造，更有对传统交易模式和经营理念的重塑。今天愿意改变经营理念，调整心态，勇敢面对，顺应互联网发展趋势的金融资产交易人员，明天都将拥有更强的竞争力和更美好的前景。今天积极拥抱人工智能，冷静应对，大胆跟进，契合人工智能转型发展的金融资产交易平台，明天必定拥有更强大的竞争力和更持久的发展后劲。

2017 年 12 月 28 日写于红领巾桥

社会资本介入 PPP 的模式、路径和风险防控（上篇）

——以“鸟巢”国家体育场 PPP 项目为例

文 / 顾雷

社会资本[①]与 PPP 项目能不能无缝对接？

当前，社会资本介入 PPP 项目，依然面临不少困难和障碍，诸如垄断行业市场开放度不够，融资难、融资贵，合作方信用度尚未根本改观等问题长期存在。为此，国务院办公厅于 2017 年 9 月 1 日发布了《关于进一步激发民间有效投资活力促进经济持续健康发展的指导意见》（国办发〔2017〕79 号）。其规定加大基础设施和公用事业领域开放力度，禁止排斥、限制或歧视民间资本的行为，为民营企业再次创造平等竞争机会，进一步调动民间资本参与市政工程建设的积极性。可以预见，未来 PPP 模式将成为解决政府债务和基础建设资金不足问题的有效解决方式之一。

我国社会资本的规模体量大概在 15 万亿元左右，我们相信这十几万亿元的社会资本对于 PPP 项目的推动作用是不言而喻的。但是，在目前阶段，我国社会资本在 PPP 项目中处于尴尬境地，有人把它比喻为“两低一高”，即参与率极低，参与意愿极低，项目中间夭折的概率高。[②]由于参与方诉求各不相同，对结果的预期也有所不同，造成了这种尴尬境地。比如，社会资本在资

① 本文的社会资本不是狭义的金融资本，也不仅仅指民间资本，而是广义的社会资本，包含人力资本、民间资金、技术知识、运营管理等。

② 潘世梁：《民间资本助力 PPP 项目》，2017 年 2 月 28 日在我国首家政府和社会资本资产交易管理平台在天津启动仪式上的讲话。

金回报、PPP 项目周期等方面要求“短平快”，而政府机构更关注 PPP 项目解决当地市政困境，双方契合度存在差异。所以，社会资本参与 PPP 项目，任重而道远。

令人欣慰的是，2018 年我国政府的一项重要任务就是完善政府和社会资本合作模式。2017 年，全国入库 PPP 项目共计 11,260 个，但 PPP 项目总体落地率不到 30%。由此可见，PPP 项目仍然有很大的发展空间。2017 年 4 月 25 日，国家发展改革委办公厅发布了《政府和社会资本合作（PPP）项目专项债券发行指引》，鼓励社会资本介入符合国家“一带一路”、京津冀协同发展、长江经济带和河北雄安新区等发展战略的 PPP 项目。这些规定将在 PPP 市场上开启一扇新的大门，形成一个全国性的大市场。社会资本参与其中，不仅可以更快地完成 PPP 项目，还可以帮助当地政府部门提高工作效率，成就更多的惠民工程。当然，社会资本介入 PPP 项目的模式和路径需要进一步选择，既不可盲目推进，也不能止步不前。北京“鸟巢”国家体育场就是一个值得社会资本借鉴的案例。

【典型案例】

项目概况

国家体育场（“鸟巢”）位于奥林匹克公园中心区南部，工程总占地面积 21 公顷，建筑面积 25.8 万平方米，场内观众座席约为 91,000 个。该项目于 2003 年 12 月开工建设，2008 年 6 月正式竣工。国家体育场有限责任公司负责国家体育场的融资和建设工作，北京中信联合体体育场运营有限公司负责 30 年特许经营期内的国家体育场赛后运营维护工作。

项目合同结构

“鸟巢”项目的合同结构有三个关键的节点，即特许权协议、国际体育场协议以及联营体协议。中标人中国中信集团联合体分别与北京市人民政府、北京奥组委、北京市国有资产有限责任公司签署了《特许权协议》《国家体育场协议》和《合作经营合同》三个合同协议。之后，中国中信集团联合体与代表北京市政府的国有资产经营管理有限公司共同组建了项目公司——国家体育场有限责任公司。根据协议规定，国家体育场有限责任公司经营期限为自2003年12月至2038年12月，届时国家体育场将被无偿移交给北京市政府，并确保所有设备处于良好的运行状态。同时，北京中信联合体体育场运营有限公司被授予国家体育场30年运营权，其间政府不参与任何分红。

项目股权结构

"鸟巢"项目实际总投资为30.1亿元，北京市国有资产经营有限责任公司代表政府出资51%，中信联合体出资49%。在中国中信集团联合体49%的投资中，中信集团所占比例为65%、北京城建集团所占比例为30%、美国金州公司所占比例为5%。

项目股权结构表

投资方	比　例	组　成
北京市政府	51% 15.35亿元	资本金为5.95亿元，占项目公司注册资本的51%； 债务资金支持为9.4亿元
中信联合体	49% 14.75亿元	资本金为5.72亿元，占项目公司注册资本的49%； 信托贷款为3亿元

项目融资结构

"鸟巢"项目按招标文件设计投资总额为32.5亿元，按优化建筑设计方案增加国家体育场面积8.4万平方米，相应增加投资2.5亿元，项目总投资为35亿元。项目公司前期运营收入为4.9亿元，将其扣除后项目实际投资30.1亿元，北京市政府和北京市中信联合体体育场运营有限公司按51%、49%提供资金支持。

项目资金来源包括资本金、信托贷款、银行贷款、预收项目运营收入和北京市政府提供的次级债务。北京市政府提供的资金支持为15.35亿元，其中资本金为5.95亿元，占项目公司注册资本的51%；提供的债务资金支持为9.4亿元，由北京市政府提供全额贴息贷款。北京市中信联合体体育场运营有限公司提供的资金支持为14.75亿元，其中资本金5.72亿元，占项目公司注册资本的49%；协助解决项目公司信托贷款3亿元，银行贷款6.03亿元。

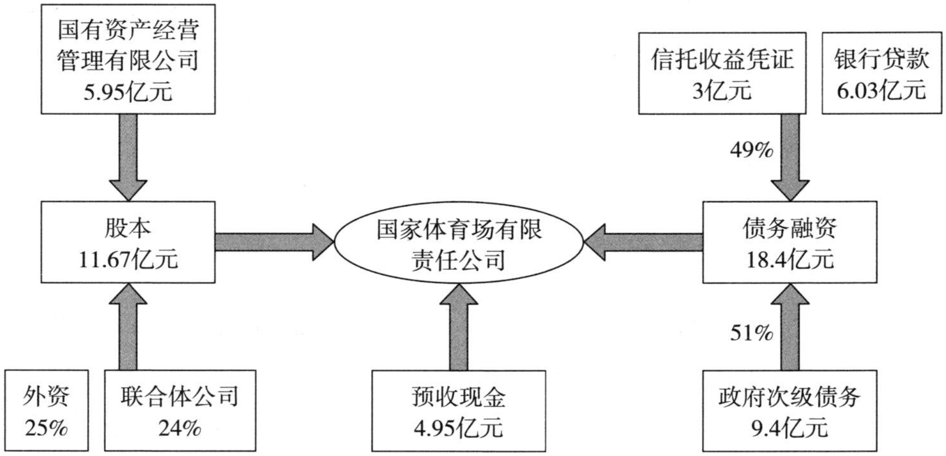

"鸟巢"项目融资结构图

项目运行结果

"鸟巢"项目运营的一年后，北京市人民政府与中国中信集团联合体签署协议，具体方案为：北京市政府持有的51%股份将改为股权，主导经营场馆，并承担相应责任，原中国中信集团联合体成员持有49%股权。同时，成立国家体育场运营维护协调小组，形成在北京市市委、市政府主导下，由国家体育场有限责任公司负责运营，北京市各相关部门全力配合的新体制。在政府接手运营权后，负责鸟巢投融资和建设工作的国家体育场有限责任公司的董事长、总经理等公司高层由政府人员出任。这意味着由中信集团、北京城建和美国金州控股共同组成的中国中信联合体放弃了自己30年的特许经营权，转而获得永久股东身份（原中国中信集团联合体成员共持有49%的股权），完美收官。[①]

① 本案例部分资料、数据摘自武哲岭等：《PPP融资模式对公司开展业务的启示》，载《中国长城资产管理公司2014年度研究报告》。

1. 社会资本介入 PPP 项目的路径选择

从“鸟巢”国家体育场 PPP 项目看出，社会资本在其中扮演了三种角色：项目立项时的直接参与者，项目建设期的融资服务中介，项目运营后期的风险退出者，既弥补了资金不足，又在高效率项目管理、创新产品设计等方面为市政工程提供了高效服务，最后安全退出，为社会资本介入 PPP 项目打开了一片广阔的投资新天地。

根据国家发改委《基础设施和公用事业特许经营办法》、财政部《关于推广运用政府和社会资本合作模式有关问题的通知》，社会资本介入 PPP 项目的行业包含煤炭、石油、天然气、电力、新能源、铁路、公路、水运、电信、通信、网络、信息、农田、水利、生态环境治理、土地整治、供水供气供热、污水和垃圾处理、城市园林、公用事业和工业园区、保障性安居工程、地下综合管廊、轨道交通、医疗、体育设施和养老服务设施等。上述行业应该成为社会资本在 PPP 项目选择上的一个方向性模式，特别是环保、体育、医疗、养老、安居工程，更能体现社会资本在多元化经营、网络布局、项目储备、客户资源、品牌优势等方面的强大竞争力。可以说，PPP 行业与社会资本业务方向高度契合，社会资本可将 PPP 项目作为基础资产配置工具，实现社会资本为民造福、普惠天下的美好目标。

（1）选取优质稳健项目，直接进行项目投资。

针对新能源、新材料、交通基础设施、环境保护、新一代信息技术等战略新兴产业，以及高端装备制造、医疗保健、养老等符合国家政策导向的 PPP 项目，社会资本通过资产重组、股权重组方式，推动目标企业在境内外上市或定向增发，最终把目标企业股权转换成上市公司股份，通过资本市场实现溢价退出。

（2）通过融资中介服务，形成项目价格优势。

社会资本依托资产重组、投资银行、财务顾问等业务，协同证券、银行、基金、信托、金融租赁等公共平台，为 PPP 项目进一步拓宽融资渠道，为 PPP 项目公司寻找期限和利率相匹配的社会资金，最后形成较低利率和较长期限的多元化 PPP 项目组合，为 PPP 项目的融资活动提供全方位服务。

（3）独立或牵头，主动发起和参与项目竞标。

社会资本独立或牵头，主动发起与新型城镇化任务相匹配且具有一定竞争优势的 PPP 项目，进行科学的投资评估和价值分析，充分利用自身的融资成本优势和实体运营能力，公开公平参与本地或外地的 PPP 项目竞标，以真正的市场化主体身份全面介入 PPP 市场竞争和运作。①

2. 社会资本介入 PPP 项目的风险防控

（1）立项审查。

在立项阶段，项目社会资本面临的风险主要有初期调研费用、投标费用、谈判费用等，其中谈判费用是 PPP 融资成本的重要部分，如项目不能中标，项目公司在经济上会受到很大损失。作为项目投资方，社会资本可能面临前期投资无法回收的困境。因此，社会资本在直接参与 PPP 项目投资时，不仅需做好前期尽职调查工作，选择风险相对较小的项目介入，而且还需要通过谈判尽量让政府一方承担较多立项风险。例如，调查对象包括但不限于 PPP 实施方案的制订、招采程序的合法性。如果存在一定风险，社会资本不能熟视无睹，必须与政府方面交涉，共同寻求解决方案，最后引导 PPP 项目的执行。

（2）风险转移。

此处的风险是指 PPP 项目建设各阶段存在的各种风险，包括技术风险、信用风险、市场风险和管理风险。由于 PPP 项目一般投资额较大，收益率不高，资金回收期长，在管理中经常会高估收益或低估成本，这可能会使社会资本得不到应有的回报，甚至出现亏损。社会资本作为 PPP 项目直接投资人时将直接面临各种风险。社会资本在 PPP 项目中承担的部分风险可以通过转嫁给其他方的形式予以合理转移，例如可通过 EPC 总包合同、保险合同等将建设、

---

① 丁伯康：《50 号文后政府融资平台介入 PPP 的路径分析》，百家号：baijiahao.baidu.com，最后访问日期：2017 年 5 月 18 日。

投保的风险传导至 EPC 总包商、承包商、保险公司等主体。[①]又如政府信用风险，即政府不履行或拒绝履行合同约定的责任和义务而给项目带来直接或间接的危害。[②]如果政府有可能未按合同约定实施财政补贴，合作机构未按合同约定融资、施工的，社会资本就要事先重视投资环境考察，调查当地法律环境、政府效率、政府对私营企业支持政策、财政经济实力、城市现有的基础设施水平等。同时，社会资本必须重视项目运营及商业模式的可行性，切勿追求高额回报或将项目成功过分依赖于某个领导个人关系及其缺乏客观依据的承诺上，防止“新官不理旧账”，依靠合同来切实防控政府部门的信用风险。

（3）明确责任。

如上所述，在现有法律背景下，社会资本参与 PPP 模式在进入方式、项目融资、土地使用权、政府承诺以及股权变动限制等方面均存在诸多风险。[③]因此，社会资本在参与 PPP 项目融资活动时就要明确合作协议中权责利的分配，包括出资组建项目公司责任、制止转让责任、前期费用累赘责任、融资及偿债责任、制止担保责任、违约责任和保密责任等，[④]以便在信用风险发生时，社会资本能够得到及时、全面的法律救济，避免或减少损失。

（4）安全退出。

社会资本关注 PPP 项目的退出渠道和方法，为最终实现利润最大化做好准备。事先就要考虑好“退出”渠道，例如在项目公司股权层面不允许退出，是否可在项目公司股东的层面设定退出安排，或者在项目公司股权层面进行特别约定，以实现退出的目的。同时，退出机制的设定要在法律、法规允许

---

① 刘世坚、孙丕伟等：《社会资本参与 PPP 项目的八项注意》，搜狐财经：http://www.sohu.com/a/200363387_263553，最后访问日期：2018 年 2 月 4 日。

② 龚创、马新明：《PPP 项目风险防范研究》，载《基层建设》2017 年第 9 期。

③ 吴正林：《社会资本参与 PPP 项目的分析防控》，徽商律师事务所：http://www.hslawyer.net/，最后访问日期：2016 年 4 月 1 日。

④ 张播：《PPP 项目框架协议中社会资本的义务和风险》，华闻网：http://www.huawenzs.com/zq/1701/89806.html，最后访问日期：2017 年 1 月 30 日。

的范围内，也要在政府PPP政策允许范围内进行，最大限度体现社会资本的诉求，考虑好“退出”的合规性。①

为保证社会资本的投资积极性、合作效率性、资金流动性，社会资本可通过股权交易达到风险退出。金融资产交易所为PPP项目落地实施一站式服务，包括交易信息公布、寻找社会资本、融资配套服务以及社会资本流转等，在政府和市场之间形成纽带与对接，同时联合融资租赁、供应链金融、跨境并购等，促进PPP交易市场的活跃度，为社会资本流转和退出提供合规而高效的渠道。正如有学者指出PPP项目交易流转平台的建立，可以保持社会资本参与PPP项目的动力和活力，是未来社会资本退出的主要方式。②

我们相信，未来PPP模式必然成为中国公共服务领域的主流模式，谁最先掌握PPP模式的规律，谁就能在未来发展中抢得先机。我们也希望社会资本能够依托各种平台，诸如我国首家政府和社会资本资产交易管理平台，发挥各自优势，致力于为各级政府和企业提供优质、便捷、高效的综合金融服务，为民造福。

2018年3月4日写于昌平半截塔村

① 刘世坚、孙丕伟等：《社会资本参与PPP项目的八项注意》，搜狐财经：http://www.sohu.com/a/200363387_263553，最后访问日期：2018年2月4日。

② 杨芊芊：《PPP模式中社会资本退出方式选择》，北极星环保网：http://huanbao.bjx.com.cn/news/20160929/776930.shtml，最后访问日期：2016年9月29日。

社会资本介入PPP的模式、路径和风险防控（下篇）

——以杭州浙金网“PPP+P2G”模式为例

文 / 顾雷

民间资本[①]介入的PPP项目能否实现“PPP+互联网”模式与现代金融无缝对接?

虽然政府与社会合作的PPP项目近年来被理论界广泛认为是现代金融的重要组成部分，但现阶段我国民间资本在PPP项目中处境尴尬，PPP项目参与各方未必都能走到最后，最终结局往往是不尽如人意。

实践中，我国民间资本规模体量大概在15万亿元左右。一方面是缺钱的地方政府，另一方面是汹涌的民间资本无处寻觅合适项目。因此，如何有效引导民间资本注入实体经济，特别是利国利民的政府民生项目，成为目前PPP项目对接现代金融过程中的最大难题。浙金网凭借互联网金融（Private to Government，P2G）创新性地回答了这一问题。杭州浙金网发布的“PPP+P2G”模式可以为我们提供一些启发和借鉴。

一、“PPP+互联网”对接模式符合现代金融战略

浙金网通过“PPP+P2G”模式，搭建了民间资本参与政府项目的中间桥梁，将民间闲置资金向政府融资平台的民生建设工程输送，用更高效率、更

① 本文的民间资本不是狭义的金融资本，不仅指民间资金，而是广义的民间资本，包含人力资本、民间资金、技术知识、运营管理等，与现代金融中的民间资本同义。

透明的机制，相对合理的成本，为投融资两端提供互联网创新技术的政信资产撮合交易服务，引导社会资本流向实体经济，最终向大众提供现代金融服务。

【典型案例】

2015 年 12 月 20 日，由浙金网开创的“PPP+P2G”模式首次亮相，将闲散的民间资本汇聚起来，投向浙江当地政府融资项目，包括棚户区迁移改造、国道建设、保障房建设、工业园区一级土地整理、五水共治等民生工程建设项目，打造现代金融样板工程，第一次将 PPP 项目与现代金融对接起来，成为国家推进 PPP 模式政策潮流下推出的“PPP+ 互联网”的一次金融创新实践。

在融资端，浙金网依靠高壁垒的互联网技术，为政府民生工程搭建了一条高效的融资渠道，如为余姚建设、安吉五水、德清高铁等众多民生项目筹措资金，满足地方政府基础设施建设上的融资需求。

在投资端，浙金网将优质的政信资产面向社会资本开放，民间资本有了用武之地，让普通投资人在享受稳健投资回报的同时，还能为家乡建设添砖加瓦，惠及当地广大老百姓。[①]

在浙金网“PPP+P2G”模式中，地方政府通过 P2G 平台融资，大幅提高资金利用效率，降低融资成本，让 P2G 投资者更便捷、更安全地享受政府项目建设带来的红利。[②] 特别是浙金网“PPP+P2G”上线以来，一方面为余姚建设、安吉五水、德清高铁等众多民生项目筹措资金，满足地方政府基础设

① 甘居鹏：《杭州首次发布“PPP+P2G”互联网金融模式　打造现代金融新范式》，浙商网：http://biz.zjol.com.cn/，最后访问日期：2015 年 12 月 21 日。

② 《浙金网领衔 P2G：互联网金融 + 民生　助推现代金融》，鸣金网：http://www.mingin.com/，最后访问日期：2015 年 7 月 20 日。

施建设上的巨大融资需求，另一方面又与农村金融无缝对接，建立了向贫困地区、偏远地区和需要帮助的群众提供金融服务的渠道，渗透和辐射到浙江省的多个乡镇，提升镇一级政府、县一级政府的融资效率，打通农村现代金融“最后一公里”障碍。截止到2015年12月30日，浙金网通过“PPP+P2G”模式已经帮助当地政府、国企解决超过16亿元融资需求，为投资人创造4000多万元财富增值，推动了民生建设的开展，让金融真正地惠及大众，真正实现了现代金融服务大众的宗旨。显然，浙金网透明化、规范化的PPP项目为现代金融提供了一种新的样本范式。目前，浙金网正在面向全国输出其开创的“PPP+P2G”对接模式，进一步推广农村现代金融。

由此类推，通过民间资本的积极介入，民间资本可以将PPP项目变成一个“创造财富、分享财富，具有社会责任感的互联网金融平台”，通过股权质押或资产质押方式，让银行、保险愿意进入这个项目，形成稳定收益，多方共赢，为用户提供更安全、便捷、多元化的现代金融服务，改善当地的城市园林、公用事业和工业园区、保障性安居工程、地下综合管廊、轨道交通、医疗、体育设施和养老服务设施，带动周围产业一起发展，打造成有特色、差异化的互联网金融生态圈。① 亦如，有学者指出：“民间资本介入，与政府有效结合起来，效率才是最高的。”②

有鉴于此，财政部2016年9月24日专门发布《普惠金融发展专项资金管理办法》，就普惠金融发展专项资金的分配、拨付、使用、管理等做出新规，明确了PPP项目以奖代补政策。③ 其中，对中央财政PPP示范项目中的新建惠民项目最高奖励800万元。显然，政府是鼓励“PPP+互联网”对接模式的，

---

① 《争时金融：PPP模式推动现代金融发展》，搜狐财经：http://www.sohu.com/a/200363387_263553，最后访问日期：2016年9月23日。

② 王乐：《互金回归现代金融本质，PPP项目成新宠》，摘自《中国经营报》2016年8月27日。

③ 普惠金融发展专项资金，是指中央财政用于支持普惠金融发展的专项转移支付资金，包括县域金融机构涉农贷款增量奖励、农村金融机构定向费用补贴、创业担保贷款贴息及奖补、政府和社会资本合作（PPP）项目以奖代补等4个使用方向。

借此可以实现PPP和互联网融资项目的双向流通，使国家财政资金暂时无法惠及的偏远地区民众能及时享受普惠金融服务，改变贫穷落后的生活状态，践行国家通过PPP项目推动和发展普惠金融的战略。

二、浙金网“PPP+P2G”模式的主要特征

目前，浙金网面向全国推出的“PPP+P2G”对接模式并不是盲目推进的，其对于民间资本介入PPP项目也是有要求的，否则会造成项目中途夭折，浪费民间资源。为此，浙金网做出表率，提出“四个透明”前提条件，在资金、风险、信息、交易四个维度为行业树立标杆，值得未来PPP项目学习和借鉴。

（一）资金透明，直接投入稳健项目

浙金网平台作为一个信息中介服务平台，自身不设资金池，不对产品提供担保，所有资金通过第三方支付平台全程托管，投资人资金直接打入融资方账户，不经过平台之手。这样的好处在于平台不承诺保本保息，而是依靠资产本身的增信与质量获得客户，利用自身的融资成本优势和实体运营能力，主动发起与新型城镇化任务匹配且具有一定竞争优势的PPP项目。有学者评论认为，在浙金网平台上，参与方可以真正公开、公平参与本地或外地的PPP项目竞标，以市场化主体身份全面介入PPP市场竞争和运作。[①]

（二）风险透明，形成项目情况公开

浙金网在发布每个项目时，将信息披露内容与方式、投资人保护机制、产品风险因素及仲裁解决机制均充分地披露出来，让投资者享有充分的信息知情权，以进行独立的判断。

---

① 丁伯康：《50号文后政府融资平台介入PPP的路径分析》，百家号：baijiahao.baidu.com，最后访问日期：2017年5月18日。

（三）信息透明，确保投资者权利保护

如何证明互联网上的交易是真实存在的？在浙金网平台上，投资人从注册、充值到购买、转让，所有交易行为的证据链都在“无忧存证”上独立实时地保存下来，证明虚拟网络世界中各种交易凭证的真实性。

（四）交易透明，为用户提供全方位信息披露

浙金网采用与交易所同等级别的交易标准，为用户提供安全可靠的交易环境。此外，浙金网的信息披露完全参考上海证券交易所标准，做到披露无遗漏，主动为用户提供安全的交易环境。[①]

三、浙金网“PPP+互联网”项目的退出路径

在现有法律背景下，民间资本参与PPP模式在介入方式、项目融资、土地使用权、政府承诺以及股权变动限制等方面均存在诸多不确定因素。[②]因此，民间资本在参与PPP项目投资时，不能无视其中的风险，必须设计好退出方案和路径，包括出资组建项目公司责任、转让责任、前期费用累赘责任、融资及偿债责任、担保责任、违约责任和保密责任等，在信用风险发生时能够迅速、安全地退出，最大限度避免或减少经济损失。[③]

---

① 《浙金网：打造PPP+P2G互联网金融模式》，中新浙江网：http://www.zj.chinanews.com/，最后访问日期：2016年1月6日。

② 吴正林：《民间资本参与PPP项目的分析防控》，徽商律师事务所：http://www.hslawyer.net/，最后访问日期：2016年4月1日。

③ 张璠：《PPP项目框架协议中民间资本的义务和风险》，华闻网：http://www.huawenzs.com/zq/1701/89806.html，最后访问日期：2017年1月30日。

（一）风险转移

由于PPP项目投资额较大，收益率不高，资金回收期长，这可能使民间资本得不到应有回报，甚至出现亏损。因此，民间资本在PPP项目中承担的部分风险必须通过转嫁给其他方的形式予以合理转移。例如，民间资本可以通过EPC总包合同、保险合同将建设、投保的风险传导至EPC总包商、承包商、保险公司等主体，以期商业风险有效转移。[①]

政府不履行或拒绝履行合同约定的责任和义务而给项目带来直接或间接的危害。例如，政府未按合同约定实施财政补贴，或者合作机构未按合同约定融资、施工的。[②]为此，民间资本不能片面追求高额回报，更不能将PPP项目的成败单纯依托于某个领导口头承诺或个人关系上，必须认真调查当地法律环境、政府办事效率、政府对私营企业支持政策、财政经济实力，重视项目运营及商业模式的可行性，防止“新官不理旧账”，使用合同来切实防止政府部门的信用风险。

（二）退出路径

（1）如果在项目公司股权层面不允许退出，可在项目公司股东的层面设定退出安排，或者在项目公司股权层面进行特别约定，以实现退出的目的。

北京“鸟巢”国家体育场PPP项目确实是一个值得社会资本借鉴的退出渠道。民间资本先期是“鸟巢”PPP项目直接参与者，后期通过股权结构的调整，成为“鸟巢”PPP项目风险退出者。既在项目管理、产品设计等方面为市政工程提供了高效服务，最后又安全退出，为民间资本介入PPP项目打开了一片广阔的投资新天地。当然，退出机制的设计必须在法律法规允许范

---

① 刘世坚、孙丕伟等：《民间资本参与PPP项目的八项注意》，搜狐财经：http://www.sohu.com/a/200363387_263553，最后访问日期：2018年2月4日。

② 龚创、马新明：《PPP项目风险防范研究》，载《基层建设》2017年第9期。

围内，同时符合国家现代金融各项法规政策，最大限度体现民间资本的诉求，考虑好“退出”的合规性。①

（2）民间资本还可以通过股权交易达到风险退出，以保障民间资本的资金流动性，诸如国内不少金融资产交易所，如陆金所、天津金融资产交易所都可以为民间资本介入的PPP项目落地一站式退出提供服务，包括退出信息公布、寻找新资本买家、交易配套服务以及民间资本流转等，在政府和市场之间形成纽带与对接，促进PPP交易市场的活跃度，为民间资本流转和退出提供合规而高效的渠道。正如有的学者指出，PPP项目交易流转平台的建立，可以保持民间资本参与PPP项目的动力和活力，是未来民间资本退出的主要方式。②

总之，未来“PPP+互联网”对接模式将成为中国公共服务领域的主流模式，谁最先掌握PPP运作规律，谁就能在未来发展中抢得先机。谁最先运用互联网经营模式，谁就能在竞争中发挥优势，因为PPP行业与现代金融高度契合，民间资本可将PPP项目作为基础资产配置工具，采取与现代金融无缝对接模式，向各级政府和企业提供优质、便捷、高效的现代金融服务，实现民间资本为民造福、普惠天下的美好目标。

2018年3月19日写于北新侨二条胡同

① 刘世坚、孙丕伟等:《民间资本参与PPP项目的八项注意》，搜狐财经：http://www.sohu.com/a/200363387_263553，最后访问日期：2018年2月4日。

② 杨芊芊:《PPP模式中社会资本退出方式选择》，北极星环保网：http://huanbao.bjx.com.cn/news/20160929/776930.shtml，最后访问日期：2016年9月29日。

PPP 行稳致远须从提升项目可融资性破题

文 / 丁化美　于丽

改革洪流滚滚向前，不忘初心，方得始终。

规范，是财政部在推广 PPP 过程中的一贯要求。但从市场上来看，仍有一些参与方看不清政策脉络，摸不准规范边界，有的不顾“红线”，冒险冒进；有的搞成了“伪 PPP”；还有的准备不充分、论证不到位，项目无法落地。PPP 纠偏势在必行。

一、以退为进　严选项目是规范最佳范例

“君子弃瑕以拔才，壮士断腕以全质。”对 PPP 入库项目所进行的清查退库之举，无异于壮士断腕，需要巨大的决心与勇气。从清退的结果来看，之前已经历经严格公开程序筛选出的示范项目也在清查之列，并按照最初的落地时限要求进行倒查，体现了厉行规范、誓做“真 PPP”的态度。

一直以来，作为 PPP 项目的样板和标杆，国家示范项目在规范性、落地率等方面都表现抢眼，示范引领作用明显。从财政部 PPP 中心披露的信息来看，截至 2017 年 12 月末，三批国家示范项目共计 697 个，总投资额为 1.8 万亿元，前两批示范项目已 100% 落地，第三批示范项目也有超八成落地。此前，第四批示范项目也已经出炉，而且筛选标准更严格，信息公开的力度也更大。

示范项目之所以表现抢眼，一方面来自标准严格、信息公开，以及规范化的操作；另一方面也得益于对能进能出、优胜劣汰原则的坚持。第一批示范项目最初为 30 个，陆续调出 8 个；第二批示范项目最初为 206 个，陆续调出

44个；第三批示范项目最初为516个，陆续调出3个。

也有部分示范项目被调出示范项目名单，这些项目需要继续按照规范性的要求重新梳理、整改完善，继续按照市场化的方式选择合适的商业模式，打通融资瓶颈、提升运营绩效等。

二、以终为始，提升可融资性是破局关键

融资难、融资贵成了部分退库项目面临的主要问题。尤其是在《关于规范政府和社会资本合作（PPP）综合信息平台项目库管理的通知》（财办金〔2017〕92号）、《关于加强中央企业PPP业务风险管控的通知》（国资发财管〔2017〕192号文件）、《关于规范金融企业对地方政府和国有企业投融资行为有关问题的通知》（财金〔2018〕23号）的出台，以及接连而来的资管新政、金融监管加强等的背景下，PPP项目融资更显得难上加难。

究其原因，一方面部分金融机构仍然缺少对于PPP改革的深刻认识，存在固守传统项目融资模式的观念，尚未形成顺应PPP改革而相应进行的金融创新，导致一些项目为了融资而不顾PPP规范性的要求；另一方面也有部分金融机构对资管新政及系列规范性文件对PPP模式的影响考虑不够全面，缺少对于PPP项目特点的风控评判体系。由此，出现了一有“风吹草动”，便马上“关闭阀门”的情况。

事实上，金融大环境的风险的确会传导到PPP融资的小环境，但固守成规并不能解决实质性的问题，坚定发展信心，顺应改革思路，寻找更适合于PPP模式的金融支持模式迫在眉睫。

笔者认为，为了推动更多PPP项目能够得到金融“活水”的支持，化解融资困境，一是要采用创新的金融产品设计思路，通过金融组合创新等多元化、结构化的方式解决社会资本方参与PPP项目的资金需求问题。二是加大理论研究力度，力争通过打通PPP资产交易和退出通道，理顺PPP资产交易和管理的理论政策路径，让金融机构更有信心“放水进来”。三是以终为始，

倒逼各参与方在 PPP 项目之中做到“三实”，即切实从全生命周期的角度论证项目，务实对项目的可经营性、可融资性进行系统考虑，踏实研究 PPP 模式的精髓要义，真正实现规范化操作。

历经短暂四年，我国 PPP 市场规模已超 18 万亿元，统一的大市场已然形成，相关的政策制度体系趋于完善。从宏观方面来看，PPP 对于推动供给侧结构性改革，提升国家治理能力，落实放管服举措，提高财政资金使用效率等方面都有积极的作用；从微观方面来看，PPP 模式所应用的领域都是与老百姓密切相关的公共服务领域，PPP 项目运营的好坏，社会公众都有切身体会，影响广泛。

笔者认为，PPP 行稳致远，之于我国的改革推进和百姓福祉都有深远影响。规范纠偏，断腕前行都是必要之举。此番政策性“松油门”和以清库为主要举措的“踩刹车”，对于 PPP 改革而言，意义非凡。长远来看，短期阵痛好于系统性风险爆发。

山再高，往上攀，总能登顶；路再长，走下去，定能到达。我国的 PPP 之路同理。

2018 年 10 月 1 日写于天津于家堡

盘活存量　激活增量

文 / 丁化美

没有二级市场的活跃，就没有一级市场投资的繁荣。

天津金融资产交易所（以下简称天金所）致力于提供专业的资产交易服务，自 2013 年至今，累计交易了 1.9 万多亿元资产，包括股权、物权、债权和知识产权，在资产交易方面积累了一些基本经验，创造了许多创新交易的案例。这些经验包括交易制度的安排、平台技术的支持、投资者适当性管理、交易风险的管控等多个方面。其中，一条最基本的经验就是交易促进投资，盘活存量，激活增量，“没有二级市场的活跃，就没有一级市场投资的繁荣”。通过交易提升金融服务实体经济的能力。

在 2018 年 2 月 28 日天金所和财政部 PPP 中心签订合作协议后，天金所 PPP 运营中心集中全部力量进行了长达 4 个月的 PPP 资产交易和管理的专题调研，先后和 100 多家 PPP 参与机构，五个省级人民政府，数十个地市县级人民政府及中国 PPP 基金分别进行了多种形式的交流和研讨，围绕 PPP 不同阶段，开发了五款 PPP 资产交易和融资产品。我们的目的就是通过 PPP 资产的交易，促进 PPP 项目落地，推动我国 PPP 事业健康快速发展。

一、PPP 资产交易需要专业化的交易平台和制度创新

财政部 PPP 中心授予天金所 PPP 资产交易和管理平台的目的就是要求我们建设真正适应于 PPP 资产交易和管理的专业平台，服务并推动 PPP 资产的交易和管理。

PPP从国家层面来看是政府公共服务供给机制的重大创新，是国家战略。具体就是政府采取竞争性方式择优选择具有投资、运营管理能力的社会资本，双方按照平等协商原则订立合同，明确权责利关系，由社会资本提供公共服务，政府按照公共服务绩效评价结果向社会资本支付相应对价，保证社会资本获得合理收益，从而推动法治政府、信用政府、采购政府和服务政府目标的实现。所以PPP不仅是一种资本合作，更是建立了一种权责利政企新型关系；PPP资产的交易不仅仅是一种产权交易，更是一种合作关系的再平衡与建立。所以，既有的产权交易制度不仅不能够适应PPP资产的交易和管理，而且制约甚至阻碍了PPP资产的交易和管理。

PPP政策性强、各主体权利义务关系复杂、周期长、风险控制点多，所以PPP资产的交易和管理需要一整套新的制度和技术的支持；需要一支专业的PPP资产交易和管理队伍；需要一个专业的PPP资产交易和管理平台；需要强大的全生命周期提供服务的数据库；需要先进而完备的IT技术支持等。

二、PPP资产交易和管理要充分体现公众性

PPP作为基本建设投资和公共服务投资领域的重要业务模式，其根本目的就是为公众提供更好的服务。是否能够为公众提供性价比更高的更好的服务是判定PPP项目成功与否的关键标准。它既是政府治理机制的创新，也是政府投融资体制的创新；既是政企关系的创新，也是企业参与基本建设和公共服务投资方式的创新；从投融资角度讲，更是投资风险控制方式和融资模式的创新。基本建设投资和公共服务投资是一种长期而稳定的需求，是政府和社会信用建设的重要载体和方式，从这一点看，PPP项目应当是最优质的项目，是收益最稳定的项目，是信用等级最高的项目。因此，PPP项目不仅为公众提供服务，还应当让公众监督，让公众参与投资收益分享。

天金所创设的三级PPP资产交易市场就是基于这种认识设计的产品。该交易市场不仅让社会投资机构参与投资，还让公众参与投资分享，真正实现

服务公众、公众监督、公众分享。这种产品的落地在发行上不仅需要有突破，还需要一些政策支持。我们坚信，只要服务实体、服务大众、风险可控，就一定会得到有关部门支持。

2019 年 2 月 13 日写于天津于家堡

3. 不良资产处置

设立全国统一不良资产处置交易平台的思考

文/顾雷　唐伟

不良资产是经济金融活动的必然产物，是重要的市场资源，必须优化配置，才能取得最好的经济效益和社会效益。当前，我国不良资产市场已经形成较为完整的产业链，但市场基础设施还不完善，缺乏最重要的一环——全国性统一不良资产市场平台。随着供给侧结构性改革的深入，不良资产供给呈现增多的趋势，建议设立权威性、专业化、规范化的全国性不良资产市场平台，并将其定位于不良资产转让的公共基础设施，专门服务于不良资产优化配置全流程。

一、现有的不良资产处置方式

传统不良资产处置是指不良资产管理公司直接继承原有的债权债务关系，收益主要来自最终实际收回的现金流与债权收购成本之间的差额。目前，我国不良资产处置手段多样，主要有诉讼追偿、传统处置、债务重组、债转股、不良资产证券化等。从是否自行处置不良资产的角度分析，不良资产处置分为外部模式和内部模式。

（一）外部处置模式

这主要是指银行并不自行处置不良资产，而是将不良资产转让给国家或专门的机构进行处置：

一是成立专门机构，如金融资产管理公司、信托公司、坏账银行等。从国内市场看，国内银行外部的不良资产处置机构主要有中国信达、中国华融、中国长城、中国东方四大资产管理公司（Asset Management Companies，AMC）。当然，2015 年以后，地方政府也陆续成立了很多地方金融资产管理公司。此外，全国还有民营 AMC、央企 AMC 子公司、专业投资机构（橡树资本）等其他类外部机构。这些公司主要从二级市场获取投资收益或从四大 AMC 购买不良资产获取处置收益。

二是以市场化和专业化为基础，如开放不良资产处置市场、鼓励成立专业性的投资机构。例如，中信集团旗下的中信资产将开展不良资产业务处置作为重要战略，中信银行和光大银行则推出了资管事业部制，目标是成立专业性资管子公司，成为处置不良资产的专业机构。

三是实行多样性的处置方式，如资产重组、债转股、资产证券化、拍卖、租赁、销售和协议转让等。

近年来，伴随着互联网的快速发展，不良资产处置平台成为市场关注的热点，越来越多的金融机构通过互联网平台处置不良资产，主要有四大类：一是金融资产管理公司建立的不良资产信息发布平台。二是第三方建立的不良资产撮合买卖交易平台，如淘宝资产处置平台。三是不良资产委托处置撮合平台，如 91 债牛、资产 360 等。四是不良资产多功能平台，如分金社、搜赖网、银资网等。该类平台除“撮合交易”外，还包括“撮合交易 + 资金众筹 + 受托处置”“撮合委托 + 设计理财 + 理财出售”等运作模式。[①]

（二）内部处置模式

这主要指由银行内部设立专门处理不良资产的部门，或设立独立的分支

---

① 《以平台化思维处置不良资产的模式及五条建议》，搜狐财经：http://m.sohu.com/a/151829744_804438，最后访问日期：2017 年 6 月 25 日。

机构、组建专业团队，自主处置不良资产。目前，我国一些大型国有商业银行都在内部设立了处置不良资产部门，诸如中国工商银行、中国建设银行和交通银行，专门处理本行不良资产，同时也购买其他金融机构的不良资产。

二、现有不良资产处置方式的缺陷和不足

上述无论哪一种处置方式，都存在不少问题，且长期得不到解决，严重影响不良资产的处置效率和价值评估。

1. 市场分割日趋严重。不良资产跨区域、跨领域、跨行业分布，相应地形成了相对独立的处置市场，尤其是不良资产区域特征显著，各地方政府都设立资产管理公司、股权交易中心或金融资产交易所，原则上不允许跨省购买和交易金融资产，只能处置当地不良资产。这就造成了市场分割，导致信息闭塞、透明度低、处置效率低，难以发现公允的不良资产价格，难以实现不良资产优化配置，并且地方政府对不良资产市场干预较多，不利于充分发挥市场机制和协调作用。

2. 不良资产业务流程不规范、不透明、不统一，缺失行业标准。虽然不良资产业务具有较强的专业性、复杂性，但各家金融资产管理公司对不良资产的评估方法各有不同，包括业务流程、定价方法、信息披露都没有一个统一标准。

3. 互联网平台进行不良资产处置的比例很小，经常面临技术障碍，如批量处置权限受限、缺乏权威性和专业性、目标客户和业务属性不清晰等，无法对不良资产开展大规模的处置工作。

4. 道德风险问题。严重的信息不对称、委托人和代理人的利益不一致以及经济环境的不确定性，决定了处置不良资产必然会发生道德风险。

从国有商业银行来看，成立金融资产管理公司收购其剥离的不良资产，银行将其看作彻底免除自己贷款责任的良机。银行从过去的责任中“解脱”出来后，也放弃了资产剥离之后应承担的管理和配合责任。而且，我国的金

融资产管理公司是按账面价值收购国有商业银行的不良资产，而不论其本身的市场价值。这将使国有商业银行出于自身利益的考虑，尽可能多地将不良资产剥离给金融资产管理公司。再从债务企业来看，当前债务负担重，内部运行机制不力，极有可能将不良资产的处置当作最后一顿免费的晚餐，失去还款的积极性。这有可能会使整个社会的信用进一步恶化，有钱也不还，千方百计逃废债务和转移资产现象更为加剧。①

从金融资产管理公司自身来看，如果不能有效地防范道德风险，就会导致国有资产的流失。正如有学者指出，资产管理公司在资产处置中由于资产处置真实价格难以准确衡量，个别人可能会低价处置手中的不良资产以换取个人利益，使决策层的控制流于形式，出现违规行为导致道德风险。②

三、全国统一不良资产交易平台的价值发现

不良资产规模大、分布广、种类多，影响深远，需要优化配置，而不是简单处置。不良资产处置市场是资金和技术双重密集型的市场，只有依托专业化的投资平台，才能从市场中获取持续稳定的资金供给和先进的行业技术，形成市场化、多元化的处置能力。因此，我们建议尽早建立全国性统一不良资产市场平台，将公开、透明、规范的市场化机制引入不良资产市场，实现不良资产优化配置。吸引更多市场主体，形成多层次、广覆盖、有差异、多元化的不良资产交易平台。

当然，如何选择统一的不良资产交易平台，确实是一件困难的事情。总体上应该具备如下三大价值发现：

---

① 王茂瑞：《浅论我国资产管理公司不良资产处置方法及其弊端》，新浪财经网：https://finance.sina.com.cn/，最后访问日期：2016 年 3 月 8 日。

② 参加：《浅谈金融机构剥离不良资产的道德风险和防范措施》，搜狐财经网：http://www.sohu.com/a/200363387_263553，最后访问日期：2018 年 1 月 27 日。

1. 建立不良资产市场标准

不良资产统一交易平台可以为不良资产市场提供各种标准，从信息展示、双方沟通、信息鉴证、资产评估、法律服务及交易过户等方面提供一套公正、标准的流程体系，提高交易效率并减少交易摩擦。

2. 建立不良资产市场数据库

统一交易平台详细记录了不良资产的行业分布、企业规模、地域分布、逾期时间、抵押担保、成交价格等信息，形成不良资产市场大数据，可以用于为监管部门提供决策参考，并方便其动态监测市场运行。

3. 提供服务全国的金融资产登记结算服务

不良资产配置的过程，就是信息搜寻、匹配的过程。在互联网时代，不良资产统一交易平台可以提供统一登记托管结算服务，可以在全国范围内实现不良资产供求双方的精准匹配，形成公开、透明、规范的不良资产交易结算和登记市场，真正发挥市场机制作用。

四、全国统一不良资产处置平台的遴选设定

2018年2月1日，由中国华融资产管理股份有限公司发起设立的“华融中关村不良资产交易中心股份有限公司”在北京正式揭牌开业，填补了我国金融资产管理公司不良资产交易渠道和业务手段的空白。① 但是，从本质上来说，依然带有区域性不良资产处置平台的色彩，并不算真正意义上的全国统一不良资产处置交易平台。

天津金融资产交易所设立全国统一不良资产处置交易平台，具备独特优势，可以为不良资产及其他各类债权资产交易提供一站式服务，打造全国统一的不良资产信息展示和交易平台。

（1）依托股东中国长城资产管理股份有限公司深厚的不良资产收购、经

① 《中国华融发起设立国内首家不良资产交易中心开业》，载《金融时报》2018年2月2日。

营和处置经验，充分发挥不良资产处置平台“市场发现”和“价值发现”的功能，推动不良资产市场流转，盘活存量不良资产，提升不良资产主业核心竞争力，在供给侧经济改革实践中，支持实体经济，最大限度地化解金融风险。

（2）利用“不良资产＋互联网”模式，盘活社会存量资产。随着我国经济周期下行调整，不良资产释放速度也有所加快，传统不良资产处置方式已不能完全满足未来金融市场发展的需要，天津金融资产交易所积极探索“不良资产＋互联网”新模式，联合中国长城资产管理股份有限公司、天津金融资产登记结算公司、蚂蚁金服等金融机构，充分利用大数据、互联网、现代科技手段处置不良资产，打通价值链条，实现不良资产和互联网的嫁接，有效提高不良资产处置效率，丰富不良资产处置渠道，有助于社会存量资产盘活。

（3）依托天津优越的地理位置和综合金融服务优势，服务首都核心功能，提升京津冀协同发展格局，特别是天津金融资产交易所落户于天津和北京两地，坐拥国内金融企业最为密集的金融街和创新企业最密集的于家堡自贸区，通过整合金融资源，吸收科技能量，在服务国有企业、中小微企业方面发挥作用，强化北京引领全国科技创新的桥头堡地位，提升天津协同发展京津冀金融生态的服务功能，为京津冀协同发展添砖加瓦。

总之，天津金融资产交易所将“互联网”交易模式引入不良资产处置过程的每一个环节，探索“不良资产＋互联网”业务模式，促进不良资产资源的信息共享和高效对接，有利于不良资产交易定价透明、公允，推动不良资产交易流程标准化、数据可视化和操作自动化，助力资产管理行业规范、高质量发展，全面提高服务实体经济质效。

2018 年 3 月 15 日写于昌平半截塔村

不良资产市场发展机遇背后需要警惕潜在风险

文／丁化美

2019年，防范和化解金融风险是金融工作的重中之重，盘活存量不良资产成了化解金融风险的重要抓手。为此，准确把握不良资产的新特征，对于防范和化解金融风险至关重要。

伴随我国经济步入新常态，宏观经济进入结构调整期，供给侧改革，去杠杆、去库存举措持续推进，不良资产规模快速增长，不良资产行业迎来难得的发展机遇。在新常态下，不良资产市场体现了哪些新特点？与这些新特点相对应，又暴露了哪些风险，如何防范和化解相关风险？

不良资产行业如何“适应新常态、把握新常态、引领新常态”，需要从了解新常态下，行业发展的新特点开始。

第一，不良资产市场真正成为落实国家宏观战略的重要抓手。在国家持续推进供给侧结构性改革的大背景下，“三去一降一补”举措逐步落实，不良资产交易市场正在成为落实改革成果的重要渠道和抓手，成为评价金融资源支持实体经济发展效果的集中体现。

第二，不良资产市场的功能定位逐渐获得更多认同。不良资产交易市场主要发挥两大功能：一是把非标准化的、特殊的、个性的资产，通过市场化的手段转化为具有流动性的、有价有市的金融定价类产品；二是由以往靠碰、靠撞、靠运气来实现交易，转变成了精准对接、优化配置的过程，真正让特殊资产实现了价值再造。

第三，市场化机制逐渐在不良资产交易领域发挥越来越重要的作用。目前，市场对于统一规则、阳光透明等发展呼声渐高，一个能够在全国范围内实现资产流转和资源优化配置的统一、规范的大市场亟待建立。例如，天津市的过剩产能，往往需要在全国范围，甚至世界范围内去进行重新配置。如果没有开放的大市场，资源很难实现跨区优化配置。

第四，不良资产市场逐渐朝着专业化、垂直化、细分化方向发展，并且正在成为一个深度融合的市场。不良资产处置具有较强的专业性，需要一定准入门槛和条件要求。市场主体增加，在考验参与者专业能力的同时，也考验着行业管理。在未来发展过程中，需要通过监管部门主导、参与者自律，来共同维护良好的市场秩序，推动行业持续健康发展。

防范和化解金融风险是金融工作的重中之重，盘活存量不良资产成了化解金融风险的重要抓手。为此，准确把握不良资产的新特征，对于防范和化解金融风险至关重要。

首先是机遇。随着供给侧结构性改革深入推进，银行信贷风险将持续暴露，未来三到五年不良资产市场规模可能进一步扩大。不良资产市场正在进入发展新时期。国有大行不良贷款余额规模有所下降，但股份制商业银行、城市商业银行和农村商业银行不良贷款余额则持续上升。与此同时，资本和机构参与逐步回归理性，不良资产包价格虚高现象有所缓解。

这一判断也在业界取得了共识。东方资产发布的《2018 中国金融不良资产市场调查报告》认为，2018 年商业银行不良贷款率与其实际信贷风险相比普遍被低估。与 2017 年相比，2018 年商业银行处置不良贷款的紧迫性或将增强。在金融监管和 MPA 考核等对资本充足率不断提出更高要求的情况下，商业银行亟须加速处置不良贷款。同时，该报告显示，农村商业银行不良贷款率在较高水平继续上行，不良贷款风险有加速恶化的趋势，需要重视对贷款风险的管控。

机遇总是与挑战并存，关键是能否控制好风险。

第一个挑战来自市场环境。从宏观层面来看，供给侧结构性改革的深入将给不良资产市场提供新的业务机会和来源。除银行资产外，2018 年不良资产市场供应多元化趋势有所加强，非银行金融机构，如保险、证券、信托等产生的不良资产正在对市场形成新的供应。

市场的扩容吸引了大量机构涌入并从事和不良资产收购、处置、转让或投资相关的业务，不良资产处置行业的竞争进一步加剧，资产包收购价格也一度随之整体走高，警惕不良资产包价格虚高导致二次不良潮成为行业关注的重点。

第二个挑战来自行业自身。整体来看，当前，一级市场不良资产收购的主力军仍是四大资产管理公司（Asset Management Companies，AMC）。但在监管政策的推动下，各省设立地方资产管理公司的热情也日趋高涨。尤其是2016年10月，银监会放宽了“一个省可设立一家地方资产管理公司”的限制，允许确有意愿的省级人民政府增设一家地方资产管理公司。截至目前，地方资产管理公司已设立60余家，银行系金融资产投资公司已成立5家。

境外资本和民营资本也对这一市场表现了浓厚的兴趣。外资其实也是上一轮周期中不良资产市场的重要投资人，而在这一轮周期中其更是加大了对中国不良资产市场的投入，包括海岸基金、高盛资本、橡树资本等都不同程度地参与了不良资产的收购与处置。除此之外，近两年，一些民间的、非持牌的资产管理公司也纷纷成立，瞄准不良资产市场，这些大大小小公司的数量将近3000家。

快速扩围也引发行业乱象，有些机构一味炒作不良资产包价格，扰乱了正常的行业秩序，造成金融风险隐患。对于良莠不齐的不良资产处置市场，首要的任务就是规范和治理。例如，可以考虑成立不良资产行业协会来组织、协调不良资产管理行业的业务和发展，以更好地促进金融业有序健康发展。

在国家大力推进供给侧结构性改革，推进经济结构转型升级的改革氛围下，在金融行业监管环境趋严，强调功能脱虚向实的背景下，租赁行业要回归设备金融和专业服务的本源，不断在创新能力、管理能力等方面提高专业化水平，要用改革的思维，用平台的思路，抓住行业转型发展的风口，顺势而为。

2019年5月1日写于天津于家堡

中篇

互联网金融篇

1. 互联网金融发展

对互联网金融发展指导意见的理解与分析

——兼论金融资产交易所机遇和挑战

文 / 顾雷　南雁

2015 年 7 月 14 日，中国人民银行、财政部等十部委联合发布《关于促进互联网金融健康发展的指导意见》(以下简称《指导意见》)。该《指导意见》为政府出台的首份互联网金融政策性文件，内容全面、态度鲜明、底线清晰，被业内誉为互联网金融“基本法”。我们立足于金融资产交易所（以下简称金交所），针对《指导意见》的重点条款、主要亮点及长远影响进行诠释，分析金交所参与互联网金融的机遇与挑战，并提出相关策略建议供金交所领导以及业务人员在指导和开展互联网金融业务时参考。

一、《指导意见》对互联网金融的深远影响

从《指导意见》的主要条款、发布时机、业内评价以及相关部门的解答情况来看，《指导意见》的出台对互联网金融将产生巨大作用，对金交所也将产生积极且深远的影响。

（一）首次以政府文件形式明确阐述互联网金融含义

《指导意见》指出：“互联网金融是传统金融机构与互联网企业（以下统称

从业机构）利用互联网技术和信息通信技术实现资金融通、支付、投资和信息中介服务的新型金融业务模式”。这一界定包含两个要点：一是明确互联网金融从业机构的性质，既可以是传统金融机构，也包括互联网企业（我们认为也包括金融资产交易所）；二是划定了互联网金融的业务范围，包括互联网支付、网络借贷（含个体网络借贷和网络小额贷款）、股权众筹融资、互联网基金销售、互联网保险、互联网信托和互联网消费金融等业态（我们认为也包括在上述行业中开展产品交易的金融资产交易所）。

这是政府首次在文件中界定和阐释互联网金融的含义，此举有助于加深业界和监管部门对互联网金融及其业务模式的理解，并使这种理解趋于一致，这有助于提高交易所在公众心目中的认同度。

（二）响应“互联网+”战略，为互联网金融发展建章立制

严格意义上讲，《指导意见》属于部门规范性文件，权威性远低于法律，且并非国务院层面发布，但其意义却是非同一般。互联网金融近两年来发展迅猛，但这个新生行业始终处于“无门槛、少规则、缺监管”的状态，业务边界不明确、风险底线不清晰，行业规则不具体，违法行为时有发生，金融监管部门缺少抓手，投资者权益缺乏保障，社会上一直对其非议不断。《指导意见》的出台为市场发展建立了标准，提出了建立“鼓励创新、防范风险、趋利避害、健康发展”新秩序，为后续行业监管细则的制定与完善确立了总基调，避免形成“劣币驱逐良币”的不良市场环境。

（三）合理引导民间金融规范化发展，加强对“大众创业、万众创新”的金融支撑

“大众创业、万众创新”是当今推动经济社会发展的新引擎，并逐步发展成为就业的主渠道，以及新经济增长的重要来源。据我们初步统计：目前我国企业数量占比达 90% 的中小企业创造了国内 50% 的税收、60% 的 GDP、70% 的发明专利和 80% 的就业岗位。但是，一方面，中小企业金融服务始终是传

统金融服务的薄弱环节，“融资难”“融资贵”问题严重制约中小微企业发展，限制中小企业就业和创新功能的发挥。另一方面，个体网络借贷、股权众筹融资等业务有效地改善了中小企业投融资现状，但其实质仍是平台借助互联网技术、实现业务由线下到线上的拓展，性质仍属于民间金融，现行金融体系下，这些业务模式仍游走在法律的边缘地带和灰色地带。有鉴于此，《指导意见》为此类业务赋予了“合法”身份，有助于提升金融服务效率，互联网基金、互联网保险、互联网信托和互联网消费金融等机构均可借助互联网技术与客户流量优势，创新产品及服务，促进自身发展，为“大众创业、万众创新”构建有力的综合金融支撑，更好地为实体经济服务。

（四）明确业务边界与监管分工，有效防范互联网金融风险的发生

《指导意见》在综合考量金融风险与鼓励创新的基础上，明确业务边界与监管分工，有效防范互联网金融风险及其外溢效应。一是对各业态的业务边界与准入条件做出明确规定，界定风险底线，划定业务红线。二是明确了各业态的监管部门及职责分工，这一监管分工有助于相关部门发挥各自优势，提升监管效率与效果。例如，支付结算业务的统计与监管是人民银行的传统职能，互联网支付由人民银行负责监管；同理，股权众筹融资和互联网基金销售属于证券业务，由证监会负责监管；银监会监管网络借贷、互联网信托和互联网消费金融业务；互联网保险的监管由保监会负责。当然，金交所监管机构尚不明确，从理论上讲，应由金交所协会监管，但我国金交所协会尚未成立，监管问题自然无法提到议事日程上来。三是通过客户资金第三方存管、信息披露、风险提示、合格投资者制度等一系列制度加强对互联网创客们和投资者资金安全的保护。①

① 客户资金第三方存管制度，主要针对个体网络借贷平台客户的资金。《指导意见》发布前，个体网络借贷平台客户资金主要由第三方支付机构托管，由于第三方支付机构的账户同样在商业银行开立，且并未对托管资金单独设立账户，实质上并未起到对客户资金实行“托管”的效果。

二、《指导意见》重点条款之分析

《指导意见》包括三个部分、二十条规定，旨在围绕“鼓励创新”“落实监管”“规范市场”三大主题，形成一系列制度安排。总体来看，《指导意见》重点条款具有四大亮点。

（一）互联网金融机构成长空间已经打开

根据《指导意见》的规定，金融机构既可以开展产品创新，开发基于互联网技术的新产品和新服务，也可以通过建设互联网平台开展网络银行、网络证券、网络保险、网络基金销售和网络消费金融等业务，我们认为也应该包括开发互联网交易所。这一规定明确了对传统金融机构参与互联网金融的鼓励和支持，降低了传统金融机构开展互联网金融业务的政策性风险。这也被视为互联网金融被允许开展金融业务的第一个官方行政性文件，为金交所今后开展互联网金融找到了政策依据。

（二）对从业机构拓宽融资渠道给予了政策引导

根据《指导意见》的规定，支持社会资本发起设立互联网金融产业投资基金，推动从业机构与创业投资机构、产业投资基金深度合作，鼓励符合条件的优质从业机构在主板、创业板等境内资本市场上市融资。这些规定借鉴了国际做法，并充分考虑互联网金融企业创新风险高、资金需求强烈、融资渠道有限的矛盾，为互联网金融企业融资和发展提供了公募和私募两个渠道。我们认为，这一规定将积极推动金融机构（包括非金融机构）通过私募、并购、上市等方式获得资金支持，为全国金交所系统通过基金、信托和保险等渠道开展交易业务创造了条件，也为金交所今后的股改上市提供了一种政策可能性。

（三）客户资金第三方存管制度的建立，将增加第三方支付机构的竞争压力

根据《指导意见》的规定，从业机构应当选择符合条件的银行业金融机构作为资金存管机构，对客户资金进行管理和监督，实现客户资金与从业机构自身资金分账管理。此条意见名为“存管”，实为“托管”，资金托管单位担负着资金的管理和监督功能。目前，个体网络借贷平台的资金托管绝大多数在第三方支付公司，相关数据显示，截至2015年6月，易宝支付和汇付天下两个机构对接了1200余家个体网络借贷平台，在个体网络借贷平台客户资金托管市场占有率高达60%。《指导意见》发布后，将促使个体网络借贷平台的客户资金从第三方支付机构剥离，转由商业银行实施托管，商业银行托管的优势在于资金流向明确，监管流程清晰，有助于规范平台的资金管理，甄别和剔除商业欺诈的平台，这也确保了交易所今后可以有效规避法律风险，减少恶意交易、内幕交易和价格垄断，进而保障交易双方的合法权益和资金安全。

（四）明晰界定各业态的业务边界与经营底线

《指导意见》一方面对各业态含义给出释义，在明确业务内涵的同时划定了业务边界；另一方面对各业态的业务模式及准入条件也做出界定，尤其是对业务经营底线的确定。这有助于规范企业经营行为，促进监管部门的依法合规监管。《指导意见》对互联网金融主要业务模式、经营底线及监管分工界定如表1所示。

表1　互联网金融业务模式与经营底线界定及监管分工情况

模　式	释　义	经营底线	监管部门
互联网支付	通过计算机、手机等设备，依托互联网发起支付指令、转移货币资金的服务	要向客户充分披露服务信息，清晰地提示业务风险，不得夸大支付服务中介的性质和职能	人民银行

续表

模 式	释 义	经营底线	监管部门
网络借贷	包括个体网络借贷（即P2P网络借贷）和网络小额贷款：前者是指个体和个体之间通过互联网平台实现的直接借贷；后者是指互联网企业通过其控制的小额贷款公司，利用互联网向客户提供的小额贷款	个体网络借贷机构要明确信息中介性质，主要为借贷双方的直接借贷提供信息服务，不得提供增信服务，不得非法集资	银监会
互联网信托和互联网消费金融	信托公司、消费金融公司通过互联网开展业务	审慎甄别客户身份和评估客户风险承受能力，不能将产品销售给与风险承受能力不相匹配的客户	
股权众筹融资	主要是指通过互联网形式进行公开小额股权融资的活动	股权众筹融资方应为小微企业，应通过股权众筹融资中介机构向投资人如实披露企业的商业模式、经营管理、财务、资金使用等关键信息，不得误导或欺诈投资者	证监会
互联网基金销售	基金销售机构与其他机构通过互联网合作销售基金等理财产品	第三方支付机构的客户备付金只能用于办理客户委托的支付业务，不得用于垫付基金和其他理财产品的资金赎回	
互联网保险	保险公司通过互联网销售保险产品	不得进行不实陈述、片面或夸大宣传过往业绩、违规承诺收益或者承担损失等误导性描述	保监会
互联网金融资产交易所	未有明确规定，金融市场中一般都各自定义业务范围和含义	未有明确规定，金融市场中一般都依据法无明文禁止即可行的办法操作运行	尚未成立

总体来看，在《指导意见》鼓励创新政策下，业务范围和服务领域大为拓宽，互联网金融将进一步渗透至传统金融业务领域。与此同时，随着细分行业监管细则的不断出台和完善，互联网投融资业务将不断趋于规范，互联网基金销售、互联网保险、互联网信托和互联网消费金融等业务也将呈现快

速发展的态势。当然，金交所应该积极跟进，与时俱进，充分利用互联网系统，积极拓展招财宝、P2P 和支付宝等互联网金融业务，在互联网金融创新领域有所作为，更进一步。

三、金融资产交易所参与互联网金融的三大机遇

（一）互联网金融强大的客户获取功能，有助于金交所以较低成本快速拓展中小企业和私人客户

传统金融机构主要服务于机构客户和高净值客户，产品设计和服务理念围绕这一群体打造。而互联网金融则以规模庞大的小微企业和中低收入阶层客户（大众）为主。金交所增资扩股以后，即将步入商业化发展的新阶段，通过与互联网金融机构合作，必须在客户管理上花大力气重整旗鼓。金交所不能满足于普通会员制，普通的会员制已经跟不上日新月异的互联网发展速度了，必须不断拓展客户群体，发掘商业机会，以较低成本获取大量客户资源，并通过互联网系统实现客户引流，拓展小微企业客户和私人客户资源，夯实交易所手中的客户群资源。

（二）互联网金融突出的资金募集能力，可以为金交所做大创新产品业务提供广泛快速的资金支持

依托庞大的客户群和便捷的互联网技术，互联网金融机构可以大幅提升融资能力，这一特点尤其表现在金融产品网络销售方面。例如，2013 年 6 月成立的天弘余额宝货币基金，通过嫁接第三方支付工具——支付宝，实行网络基金在线销售，截至 2015 年 6 月底，仅两年时间，基金规模已达 6133 亿元，天弘基金也借此大幅跃升至国内货币市场基金第一位。因此，互联网金融突出的资金募集能力可以为金交所改善资本约束，提高线上线下能力、做大交易规模提供强有力支持。与互联网金融对接，这是金交所一次难得的机

会，犹如适逢春时，花期雨意正浓，不可错过。

（三）互联网金融高效的在线营销渠道，能够有效促进交易所产品网络销售能力

实践证明，银行、证券、保险等金融机构通过互联网技术，增加客户数量，大幅促进产品销售水平，实现营销能力和经营收入的“弯道超车”。以互联网证券为例，国金证券2014年推出互联网金融产品“佣金宝”，借助互联网企业的营销渠道与流量优势，市场份额由2013年年底的0.69%大幅提升至2015年5月底的1.07%。显然，互联网金融高效的在线营销渠道，不仅能够有效促进金交所创新产品的传播，而且更为有效地促进产品的网络销售能力，达到交易所销售规模的快速增长，在全国交易所系统占据一席之地。

我们认为，三大机遇给我们整合资源的最终目标是建立金交所自己的直销平台。如上所述，互联网金融带给金交所三大机遇：客户、资金和营销渠道。金交所产品的成功需要多重要素，当前制约金交所产品发行的重要一环是销售渠道。金交所通过参与互联网金融，在客户、营销渠道、资金来源积累到一定阶段后，可以择机构建金交所自己的APP直销平台，继而便会拥有制定规则的权利，以承载我们的核心竞争力。

四、金融资产交易所参与互联网金融的策略建议

《指导意见》进一步明确了互联网金融发展的基调和准则，交易所应该以此为契机，联合五家股东单位积极参与互联网金融，我们从战略制定、平台搭建、产品创新、团队建设四个方面着手，推动交易所互联网金融业务长足发展。

（一）研究制定互联网金融战略，引领交易所互联网金融发展方向

一个明确、清晰的发展战略，可以对交易所今后开展互联网金融业务起到有效的指导作用。例如，工商银行将互联网金融布局定位于“三大平台+

三大产品线”，三大平台分别为“融 e 购”电商平台、“融 e 联”即时通信平台、“融 e 行”直销银行平台，三大产品线分别为支付、融资、投资理财，这一战略已经取得良好效果，工商银行的客户流量和业务规模均呈现迅猛增长态势，占据全世界的前列。

同理，金交所互联网战略应该由金交所经营层牵头组织研究和起草相关法律文件，各业务部门（八大业务组）、交易技术部、财务部和办公室积极配合，以金交所整体战略规划为主导、互联网金融战略为必要补充，结合五家股东单位的优势构架为延伸，充分发挥五家股东单位产品、网络和客户优势，制定出适合金交所长远发展的战略规划。

（二）探索合作建立互联网金融平台，统筹金交所互联网金融业务开展

金交所既是战略实施的载体，也是具体业务开展的平台，应该利用互联网金融“客户为王”的营利特点，通过自建网络平台开展互联网金融业务。在平台建设上，可研究与大型互联网金融机构（如蚂蚁金服等）、电商平台（如京东、淘宝等）、知名门户网站（如网易、东方财富等）合作，依托合作机构的客户引流和渠道销售优势，打造“金融资产交易所创新产品金融超市”，对接金交所（自行或者联合研发）创新产品，提升在线营销水平，拓展和创新产品销售及资产处置渠道，进一步扩大互联网金融品牌效应与行业影响力，有效对接市场需求，增强产品创新和服务创新能力。

（三）积极创新互联网金融产品及服务，提升金交所互联网金融业务营利能力

金交所目前单个规模实力、利润贡献和辐射带动能力与业内大型交易所相比仍有不小的差距，但《指导意见》为交易所的“超常规”发展创造了宝贵机遇。

金交所应以此为契机，建立自己的研发机构，专门研究创新产品，可研究从组织结构、技术开发、业务升级、产品创新等多个层面，拓展到互联网金融产品的网上交易、网络销售等多个方式，打造互联网金融交易所研发中

心，紧密跟踪市场动态，开展不良资产经营、互联网金融和第三方资产管理等互联网金融业务，遴选和储备项目资源，择机、择时、择优开展项目，不断创新开发互联网金融产品，为全体股东和互联网金融领域服务。

（四）组建互联网金融专业团队，保障金交所互联网金融业务顺利运转

一是依托业务部门重新组合新形式的业务团队，统筹交易所互联网金融的客户开发、市场拓展、业务合作、产品创新等功能。专业团队是顺利开展互联网金融业务的必要保障，金交所可从业务创新、技术支持、研究探索等层面组建专业团队，组建方式必须适应互联网金融的时代要求，必须适应“短平快”的网络经营节奏，推动金交所互联网金融业务朝着专业化、职业化和网络化方向发展。例如，我们可以把金交所现有“挂钩收益权”产品推而广之，对接网络借贷、信托、消费金融、股权众筹、保险及其上下游，以金交所作为平台和链接，用金交所资产证券化产品把资产、增信、销售渠道、资金整合在一起。

二是依托交易技术部组建技术团队，对业务导向、运作模式、技术手段和人员配备要重新定位、不限于一般的电脑维修、交易系统维护的简单操作，必须与互联网高科技密切联动运转，必须为互联网金融业务平台运转、产品开发、资金流转、实时监管、风险预警和事故管控等提供技术手段，第一时间保障业务部门、研发团队在开展业务和新产品研发过程中得到最强力的技术支持和帮助。

三是成立金交所战略研发中心，与高校联合组建一支高效协作、富有潜质的互联网金融研究队伍，加强对互联网金融的基础性和前瞻性研究，密切跟踪和研判监管政策及业内动态，积极组织和参与高层次学术论坛，不断扩大金交所在互联网金融领域的参与程度，不断提高金交所在全国系统行业内的影响力，为金交所成为国内一流的互联网交易平台夯实基础。

2015 年 9 月 18 日写于天津峰汇广场

对互联网金融业务模式及风险的认识和理解

文 / 顾雷　胡丹

近年来，互联网金融异军突起，成为我国金融行业发展的一个重要里程碑。其中又以阿里巴巴与天弘基金的合作尤其引人注目，凭借一款"余额宝"的产品，阿里巴巴强势打破商业银行在金融产品销售中的一枝独秀地位，天弘基金从一家名不见经传的基金公司，一跃成为中国管理规模前十的基金公司。互联网金融不断在业务模式上进行创新，目前已经成为国内金融市场最具有特色的行业。

在这些巨量的业务中，出现了多种互联网金融模式。目前，我国互联网金融涵盖了以下六种模式：传统金融业务的网络化、第三方支付、大数据金融、P2P 网络借贷、众筹和第三方类金融服务平台。

第一种模式：传统金融业务的网络化模式指的是各大银行、证券公司和保险公司等传统金融机构通过建立网上银行、网上证券和网上保险平台实现网上转账、网上投资理财、网上资金借贷、网上证券和保险交易及提供相关的信息服务等传统金融业务的模式，已由传统的"网下申请、网下审批、网上发放"模式发展到"银行 + 电子商务平台"模式，继而再创新发展出"银行自建电子商务平台"模式。目前，交易类业务已经成为网络银行服务的主要内容，提供的业务模式主要包括基本业务、网上投资、网上购物、个人理财、企业银行及其他金融服务等。

中国互联网信息中心（CNNIC）于 2015 年 2 月 3 日发布的《第 35 次中国互联网络发展状况统计报告》数据显示：截至 2014 年 12 月，我国使用网上支付的用户规模达到 3.04 亿人，较 2013 年年底增加 4411 万人，增长率为 17.0%。

与2013年12月底相比，我国网民使用网上支付的比例从42.1%提升至46.9%。与此同时，手机支付用户规模达到2.17亿人，增长率为73.2%，网民手机支付的使用比例由25.1%提升至39.0%。截至2014年12月，购买过互联网理财产品的网民规模达到7849万，较2014年6月增长1465万人，手机支付在其中的使用率为12.1%，较2014年6月使用率增长2个百分点。我国网络银行的交易额由2013年的285.4万亿元迅速增加到了2014年的1549万亿元。

第二种模式：在第三方支付方面，由独立的第三方支付、有担保的第三方支付等内容，而创新发展出了第三方支付工具与基金、保险合作进行理财的内容。第三方支付的交易额由2013年的9万亿元快速增长到了2015年的25万亿元左右，其间虽由于市场渐趋饱和，增速有所下降，但也达到了18.6%以上。以第三方支付工具与基金合作形式于2013年6月5日上线的余额宝产品为例，至2014年12月底，其用户已达到了1.85亿户，总规模则达到了5789.36亿元。

第三种模式：大数据金融模式指的是依托电子商务交易产生的海量的、非结构化的数据，通过专业化的数据挖掘和分析，为资金需求者提供资金融通服务的模式。作为最早进入金融领域的创新型大数据公司之一，成立于2014年3月的百融金服依托大数据技术及来自互联网、金融机构、线下零售、社交、媒体、航空、教育、运营商、品牌商等多维数据源，创新性地为信贷、保险、投资理财等行业和企业提供精准营销、反欺诈、贷前信审、贷后不良资产管理等服务，助力金融客户提升整体运营管理水平。目前，百融金服已经和建设银行、招商银行、光大银行、兴业银行、浦发银行、华夏银行、北京银行、中银消费金融、捷信消费金融、人人贷、人人有信、搜易贷、你我贷、手机贷、中腾信等250余家金融机构达成合作，同时，与包括中国人保、中国人寿、太平洋保险、新华保险、中华保险在内的多家大型财寿险公司进行测试与合作。

第四种模式：P2P网络借贷模式指的是资金供求双方直接通过第三方互联网平台进行资金借贷的模式。在P2P网络借贷方面，则由纯粹提供信息中介服务平台的内容，创新发展出了P2P平台跟担保机构合作、线上与线下结合以及债权转让等内容。P2P网络借贷的交易额则由6.5亿元快速增长到了

3292 亿元，其间增速甚至均达到了 200% 左右。

第五种模式：众筹模式指的是资金需求者在互联网上展示创意和项目，并提供回报、募集资金的模式。现代众筹特指通过互联网等方式发布筹款项目并募集资金。众筹按回馈方式分四类：捐赠模式、奖励模式、股权模式、债权模式。截止到 2014 年 12 月底，中国众筹领域共发生融资事件 1423 起，融资规模 2.15 亿元，其中股权融资 430 起，融资规模达 1.56 亿元，占据 85%。

第六种模式：第三方类金融服务平台模式，是指建立第三方类金融服务平台提供金融产品、金融资产或者类金融资产的交易、转让及销售的业务模式。其中最典型的就是金融资产交易所。

金融国有资产交易中心业务可追溯到 2003 年 8 月，中关村技术产权交易所联合四大资产管理公司，共同搭建了国内第一家利用产权市场集中处置金融不良资产的专业化平台。北京产权交易所组建成为金融资产交易中心，专业负责中国金融资产超市的运营，为商业银行、证券公司、保险公司、资产管理公司、信托公司等金融机构提供包括金融国有股权转让、不良资产处置以及并购贷款等各类金融服务。

2010 年 5 月，北京产权交易所拆分金融资产交易业务，组建成立北京金融资产交易所。同年，天津金融资产交易所也在渤海之畔的天津成立。之后，全国不断有金融资产交易所产生，目前全国的金融资产交易所数量不少，成为第三方类金融服务平台的主要业务模式。同时，伴随着互联网金融的出现，越来越多的创新产品也在金融资产交易所平台上出现，并逐渐成为金融资产交易所的主流产品。诸如委托债权投资计划产品、收益权投资合约产品、租赁资产收益权产品、收益分享合约产品、应收账款债权转让融资产品、房地产融资收益权合约产品、小贷公司资金拆借产品以及中小微企业直接融资合约产品等。[①]

① 金融资产交易所主要业务范围涵盖债务融资工具产品发行与交易、金融企业国有资产交易、债权资产交易、信托产品交易、保险资产交易、私募股权交易、黄金交易等，为各类金融资产提供从登记、交易到结算的全程式服务。

2015年6月，中国投融资担保有限公司（31%）与阿里巴巴（蚂蚁金服，25%）、恒生电子（21.75%）、宁波云汉投资（14.50%）和北京盈丰时代投资（7.75%）发起设立的“互联网金融资产交易中心暨交易平台——网金社”（以下简称网金社）正式挂牌上线，成为国内第一家获政府批准的互联网金融资产交易中心，突破了金融资产交易所只作为交易平台的限制，可以直接发行金融产品。例如，网金社可以给用户提供定期保本理财、定期浮动收益理财、金融资产在线质押借款、大数据信用借款、购房借款、购车借款等一系列金融服务，成为第三方类金融服务创新型业务模式。

我们认为，上述互联网金融业务模式将至少包含以下几个方面的特征：

（1）产品功能创新化。金融产品触网，感受最深的无疑是基金公司，其一是“T+0”赎回功能。虽然现在“T+0”赎回大多只针对官网直销，但是多家基金公司正在与更多银行合作探讨银行渠道的“T+0”赎回方案，并开发相应产品。其二是支付功能。比如，余额宝就可以实现在支付时的自动赎回，这对既有的申赎流程形成革命性的变革。

（2）营销渠道网络化。互联网的发展，将体制外的新兴角色带入这一脱媒和混业的趋势，再加上互联网上边际成本为零的特征，一旦互联网金融的商业模式成型，将带来巨大的想象空间和价值实现。

（3）销售对象草根化。互联网的特点是边际成本递减，用户越多，成本越低，甚至趋近于零。海量客户、频繁交易、小客单价组成在一起，通过大数据技术，还形成了相对稳定的趋势。金融产品网络营销的目标客户通常具有独特的属性——年龄小、收入不高，但他们代表了未来理财主体的需求。恰是被传统银行理财所忽视的这些用户群，却成了新型金融网络营销创新的支柱群体。

（4）购买方式便利化。互联网营销最关键的是客户体验，具体来说，就是简单。对于大多数人来说，金融是复杂的东西，而互联网营销最核心的恰恰是如何能让产品做到极简，让用户很快看明白怎么操作，如何购买。简单让人亲近，过于复杂则让人敬而远之。

（5）客户体验人性化。货币市场基金虽然每天都在为投资者赚钱，但是绝大多数货币市场基金都采取一月一结算的规则。余额宝则不同，可以查到每天的收益，即使长假，依然无休。这显然是互联网金融给出的最人性化体验。支付宝就是凭借着这样的互联网思维，用一些小细节改变了多年没有大变动的货币市场基金。

互联网金融的快速发展对传统金融行业提出了许多新挑战，引发了业内和社会的热议。一方面，在大数据、云计算等技术支持下，信息不对称会进一步降低，互联网金融将可能以超乎我们现在想象的模式进行革命性的变革。另一方面，互联网的核心词汇是开放、共享、去中心化、平等、自选、普惠、民主，而传统银行理念特点是封闭、复杂、契约、严格、严谨、风控。这两种不同的东西结合在一起所产生的互联网金融会与众不同，有时可能会产生一定程度的对接问题，诸如近期频频出现的互联网安全漏洞问题，一些小平台的跑路、倒闭潮不断出现，已经威胁到投资人的资金、信息的安全。①

一是信用违约风险，即互联网理财产品能否实现其承诺的投资收益率。在全球经济增长低迷、中国经济潜在增速下降、国内制造业存在普遍产能过剩、国内服务业开放不足、影子银行体系风险逐渐显现。

二是期限错配风险，即互联网理财产品投资资产是期限较长的，而负债是期限很短的，一旦负债到期不能按时滚动，就可能发生流动性风险。当然，金融机构的一大功能就是将短期资金转化为长期资金，因此金融机构都会面临不同程度的期限错配，而其中的关键是错配的程度。

三是法律风险。目前，互联网金融行业尚处于无门槛、无标准、无监管的三无状态。这导致部分互联网金融产品（尤其是理财产品）游走于合法与非法之间的灰色区域，稍有不慎就可能触碰到“非法吸收公众存款”或“非法集资”的高压线。

① 2015年上半年“互联网+金融行业”（保险、银行、证券、互联网金融）安全漏洞总量同比增长181.9%，“互联网+证券行业”的安全漏洞更是激增326.7%，金融行业安全漏洞形势不容乐观。

四是技术风险。与传统商业银行有独立性很强的通信网络不同，互联网金融企业处于开放式的网络通信系统中，TCP/IP 协议自身的安全性仍需完善，当前的密钥管理与加密技术尚不成熟，加之网络通信系统具有的开放式特点造成的其易遭受计算机病毒和电脑黑客攻击的问题，都易使我国互联网金融在发展过程中产生的金融交易带来较大的技术风险。

综上所述，既然互联网金融企业在起步阶段就面临如此多的风险，是否就应该以此为由放慢甚至扼杀这一宝贵的金融创新呢？答案是否定的。因为互联网时代是创新引领的时代，是金融资产交易所对互联网金融社会化的一种再造。

当然，互联网金融不是简单地把东西搬到互联网上，而是对整个公司经营体制进行改革，以适应互联网模式。现在的互联网金融产品只是拉开了一个“战国时代”的序幕，相信越来越多的互联网金融产品将喷涌而出，势不可当。关键是要及时了解和认识互联网金融带来的风险，及时化解相关风险，更好地为社会和企业提供优质金融服务。在今后的业务发展过程中，我们提出以下几点建议：

第一，加强对业务人员的互联网金融知识的教育培训，一线业务人员要充分了解互联网金融领域的最新业务模式和创新产品的最新动态，业务人员不仅要掌握互联网金融创新产品的研发动态，还要了解其他金融资产交易所创新产品的情况，这对于我们开展业务创新和设计产品，有直接的指导作用。同时，对于创新产品的设计方案，必须事先集体讨论，共同研究创新产品的可行性、销售渠道、盈利模式以及风险防控问题。

第二，加强网络安全和信息披露，一线业务人员应充分展示互联网金融业务模式和创新产品可能面临的风险，必须事先对产品研究清楚，让部门及分管领导了解真实情况，尽量做到信息对称，不隐瞒、不掩盖。加强线上线下信息披露的程度，对可能发生的风险有预防措施，从更高层次上来防范创新产品中可能存在的风险。

第三，严守金融资产交易所为中介平台的立场，积极为互联网金融提供优质的交易服务。所有交易项目，必须明确对关键条款和要素的要求，包括明确签约主体、明确资金来源合法性、明确投资范围或用途、明确到期变现方式和责任等。对交易结构、条款特殊，明显存在疑问的业务，组成内部评估小组，对拟开展的交易业务进行可行性分析，保持金融资产交易所中介平台的立场，确保在金融资产上线挂牌交易的项目都符合法律法规的规定，不违反政策，不超越政策红线。

第四，加强沟通与协同。各业务部门要加强与分管领导及其他业务部门的沟通和协调，建立与完善互联网金融市场协同机制，维护金融资产交易所良性市场化竞争环境，促进各个业务项目组的优势资源共享、协调有序发展，共同打造一个公开、公平、公正的、良好的不良资产收购市场。

2015 年 11 月 6 日写于天津峰汇广场

互联网金融发展不能再钻制度漏洞

文／顾雷

2015年11月23日，位于山东的P2P公司鑫利源，在崩盘时发布了一条“跑路公告”。而当地的银监局与金融办均称，不负责对鑫利源等P2P公司的监管。这一“跑路”还发公告的P2P平台，再度将互联网金融的风险控制和监管漏洞引至风口浪尖。

2015年两会，中央提出“互联网+”的战略，核心价值就是以互联网思维来改造传统产业，提高资源配置能力和效率。截至2015年上半年，我国互联网金融产品网民渗透率为68.1%，意味着近七成网民使用过互联网金融产品。

随着应用普及，互联网金融行业的竞争已经日趋白热化。微众银行、蚂蚁金服、京东金融纷纷亮出了自己的移动APP产品，抢夺移动消费理财市场，逐渐形成了一个互联网金融生态圈。

但是，正是在这样一个战略思路下，2013年兴起的中国互联网金融，在2015年展现得淋漓尽致，同时互联网金融的弊端与风险也一览无余。在“互联网+”形势下，互联网金融被普遍看好，然而在快速发展的背后，互联网金融的安全性也成为消费者最为担忧的一个问题。

调查显示，超过90%的用户都在担心移动金融支付安全，曾经有安全机构对国内100家金融机构移动应用的安全性进行了统计，发现将近三分之一的移动金融应用拥有超过9个以上的安全漏洞。而在P2P领域存在的安全风险则更加严峻。

互联网金融存在环境政策、行业自身和模式创新三大问题，2015年7月18日中国人民银行等十部委发布了《关于促进互联网金融健康发展的指导意见》，明确了网络借贷业务由银监会负责监管的意见，但此规范性文件的细节仍不完善。

在新规颁布之前，监管缺失、法制不完善等问题为违法投机行为提供了滋生的土壤，严重困扰着整个行业的发展。可以说，近年来，中国互联网金融爆炸式的增长，最核心的问题就是通过网络技术利用中国金融体系的漏洞和落后，追逐一个又一个获利的机会与空间，而舍弃了金融的本质是对信用风险定价。其实，中国股市的场外配资系统实际上也是这样一个互联网金融新产品及工具。而这个工具也是2015年半年中国股市泡沫最为重要的原因。

一款理财产品，它的风险在哪里、收益相对于风险的比例等，普通投资人往往没有一个清晰的认知，尤其是P2P平台借助互联网渠道，使投资者更加难以把握借款人的真实状况。而且，无论对于P2P平台还是对于借款人来说，没有任何约束的投资模式使他们的违约成本很低。在这种情况下，自然容易把金融风险无限放大，直到最后不可收拾。

根据往年惯例，2015年12月上旬我国将召开2016年中央经济工作会议，进一步分析当前国内外经济形势，总结2015年经济工作，提出2016年经济工作的总体要求和主要任务。交卷时间仅剩一月，中国经济今年的大考进入冲刺阶段。所以，2016年如何让互联网金融纳入监管范围，引导互联网金融健康发展也是未来金融改革的重要一环。

2015年11月27日写于天津健美里

互联网是我国社会生活的发展趋势

文 / 顾雷

互联网金融到底是什么？似乎没有人可以完整回答这个问题。无论是研究者还是市场人士，或者所谓权威监管部门，站在不同的角度可给出不同的定义。有人认为互联网金融是一种新的金融模式和运行结构；也有人认为互联网金融不过是通过互联网运作的金融业务，互联网只是一种技术手段；还有人认为互联网金融是一个谱系概念，涵盖因为互联网技术和互联网精神的影响，传统银行、证券、保险、交易所等金融中介和市场，到瓦尔拉斯一般均衡对应的无金融中介或市场情形之间的所有金融交易和组织形式。其主要作用是降低交易成本、增加市场的信息透明化、交易去中介化及金融产品的货币化，等等。

其实，我们没有必要为此争论不休，也不需要为互联网金融正名，亦如孩子出生以后，一定能够长大成人。互联网金融就是一种民生的需要！

我们赞成这样一种观点，互联网金融就是依靠智能化技术代替人脑进行复杂流程管理、庞大数据的运算、决策过程的优化，从以往的产品端和生产技术端以服务为宗旨的机构管理中心，最终发展为对丰富多样化的个人提供定制化的产品与服务。这才是现代互联网金融的核心所在。

由此可以看到，互联网金融不仅在改变我们社会的生活方式、行为方式及思维方式，也正在改变社会经济生活方式、企业生产规模和个体消费模式，还改变了传统市场中的交易成本和信息不对称程度，改变了小微企业无法获得国家贷款的艰苦历史，让金融服务更具有广泛性、民主性、普惠性和高效性，极大地提升了金融服务的覆盖率、大众性、满意度，特别是让农民、小微企业、城镇低收入人群、贫困人群、残疾人和老年人及时获取价格合理、便捷安全的金融服务，满足人民群众日益增长的金融需求，赢得大众金融的尊严！

互联网金融不仅是向传统金融业提出了挑战，向衙门式的封闭金融环境提出了挑战，还是拓宽民间资本投资渠道、鼓励民间资本等市场主体依法平等进入银行业的敲门砖，让民间资本发挥积极作用，实现“均贫富，齐贵贱”理想，为老百姓赢得平等、对称的技术信息，实现金融资源天下大同的和谐状态，并给现代金融市场注入无限生机与活力！

当然，互联网金融并没有改变金融的本质特性。互联网金融同样是对信用的风险定价，同样需要用国家法律制度框架来界定。2016 年被业内人士称为“规范元年”，2015 年 3 月上旬，深圳金融办宣布要在全市开展互联网金融风险排查和规范整治专项活动；江苏省互联网金融协会也在日前宣布，将在全国率先出台《关于加强对互联网金融消费者权益保护的指导意见》。包括银监会在内的金融监管部门，都在密切关注部分地区房地产行业融资风险，诸如打击“P2P”跑路、倒闭和吸收公众存款违规行为，打击中介机构、开发商、小额贷款公司、互联网金融平台等发放用于购房首付款的非法贷款行为。

但是，互联网金融的信用、担保和风险防范还可以通过大数据、云计算、物联网等智能化技术来保证。而且，随着互联网智能化技术的不断提高与改进，通过互联网的智能化技术对信用风险定价可能会更加准确，对互联网金融的信用识别成本更低及更加便利，对互联网金融的风险防范能力更加强大。

尽管我国互联网金融仅仅是开始，但它预示着一个新的金融时代已经到来。我们不能再简单认为它是颠覆性的，不能再武断认为它是毁灭性的，因为它的身后确实站着千千万万个包括你我在内的人民大众！我们认为，互联网金融不会颠覆现有的金融体系，它对传统金融的影响是推动性的。两者在竞争中发展，在发展中竞争，谁也不能替代谁。要知道，除了互联网金融，今天还有谁可以为我们大家奉献理财、支付、外卖点餐、鼠标购物等一系列低（零）成本消费金融服务？除了互联网金融，还有谁能满足社会中低阶层、小微企业和个体工商业主日益高涨的金融需求？“e 租宝”事件后，我们不能因为有一个P2P跑路的小老板就全盘否定，那只是前进中的小问题，那些个跑路小老板怎能代表互联网金融和身后的3万万互联网网民？

今天，互联网已经融入社会生活方方面面，深刻改变了人们的生产和生活方式。我国互联网和信息化成就显著，网络走入千家万户，网民数量世界第一，手机数量世界第一，网络消费世界第一。这是互联网金融发展的社会基础，也是现代我国经济生活的一种必然趋势，谁也无法阻挡及改变的大势。

2016年1月22日写于天津健美里

互联网金融聚焦社会低收入人群的民生需求

文 / 顾雷

实践中，有人指责互联网金融颠覆了传统银行业，颠覆了金融行业正常的秩序，似乎是罪责深重，人人诛之。

笔者认为，如果“互联网 + 金融”和传统金融做一样的事，再把互联网平台变成非法集资或非法吸收存款的温床，那真是会出现大问题的。因为那会没有定价，只有诈骗；没有公允，只有掠夺。毫无疑问，这样的互联网“创新”是危险的动乱，这样的互联网金融是风险的再现，的确把传统的金融宗旨、原则和秩序都给颠覆了。

然而，现实情况并非如此，互联网金融并没有改变金融的本质特性，其本身并没有真正定价权，对信用的风险定价仍然需要在国家法律制度框架来界定，风险防范还可以通过大数据、云计算、物联网等智能技术加以保证。而且，随着互联网智能技术的不断提高与改进，通过互联网的智能技术对信用风险定价会更加准确，对互联网金融的信用识别成本更低和更加便利，对风险的防范能力亦会更加强大。

目前，互联网金融让传统金融行业感到竞争压力最大的是互联网金融的支付体系和其财富管理功能，这是互联网金融最闪光的地方——普惠原则得到充分体现。可以说，互联网金融让任何人都可享受到相匹配的金融服务，尤其是中低收入阶层。比如，小商户或个人想贷款 3 万元的，国企大银行会受理吗？互联网金融却能充分利用其网络平台优势解决其燃眉之急，救民于难，惠民于需，利民于未来，其服务覆盖面是传统商业银行无法企及的。

显然，互联网金融的出现便于人们获得平等、对称的技术信息，拓宽了民间资本投资渠道，鼓励民间资本主体依法平等进入金融行业，让民间资本发挥积极作用，实现“均贫富，齐贵贱”理想业态，实现金融资源天下大同和共同富裕的和谐状态。但是，现实却并不令我们满意。我们的股票交易疲软无力，基金债券基本停滞，存款利率越来越低，古玩市场也充斥着骗子和假货，黄金买卖更是一落千丈，买家天天亏钱赔本。在这种情况下，似乎只有网络借贷还算可靠，只有网络理财保本微利。以至于近期微信理财业务资金保有量突破1000亿元！另外，目前我国已经有超过6亿网民，占总人口46%；全国已有超过12亿手机用户，其中超过8亿人在使用移动互联网。余额宝用户数量超过2亿人，互联网金融对GDP的贡献率已经接近9%！这些数据还在不断上升中……当然，这些互联网金融数据会给有些金融企业带来危机，让有些国企高管人士感到不安。

为什么互联网金融有如此大的增长度和吸引力呢？

因为互联网金融天然带有“客户第一”的思维特点，就是一切从客户出发，方便、快捷、灵活、无障碍及低成本地让客户感到满意。互联网金融产品每一个方面都和人们息息相关：一是互联网平台的支付体系，比如“支付宝”可以利用移动终端进行支付，转账也都是免费的，而国企大银行曾经对客户跨行查询加收费用（后来被取消）；二是互联网财富管理产品，比如“余额宝”可以让工薪阶层真切地体会到“小货币，大增值”的妙用，真实地增加自己的财富；三是对小微企业和小客户的贷款，比如“阿里贷款”“人人贷”“众筹”等，拯救了一大片真正需要资金援助的小微企业，缓解了下岗压力和社会动荡；四是利用互联网平台形成透明、低成本的销售网络。百度外卖、美团外卖和淘宝等，几乎惠及我们每一个人，方便了千家万户，让我们吃饭、穿衣等生活琐事变得方便、快捷。

归根结底，互联网金融代表着第四次工业革命浪潮，不再是从产品端、技术端出发，客户根据产品进行消费，而是为每个人提供定制化的产品和服务，用客户的价值需求寻找商业利润，给用户提供完全个性化的定制产品，也就是所谓的互联网金融“私人定制”时代的到来。

由此看到，互联网金融不仅改变了我们的社会生活方式、行为方式及思维方式，还改变了我们的经济生活方式、企业生产规模和个体消费模式，改变了垄断市场中的交易成本和信息不对称现状，让金融服务更具有广泛性、民主性、普惠性和高效性。显然，互联网金融挑战的是“衙门式”的封闭金融环境，颠覆的是银行业的老旧垄断体系，让农民、小微企业、城镇低收入人群、残疾人、老年人等及时获得价格合理、便捷安全的金融服务，结束了小微企业无法获得贷款的无奈历史，满足社会大多数人日益增长的金融需求。

2016 年 4 月 9 日写于联合大学商务学院

共享原则和平等精神是互联网的本质特征

文 / 顾雷

互联网的本质曾被认为是开放、透明和共享。但是，近年来，一些互联网社交平台之间相互封杀和彼此屏蔽的争斗，一直没有停歇。从 2014 年春节红包大战开始，微信就对支付宝、虾米音乐、天天动听、快的、网易云音乐、微软小冰等产品陆续展开封杀，在 2015 年“滴滴快的”合并后，微信还封杀过 Uber 公众号。2016 年 7 月，又出现易到专车软件及 APP 分享到朋友圈的内容皆被微信屏蔽的消息，周航（CEO）还对腾讯马化腾发出了题为《弱者也有权利发声》的公开信，指责腾讯的行为是垄断封闭和唯我独大，有违互联网平等精神。当然，互联网社交平台之间的相互屏蔽不止腾讯一家，阿里巴巴曾经关闭了微信跳转到淘宝商铺和平台的通道，新浪也封杀过在微博上推广微信公众号的功能，等等。究其原因，其实很简单。阿里巴巴不愿意让用户在微信平台上养成购物习惯，不愿让微信成为移动电商的营销渠道。而腾讯也不愿意让阿里巴巴借助自己最为广泛的社交网络进行商业营销，更不愿意让阿里巴巴电商白白利用自己苦心经营多年的社交网络。因为如果这么做，也许有一天会被取而代之。

若干互联网社交平台封杀措施统计表

被封杀内容	时　间	封杀措施	封杀理由
来往红包	2013 年 11 月	打不开微信朋友圈来往红包	发布疑似钓鱼特征的链接
朋友圈集赞	2014 年 6 月	暂时封号或永久封号	违反规则或者降低客户体验
第三方视频	2014 年 9 月	不支持第三方	不支持违规第三方

续表

被封杀内容	时　间	封杀措施	封杀理由
营销大号	多次	不能添加新好友或者拉群	微信不是营销平台
HTML5 游戏	2014 年 12 月	限制 IP 数量	诱导用户分享朋友圈
柏拉图 APP	2015 年 3 月	限制功能，制图受到屏蔽	不利于用户成长
UBER、易到	2016 年 1 月	全面封杀，无法申诉	恶意营销，诱导用户

目前，在互联网金融世界中，相互封杀好像演变成一种竞争方式，彼此屏蔽也似乎进化为一种商业模式。虽然对于商家竞争来说，选择性开放资源不失为一种保护自身利益的强力手段，但对于广大互联网用户而言，在两者之间必须做出一种选择是不公平的，尤其对于进入平台的企业用户来说，更是一种无奈而痛苦的选择。我们不妨试想，如果微软为确保 MSN 的使用率，在 Windows 上屏蔽 QQ 和微信，谷歌为了让 Google 不败，在安卓系统封锁微博和微信，互联网世界又将会如何？平等精神和共享原则又在哪里？

互联网的平等精神就是在用户体验基础上，分享快速迭代带来的产品升级，形成丰富多彩的互联网创新产品，而不再彼此恶性竞争。虽然做到这些事情并不容易，因为外在微不足道的成就感，也许对超越道德底线的虚妄和背叛视而不见。

互联网的共享原则就是在自信开放前提下，共享属于用户的所有平台，形成牢不可破的互联网一体联盟，而不是相互恶意拉黑。虽然杜绝这类事件很难做到，因为有时内心日益膨胀的占有欲，可能对泯灭了商业良心的贪婪与欺诈听之任之。但这只是一个过程，或 10 年，或 20 年，或许更久一些。

让我们感到欣慰的是，现在的互联网世界中，相互拉黑的事件越来越少。公开的服务公约、公平的交易行为、公正的有序合作已逐渐占据互联网的主导位置。腾讯开放了越来越多的社交平台，让越来越多的用户借助微信入口、流量和社交关系获取利益。阿里巴巴也开放了越来越多的移动电商平台，让更多的微信用户快乐地融入其中，获取最大边际效应，在用户的体验快乐与产品的更新换代之间做出正确的选择。

这才是最符合互联网精神的创造力量，因为微信属于用户，流量自在心中，我们最应该选择的是多数用户的快乐体验；这样才能更好地享受互联网平台的商业乐趣。因为电商属于市场，平台自有口碑。我们最应该权衡的是企业营销的社会效果。除此之外，没有两者的平衡点。

2017 年 2 月 15 日写于早春二月

2. 互联网金融风险防范

从“机场逮捕”再看互联网金融风险

文 / 顾雷

去厦门参加天津金融资产交易所第二届共建单位培训交流大会时，在机场看见大幅宣传告示，《又有一家超百亿元的互联网金融平台轰然倒塌》，指的是上海中晋实际控制人徐某等 20 名公司高管在上海虹桥机场登机时被上海警方逮捕归案。这又是一起互联网金融平台非法吸收存款和集资诈骗的事件。

在厦门参会期间，适逢监管机构颁布《私募投资基金募集行为管理办法（草案）》（征求意见稿），这是一部进一步规范私募基金在资金筹集方面的权威法规。

确实如此，有关私募基金集资风险的理论和现实问题，其实早在五六年前就初现端倪了。可是，监管机构居然没有出台一部法律法规，甚至连一部规章都没有，任凭私募基金集资乱象存在。

目前，我国金融法律法规的规制对象，多是针对传统金融领域，诸如银行、证券、基金、担保、信托和评估等，但互联网金融方面的法律措施跟进一直不力，定位尚不明确。例如，有关互联网金融市场的企业准入标准、运作方式的合法性、交易者的身份认证等方面，尚无详细明确的法律规范，导致有些互联网金融机构游走于法律盲区和监管漏洞之间，进行非法吸收公众存款、非法集资，产生“上海中晋”“e 租宝”等突发事件也就在所难免了。

私募基金集资的法律法规出台确实滞后。有一些所谓互联网人士站出来反驳说，互联网金融有大数据、云计算，可以有效地提前规避和防范互联网金融风险。

现实中，真的是这样的吗？虽然互联网金融有大数据、云计算的技术支撑，但是“e租宝”事件中高达95%的融资租赁项目、虚假合同、虚假订单没有被事先发现，“中晋”非法吸收的340亿元现金也没有被提前发觉。

是“人”的眼力不好使，还是“云”的计算不够用？是“有眼力”的人不够多，还是“能计算”的云不够高？

闹得沸沸扬扬的P2P诸多事件，也同样有类似这样的问题，即信息不对称、电脑监管不得力最后导致集资诈骗或者非法吸收存款的发生。P2P平台中财产证明、学历证明等详细信息，极易被造假，给信用评价提供错误依据，而P2P平台所获取的资料存在滞后性、片面性，不可能真正构成媒体宣传的所谓“大数据资源”。

目前，我国的计算机网络通信系统还存在密钥管理和加密技术不完善、传输控制协议/因特网互联协议（Transmission Control Protocol / Internet Protocal Address）安全性较差等缺陷，网络通信系统具有的开放式特点造成的其易遭受计算机病毒和电脑黑客攻击的问题，加之还没有完备而透明的个人信用认证体系，也没有个人信用记录、社会保障号、个人税号、银行账号等材料可以充分验证借款人的信用水平，有的多是互联网金融平台自我的吹嘘。这都会给我国互联网金融在发展过程中产生的金融交易带来较大的技术风险。

显然，目前的P2P平台还不属于真正意义上的互联网金融模式，互联网平台缺乏长期的数据积累，风险计量模型的科学性也有待验证。今后发生集资诈骗或者非法吸收存款的可能性还会存在，因为互联网金融领域信息不对称依旧存在，虚假“刷屏”时有发生，甚至可能成为互联网金融中的一种“常态”。

我国金融业要真正迈入互联网金融时代，必须依赖数据的大量积累和大数据处理能力的不断提升，以解决信息不对称和信用问题，实现交易成本的大幅下降和风险的分散。大数据资源必须及时跟上互联网金融创新模式，云计算技术必须及时完善互联网信用体系，弥补互联网金融现有体制创新、业务创新和模式创新的不足。只有这样，我们才能让大数据真正做到监控所有平台运行，让云计算真正勾勒出违法者的真实面目，才不会在某些“高端人士”快到登机口时才进行抓捕。

2016 年 4 月 15 日写于厦门鼓浪屿瑞颐大酒店

从非法集资犯罪看中国金融风险何在

文 / 顾雷

近年来，互联网金融领域乱象丛生，监管层开始打击互联网金融领域的违规犯罪，尤其对非法集资犯罪更是重拳出击，让人感觉中国金融风险基本上集中在互联网金融领域的几个企业上了。

中国金融市场的风险到底在哪个方面？是金融市场本身的内在脆弱性，还是金融监管失败的问题？是个别中介网贷机构的非法作为，还是整体金融信用出现偏差？对此，高层监管部门和一般金融机构众说纷纭，莫衷一是。

过去，在计划经济体制下，由于经济状况基本上处于短缺状态，政府不需要通过信用扩张来促进经济增长，也就不存在真正意义的金融危机。市场经济则完全不同，政府、企业及个人都希望利用金融市场刺激经济增长，增加企业利润和提升家庭福利。于是，2007 年以后，政府采取了一系列信用扩张的货币政策，促使国内经济出现前所未有的快速增长，也使国内政府、企业、家庭的债务全面大幅上升，形成了国内地方政府、企业及家庭巨大的“债务黑洞”。

麦肯锡全球研究院一项研究报告指出，从 2007 年以来，中国的债务增长了三倍，且其债务 /GDP 比率平均数高达 285%，比其他全球主要经济体都高。《日本经济新闻》报道，中国民间债务高达 21.5 万亿美元，占 GDP 的 205%，接近 1990 年日本资产泡沫吹破之前水平。中国总债务占 GDP 的比重由 2008 年的 170% 上升到 2014 年的 235.7%，6 年间上升了 65.7%。

但是，中央银行继续打着刺激国内疲软的实体经济旗号，接二连三降准降息，扩大信用消费，把银行利率水平全面降低到历史最低水平。这样的政策直接导致了两大后果：

一是新增贷款数量激增。据英国《金融时报》估算，2016 年第一季度中国新增贷款 6.2 万亿元，是有记录以来规模最大的季度增幅，同比增长超过 50%。

要知道，这些巨额国内债务在经济增长强劲时往往被掩盖，一旦国内经济滞涨，反弹乏力，这些巨大的债务将变成天量“呆坏账”。从目前上市银行公布的数据来看，国内五大国有银行的不良贷款比率 2016 年已经大幅上升，总计持有 12,744 亿元不良贷款，达到 10 年来最高水平。其中，中国农业银行的不良贷款比率最高，已经超过了 2% 的不良贷款率界线，达到了 2.39%，这个比率比 2015 年增长了 70%。银行不良资产问题再次浮出水面，金融领域系统性风险随时可能发生，让国内金融市场面临巨大风险。

二是巨量银行贷款涌入国内房地产市场，导致房价虚高。为了更快捷地完成银行信贷盈利，通过银行信贷加杠杆，通过个人住房按揭贷款，大量的流动性资金都进入房地产市场，2015 年就有 30% 以上的银行信贷资金涌入了房地产市场。2016 年第一季度银行信贷更是增长 4.67 万亿元，其中仅个人按揭贷款就占 1.5 万亿元，4 月的 5500 亿元银行信贷，个人中长期的贷款就占近 80%。这直接造成了 2016 年第一季度以来国内一线城市及部分二线城市房价疯狂上涨。因为地方政府更愿意通过房地产市场价格上涨保住地方经济 GDP 上涨趋势，以期缓解债务问题，银行也可更轻松完成信贷利润，而房地产商当然更乐意看见不断攀升的房价。

但是，根本就不存在只涨不跌的房价。如果我国房地产市场出现周期性调整，利率市场化放开，房价就很可能出现下跌。到那时，资金链断裂，大量房地产企业倒闭，银行出现信贷危机，不排除引发更为严重的社会稳定问题。

更有甚者，我国债务累积速度——国内债务总额与国内生产总值（GDP）的比例在 2007 年只有 148%，而在 2016 年第一季度已上升至创纪录的 237%，远高于其他新兴市场国家的 170%。可以说，当前我国金融体系风险之高，不仅在于这几年我国总体债务上升速度及负债率远高出世界各国，更在于经济增长模式下，疯狂增长的信用导致的市场危机。

几十年来，全球金融市场发生过 100 次以上的大小金融信用危机，我们的金融市场不可能独善其身。一旦我们的金融信用扩张超出了合理的市场边界，导致泡沫破灭，金融危机随时都可能发生，这是金融行业危机产生的根源。亦如美国经济学家明斯基所说的，“金融市场具有内存的脆弱性”。难怪易宪容教授认为，当前我国金融体系的风险并非仅是监管制度改革就可以解决，而是要改革经济增长模式及“房地产化经济”的盈利结构。也就是说，中国金融行业真正的风险在于其自身信用的无限扩张上，信用蜕变成负债，负债演化为危机，这才是我国金融行业所要面对的最大问题，绝不是 P2P 网贷机构关门跑路的那几个公司。

2016 年 6 月 4 日写于天津峰汇广场

互联网金融不再是世外桃源

文 / 顾雷

近年来，互联网金融犯罪日益猖獗，关进监狱的互联网金融罪犯也越来越多，人数似乎快超过市井小偷了。为了更有效地惩治和改造这些互联网金融犯罪分子，2016 年 8 月 17 日，《网络借贷信息中介机构业务活动管理暂行办法》正式发布，再次剑指网络借贷中间账户、暗设资金池、虚假发布投资信息、自融自用等违法现象。至此，互联网金融行业监管基本定调，拉开了真正的洗牌周期。

我国互联网犯罪案件正以每年 30% 的速度递增，社会危害性不断扩大。互联网金融犯罪分子打着互联网金融、投资中介、股权投资、境外上市等旗号，借助互联网众筹、理财产品、交易结构创新等“金融噱头”，大肆从事互联网金融犯罪活动。从 2014 年开始，互联网金融平台在一定意义上危机四伏，2014 年报道的杭州“国临创投”、深圳“中贷信创”、上海“锋逸信投”等互联网金融平台纷纷倒闭，高管大多潜逃国外，涉及大量客户资金血本无归。2015 年，有问题的互联网金融平台更是突显，金融领域互联网案件占全国互联网案件的 61%，每年造成的直接经济损失近亿元。国内有 3464 家被监测的 P2P 网络借贷平台，正常运营的仅有 1876 家，有问题的约占 46%，涉及投资者人数高达 15.7 万人，涉及贷款余额为 82.7 亿元。其中“e 租宝”涉案金额 700 多亿元，近 300 万人上当受骗，毫无悬念地问鼎 2015 年国内最高“互联网金融犯罪金额奖”。

显然，互联网金融平台已经不再是世外桃源。2015 年，仅上海就清理了互联网 P2P 平台 300 多家，逮捕了所谓业务人员不下 500 名。

我们认为，“互联网 + 金融”虽然是一个非常有效的工具，但也不能简单改写金融的原有规律。近年来，倒闭了很多新创的 P2P 企业，倒闭的原因是什么呢？在倒闭的这些互联网公司中，如果不说百分之百，也可以说绝大部分是没有金融从业经验的，他们并不真正了解金融本质，甚至对市场没有敬畏之感，以为凭借在课堂里学的一点东西，就可以改写固有的经济规律了；以为凭借着互联网的电子联通，就可以颠覆现有的金融秩序了；以为凭借虚拟的项目组合，就可以创造出一套全新的商业模式了。

其实不然。我们认为，互联网金融是传统金融业务的有效补充，只是侧重发挥普惠金融的功能，网络贷款行业更是应该恪守法律，遵循依法、诚信、公平原则，为投资者提供优良、放心和安全的金融服务。

令人痛心的是，有一些互联网金融平台，其实它们并不是金融机构，并不完全懂得金融风险，悄悄地溜进了金融领域，利用人们对金融行业的信任，骗取了千万元的财产；有一些互联网创客们，其实他们并不是金融从业者，并不真正明白金融本质，嘴里装腔作势地喊着蒙骗善良百姓的“创新”口号，手上肆无忌惮地干着“颠覆”百年金融秩序的勾当。

“互联网＋金融”并不是一个新的业态，互联网金融也不是可以被几个 IT 工程师简单创造出来的新行业。从本质上说，它依然是金融行业，传统的金融定律和经济法在互联网金融中不可能全部失效，不过是用新的电脑技术或统计学原理来提高传统金融的效率。因此，不应以为大数据就不是统计学，不应以为英特尔就不能叫云计算，不应以为用一块塑料键盘就可以颠覆百年金融铁律金规！

一单创新产品没有上线，比起八十年的人生而言，根本算不了什么；几张业务清单没有拿下，比起三口之家的幸福来说，绝对不值得再度冒险。别为了几个冒险的创客，再去破坏金融规则；别为了一小部分人的私利，再去践踏金融法律；别为了所谓“金融创新”幌子，再去颠覆整个金融秩序！一旦走进雷区，那肯定是一件很糟糕的事情。

2016 年 8 月 29 日写于车撵店胡同

清除“抽屉协议”灰尘还透明市场环境

——从深铁集团自曝的所谓“抽屉协议”谈起

文 / 顾雷

日前，深圳市地铁集团董事长林某自曝与某公司重组存在对赌协议。由于未在重组方案中披露相关对赌协议，该公司或涉嫌信息披露违规，这无疑将深陷股权之争的万科再一次推向风口浪尖。而该公司也在第一时间回应了市场诸多猜疑，称“本公司与地铁集团之间不存在以协议或其他任何形式达成的对赌安排或意向”。因此，我们只能假定“抽屉协议”会给交易双方造成某种负数，亦如一个不干净的抽屉带给一套新家具的影响。

这不禁让人想起2014年9月的恒丰银行“抽屉协议”事件。为了完成37亿元融资，其股东单位（成都门里、中伍恒利）共同设计了交易结构。致使恒丰银行以天津银行济南分行和天津滨海农商行为过桥通道，变相向股东企业发放贷款。使双方均计入表外融资降低了资本消耗，而利益关联方的企业通过定向资管计划获取了37亿元表外贷款，设立资管计划的证券公司则从中收取了数目可观的通道费，形成了三方利益最大化的链条。

上述做法违反了《商业银行与内部人和股东关联交易管理办法》规定的“商业银行不得向关联方发放无担保贷款。商业银行不得接受本行的股权作为质押提供授信。商业银行不得为关联方融资行为提供担保”条款。为此，山东济南银监局从一开始就介入调查，最终还是没能让恒丰银行在关联方的37亿元融资中置身事外。而负有代偿责任的恒丰银行，不得不代为偿还上述借款，融资方则以该行股权提供了质押。

倘若深圳市地铁集团董事长自曝的“一个上市公司”就是上述某公司，

就可能再度降低该公司的公众形象。因为此前该公司重组深圳市地铁集团的方案本身就存在较大不确定性风险，再曝“私订终身”抽屉协议，显然对于该公司深圳市地铁重组方案的推进是不利的。

如果“抽屉协议”真实存在，其实质仍然是大股东之间的暗箱操作问题。所谓“抽屉协议”，一般来说由两个部分组成，“抽屉”未被打开前是在明面的合同上，规定好交易结构，这个交易结构比较节省资本金和存贷比。风险一旦暴露，“抽屉”打开则是在交易结构背后有反担保协议，其真正规定了风险的实质承担方，通常和明面协议的承担方不同。

在这种交易结构中，上述某公司不可能在预披露重组方案中完整披露重要交易条款，如此，该公司将构成信息披露违规，涉嫌虚假陈述，情节严重或造成社会群体事件时，该公司可能还要承担法律责任。

倘若“抽屉协议”已经交易双方认可，悄然订立，但其法律效力依然存疑。国务院颁布的《加强影子银行业务若干问题的通知》（国办发〔2013〕107号）明确规定“必须以合同形式明确风险承担主体”。这意味着“抽屉协议”不能成立，至少法律上不再承认交易主体之间反担保的合法性。

“抽屉协议”一个很重要的功能，就是把明面合同显示的风险承担方换掉。可以说，我们当今并购市场“抽屉协议”已不是个别现象，交易双方普遍存在保护自身利益而私定对赌协议。实际上就是股东之间通过内部交易暗箱操作，不惜牺牲中小股东利益，保证大股东自身利益不受损失。而上述通知则最大限度保护中小股东权益，把同业业务的风险承担放在明面上了，法律上只承认明面上的合同，一切交易双方私下订立的所谓“抽屉协议”都不再具备法律效力。

是的，新家具应该晒晒太阳，清理每一个抽屉，别让灰尘、污垢继续玷污我们的新家具。

2014年9月13日写于立水桥

从互联网金融专项整治看网络风险的有效应对

文 / 顾雷

近年来，互联网金融行业快速发展，逐渐成为传统金融体系的有力补充，但其中也暴露出不少问题。仅 2015 年以来不完全统计，国内已有 100 多家互联网金融平台出现问题，诸如 22 万人参与的 430 亿元规模的“泛亚投资”，90 万投资人参与的 500 亿元规模的“e 租宝”，7 万人参与 50 亿元规模的“财富基石”，以及“上海中晋”遭警方查封，20 名公司高管在虹桥机场被截获，又一个百亿级的互联网金融理财平台轰然倒地，这些互联网金融平台均涉嫌集资诈骗犯罪。

为了彻底扭转互联网金融领域的乱象，2015 年 7 月 18 日，中国人民银行等部委联合印发《关于促进互联网金融健康发展的指导意见》，正式开始规范互联网金融行业。2016 年 8 月 17 日，中国银监会颁布《网络借贷信息中介机构业务活动管理暂行办法》，专门规定银行作为第三方资金存管机构、设置借款余额上限以及不得开展类资产证券化业务等，对网贷行业进行了有限制约。2016 年 10 月 13 日，国务院再度出拳，颁布了《互联网金融风险专项整治工作实施方案》（以下简称《实施方案》）。

这些文件的出台，无疑表明政府开始对互联网金融进行实质性的整顿，纠正互联网金融领域的乱象。尤其是本次《实施方案》主要针对问题网贷平台、违规第三方支付、跨界资管平台等风险事件多发领域，还专门讨论了 P2P 网贷、股权众筹、互联网资产管理业务、第三方支付业务和互联网金融广告等领域风险防范问题，几乎对每一项互联网金融业务都提出了新要求。比如，禁止未取得相关金融资质的房地产开发企业、房地产中介机构和互联网金融从业机构，利用“P2P平台”从事房地产金融业务。又如，以前“股权众筹”没有出台相应的细则和管理办法，此次风险整治方案明确了不得自筹，不得明股实债，强调不能以股权的形式掩盖债权融资的实质。

值得一提的是，《实施方案》公布的时间正好是摸底排查结束、准备实施清理整顿的节点。虽然早在2015年，李克强总理就在《2015年国务院政府工作报告》多次提到互联网金融必须“规范发展”。但是，由于互联网金融的野蛮、盲目生长，不少从业机构偏离了业务方向，带来了巨大风险，在互联网金融领域确实造成了不小的乱象。如果风险得不到及时整治，可能会引发地区性甚至系统性风险。

在《实施方案》中，对于运行不规范、风险控制不足、存在触及“红线”的整改机构，均提出整改意见，整改不到位的，责令继续整改或淘汰整合，并依法予以处理，对于涉嫌从事非法集资等违法活动的，还要依法移送司法机关追究刑事责任，大幅度提高了互联网金融违法犯罪的成本。目前，北京、上海、深圳、宁波等城市已经积极开展了此项整治行动，暂停互联网金融类公司注册，行业全线进入“清存量”阶段，并收到了一定成效。例如，P2P网贷领域的综合收益率已经跌破年化10%。而在此前，互联网金融领域年化20%、30%甚至更高收益率的比比皆是，随着公安部门对非法集资行为的打击，超高收益率几乎已经绝迹于江湖。

当然，不少业内人士对此表示担心，甚至对重拳打击互联网金融违规犯罪产生一些质疑，因为严厉的监管确实“吓跑”不少自知无法满足条件的平台企业。2015年以来，国内P2P网贷机构数量已经从3000多家下降到2000家左右。还有不少互联网人士担忧互联网金融行业是否将“步入冬天”，并进一步导致互联网金融领域出现大面积萧条。

我们认为，专项整治，目的就是把互联网金融中有问题的企业淘汰出去，把那些真正做好事、有价值的企业留下。短期来说，专项整治必然会加速行业的淘汰整合，使行业负面事件上升。但从长远来看，提前将风险暴露，有助于快速清理行业不良问题，割除毒瘤，培养新鲜血液，为规范运营的平台营造更健康的经营环境，让互联网金融行业更加稳定和可持续地健康发展。因此，互联网金融企业必须清醒地认识到，“擦边球”只是一时之计，随着互联网行业不断规范完善，灰色空间只会不断压缩。那些守不住“政策风险”底线思维的平台机构，未来将难以在互联网行业中赢得竞争力。

“网贷之家”发布的《2016 年 9 月网贷平台发展指数评级》报告显示，在全国 2500 多家 P2P 平台中，信用评级达到良好的明显开始增加，达到 60%—70% 的，远远超出 2014 年的 40%—50% 的比例。这恰恰可以说明，国务院连续整治互联网金融前期的乱象初显成效，令人鼓舞，也恰恰说明了互联网金融行业监管升级不仅不会导致行业的寒冬，反而会为规范运营的平台营造更健康的发展环境，促进行业发展。互联网金融市场中诸多 P2P 机构，愿意继续积极配合监管政策，愿意继续合规发展，致力于中小微企业解决融资难问题，服务实体经济，体现了它们普惠的理想，实现金融资源共享和共同富裕的和谐状态，以及承载未来时代的交流与消费的一种趋势。

2016 年 10 月 19 日写于人大明德楼

互联网金融专项整治后的成效、问题和展望

文 / 顾雷

近年来，不法分子假借“互联网金融”名义，借助互联网覆盖广、传播快、操作便捷等特点，以“财富管理”“众筹理财”等为名诱骗投资者。类似“庞氏骗局”案件时有发生，不仅导致金融行业乱象丛生、风险集聚，败坏了互联网声誉，而且严重损害了投资者利益，给社会稳定带来了极大危害。为此，2016年10月13日，国务院办公厅发布《互联网金融风险专项整治工作实施方案》，各地政府也积极开展了互联网金融以及相关子行业的专项整治工作，全部整顿工作已于2017年3月结束。

总体来看，本轮互联网金融专项整治主要集中在两大方面。一是网络贷款行业（P2P），强调网贷业务只能为借款人与出借人（贷款人）直接借贷提供信息搜集、信息发布、资信评估、信息交互、借贷撮合等服务，对异化为信用中介并违规开展融资等业务的平台机构，给予了必要的排查和整治，并及时采取负面清单管理，明确了“13条红线”，诸如不得设立资金池，不得发放贷款，不得非法集资，不得自融自保、代替客户承诺保本保息、期限错配、虚构标的，不得通过虚构、夸大融资项目收益前景等方法误导出借人。目的就是使网络贷款机构回归其“信息中介”本质。

二是众筹业务，强调众筹融资必须坚持“公开、小额”属性，重点整改“八类问题”：第一，未经批准不得在注册名称和经营范围中使用“股权众筹”等字样；第二，以“股权众筹”名义募集私募股权投资基金；第三，未经批准擅自公开或者变相公开发行股票；第四，平台通过虚构或夸大平台实力、融资项目信息和回报等方法进行虚假宣传；第五，平台上的融资者欺诈发行股票等金

融产品；第六，平台及其工作人员挪用或占用投资者资金；第七，平台和房地产开发企业、房地产中介机构以“股权众筹”名义从事非法集资活动；第八，证券公司、基金公司和期货公司等持牌金融机构与互联网企业合作违法违规开展业务。

当前互联网领域中，除上述 P2P 网贷和众筹业务外，资产管理及跨界金融业务也十分普遍，由此暴露出来的问题很突出，影响金融市场的稳定。本轮互联网金融专项整治对资产管理和跨界金融业务也有所涉及，采取“穿透式”监管方法，在以下两个方面具体落实整治责任。

一方面，对于业务不规范的互联网资产管理业务平台，重点整治问题有两条：一是将线下私募发行的金融产品通过线上向非特定公众销售，或者向特定对象销售但突破法定人数（200 人）限制。在出现法律纠纷时，由于虚假宣传和误导式宣传，未揭示投资风险或揭示不充分，或者未采取资金托管等方式保障投资者资金安全，侵占、挪用投资者资金，不仅无法保障投资者的合法权益，而且已经涉嫌非法公开发行业务。二是未严格执行投资者适当性标准，通过多类资产管理产品嵌套开展资产管理业务，向不具有风险识别能力的投资者推介产品，或未充分采取技术手段识别客户身份，规避监管中对合格客户（投资者）的法定要求。

另一方面，重点查处非金融企业跨界开展资产管理的互联网平台：一是金融机构委托无代销业务资质的互联网平台代销金融产品；二是未取得资产管理业务资质，通过互联网平台开办资产管理业务的平台（尤其是非银行第三方支付业务）；三是未取得相关金融业务资质，跨界开展 P2P、股权众筹、互联网保险、第三方支付、资产管理等以外业务的平台。

除此之外，本轮专项整治还专门对非银行第三方支付进行了专项治理。例如，有的第三方支付机构将原有客户保证金转换成货币基金等“理财产品”，大肆售卖，表面上好像解决了客户保证金不能计息的问题，实现了第三方支付机构吸收客户资金的目的。但是，暂且不说其过分夸大收益率而对风险揭示不够的做法已经违规，就从其投资的货币基金来说，也很难达到预期收益率，涉嫌误导投资者。

为此，本轮专项整治首先通过非银行第三方支付的业务规模、社会危害程度、违法违规性质和情节轻重分类施策，整治了一大批不良第三方支付、无牌支付机构，有效地发挥了震慑作用。同时，再通过重点排查支付机构客户备付金风险和跨机构清算业务，逐步取消对支付机构客户备付金的利息支出，建立支付机构客户备付金集中存管制度，规范支付机构开展跨行清算行为，加快了第三方支付效率，有效地维护了互联网金融支付系统秩序。

而配合房地产市场调控也是本轮专项整治的重点之一。2016 年以来，伴随着一、二线城市的房地产行业飞速发展，一些互联网金融从业机构，故意采取“首付贷”“连环贷”等各式花样的场外配资形式，将金融杠杆拓展至收入和信用水平都不高且不符合银行贷款标准的群体。我们以“首付贷”为例，其月息通常在 1.5%—2%，年化资金成本往往达 20% 甚至更高，大幅提高了购房者的“金融杠杆”，直接增加了购房者的违约风险。

当然，本轮专项整治解决了互联网金融领域中很多违规违法问题，收到了很好的实际效果，但这并不意味着我们可以高枕无忧了，本轮专项整治并没有完全解决互联网金融领域的所有问题，其中一个比较突出的问题就是金融资产交易所（以下简称金交所）的潜在风险并没有及时被消除。

第一，从业务创新模式分析，金交所存在创新产品带来的潜在风险。目前，我们通过对国内 40 家金交所进行观察，从产品构架上看，除传统的挂牌交易、登记结算和资产托管外，还有保险、私募、理财、P2P 等业务，线上、线下业务属性重叠。从商业模式上看，从最早 B2B 发展至 B2C、B2F 和 C2B 等业务，更有甚者，大量开展与互金形态极为相似的“理财业务”，募集渠道越来越多地依赖于互联网线上募集、手机 APP，并支持会员（投资者）的线上绑卡、支付和清算。因此，金交所线上交易与互联网金融平台已无实质性差别，都直接向融资方提供定向融资计划、理财计划等“类证券化”融资服务，还共同参与地方债融资、房地产融资等专项业务。

上述这些所谓“创新模式”的正当性值得思考，其交易结构的实质就是委托定向投资、定向融资、收益权分享或收益权转让等模式，不仅模糊了其与互联网融资机构的界限，而且这些产品直接投向了房地产资产，演变成房地产抵押融资类理财产品，带来了较大的短期带息负债的风险。金交所已经充当起理财产品的发起人，成为当今金交所国内非标债权融资的另一“赚钱通衢”。

第二,《国务院关于清理整顿各类交易场所切实防范金融风险的决定》明确禁止“不得将任何权益拆分为均等份额公开发行”，目前仍有不少金交所公然违反该决定，以“金融创新”名义将拆分权益类资产销售，开展类资产证券化业务，且销售对象人数变相突破 200 人限制，直接导致拆分转让受让主体扩大到非合格的投资人群。由于持有人并未有实质性变更，对这类标的的拆分、转让不能有效追偿和维权，对于200名以外的投资者利益是无法保护的。这等于是向不合格投资者公开募集、销售、转让私募产品，实际上就是利用私募基金低门槛的准入资格去套利公募基金高标准的融资利润。曾一度引起市场关注的蚂蚁金服“招财宝”与部分金交所联合运作的私募债违约纠纷就是最好的证明。

金交所开展所谓“理财业务”和“涉房融资业务”，从本质上来说，就是非持牌机构违规开展金融专属业务。如果任由这两类所谓“创新业务”发展而不加以约束，长此以往，不守规矩的做法将大行其道，极有可能形成“破窗效应”，诱使乃至倒逼更多合法者仿效，进而破坏互联网金融环境。因此，监管机构应对金交所采取专项整治，回归其作为一个交易平台的初衷，使其成为一个纯粹的互联网金融产品交易的中介场所，而不是异化为一种类似担保公司的信用中介和利益当事人，避免交易所成为一个“柠檬市场”。

如此看来，本轮专项整治并不是互联网金融风险清理的终结者，今后还要继续秉承“规范与发展并举，创新与防范风险并重”原则。具体来说，2017 年后三季度互联网金融市场将在五个方面必须进行梳理整治。

第一，提高投资者的风险意识，提高互联网金融市场交易的透明度，强化金融消费者保护。

相对于传统金融，互联网金融消费者的组成结构更复杂、数量更庞大，一旦发生风险对社会的冲击力更强。以网络理财为例，将创新产品信息披露不完整、不充分，弱化保险产品性质，片面夸大收益率，缺少风险提示等问题一律视为违法，检察机关将严惩通过互联网平台进行非法吸收公众存款、集资诈骗等涉众型经济犯罪，强调充分公开市场信息，强化市场价格形成机制，还投资者一个真实透明的互联网金融市场，让正义的阳光普照资本市场的每一个角落。

第二，加快互联网金融行业细分，加速网贷平台转型。

2017 年，互联网金融准入门槛提高将加速行业洗牌。金融产品的网络代销行为将被逐步规范，部分持牌的从业机构违规对资管产品进行拆分、过分夸大产品收益等行为将受到约束。根据中央银行数据显示：截至 2017 年第一季度，全国正常运营的网贷代销机构共计 1374 家，其中，完成银行资金存管、符合监管要求的平台不足 3%。客户流量小、风控能力差、涉嫌违规的代销机构将在 2017 年要么面临转型，要么出局，绝对不可姑息。

第三，使用新的互联网金融网络支付清算平台。现在的互联网第三方支付都是直接对接银行接口，绕过了独立的清算机构，始终缺少统一的“游戏规则”，存在一定风险漏洞。2017 年，中央银行将建立“非银行支付机构网络支付清算平台”，实现对第三方支付统一监管。由于该平台在功能上与银联十分相似，也被业内称为“网联”。我们认为新设的“网联”机构，完全可以覆盖全国 40 家金交所平台业务，一端连接持有互联网支付牌照的支付机构，另一端对接银行系统，十分有利于看清第三方支付机构的资金流向，降低金交所拓展与维护银行渠道的成本，更可以大大消除系统金融风险隐患。

第四，股权众筹平台与房地产企业合作推出的“众筹买房”产品必须得到有效遏制，不允许再把这些产品直接投向房地产资产，变成房地产抵押融资类理财产品，平台将遵循“公开、小额、大众”原则，致力于解决小微企业融资难题，支持创业和创新。

第五，对金交所的整治必须提到议事日程上。一是确保交易中介机构杜绝信用担保。网络贷款平台（P2P/众筹）与金交所合作，大多涉及债务转让、收益权转让、定向融资计划等信用交易。为此，我们建议金交所通过互联网在面向B端的理财业务时，特别是认购其定向融资计划、金e淘等产品，金交所必须引入第三方的强担保措施，拒绝信用担保，最大化保护投资者利益。

二是避免向C端客户销售理财产品。据悉，部分金融资产交易所和新设立的地方金融资产交易中心均已涉足C端理财业务，正在将一系列次级贷、次级债卖给普通民众。与机构投资者（B端）相比，由于个体投资者（C端）缺乏对风险的识别力和估值能力，资金实力和抗风险能力都较差，如果金交所将不良资产等高风险债权打包为理财产品售予个体投资者，或者拆分转让收益权变相突破200人的界限，一旦发生兑付风险，就会波及更大范围的个人投资者（相当于股市中的“小散户”），可能引发群体恐慌性抛售，进而引发社会群体性动乱。

总之，我们期待着2017年对互联网金融市场的监管取得突破性提高，规范各类互联网金融业态，继续扭转互联网金融某些业态偏离正确方向的局面，让互联网金融市场再次熠熠生辉，保持长久的生命力，促进互联网金融健康、持续和稳定发展。

2017年3月27日写于早春二月

警惕因互联网技术革新带来垄断现象

文 / 顾雷

一家无人生鲜超市拒收人民币现钞只支持支付宝方式的做法，引起了广大消费者的关注。无独有偶，微信支付创立了“8.8 无现金日”，蚂蚁金服打出了“非现金支付”等同于支付宝支付的旗号，支付宝紧跟着宣布 8 月 1 日—8 月 8 日举办首个“无现金周”。三、四线城市商家接受手机支付的交易笔数同比增长了近 9 倍，并在持续快速增长。于是，“无现金城市”“无现金社会”成了大众热词。

一部分年轻消费者认为，随着互联网发展，微信支付、支付宝支付便捷性强，越来越多消费者在日常零星交易中使用非现金支付，人们使用现钞的比例正快速下降，应当进一步提倡、坚持和推广非现金交易模式，并在未来交易中逐渐取代人民币现钞。

当然，绝大多数社会大众消费者认为，除无人超市等拒收人民币现钞外，诸如个人缴纳的各种费用（水电费、交通罚款等）、购房购车等交易中各种非现场交易支付都排斥现金交易。这些拒收现金行为是对消费者的歧视，更是对国家法律的公开蔑视，不仅侵害了社会大众对支付方式的选择权，还给大众消费者尤其老人带来诸多不便。由此，不应该大力推广，相关超市拒收现金的行为更是涉嫌违法。

“无现金”到底违不违法呢？商家拒收人民币行为究竟是否应追究法律责任呢？虽然看似只是一个用不用现金的事情，其实并不简单。

第一，《中华人民共和国人民币管理条例》（2014 年修订）第三条规定，中华人民共和国的法定货币是人民币（包括纸币和硬币），以人民币支付中华人民共和国境内的一切公共和私人事务，任何单位和个人不得拒收。由此，超市拒收现金行为并不妥当。

第二，非现金支付方式也是得到国家承认的。《非银行支付机构网络支付业务管理办法》规定，对依法取得《支付业务许可证》的互联网支付、移动电话支付、固定电话支付、数字电视支付等网络支付业务的非银行机构可以开展非现金交易和支付。显然，非现金交易并不是非法交易和支付方式，不应该受到歧视和禁止。

第三，中国人民银行必须警惕因新技术带来的垄断现象。因为互联网支付的效率和范围远远超出传统方式，市场集中度提高的速度也超出人们想象。面对微信、支付宝两家占据 90% 以上移动支付市场的格局，诸如排斥竞争、价格扭曲、降低效率、侵害消费者选择权等问题随之而来。因此，人民银行必须防止非现金支付独占鳌头，避免出现对单一支付方式、单一机构的过度依赖，形成垄断格局，触碰反垄断的法律红线。尽管中国人民银行并未发文要求禁止使用“无现金”字样，但是，其武汉分行约谈蚂蚁金服，并提出在宣传活动中删除“无现金”字眼，商户不得拒收人民币现金的要求也体现了监管机构的意图。

笔者认为，无现金社会不是要消灭现金，并未改变第三方支付的本质，只是现金支付的比例降低，支付的货币还是人民币，而不是用美元或者其他外币。由此，监管者、经营者和消费者不能排斥其他支付方式，这是一个公平、多元和普惠的理念。

正确的选择应该是，在合法性原则基础上，我们允许非现钞支付结算方式，包括互联网支付、银行卡、二维码、NFC（近场支付）等各类支付工具应用，但同时我们也不赞成拒收人民币现钞的行为。因为一个真正公平、自由和平等的消费市场，可供人们选择的支付方式应该是多样化，绝对不是非现金支付吃掉现金支付“你死我活”的状态，尤其在当今中国，我们必须正视无线网络、移动支付发展水平不一致的现实，例如偏远地区、中老年人群以及习惯用现金交易的群体，不能允许因满足一部分消费者的需求而侵害另一部分消费者的利益。总之，在合法的前提下，让交易主体进行自主选择，没有正当理由，任何具有市场地位和手段的经营者不应该排斥其他支付方式，以形成多种支付方式共存的局面。

2017 年 8 月 14 日写于人大静园

对现金贷的监管“空洞”，只能补漏，不可绝杀

文 / 顾雷

随着媒体不断曝出“高利贷”“暴力催收”“滥用个人信息”和“监管套利”等负面新闻，现金贷俨然成了另一个“校园贷”。由中央银行牵头，多部门共同参与的监管新规正在紧锣密鼓地展开，除针对年化费用远超《最高人民法院关于审理民间借贷案件适用法律若干问题的规定》规定的36%的上限外，还针对暴力催收引发的“裸贷”“跳楼”和“集体上访”等恶劣社会事件。对此，本次监管将从资金、牌照等多方面严控“现金贷”，有可能效仿2016年禁止校园贷的做法，对于存在违法行为的公司一并予以关闭取缔。与此同时，2017年11月2日，赴美上市的“趣店股份”跌幅高达7.47%，跌收于25.19美元。11月4日，又一家互联网金融平台“和信贷”登陆美国纳斯达克，似乎也是谈虎色变，明确表示公司不会考虑涉足现金贷行业。于是，现金贷的高利率、涉嫌暴力催收及其背后的灰色资金链条再次成为互联网金融的一个监管“空洞”，似乎又在一夜之间成为市场关注的焦点。

2016年，监管机构几乎是一夜之间叫停了风靡全国的“校园贷”。但是，实际效果如何呢？不到半年，2017年全国出现了“现金贷”，利息越来越高，申请贷款者越来越多，经营机构更是如雨后春笋一般。这是一个我们必须认真思考的严肃问题：仅仅依靠一场会议、一个决定就能消灭高利息贷款现象？仅仅凭借一份通知、一通禁令就能解决老百姓生活中现金紧缺难题？答案显然是否定的。

从某种意义上讲，现金贷就是及时、快捷地将资金提供给社会中低层人群使用，在本质上并不违背普惠金融，也是对传统借贷的一种补充形式。换

句话说，之所以存在暴力催收、借款人陷入债务危机等乱象，是因为少数不法分子利欲熏心、没有把钱借给有正当用途的中低收入人群，导致过度消费或者不良用途，并非现金贷本身存在的结构性缺陷，加之平台通过控制借款人的隐私进行暴力催收成为一种催收常态，由此败坏了现金贷的名声。

其实，现金贷的横空出世并没有过错。从供给侧结构性理论上分析，全国范围内反复出现的现金类网络贷款现象，屡禁不止，毫无疑问地传递给我们一个信号：当今社会中低收入人群有此需求，小额短期的现金贷款有此市场。真正的失误是我们的金融机构至今没有解决普通老百姓应急用钱的问题，也就是现金需求太盛而供给不足。这才是问题的关键所在。这不仅关乎广大中低收入人群的日常生计，更关乎很多青年人的健康成长。据相关业内人士估算，目前全国现金贷行业日新增用户为5万人。2017年，新增现金贷用户已接近2000万人。截止到2017年6月30日，现金贷余额是500亿元到600亿元，到2017年年底突破数千亿元规模只是时间问题了。

既然有市场，有需求，有人气，我们为何还要一禁了之？

我们既然有了云计算，为什么不能让那些信用欠佳或不具备偿还能力的人群远离现金贷？就是说，把现金贷平台贷款者借钱还债问题与云计算接驳下的央行征信系统联动起来，让不还贷、少还贷的用户永远不再拥有社会信用，最大限度地杜绝了现金贷中的老赖用户，让现金贷平台具备有效的风控水平，重新让贷款回归理性消费。

我们既然有了大数据，为什么不利用数据优势去催收现金贷款从而杜绝网贷平台的暴力催收行为呢？总之，要让恶意借款、危害中低收入消费者权益的非法行为受到法律制裁，更要让假借现金贷之名行高利贷之实的邪恶商家永远禁足现金网贷行业。

由此看来，我们不建议采取一刀切的监管方式。否则，现金贷业务有可能会转向线下甚至是“地下”进行，违规风险岂不是更加不可控制？

我们应该正视社会需求，既然禁绝不了，不如因势利导，积极进行补漏监管，用社会征信的力量解决互联网贷款平台与金融消费者之间的生存与发展问题，而不是一禁了之；我们应该面对市场挑战，与其止步不前，不如顺势而为，使用运动式监管模式、灵活多变的管理思维化解个体需求与互金平台之间的供需矛盾，真正贯彻银监会《关于银行业风险防控工作的指导意见》，把现金贷纳入法制轨道，补充商业银行贷款的短板，大胆前行，跟上互联网时代普惠金融的步伐。

2017 年 11 月 7 日写于海通大厦

从2018年资管新规谈穿透式监管的弊端

文/顾雷　隋志敏

近年来，我国资产管理业务快速发展，在满足居民和企业的投融资需求、改善社会融资结构等方面发挥了积极作用，但也存在部分业务发展不规范、多层嵌套、刚性兑付、规避金融监管等问题。为规范金融机构资产管理业务，2018年4月27日中国人民银行等部门出台了《关于规范金融机构资产管理业务的指导意见》(以下简称《资管新规》)。其第二十七条第二项明确规定，对于多层嵌套资产管理产品，向上识别产品的最终投资者，向下识别产品的底层资产（公募证券投资基金除外），实行穿透式监管。

其实，不仅仅是2018年《资管新规》规定了穿透式监管，在近年来的监管文件、通知、办法或指导意见中，穿透式监管已经遍地开花了。例如，早在2016年4月12日，国务院办公厅发布的《关于印发互联网金融风险专项整治工作实施方案的通知》中就明确提出，“按照部门职责、《指导意见》明确的分工和本方案要求，采取‘穿透式’监管方法，根据业务实质明确责任”。保监会于2017年4月21日发布的《关于进一步加强保险业风险防控工作的通知》提出，“对信用保证保险开展穿透式排查”，同年6月22日发布的《关于进一步加强保险公司开业验收工作的通知》中，更是扩大到公司股东层面，要求“将对相关股东资质进行穿透性核查，要求详细说明股东资质变化的情况及原因”。

互联网金融风险专项整治工作领导小组办公室发布《关于加大通过互联网开展资产管理业务整治力度及开展验收工作的通知》(整治办函〔2018〕29号)，从该文件中同样可以看到穿透式监管的影子。

其实，穿透式监管并非包治百病的神丹妙药。虽然穿透式监管有其独到的监管之处，对短时期内治理金融领域不良行为能够起到一定作用，但长期使用穿透式监管，至少会引发两个方面的问题。

从纵向看，如果穿透式监管不断加剧，可能引发金融监管体系的混乱。2017年以后，经济规制成了我国金融领域的指导性主张，穿透式监管逐渐成为金融监管部门的首选，主要是因为穿透式监管能带来行政管理权限的扩张性解释，并以此制定各种强监管性的规则、措施、办法和司法解释，进而在短时间内达到控制金融市场的“监管目的”。于是，越来越多的监管法律、法规、通知、办法、指导意见都使用“穿透式监管”，提出了诸如多层嵌套、杠杆不清、监管套利等新概念，几乎所有的金融领域都在使用穿透式监管，原有的监管体系似乎正在被市场遗忘。

其实，这与穿透式监管的初衷是背道而驰的。穿透式监管最初是为了解决消费者保护问题、管辖权分割和金融产品瑕疵追责问题的，根本不涉及诸如会计核算、具体交易、权益持有、资质认定、信息披露等领域，更不涉及股东、关联者、一致行动人等的市场准入的监管。显然，经过这几年的“发展壮大”，穿透式监管已经突破了其原有之意，正无限扩大到金融领域的各个环节，形势堪忧。

从横向看，如果地方机构过度使用穿透监管，凭借自己的扩张解释，会使公司法被边缘化，造成各个监管新规之间“公说公有理，婆说婆有理”的无序局面，加剧地方监管各自为政的割据状态，对原有的法律监管体系造成不必要的冲击。例如，底位公司治理，有董事会、监事会和股东大会规则，中位部委办颁布的章程法规，上位公司法、合同法、消费者权益法早已成熟，有比较完整的法律追责体系。这些法律法规构成了上、中、下三位一体的法律监管系统，对监管目的、监管手段、监管方式、监管责任和监管处罚都有比较详尽的规定。如果过度穿透式监管，僭越了既有法律的框架、原则和方向，犹如一根尖刀刺破原有监管帐篷，打散有序的监管结构，引发与法律体系的不必要冲突。对此，难怪有学者忧心忡忡，认为滥用穿透式监管完全有“可能僭越既有法律的框架、原则和方向”，引发“概念滥用、过度解释”等新问题。①

如前所述，穿透式监管本来只属于产品监管中的定性判断，且应当慎用，但如果各地方埋头扩张，过分关注消极目标，就会产生制度性、系统性问题，进而造成全国金融市场监管失衡。为此，有学者把这种穿透式监管比喻为“一个人生病，全家吃药”的做法，十分形象和贴切。②

我们主张，互联网金融领域更应该采取包容性监管原则。不能用单一的、固化的监管模式应对日新月异的金融市场，监管模式选择、调整和完善是一个动态的转换过程，一种监管模式不可能适合于所有金融领域。更何况，穿透式监管原则并不符合国际通行的金融自由化理论（Financial liberalization，Financial deregulation，两者的本意都是“解除金融束缚”），容易产生“金融抑制”问题。③

早在20世纪70年代初，罗纳德·麦金农（Ronald I.Mckinnon）和爱德华·肖（Edward S.Shaw）就发现发展中国家普遍存在“金融抑制”现象，严重制约了金融市场发展。于是，爱德华·肖在《经济发展中的金融深化》（Financial Deepening in Economic Development）中提出了“金融深化理论”，认为发展中国家普遍存在利率限制、信贷管制、高储蓄率以及各种对金融中介歧视性监管措施，直接导致“金融抑制”发生。由此，他们认为，通过金融自由化可以增加投资总量，利率和汇率自由化可以提高投资效率，金融市场准入自由化可以促进金融业务快速发展，资本流动自由化可以促进经济增长，消除“金融抑制”现象。而金融自由化的最根本措施就是政府放松对金融产品价格、金融市场和金融体系的干预，使金融部门的运行主要由政府管制逐步转变为由市场力量决定。④

---

① 邓峰:《“一人生病，全家吃药”穿透式监管或概念乱用》，载《财经杂志》2018年第1期。

② 邓峰:《“一人生病，全家吃药”穿透式监管或概念乱用》，载《财经杂志》2018年第1期。

③ 金融自由化，最初源于美国经济学家罗纳德·麦金农和爱德华·肖的金融深化理论，与其相对的一个概念是“金融抑制”（Financial Repression），意思就是阻碍了一国金融市场的健康、快速发展。

④ [美]爱德华·肖:《经济发展中的金融深化》，中国社会科学出版社1989年版。

显然，罗纳德·麦金农和爱德华·肖在近50年前提出的金融自由化理念，在金融监管趋于严格的今天，具有重大现实指导意义，即全世界没有统一的监管模式，只有一个共同理念，就是契合金融市场发展阶段，采取最合适行业发展的监管方式。

金融市场必须接受监管，但是监管不等于必须要穿透。结合目前实际情况来看，采取宽松的、包容的监管政策更适合我国金融初创阶段发展，更有利于金融机构创新产品，更能激发金融市场活力。资产管理领域存在的诸如多层嵌套、杠杆不清、名股实债、监管套利，究其根本原因，在于分业监管体制下不同类型的机构开展同类业务的行为规则和监管标准不一致，难以实现对资产管理业务全流程监控和全覆盖监管，并不是监管不严造成的。[①] 特别是一些跨市场、跨行业新业务，其交易结构复杂、交易链条较长、信息不透明，绝对不是一个穿透式监管就能解决所有问题的。

目前，我们既然鼓励依法合规创新，就应该允许市场主体在一定规则下创新产品，就应该伴随着金融市场的发展而适时调整和不断完善监管措施，不能幻想用穿透式监管包治百病，一蹴而就，更何况穿透式监管仍处于摸索阶段，远没有形成一套成熟的理论与操作规程。

因此，在初创型金融市场中，要从根本上消除监管真空、监管重叠和监管套利，需要正确把握好穿透式监管、机构监管、功能监管和行为监管之间的关系，绝对不是单纯依靠穿透式监管就可以完成对所有违规行为的防控。对穿透式监管原则要审慎使用，更应该考虑“包容性监管”，在原有的机构监管、功能监管和行为监管基础上，强化监管的统筹协调，以有效避免单纯使用穿透式监管对整个金融行业带来的弊端，有利于促进金融行业有效竞争和公平发展。

2018 年 4 月 26 日写于海通大厦

① 苟文均：《资管市场乱象凸显穿透式监管必要性》，载《中国金融杂志》2017 年 4 月 17 日。

2018年互联网金融网络安全五大新看点

文/顾雷

近年来，我国互联网金融蓬勃发展，网络规模不断扩大，网络应用水平不断提高，成为推动传统金融发展的巨大力量，但网络安全出现了不少新情况、新问题。尤其在云计算、大数据、物联网和人工智能等新技术应用后，数据和用户信息泄露等网络安全问题日益突出，木马僵尸网络、钓鱼网站等非传统网络安全威胁有增无减，分布式拒绝服务（DDOS攻击）、高级持续威胁（APT攻击）等新型网络攻击更是愈演愈烈。根据互联网数据中心（IDC）发布的报告显示：2016—2017年，全球恶意代码样本数目正以每天可获取300万个的速度增长，云端恶意代码样本也从2005年的40万种增长至目前的60亿种，心脏出血漏洞威胁我国境内约3.3万个互联网服务器。由此，基础通信网络、互联网金融平台等重要信息系统安全面临严峻挑战。在2018年开工之际，我们有必要梳理一下互联网网络安全要点，未雨绸缪，做好互联网金融网络安全预防工作。

1. 云计算强势增长，云安全问题却亟待解决

目前，我国云计算得以快速发展和应用，云服务市场在2020年预计将突破100亿美金，方兴未艾，但其中的维护云端数据服务、数据存放位置、数据隔离以及人为内部泄露用户数据最容易产生风险。根据中国互联网信息中心公布的数据，截至2016年12月，全国感染过病毒木马程序的PC数量为2.47亿台，感染恶意程序的安卓智能手机共1.08亿部，进而导致网络交易安全事件频发，如2017年AWS S3云存储桶变成数据泄露的重灾区，就是在数据存放位置、数据隔离上出现重大泄露所致，殃及全国PC电脑近5000万台。为此，互联网金融机构必须认真对待，对云计算安全问题时刻保持警惕。

2. 区块链技术尚未成熟，不能排除恶意攻击网络安全行为可能

目前，区块链凭借其天然的技术特点而具有用户认证、数据保护、防DDOS攻击等安全优势，使区块链技术成为当今网络世界的新宠，各种数字货币（如比特币、以太坊等）在金融领域得到快速发展，但现阶段区块链技术还不成熟，早期生成的区块由于当时使用的算法过时或者密钥长度不够，此部分交易历史有可能会被篡改伪造。而且，区块链的配套软件也存在漏洞和隐患，攻击者极易通过系统中存在的漏洞恶意篡改或者盗取数据。例如，2017年多起勒索病毒攻击事件就是由于数字加密出现问题引发的。

我们预测，2018年由区块链技术催生的恶意攻击活动将继续活跃，变相数字加密货币可能成为黑客攻击的主要罪源，区块链技术安全形势不容乐观。因此，互联网金融机构应加强区块链的监管和安全技术的研究与实践，有效提升网络安全防护水平。

3. 人工智能快速发展，为互金网络安全带来前所未有的巨大挑战

根据中国互联网金融协会的预测，到2020年，我国人工智能（Artificial Intelligence，AI）规模将达到100亿美元。毫无疑问，未来人工智能（AI）的快速崛起不仅推动了社会快速发展，也使互联网金融机构成为其恶意攻击的主要对象之一。不能排除有些人将利用人工智能（AI）实施自动化攻击的可能，利用随机性漏洞制造恶意软件威胁互联网平台运行。这或将成为2018年网络违规犯罪的一种新常态。

4. 物联网快速发展为互联网金融带来巨大利益，严重威胁互联网金融机构正常运行

2017年，IO Troop新型僵尸网络、Wanna Cry勒索病毒、Wi-Fi功能中的KRACK漏洞、蓝牙中的Blue Borne漏洞已经使网络安全形势变得十分严峻。

根据Gartner的预测，随着2018年物联网的普及应用，黑客利用物联网组成僵尸网络发动大规模DDOS攻击的频率将大大增强，诸如银行账户、非金机构账户、移动设备、交易网络因物联网具有超级链接特性而受到网络攻击。与单纯数据泄露事件相比，此类攻击引发的后果更为严重，可以直接影响互联网金融机构的正常运行。为此，互联网金融机构必须时刻保持高度警惕，不能掉以轻心，防止受到恶意牵连。

5. 交易主体信用风险日显突出，使互联网金融网络安全道德风险大为增加

由于我国社会个人征信体系尚不完善，很难验证互联网金融交易者的信用状况、道德水准，也缺乏对其偿还能力的有效审查，信用风险不仅来自网络交易方式的虚拟性，还有社会信用体系的不完善而导致的违约可能性，使诸如网上诈骗、电脑黑客、网络钓鱼、电子扒手、信息污染等道德风险大为增加，并成为2018年互联网金融机构必须解决的重大课题。

总之，2018年，全世界将更加重视新技术新应用安全问题，欧盟的《通用数据保护条例（GDPR）》也将于2018年5月25日生效。GDPR不仅适用于欧盟的公司，也适用于任何处理与欧盟客户或企业有关的数据的机构，包括中国大批企业。如果公司不遵守GDPR的规定，将对其处以2000万欧元或其上一个财务年度营业总额4%的罚款，以较高者为准。

那么，中国的互联网企业真的都准备好了吗？我们不得而知，但有一点是肯定的，即对于互联网企业来说，应该认真做好网络安全保护措施，优先增强深度防御和网络攻击的适应能力，加速构建“协同预警、有效应急、强化灾备”全网动态感知保障体系，优化互联网应用生态环境，实现网络安全防护从基于现实威胁的静态保护向基于未来风险的动态预防的转变。当然，这需要智能终端生产厂商、网络运营商、互联网金融平台、CA认证机构等各方共同努力。

2018年2月23日写于海通大厦

再论互联网金融大数据安全的新看点

文 / 顾雷

一、当前互联网金融大数据市场规模、结构及特征分析

大数据是互联网金融发展的重要方向之一，展现了自动化程度高、精准服务和大幅降低金融成本等诸多优点，尤其是现代社会无时无刻不依靠大数据进行购物、交通、餐饮、住宿、租赁等金融活动，并通过大数据平台对用户的收入水平、消费偏好、行动位置、消费特征、品牌倾向等维度进行分析，实时勾勒出用户的“真实画像”，方便了千千万万用户。因此，互联网金融大数据具备极高的价值。只要拥有更大规模、更全维度、更多用户的大数据，就能在互联网金融大潮中取得优势地位。

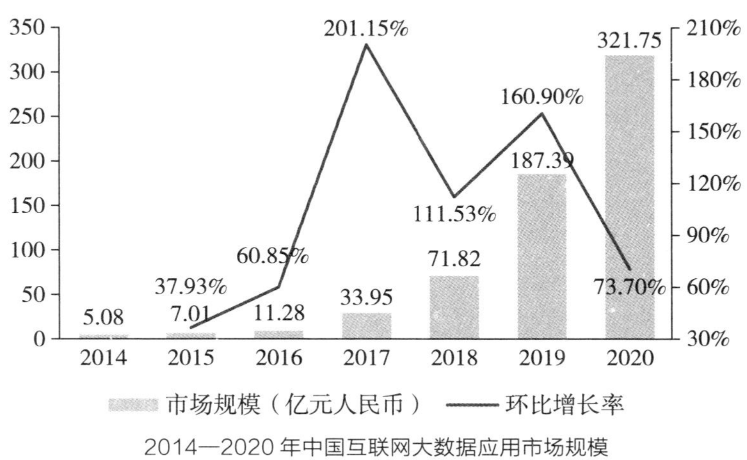

2014—2020 年中国互联网大数据应用市场规模

数据来源：“百家号”

但是，大数据的弱点也不容忽视，如系统架构不完整性、提供在线服务的准确性不高以及易被黑客利用等。可见，大数据在提升互联网金融服务质量的同时，也给其带来新的挑战，特别是在未来市场规模大幅增加的情况下，互联网金融不仅需要高度关注产品定位准确性，在大数据处理和数据安全方面也需要更多关注。

当前，我国互联网金融中使用大数据的机构大体包括三种，每一种机构包含的大数据风险都是极不相同的，构成了当前我国独特的互联网金融大数据风险结构：

第一种是传统商业金融机构，包括银行、证券和保险，通过互联网渠道向需求者提供互联网金融服务。这类机构具有雄厚的资金实力和强大的人才储备，在系统搭建、安全防护等方面都具有优势，大数据安全风险可以控制。

第二种是从事互联网服务的机构，跨界进入金融服务领域，在线提供金融服务。对于此类机构而言，由于具有深厚的 IT 专业技术，互联网服务系统的安全性高，也具有较强的数据安全保障能力，大数据安全风险基本上可以得到控制。例如，KYC2.0 系统通过人工智能和大数据挖掘实现对投资者的“精准画像”，从而为客户管理提供精准的数据支持。①

第三种是一些既非金融机构也非互联网企业、跨界进入在线类金融服务业的机构。这些机构利用当前我国互联网金融领域规范相对较少的监管窗口时期，在短时间内实现了快速自我扩张。因此，这类企业自身内部对有关互联网金融服务的标准规范认识相对不足，加上国家尚未出台通过互联网提供金融服务的 IT 技术规范以及行业服务细则等，其大数据安全经常处于风险的边缘。

大数据是互联网金融的基础，而互联网金融则是大数据的运作平台，大数据具备了如下特点。

（一）数量多

互联网金融大数据是获取的个人的金融行为数据，而且是个人数据中使

① 王燕玲：《金融大数据运用与隐私权保护》，载《期货日报》2017 年 8 月 28 日。

用非常高频的部分。国内互联网金融服务企业获取的互联网金融大数据已经达到数百 PB（平均市净率），目前还在不断高速增长中。

（二）速度快

互联网金融业务主要信息由系统处理，操作流程完全标准化，业务处理速度快。例如，在用户画像和信用数据库等金融大数据的支持下，经过数据挖掘和分析，引入风险分析和资信调查模型，一笔业务从申请到完成只需要几秒钟，彰显出大数据在互联网金融时代的快速特征。

（三）覆盖广

互联网金融大数据使用户能够突破时空的限制。根据最新的相关统计报告，我国互联网金融大数据的渗透率已经高达 50%，互联网金融服务已经覆盖我们身边的很多人。通过大数据处理，金融服务提供者可以更直接、更精确地为人们提供金融服务。

二、互联网金融大数据安全的潜在风险不容忽视

当前，我国互联网金融已经形成了包括网络信贷、第三方支付、互联网银行等在内的多种运营模式，这些新的服务模式也使互联网金融面临新的风险。

一是，在技术开发过程中，由于系统本身的各种潜在问题，如系统漏洞、系统架构以及系统各部分性能兼容性问题，经常会导致各种系统性风险，尤其是“非人格化”交易属性更与大数据风险息息相关。[①]

二是，在系统运行过程中，大数据在依托互联网在线提供金融服务时，由于服务渠道的变更，使互联网金融提供端和需求端面临系统安全、账户资

---

① 袁小萍：《充分利用大数据防范互联网金融风险》，浙商网：http://biz.zjol.com.cn/，最后访问日期：2015 年 1 月 30 日。

金安全、交易流程安全等新型金融风险，急需互联网金融机构具备较强的风险控制能力。

三是，外部网络攻击过程中，由于互联网提供金融服务的综合素质参差不齐，常常导致数据的泄露和非法买卖，由此蕴含的数据泄露风险也不容忽视。有研究表明，2018 年 5 月 Wanna Cry 勒索病毒全球大爆发，至少 150 个国家、30 万名用户中招，造成损失达 80 亿美元，影响金融、能源、医疗等众多行业，造成严重的危机管理问题。①

四是，大量数据以数据孤岛状态被分割在各部门内部而无法被关联与聚合，甚至同一机构的不同分支机构之间也存在数据隔离现象，这与大数据技术的数据共享背道而驰，给跨地域乃至跨境案件的数据调取和分析带来了一定的困难。②

五是，互联网金融加快了大数据的传播速度，而金融大数据又属于个人核心隐私材料。在我国信用体系尚不完善的情况下，互联网金融单位的违约成本较低，容易引发多种金融风险问题，甚至造成群体性事件。

三、大数据风险的技术解决方案

大数据风险的技术解决方案，总体上可以从互联网金融行业、金融监管和国家法律制度三个维度着手考虑。

从互联网金融行业角度来看，第一，加强系统建设。与传统金融相比，数字互联网金融在技术应用范围更广，对系统依赖程度更高。所以，互联网金融行业应加强软硬件设备投入，确保物理设施、通信网络和运营主机能够安全可靠、不间断运行。

---

① 《互联网金融大数据应确保安全为先》，搜狐财经：http://business.sohu.com/，最后访问日期：2017 年 12 月 11 日。

② 林宇航：《利用大数据防范金融风险》，载《经济日报》2017 年 3 月 5 日。

第二，加强客户安全认证技术。随着互联网应用的普及，传统金融基于账户密码、银行卡密码和短信验证码的“挑战—应答”机制的弊端已逐步显现。一些领先的互联网金融机构已经开始尝试新的客户安全认证技术，可通过位置、设备、行为、偏好、社交等多维数据来交叉验证客户身份信息，并在生物技术识别上，通过难以被窃取和复制的生物特征，如指纹、声纹、虹膜技术等，提升伪冒用户身份的难度，以有效识别客户主体。

第三，加强自身系统安全壁垒建设。从事数字互联网金融服务的企业应加大对自主知识产权的信息安全技术的研发和投资力度，建立一套立体的安全防护体系，采用防火墙、智能卡、量子密钥等新型技术，确保管理制度安全、物理环境安全、网络安全、系统安全及应用安全。目前，从互联网金融数据安全保护技术看，主流技术主要有数据加密技术和数据匿名化技术。

数据加密技术是传统的对敏感信息予以保护的方法，系统对加密的作用是防止重要数据被入侵者复制窃取或者篡改。[①] 除了对称性算法和非对称性算法，一些研究人员针对分布式文件系统（Hadoop Distributed File System，HDFS）开发了混合加密技术。这种算法融合了对称加密和非对称加密技术，为互联网金融机构在网络开放环境中对大数据隐私信息进行存储保护，收效明显。

数据匿名技术则是通过隐藏信息主体的身份和其他敏感数据，以保护信息主体的隐私。本质上来说，数据匿名化是对数据本身进行脱敏处理，包括泛化、压缩、分解、置换和干扰等手段，消除信息中的个体指向。这种技术也存在一定瑕疵，在面临网络攻击时可能无法实现隐匿消费者身份标识的目

---

① 按照算法类型不同，数据加密可进一步细分为对称性加密算法和非对称性加密算法。对称加密算法主要用于保护数据的机密性，系统在加密和解密过程中使用相同的密钥。对称性加密算法的优点是加密的速度快、效率高，也是当前互联网机构在对系统信息进行加密时的主流算法。其缺点是由于通信双方使用相同的密钥，在系统通信过程中安全性难以确保。此外，随着密钥数据量增长，密钥管理成本也不断增长。非对称加密算法在加密和解密过程中，使用不同的密钥，其主要应用领域包括身份认证和数字签名等信息交换领域。非对称加密的优点是具有较强的开放性，适用于互联网网络，密钥管理较为简单；其主要缺点是算法较复杂，影响了系统的传输效率。

标，攻击者可以通过获得含用户标识符的数据集，重新建立用户标识符与数据记录，使网络平台很容易成为诈骗集团觊觎的目标。[①] 当然，上述两种大数据防护技术在今后互联网金融发展过程中是可以不断完善的，不会停滞在目前的水平。

从金融监管层面来看，我国互联网金融尚未形成行业数据保护的良好氛围，金融监管部门应加强对金融机构的引导，从国家金融安全和行业健康发展角度，积极推动与数据保护相关的制度建设。一是推动计算机网络安全体系建设与国际接轨。国家金融和互联网管理部门应充分了解和熟悉国际上有关计算机网络技术安全的标准和规范，制定一套适合我国互联网金融业发展的数据安全体系标准，同时根据市场准入要求，出台对互联网金融服务提供商的业务交易系统强制认证规定，以便提升整个互联网金融业态体系的行业标准。二是大力提高国内 IT 系统开发能力，加大互联网安全方面的投入，支持开发具有自主知识产权的软硬件 IT 系统，鼓励和扶持国产化设备应用，形成自动化的互联网安全监控机制，密切关注互联网攻击等非法行为，维护网络空间的安全运行。

从国家法律制度层面来看，政府应加强大数据立法制度建设，维护互联网金融领域数据安全。大数据既是企业和用户的核心资产，也是网络黑客攻击的目标，以窃取数据为主要目标的攻击事件越来越频繁。因此，尽快建立确保机构和用户数据安全的法律机制，在业务、技术和内控等环节形成有效联动，不仅关系到有关当事人的利益保护，更关系到整个金融体系的维护和社会的稳定与健康发展。

2018 年 5 月 17 日写于杭州蚂蚁金服总部

---

① 薛又轩:《大数据运用在互联网金融借贷行业的实践》，载《银行家》2016 年第 5 期。

传统金融与互联网金融的冲突与融合

文 / 顾雷

当今金融市场中，越来越多人认为互联网金融在不久的将来会取代传统金融。当然，也有不少人士坚持认为，最终是传统金融融合了互联网金融。两种意见的争执已经很长时间了，众说纷纭，莫衷一是。

对于第一种观点，除互联网金融行业的IT程序员会坚持这样认为外，大多数传统金融人士应该不会这样认为。而对于第二种观点，除躲在高楼大厦中的传统银行人士外，市场中活跃的互联网金融从事人员都不会同意的。其实，这两种观点和想法都存在一定问题，都有失偏颇。

笔者认为，传统金融是当今金融行业的主宰者，互联网金融只是新兴力量，虽然近几年发展势头很猛，但要动摇传统金融行业的地位，且尚待时日。以中国工商银行为例，早在2015年工商银行就已经实现净利润2777亿元，总资产高达240万亿元，荣冠全球第一大商业银行。虽然当时阿里巴巴也荣获世界最大的互联网企业称号，其市值也已是高居世界前列，但其2015年实现净利润才470亿元，总资产也不过3,644亿元。两者相比，明显不在一个数量级别上。目前，我国传统金融无论在规模，还是盈利上都远远超过互联网金融。因此，现在阶段要谈互联网金融“取代”传统金融，这种可能性似乎并不存在，路途依然很遥远。

虽然双方力量对比悬殊，但互联网金融近年来发展势头迅猛，好评如潮。国内金融市场中产生了奇怪的现象：传统金融不愿意接纳互联网金融，而互联网金融也不愿意跟随传统金融。双方似乎正在博弈，都试图证明自己的存在与主导，两者的战略冲突似乎不可避免。

一方面，传统金融行业包括银行、保险、证券、基金和信托机构，且数量非常多。这些国有金融企业的运行制度和互联网金融企业运行制度有着巨大差异。所以，传统金融对互联网金融有很多的疑虑，尤其是对互联网金融有些价值观并不认可。即使当今不少互联网企业成功创业了，传统金融也不完全认同互联网私企的“市场化”竞争规则。例如，互联网金融机构可以完全避免开设营业网点的资金投入和运营成本，资金供求双方可以通过网络平台自行完成信息甄别、匹配、定价和交易，可以遵循“无传统中介、无交易成本、无垄断利润”的经营理念，但对于传统金融来说，至少目前是难以接受和办到的。传统金融对于互联网金融的游戏规则在未来成功并不看好，并认为这套互联网创新规则对传统行业是一种威胁，不愿意让互联网金融的私有企业来掌管国内的公有制金融企业，更不愿意互联网金融和它共同来承担中国金融主宰者的角色。

另一方面，互联网金融本身在很多地方也没有发育成熟。例如，互联网金融风险防控体系、互联网络安全规则、互联网金融法律体系文件、金融市场规则，包括结算规则、投资规则等，至今尚未健全，有的甚至还是空白，远没有构建起金融行业的制度安排，也没有建立起稳妥的风险防范体系。2015 年至今，互联网金融领域违规犯罪，诸如“e 租宝”“泛亚”和“上海中晋”等 P2P、众筹犯罪屡禁不绝，越演越烈，似乎就是互联网金融体系本身缺陷的一种反馈，不仅是两者运行规则、风险识别的冲突，更是互联网金融自身的法律漏洞和制度缺陷。所以，那种认为互联网金融可以取代传统金融的观点实际上也是行不通的。

事实上，从目前我国互联网金融发展趋势来看，互联网金融并没有形成一个独立业态，并没有对传统金融业务和整个金融体系造成颠覆性的冲击。互联网金融与商业银行之间也并非颠覆关系，而是互补和合作关系。所以，传统金融行业与互联网金融也有融合的一面。

从技术和组织模式上看，传统金融实现自身转型与调整，积极拓展招财宝、P2P 和支付宝等互联网金融业务。2012 年以来，传统银行业电商迅速崛起，中行、建行、交行、农行、民生银行、浙商银行等均推出了电商平台。以中国建设银行为例，早在 2007 年 10 月，中国建设银行就在三方面应对互联网挑战。（1）在渠道建设上，中国建设银行发展并完善了包括网上银行、手机银行、微信银行、短信金融、电话银行、国际互联网站等在内的网络服务体系，突破了银行卡、柜台存储等单一的业务模式。（2）在平台建设上，中国建设银行搭建起包括“善融商务”“悦生活”“惠生活”三大平台，创新推出互联网支付、互联网理财、互联网融资三大产品线，引进大数据、“金融云”、智能客服三大智慧技术。（3）在创新产品方面，中国建设银行创新推出了账号支付、快捷付、手机支付、跨行付、“龙卡云支付”等一系列互联网支付业务。截至 2016 年 12 月，中国建设银行手机银行客户数达 3.4 亿户，个人网银客户数突破 3.6 亿户，微信银行客户突破 5000 万户，均位居银行业前列。

再从长远发展战略角度上看，传统金融借助电商平台将银行服务前移，增强企业、个人客户的黏性，同时渗透到消费和销售端，通过掌握和了解个人、企业的采购、销售、消费等交易数据，结合银行已经积累的金融数据，更好地发展传统金融业务。

而互联网金融突破了传统银行服务存在的信息不对称、交易成本高以及民间小额理财需求难以满足等问题，短时间内快速发展，成为金融新业态。特别是互联网金融业态所具有的海量、小微、草根、低端的特点，与银行传统客户“高大上”的特征完全不同，十分有利于解决我国小微企业融资难的问题，缩小日益明显的贫富差别。同时，互联网金融可发挥“鲶鱼效应”施压传统金融行业转型，倒逼不合时宜的金融旧体制改革。由此，政府才会对互联网金融采取了包容与鼓励的态度，才使互联网金融与传统银行业在服务对象和领域上可各司其职、各安其位。

如果传统金融依然我行我素，缺乏开拓精神和创新精神而落后了，一味拒绝融合互联网金融中的合理元素，最后有可能与时代发展渐行渐远，其结局也是不言而喻的，将会是马云所说的那样：“不是技术让你淘汰，是落后思想让你淘汰，是不愿意学习、自以为是让你淘汰。”

由此，传统银行业积极主动拥抱互联网，革新技术与理念，加快互联网金融业务的布局和转型，成为推动互联网金融深入发展的核心角色。与此同时，互联网金融也不是对传统金融的实质颠覆，没有脱离金融的本质，只是理念和思维的一次创新，更多依靠互联网技术来完善金融服务及其渠道，将互联网基金销售、互联网保险、互联网信托和互联网消费金融融合到传统金融中去，为金融服务提供多元化的服务渠道，而不是一种“颠覆性”的强制改变。从国际经验来看，在欧美等成熟市场，互联网金融也只是传统金融的补充，也没有完全取代传统金融。

所以，未来既不会是“程序员改变世界，工程师定义未来”，也不会是“银行家主宰行业，投资人决定一切”。两者在竞争中发展，既有冲突，又有融合，互利共赢，共同推动我国金融事业的有序、健康发展。

2018 年 5 月 10 日写于上海植物园

下篇

传统金融篇

1. 传统金融改革与发展

链接金融市场方能激活区域经济①

文 / 丁化美

一、金融市场在区域经济发展中更能发挥作用

近年来，关于金融如何更好地服务于区域经济发展的话题讨论越加热烈、观点百花齐放。多年在金融行业摸爬滚打，笔者注意到一个现象，区域经济与金融市场发展的关联更为紧密，而非金融机构。这一现象的背后有金融与产业发展相得益彰的内在逻辑。

我国是以银行等金融机构为中心的金融市场。截至 2018 年年底，我国有银行业金融机构 4588 家。从这些机构的分布来看，集中在北京、上海、深圳等经济发展水平较高的区域；从比例上看，这占据了八成左右。像内蒙古这样的区域，不管是从金融机构数量，还是从存贷款的金额来看，金融资源都明显不足。

产业要发展单纯依靠金融机构显然是不够的，特别是对于欠发达地区，金融机构布点较少，产业的发展也往往由于抵押品、流动性等条件的不足，

---

① 2019 年 3 月 22 日，由中国区域经济学会主办的“中国区域经济学会区域金融专业委员会成立大会暨京蒙产融结合高端论坛”在京召开。天津金融资产交易所董事、总裁，天津金融资产登记结算公司董事长、总经理丁化美以《金融市场与区域经济协调发展——金融市场促进区域产融结合》为题发表了主题演讲。本文来自该演讲内容。

很难得到金融机构的支持。加之，每个产业或者企业对于“资源的动员力”不同，就更导致金融资源难以支持区域经济发展的状况。

笔者认为，金融市场与区域经济的发展更为契合。金融市场与金融机构的最大不同是，金融市场由多主体构成，市场化机制发挥决定性作用。在金融市场上，信用是通行的标准，也是最重要的“通行证”；基于信用的交流会促进交易的达成，而交易会带来价值；产业发展更易于分享金融资源、获取金融服务，也使区域市场更易于融入全国市场，进而与其他区域协调发展。

结合京蒙区域经济的发展，笔者建议该区域的发展要围绕“建立信用，建设市场，信用交易”的主线，通过对接金融市场，激发区域经济发展潜力。

二、结合区域经济特色匹配金融市场资源

结合京蒙地区产融结合，笔者分享一个案例。

农牧业是内蒙古自治区的一个特色产业。但有人在内蒙古自治区从事与驴相关的产业的工作，确实遇到了得不到金融机构支持的难题。

我们花了将近半年时间抽丝剥茧，研究试验，终于找到了解决之道——“反向资产证券化”。简言之，驴本身就是一类相对标准化的资产，而且由于保险等机制的健全，使其资产的安全性更加得到了保证。这样的资产对于市场而言本身就有一定的接受度，如果再通过有效的运营和风控，就更是让这类资产具备了产生预期收益的特性。由此，一类新的资产被我们“发现”了，而这种发现是一种“价值发现”，这种“价值发现”促成了金融资源与产业资源的对接和互动。

受到上述案例的启发，我们不断尝试用这样的思路去“发现”更多的资产，发现这些资产的价值，发挥金融资产交易所在交易设计领域的专业和专长，发挥其作为一类开放的金融市场的特色作用，帮助更多实体企业和产业解决金融资源对接方面的痛点。

三、供应链金融是最好的直接融资模式

供应链最早来源于彼得·德鲁克提出的“经济链”，而后经由迈克尔·波特发展成为“价值链”，最终日渐演变为“供应链”。供应链本质上是“信用链”。从金融的视角来看，供应链不仅仅是商品的流通，更是商品价值的交易。金融的内涵是财富管理和价值交换，任何价值的转移、交易、存储和支付的基础都在于信任。

以天津金融资产交易所在供应链金融方面的两款产品为例：一款是应收和应付同步完成的双保理模式，另一款是区块链收益分享智能合约产品。双保理产品作为具有极高的产品价值，它可以基于核心企业上下游解决各方企业的痛点。中间核心企业这类的大企业资产负债率高，应收账款周转率低，双保理产品可在不增加核心企业任何成本和工作量的同时降低企业负债，降低企业应收账款的额度，同时为企业提供新的利润增长点。此外，该产品还可以增加上、下游企业的服务能力，培育良好的生态核心圈。上、下游的中小企业具有被核心企业欺压、资金紧张，从传统金融机构融资困难等市场痛点；通过双保理业务流程的运作，这类企业可加速资金回笼，解决融资困难问题。

区块链收益分享智能合约产品，是天金所和恒生电子强强联合研发的全国首款区块链收益分享智能合约产品，于 2018 年 6 月 8 日正式发布。伴随供应链的发展，金融产品和服务的创新也一直没有停歇。担保、租赁、单边保理业务等为供应链的发展提供了支撑。但随着供应链的快速发展，金融服务和产品的迭代远远没有跟上实体经济的步伐，因此金融创新必须要与技术进步紧密融合。该产品利用区块链技术实现身份识别、共识机制、不可篡改、去中心化、不依赖第三方，进而重塑商业流程，更进一步将基于供应链的智能合约部署在恒生开发的联盟链基础上，通过整个供应链条上链的方式，实现一旦预先定义的条件被触发，合约就会智能执行，对数字财产进行交换。利用数据可信化、确权自动化、合约智能化，从根本上使交易更简单。该产品设计成功并落地，开启了国内融合区块链等最新技术的供应链金融服务、

产品创新进入新阶段；该产品的推出将为中小微企业缓解融资困境带来突破性的解决方案。同时，这款智能合约产品的推出，还标志着国内首个区块链技术在金交所行业的应用场景落地。

无论国内国际，无论何种金融服务形式，都需要不忘初心，以服务实体经济为本源。

打通金融支持制造业价值创造新渠道①

文 / 丁化美

本文主要站在金融服务的角度来谈谈对制造业价值创造的理解。当前，制造业价值创造的关键在于打通金融支持制造业价值创造新渠道。这可以从以下三个方面理解：

第一，从对整个制造业的理解来看，金融是经济的核心，制造业是产业的核心，没有制造业的发展产业就很难兴旺。但目前金融资源并没有向价值创造最大化的方向去配置。

我国社会融资方式主要分为直接融资和间接融资，以直接融资为主。间接融资与直接融资比重为 8∶2，直接融资以资本市场为主。

从资本市场的统计结果来看，资金投向工业价值创造的情况比较乐观。截至 2018 年 6 月 30 日，我国 A 股上市公司共计 3333 家，其中，制造业上市公司 2121 家，占比 63.64%。在 A 股 58.96 万亿元的总市值中，制造业上市公司占比为 44.25%，总市值达到了 26.09 万亿元。

据 2017 年中国制造业上市公司价值创造论坛发布的报告数据来看，2016 年，A 股制造业上市公司研发总支出达 3125 亿元，占全部 A 股上市公司研发支出的 71.97%；2016 年，A 股制造业上市公司研发技术人员近 159 万人，占

① 由国务院国资委机械工业经济管理研究院和苏州市人民政府主办的第四届中国制造业上市公司价值创造论坛暨中美智能制造峰会于 2018 年 10 月 27 日至 28 日在苏州举行。天津金融资产交易所总裁丁化美受邀参加了此次论坛并以《打通金融支持制造业价值创造新渠道》为题进行了专题发言。本文来自该发言。

全部A股上市公司研发技术人员的46.54%。

但从以银行贷款为代表的主要金融资源分布来看并不乐观。从工商银行、农业银行和中国银行的年度报告中，可以发现，工商银行2016年对制造业贷款1.414万亿元，占全部贷款比例从2015年的21.6%下降到20.4%。农业银行2016年对制造业贷款金额为1.225万亿元，相较2015年占全部贷款比例的25.4%下降到22.8%。中国银行2016年对制造业贷款金额为1.632万亿元，占比16.37%，而2015年对制造业贷款金额为1.684万亿元，占比为18.43%。制造业贷款占比普遍均呈下降趋势，且趋势较为明显。

此外，报告还显示，制造业也是银行不良贷款较为集中的行业。以中国农业银行和工商银行为例，农行2016年年末不良贷款率为6.29%，而2015年年末为5.45%。工商银行的不良贷款率，从2015年的3.43%到2016年年底的4.29%，增长近一个百分点。

除国有商业银行外，股份制商业银行对制造业贷款也有明显下降趋势，而不良贷款率呈上升趋势。不良贷款多发生在制造业，主要受行业产能过剩、市场有效需求不足等因素影响，部分制造业企业经营困难、资金紧张导致贷款违约所致。说明制造业集中分布在生产和销售等产业链的中下端，而且在这个环节出现了由重复建设形成的产能过重。金融资源集中配置在支持制造业价值实现阶段，而不是价值创造阶段。

第二，从制造业的产业链结构组成来看。一个完整的制造业产业链，主要分为研发、生产、销售和消费四个阶段。在这四个阶段，按照波特尔的价值理论，研发是价值创造的源头，是从0到1的过程；生产是价值发现和放大的过程，是从1到N的过程；销售是价值流转的过程；消费是价值实现的过程。

我们讨论制造业价值创造就是希望把更多的资金和人才集中在研发和以智能为代表的高端制造领域，制造业的价值创造更多是在产业链链条上端完成的，金融资源越向链条上端分布，价值创造越有潜力。

从专利统计数据上看，我们制造业企业已经充分认识到这一点。据Wind数据统计，2017年A股2862家可比上市公司研发支出规模合计为5236.94亿元，同比增长 20.33%；专利数量 82.03 万件，同比增长 22.09%。

但由于市场竞争环境，工业制造企业在实际投入上并不理想，从证监会划分的行业门类看，制造业 2227 家可比公司 2017 年研发投入达 3738.47 亿元，同比增长 19.87%，低于整体增速；金融业，交通运输、仓储和邮政业及租赁和商务服务业等行业研发投入总规模低于 30 亿元，但增速居前；农、林、牧、渔业 42 家可比公司 2017 年研发总投入为 7.94 亿元，下滑 20.68%。从银行贷款风险管理特点分析，银行贷款很难进入还没有形成价值变现产品的研发阶段。

从国际情况来看，一些市值较高的“价值创造明星企业”，加大研发阶段金融资源投入成为其核心竞争力的重要保障，也为价值创造提供了源源不断的动力。

自 2013 年开始，通用电气陆续剥离大部分金融业务。其中，对金融业务的剥离于 2015 年达到顶峰，这也是造成通用电气虽然位居美国 2016 年度《财富》前 500 中第 11 位但亏损额（61.26 亿美元）也位列第 8 位的根本原因（前十位大多数为化石能源类公司）。截至目前，通用电气已签约出售 1800 亿美元的金融资产，其中 1560 亿美元已完成。在历经 2016 年 4 月申请后，6 月 GE Capital 成为第一家被解除“系统重要性”金融机构的公司。

促使通用电气剥离金融业务的主要动因可能来自多个方面，但值得关注的是，通过聚焦具有核心竞争力的航空、能源和医疗等基础工业设施业务，并通过其首创的“工业互联网”来不断优化制造流程、降低成本和提高效率，通用电气更能够获取长期、稳定的产业利润，并迎合资本市场的需要。

第三，国家提出从中国制造（MADE IN CHINA）到中国创造（CHINA MADE）。我们的政策、资金、人才需要打通渠道，重新配置。真正实现从中国制造到中国创造。

要实现制造业价值创造需要做许多方面工作，在金融领域同样如此。从目前情况来看，金融业支持制造业价值创造特别重要，因为金融支持制造业价值创造，不仅是因为金融是核心资源，更因为金融还是一种创造的机制，其可以为工业制造创造价值提供源源不断的创新动力。

金融支持工业制造创造价值，当前最要紧的是改善两个方面的工作：一是创新以银行为代表的贷款模式，使之与先进制造业的需求相匹配，打通金融资源支持工业制造价值创造的渠道，让资金顺畅进入研发领域；二是激活多层次资本市场。

此外，金融资产交易所是国家多层次金融市场的重要组成部分，秉持“直接融资，信用天下”的愿景不断通过产品升级、技术升级和服务提升满足不同客户群体的金融服务需求。制造业是实体经济的最重要组成部分，尤其是目前国家大力发展智能制造，重大装备制造，都需要相应的金融资源导入，金融资产交易所应持续坚持金融服务实体经济的初心，为“中国制造”的目标实现贡献力量。

企业破产就是企业金融业务的失败，破产重组就是企业金融业务的重建①

文 / 丁化美

我们是金融从业人员，今天的主题是“破产与金融，对峙与融合”。破，破的是谁呢？破的是金融机构，金融业务，金融资产，金融机构参加这样的会议是什么样呢？其实破产是金融机构最后最无奈的选择，实在没办法了。在金融行业里面流行几句话，就是：只有当海水退潮后，你才知道谁没有穿泳裤；只有当企业破产清算的时候，你才知道破的是谁！谁的日子难过！

企业破产就是企业金融业务的失败，这句话是对金融与破产对峙的理解，那么金融与破产融合是什么呢？即破产重组就是企业金融业务的重建！

第一，金融服务并不是导致企业破产的直接原因。但不论什么原因导致的破产，其结果都是一样的，就是最后清算的都是债权人和投资者的权益，这是企业家经营的失败，也是银行家金融业务方案的失败。从这个角度来说，每一个企业破产都涉及金融业务和金融机构，破产就是个金融问题，破产和金融机构有关。每一个破产企业背后都有几个金融机构和律师。

第二，引发破产的原因有很多。因国家产业结构调整导致企业破产，我们称之为结构性破产，这是中国特色社会主义独一无二的破产形式。明明知道国家要去产能，要调结构，要提质增效，金融机构仍然违背经济规律，向要淘汰的企业提供金融支持和服务。这种情况比比皆是，这种情形下企业破产导致的金融业务的失败是金融助纣为虐的结果。

---

① 本文摘自《在“供给侧改革法治论坛暨 2017 破产重组实务研讨会”上的演讲》。

第三，企业因为经营成本过高导致的破产我们称之为经营性破产。企业经营成本过高一般是由两种情况造成的，一是收益过低；二是成本过高。不管是哪种情况，都是由企业的金融业务方案不合理造成的，都是由金融服务方案不以企业经营为核心造成的。

第四，许多成功的企业都经历过在最需要金融支持和帮助的时候找不到金融机构，得不到帮助；许多破产的企业或濒临破产的企业却拥有众多的金融机构债权人，当然也包括我们在座的律师。

第五，因为企业发展的需要才产生了金融服务和金融机构。金融的终极目的，也是唯一目的是为企业提供服务，让企业发展，让企业创造价值，而不是自娱自乐，让自己舒服，让企业痛苦，在企业发展好的时候贴上去，在企业发展困难的时候冷落他。没有企业就没有金融服务，没有企业就没有金融机构。马云在做支付宝遇到很大困难时说过一句话：如果银行不改变，我会改变银行。实际上在20世纪80年代末，比尔·盖茨在美国做支付业务没有成功的时候，就说过一句类似的但是更尖锐的话：我们需要银行业务但并不意味着我们一定需要银行，我们需要金融业务但并不意味着我们一定需要金融机构。

第六，企业破产重组就是优化企业金融业务，就是金融业务的重组，就是为企业松绑、释放企业活力的过程，绝不是通过反复的超额的资产抵押、质押，多次的担保、再担保，账户的监管和现金流的冻结，不顾一切地保证金融机构债权安全的过程。没有企业的发展绝对没有金融机构的安全。

第七，金融是经济的核心不是说金融比经济重要，而是金融服务在企业经营活动中非常重要，在经济发展活动中非常重要，金融机构一定要明白企业生存和发展才是金融机构的命脉。金融机构营利、企业亏损违背了经济规律；金融机构营利能力超过企业违背了经济规律；金融机构资产和资本收益率超过企业违背了经济规律。

第八，金融机构要对不同企业不同需要提供不同的金融服务，企业根据自身经营需要自主采购金融服务。企业是信用的创造者，企业用自己的信用采购资金，而不是金融机构按照自己的标准对企业进行评级提供资金。

第九，金融本身没有创新，所有的金融创新都是基于企业创新的需要；金融本身并不创造价值，所有的金融收益都来自企业创造的价值，没有企业的繁荣就没有真正的金融创新和服务创新。

第十，企业破产就是金融服务的失败，就是金融机构的破产；企业的破产重组，就是金融业务的重建。

2017 年 11 月 4 日写于天津于家堡

谈供应链金融新实践①

文 / 丁化美

如果说互联网的上半场是消费互联网，下半场则是产业互联网，随着互联网红利的逐渐消逝，互联网的风口再次回到了 B 端企业上，吹起了产业互联网之风。

随着秒针划过 2018 年 11 月 12 日 0 时，一年一度的“购物盛会”暂告一段落。各大电商纷纷发来战报，天猫总交易额（GMV）2135 亿元，京东下单金额 1598 亿元，苏宁全渠道订单量增长 132%。

每年“双十一”，商家间都进行一场没有硝烟的搏杀。用于提前备货的资金需求俨然是摆在商家面前的最大难题之一，多数商家破亿元销售额的战绩更是对他们金融供应链条的考验。

如果说“双十一”是消费互联网对商家、平台等角色资金链条的考验，那么当互联网的触角已经渗透到农业、工业等第一、二产业中时，其背后的供应链金融又将如何解决数万家中小微企业资金供需问题？如何更好地支持实体经济发展？

天津金融资产交易所总裁丁化美给出的答案是，“有产业才有金融，金融服务的目的是为企业提供更好的支持和服务，助力企业的发展。天金所的初心便是服务中小企业，当下，我们也正在探索用一套创新的方式完善供应链金融服务模式，践行我们最初的梦想。”

---

① 天津金融资产交易所总裁丁化美接受 2018 年第 1 期的《恒生世界》专访，与企业家一起探讨产业互联网。该专访原载于《恒生世界》2019 年第 1 期封面故事栏目。作者为《恒生世纪》编辑部。

一、供应链金融风口渐起

当互联网之风吹向实体产业时，供应链金融也迎来了发展的新机。供应链最早来源于彼得·德鲁克提出的“经济链”，而后经由迈克尔·波特发展成为“价值链”，最终演变为今天的“供应链”。

“其实，供应链并不复杂。当交易在两方之间进行时，就是点对点的交易；当有第三方参与时，就产生了链条。供应链的概念便是从扩大生产发展而来，并将企业的生产活动进行了前伸和后延。从金融的视角来看，供应链不仅仅是商品的流通，更是商品价值的交易。没有金融的支持，就没有供应链的深化发展。”丁化美说道。

2017 年 10 月 5 日，国务院办公厅发布《关于积极推进供应链创新与应用的指导意见》，提出积极稳妥发展供应链金融，鼓励商业银行、供应链核心企业等建立供应链金融服务平台，为供应链上下游中小微企业提供高效便捷的融资渠道。在互联网和政策东风的吹拂下，供应链金融又一次站在了风口上。

“在供应链金融服务上，银行具有天然的优势，”丁化美表示，“令我印象最深的是德国和美国的供应链金融服务。”以德国电脑销售为例，一台电脑销售服务的背后包含主机、电脑芯片、插口升级等数十家供应商的集成和跟踪服务。在德国，电脑销售不仅仅是卖电脑，更重要的是其背后提供的点对点、精准的、小而美的深度服务。“由电脑金融服务推演而来的，是银行捆绑式的租赁、代收代付、账务等系列服务，金融服务就是这样润物无声般渗透到产业中去，支持着产业的发展。”丁化美表示。

再以美国为例，美国有4万多家银行，每天也都在上演银行业的优胜劣汰。美国银行服务的特点之一是，一家银行可能仅服务于 10 家企业，但它的服务包含财务、现金流销售捆绑等深度服务，在丁化美看来，这种伴随成长共生共享融合一体的深度服务才是真正意义上的供应链金融。

“目前，国内银行正在大力推广供应链金融服务，也做得比较好，第一步是将从原材料、生产、制造、销售到消费终端的流程梳理清晰；第二步是把控企业每个账户节点的资金运行状况，形成风险闭环”。丁化美认为，尽管银行在供应链金融上有天然的优势，但也有局限性。由于多层级信用穿透难、核心企业准入门槛高、下游融资风险大、跨地区辐射半径减弱等多重因素叠加，银行信贷一直难以足够有效地覆盖处于供应链长尾端的中小微企业，中小企业融资难、融资贵的问题一直有待解决。

截至2017年年底，我国中小企业数量约为37.6万户，占企业数量比例高达九成；但是，庞大的基数与融资现状形成鲜明对比，银保监会数据显示，截至2017年年末，国内小微企业贷款余额为30.74万亿元，仅占银行贷款总余额的24.67%。

显然，银行没有覆盖所有有融资需求的中小企业，我们在体量上难以与银行相比，但金融资产交易所的优势在于适应中小微企业的创新需求，能解决小微企业的痛点，这恰恰给了金融资产交易所提供创新服务的机会。

二、双保理机制，创新供应链金融服务

我们的双保理机制正是基于中小微企业融资难的痛点而研发的。在简单、直接的易货贸易时代，金融没有土壤。当复杂、丰富的商品交易时代到来，由于信息和信用的不对称，出现了担保交易。为了满足商人扩大规模，追逐利益的欲望，于是出现了租赁、单向保理等供应链金融业务，继而出现了应收应付“双向保理”业务。

据统计数据显示，2018年1—6月，中国规模工业企业应收账款为13.7万亿元，余额占今年累计主营业务收入的比重为26.3%，且过去5年占比逐年增加，从2013年年末的9.3%增至2017年年末的11.6%。而应收账款、存货则是中小微企业的主要资产，也是供应链金融发展的土壤。根据市场预计，到2020年我国供应链金融市场规模将达到27万亿元。

广阔的应收应付账款市场是我们双保理业务产生的土壤，双保理对冲机制是在早期的担保交易、单保理基础上衍生出的双保理业务，单保理解决的

是供应链条上的“点”，而双保理解决供应链条上的“段”。其特点就是在不增加核心企业任何负担的情况下，解决核心企业上游供应商，下游渠道销售商的资金融通问题，让商品的流通更顺畅、更高效。

现实中，核心企业往往不缺钱，缺钱的是那些具有活力的小微企业。双保理对冲机制定位于小微企业，通过设计交易产品，让小微企业和核心企业产生贸易交易，通过应收应付掉期业务实现资金的使用效率成倍提升，创造出一款高收益的产品，进而解决核心企业应收账款收益率低的问题。此外，还可以通过对冲机制解决应收应付账款形成的债权债务纠缠不清的问题。

双保理对冲机制主要为核心企业带来了五个方面价值：一是降低核心企业的负债，符合国家去杠杆的要求；二是改善企业应收账款结构，提高企业资金流动性，为核心企业提升了再融资能力；三是为核心企业提供了一个风险可控、收益较高的投资产品，增加了新的利润增长点；四是不增加企业任何成本，减轻企业负担；五是支持了核心企业上下游企业的发展，建立了良好的可持续发展生态体系。

三、科技赋能产融新生态

比尔·盖茨说：“我们需要银行业，但我们不再需要银行。”对于这句话的理解，丁化美认为，银行是供应链金融中的重要参与方，其产生的根源有两个重要因素：一是信息的不对称，二是市场存在信用风险。

在信息不对称这个问题上，互联网已经帮助我们找到了部分答案。互联网将世界变成了平的，实现了任何远距离点对点信息的传递。现在，区块链技术也将从根本上解决信用风险问题。

利用区块链技术的身份识别、共识机制、不可篡改、去中心化、不依赖第三方的特点，让我们重塑商业流程，并基于供应链的智能合约部署，在恒生开发的联盟链基础上，通过整个供应链条上链的方式，实现一旦预先定义的条件被触发，合约就会智能执行，对数字财产进行交换。利用数据可信化、确权自动化、合约智能化，从根本上使交易更简单。

“这是一个无限开放的信息世界，打开网络，令人头晕目眩的丰富信息纷至沓来。对于入网的用户，世界从来没有如此开阔而又如此亲近。”这是20世纪80年初未来学家阿尔文·托夫勒在《第三次浪潮》中所描写的景象。

30多年后，这一现象已变成现实。以区块链、大数据、云计算、人工智能为代表的新金融科技，正在敲开新的大门。

2019年2月13日写于天津于家堡

我国债券发行历史经验、市场现状与发展前景

文 / 顾雷　肖龄

一、我国债券市场发展空间广阔

1. 创新引领我国债券市场快速发展，未来空间仍然广阔

近年来，我国债券市场发展较快，创新产品层出不穷。仅从银行间债券市场看，2005 年中国人民银行推出短期融资券，从 2008 年起陆续推出中小企业集合票据、中期票据、超短期融资券、非公开定向工具、资产支持票据等创新融资品种和 CRM 信用风险缓释工具。再从交易所债券市场看，证监会在 2006 年推出分离交易可转债，2007 年推出公司债，2012 年推出中小企业私募债，2013 年国债期货重新推出。截至 2012 年 12 月 30 日，我国债券市场余额已达 26 万亿元，其中利率产品（国债、地方政府债、央票、政策性银行债）约 17 万亿元，信用产品约 9 万亿元，债券市场余额占 GDP 的比例为 50% 左右。①

但是，与国际金融市场债券相比，我国债券市场发展的规模和速度仍然存在一定差距。从国际市场来看，截至 2012 年 12 月 30 日，美国、日本和英国债券市场规模分别达到了 35.1 万亿美元、14.6 万亿美元和 5.7 万亿美元，上述国家债券市场规模均已超过自身 GDP 的两倍之多。同时，上述市场涵盖了资产支持证券、房地产信托投资基金等更为丰富的产品类型，具备债券期货、利率期权、CDS 等更为完备的金融工具。通过对比，可以发现我国债券

① 刘威:《债券市场发展展望》，载《第 18 届两岸金融学术研讨会演讲集》（2013 年）。

市场不论在规模上，还是在产品类型、金融工具等方面，仍然具有广阔的发展空间。①

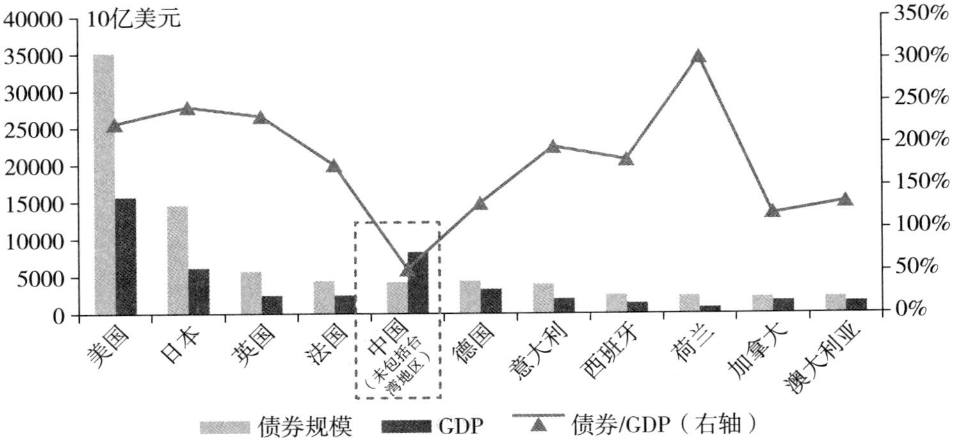

债券规模与 GDP 之比值

资料来源：BIS，WIND 资讯

2. 推动企业从间接融资向直接融资转变，促进中小企业发展

在短融、中票等产品推出之后，我国逐渐出现了直接融资替代间接融资的趋势。以国家电网公司为例，2005 年年末，其非流动负债中的长期借款（主要是银行贷款）和应付债券的规模分别为 3158.53 亿元和 65.97 亿元。至 2012 年年末，上述两类负债规模分别为 2079.26 亿元和 2845.78 亿元。几年间，长期借款的规模不升反降，而应付债券规模则上升超过 40 倍，直接融资支撑了国家电网公司的中长期债务融资的大半壁江山，类似的趋势同样出现在许多优质企业的融资结构中。②

我们预计，随着我国债券市场的发展，直接融资代替间接融资的趋势将继续演化，更多的优质企业将以债券市场作为融资主渠道，而且这种趋势将

① 刘威：《债券市场发展展望》，载《第 18 届两岸金融学术研讨会演讲集》（2013 年）。

② 刘威：《债券市场发展展望》，载《第 18 届两岸金融学术研讨会演讲集》（2013 年）。

贷款资源配置更多地向经营效率较高的中小企业倾斜，促进中小企业发展。显然，这种趋势对于服务于中小企业的金融资产管理公司而言，无疑是极其有利的，未来留给我们的机遇也是巨大的。

表 1　我国现阶段债券市场主要品种一览表

	主管单位	交易场所	登记托管	2012 年余额（亿元）	2012 年发行量（亿元）
国债	财政部	银行间 / 交易所	中债登 / 中证券	78,103.82	14,442.38
地方政府债	财政部	银行间	中债登	6500.00	2500.00
央行票据	央行	银行间	中债登	11,580.00	0
金融债	银监会 / 央行	银行间	中债登	90,223.88	25,959.10
企业债	发改委 / 央行	银行间 / 交易所	中债登 / 中证券	19,344.99	6511.31
公司债	证监会	交易所	中证登	5491.40	2614.76
中期票据	交易商协会	银行间	中债登 / 清算所	29,109.28	11,696.62
短期融资券	交易商协会	银行间	清算所	12,669.97	15,375.47
资产支持证券	央行 / 证监会	银行间 / 交易所	中债登 / 中证登	320.79	281.42
政府支持债券	发改委 / 央行	银行间	中债登记	7310.00	1500.00

资料来源：Wind 资讯，金融债统计包括政策性银行债、商业银行债、保险公司次级债、金融机构次级债，中期票据统计包括一般中期票据和集合票据。

二、我国债券市场存在的主要问题

（一）市场多头监管，缺乏统一规划

目前，我国债券市场的监管一直分散于三个部门：中国人民银行（及其管理的交易商协会）负责非金融企业融资工具的监管及注册，证监会负责上市公

司公司债的监管和核准，国家发展和改革委员会负责非上市公司企业债券的监管和核准。这种多头监管的模式在我国资本市场建立初期具有一定合理性，对于推动债券市场发展发挥了积极作用，但也存在互不协调、互相矛盾的问题。

（1）市场处于分割状态。由于债券监管归属不同，在交易商协会注册的债券只能在银行间债券市场交易、在中央国债登记结算公司托管和清算；证监会核准的债券只能在交易所债券市场交易、在中国证券登记结算公司托管和清算；国家发展和改革委员会核准的债券则可以自由选择。由于两个交易市场的参与主体、交易品种、交易成本不同，分属不同交易系统，托管账户也不尽相同，导致两个市场未能协调发展。有学者指出，由于对投资主体准入的限制，目前银行间债券市场以商业银行为主、交易所债券市场则以非银行机构投资者和个人为主，上述两类投资者性质不同，必然导致两个市场的价格和收益存在差异，影响人民银行利用公开市场业务在债券市场上进行宏观调控的效果。①

（2）多头监管和监管真空并存。三个部门对债券监管采用不同的依据和标准，导致发行条件、资金使用、信息披露、信用评级等具体监管要求不一致。同时，未形成统一的企业债券市场信息平台，有关信息未能及时共享，导致监管真空，使监管部门对企业债券使用情况的检查效果有限。

（3）缺乏统一发展规划。目前，三个监管部门更多地考虑自身监管的债券品种及市场的发展规划，在战略目标、发展方式、具体路径、市场规模、制度规范、产品创新等方面缺乏统筹规划和统一安排。

（二）融资规模总体较小

我国融资市场中间接融资的占比居高不下，直接融资尤其是企业债券市场融资的占比较低，资本市场结构未得到根本性调整。2010年，我国直接融资、企业债券融资依旧仅占全社会融资总额的24.8%、10.5%。相比之下，2009

① 张莹:《对我国企业债券市场发展状况的思考》，载《南方金融》2013年总441期。

年年底，美国债券市场余额已高达 34.75 万亿美元，相当于同期美国信贷余额的 4.8 倍、股票市值的 3 倍，而同期我国债券市场余额仅为 17.53 万亿元，相当于同期信贷余额的 41%、股票市值的 72%。[①]

显然，与国外发达国家资本市场相比，我国债券市场发展明显滞后，企业债券远期交易绝对量依然很小，2011 年成交量为 148.47 亿元、较 2010 年回落 87.16%，仅相当于 2011 年现券交易量的 0.06%。截至 2011 年第三季度，我国企业发行的国际债券存量仅 154 亿美元、占世界存量的 0.38%，远低于美、英、德等发达国家，甚至与同为金砖国家的巴西相比也有相当的差距。[②]

（三）市场结构不够合理

在市场结构方面，我国债券市场在发债主体、投资主体、业务品种、投资行业等方面结构不合理。从发债主体看，国有企业以及制造、采矿、能源和交通等传统行业发债规模的占比高，而中小企业、民营企业、计算机及信息传输等新兴产业、批发零售业、农林牧渔业的发债规模的占比有限。再从投资主体看，绝大部分企业债券由商业银行和基金持有，然后为证券、保险、信用社及其他非银行金融机构。非金融机构及个人投资者的持有量占比则很有限，民间资本进入债券市场的渠道尚未畅通。

（四）部分市场主体弄虚作假，存在巨大风险隐患

在企业债券市场上，一些市场主体利用市场化改革之机，在申请发债、募集资金使用和债券交易中弄虚作假，给企业债券市场的健康发展带来了潜在风险。比如，在申请发债环节，一些企业采用以财政补贴或不提折旧等手段虚增利润粉饰财务报表，甚至直接编制虚假会计报表通过债券发行的核准或注册，并在市场上披露虚假信息。又如，在债券交易环节，一些机构或人

① 时文朝主编、杨农副主编：《中国债券市场发展与创新》，中国金融出版社 2011 年版。

② 张莹：《对我国企业债券市场发展状况的思考》，载《南方金融》2013 年总 441 期。

员利用直接参与债券发行、交易的便利，进行内幕交易、利益输送等违法犯罪活动。[①]

（五）信用担保不够健全

近年来，我国债券市场信用担保行业总体滞后于债券市场发展速度。如担保方式较为单一，多为第三方或抵质押担保，创新产品较少。同时，担保能力较弱，多不具备增信能力和经验（目前市场上拥有 AAA 评级的担保主体只有中债信用增进投资股份有限公司一家），行业管理不够规范，在行业进入退出、从业资格等方面都没有具体标准。

（六）评级业务发展不够规范

目前，我国评级市场发展较为混乱，评级机构良莠不齐，大多规模较小；付费模式单一，以发行人付费模式为主，采用投资人付费模式的评级公司仅一家，导致评级业务容易被受评企业制约，评级结果虚高，失去公信力。截至 2010 年年底，评级在 AA 级以上的发债企业占比高达 90%，其中 AAA 级占比 16%，呈现“一头大一头小、向高等级集中”态势，而国际成熟市场的企业主体级别整体呈现以 A+ 为主的正态分布，AAA 级企业一般不超过 5%。在这种情况下，信用评级已失去风险标识作用，仅成为发债过程中为企业降

① 欺诈发行股票、债券罪，是指在招股说明书、认股书、公司、企业债券募集办法中隐瞒重要事实或者编造重大虚假内容，发行股票或者公司、企业债券，数额巨大、后果严重或者有其他严重情节的行为。《中华人民共和国公司法》第二百零七条（2004 年修正）规定，制作虚假的招股说明书、认股书、公司债券募集办法发行股票或者公司债券的，责令停止发行，退还所募资金及其利息，处以非法募集资金金额 1% 以上 5% 以下的罚款。构成犯罪的，依法追究刑事责任。《中华人民共和国刑法》第一百六十条规定，在招股说明书、认股书、公司、企业债券募集办法中隐瞒重要事实或者编造重大虚假内容，发行股票或者公司、企业债券，数额巨大、后果严重或者有其他严重情节的，处五年以下有期徒刑或者拘役，并处或者单处非法募集资金金额百分之一以上百分之五以下罚金。单位犯前款罪的，对单位判处罚金，并对其直接负责的主管人员和其他直接责任人员，处五年以下有期徒刑或者拘役。

低发行费用和满足监管要求的工具。①

三、债券市场的发展为金融资产管理公司带来新机遇

近年来，我国企业债券市场在世界上的排名已从2004年的第21位提升至第3位，金融机构已将固定收益业务提升为重点发展的业务领域，显著加大固定收益业务布局，形成承销、销售、自营、资本中介等业务板块。2011年，我国企业债券存量、发行规模和融资规模已分别达到5.30万亿元、2.26万亿元、1.37万亿元，分别为2007年的6.52倍、4.30倍、5.53倍。

在2012年股市整体低迷的情况下，固定收益成为金融机构最大业务亮点，不仅力保全年承销保荐业务收入不出现大幅下滑，而且使2012年金融机构自营投资收入同比大幅增长。②

显然，分享债券市场高速发展带来的成长机会给我们提供了难得的机遇。公司应该寻求多方政策支持，力争早日全方位介入债券市场，既可以作为发行人募集资金，作为投资者购买债券，又可以作为金融服务商为债券发行和交易提供承销、咨询等中介服务，探索并逐步建立可持续的盈利模式，有助于公司在突出专业的“资产管理服务商”的同时，打造“功能多元、特色鲜明、品牌一流”的综合金融服务商品牌。

① 张莹:《对我国企业债券市场发展状况的思考》，载《南方金融》2013年总第441期。

② 1998年10月中国人民银行批准保险公司入市；1999年年初325家城乡信用社成为银行间债券市场成员；1999年9月，部分金融机构和全部证券投资基金开始在银行间债券市场进行交易；2000年9月，中国人民银行再度批准财务公司进入银行间债券市场。至此，代表中国批发债券市场的银行间债券市场，其组织成员达到了693家金融机构，基本覆盖了我国的金融体系。但是，目前的投资者数量还很少，一般的非金融企业无法进入银行间市场进行交易。

（一）债券市场发展为金融资产管理公司优化债务结构，提升负债管理水平开辟了途径

目前，金融资产管理公司负债除央行再贷款外全部由银行借款构成，债务结构单一，相当一部分债务属于一年期以下的短期借款。这意味着支撑中长期资产的负债中有相当一部分是短期借款，银行借款成为公司商业化资产收购和财务性投资的主要资金来源。这种交易结构短期可以对利润的增加起到一定的促进作用，但从长期看，银行借款期限错配如果超出容忍范围，必然会使公司流动性面临巨大风险。

因此，对于金融资产管理公司而言，降低期限错配已经成为公司加强负债管理的最重要的工作之一。我们完全可以利用不断丰富的债务融资工具，通过债券市场筹集中长期资金，改变过度依赖银行借款的状况，降低期限错配风险，降低流动性风险，增强固定收益业务的稳定性，为利润增长打下扎实基础。①

（二）债券市场变革为金融资产管理公司提升风险管理水平创造条件

产品创新的一个重要动因来自市场参与者面对不确定的市场环境有效管理风险暴露的迫切需求，这一需求推动了以风险管理为目的的衍生工具创新，如债券抵押债务凭证（CBO）、信用违约互换（CDS）以及我国银行间债券市场推出的信用风险缓释工具（CRM）等信用衍生产品。

可见，债券市场在风险管理上的产品创新，为风险管理提供了技术和工具，金融资产管理公司完全可以借助这些工具有效对冲、转移和规避风险。金融危机后，全球衍生工具创新出现了回归风险管理功能的趋势，即向结构简单、低杠杆、标准化的基础性衍生产品回归。这一趋势同样体现在我国债

---

① 赵锡军：《专访文章：当下我国金融市场流动性紧缺带来的思考》，载《金融管理探索》2013 年第 3 期。

券市场上，为金融资产管理公司提升风险管理水平提供了更为有利的条件。

（三）债券市场发展为金融资产管理公司固定收益业务提供了市场空间

固定收益业务可以有效组织和匹配固定收益类的投融资及交易需求，并为客户提供固定收益类交易做市、财富管理、投资顾问等服务。从业务深度和广度来看，固定收益业务均超过了一般中间业务，为公司探索固定收益资本中介业务提供了广阔的市场空间。金融资产管理公司可以承担市场组织者、流动性提供者、产品设计和销售者等多重角色，收入来源则是提供增值服务获得的佣金或提供流动性而获得的交易差价收益。以非金融企业定向债务工具、中小企业私募债券等为代表的债券发行制度创新，为金融资产管理公司针对客户需求“量身定做”债务融资工具、更好地服务于客户的融资需求创造了良好的外部条件。产品创新丰富了债券市场的交易品种，资产支持证券、超短期融资券、非公开定向债务融资工具、非金融企业资产支持票据等创新交易产品的出现，为金融资产管理公司更好地满足客户的资金配置需求提供了条件，拓展了金融资产管理公司的投资运作空间。

四、对金融资产管理公司业务发展的建议

（一）抓住承销准入放宽的有利时机，争取获得债券承销资格

金融资产管理公司自成立起就被赋予了“资产管理范围内的上市推荐及债券、股票承销”等业务手段，但附设了“资产管理范围内”这一前提条件。政策性不良资产管理和商业化转型初期，该条件对金融资产管理公司开展承销业务构成了实质性障碍。商业化转型的不断深化，大大拓宽了资产管理范围的外延，有望逐渐摆脱上述因素的掣肘。从债券市场的改革趋势来看，债券承销业务的市场准入正在逐步放宽。

从银行间债券市场看，“提升主承销商结构的多元化，建立市场化的主承销商进入退出机制”已成为非金融企业债务工具主承销商资质管理的基本理

念。自2008年4月起，中国人民银行授权交易商协会对非金融企业债务融资工具实施自律管理，不再对相关主承销商和承销商资格给予审核认可。交易商协会通过建立会员市场评价机制，邀请市场参与各方对希望开展主承销业务的机构进行综合评价，以市场化方式选择资质优秀、业务能力突出、市场声誉良好的机构进入主承销商队伍。金融资产管理公司加紧研究银行间债券市场主承销商准入管理的相关程序及评价指标的具体要求，创造条件尽快争取获得非金融企业债务融资工具的主承销商资格。

从交易所债券市场看，对主承销商的准入要求也出现了松动迹象。2007年8月14日，证监会发布《公司债券发行试点办法》（已失效），启动公司债券发行试点工作。2012年启动试点办法的修订工作，并改名为《公司债券发行管理暂行办法》于2013年年初下发征求意见。值得关注的是，暂行办法并未将承销机构限定于证券公司。对此规定，虽然业内解读成为商业银行开展承销业务预留空间，但对金融资产管理公司无疑也是一个利好。

（二）在风险可控的前提下，积极参与银行间债券市场交易，争取获得做市商资格

从固定收益资本中介业务的角度看，做市商恰好处于“链接”客户投融资需求的关键环节。因此，银行间债券市场的做市商制度为金融资产管理公司做大固定收益资本中介业务提供了抓手，开展银行间债券市场做市商业务对金融资产管理公司建立可持续盈利模式具有重要意义。

中国人民银行于2007年2月发布《全国银行间债券市场做市商管理规定》，加大对做市商的政策支持力度、放宽做市商的准入要求，使更多的金融机构有机会参与银行间债券市场的做市商业务。目前，做市商的准入条件主要包括注册资本或净资本不少于12亿元人民币；市场表现活跃，提交申请时上一年度的现券交易量排名前80位；提交申请前，已在银行间市场尝试做市业务，具备必要的经验和能力；具有完善的内部管理制度、操作规程和健全的内部风险控制机制、激励考核机制；有较强的债券市场研究和分析能力；相关业务部

门有 5 人以上的合格债券从业人员，岗位设置合理、职责明确。

目前，金融资产管理公司已经获得银行间债券市场准入资格，应该有机会参与国债、金融债等债券承销和分销，既可以为公司所用，也可以利用短期变长期的机制，对外长期拆借，获得利差收入（可以利用银行间债券市场进行连续的短期拆借，将短期的 7 天拆借变成长期的资金）。此外，金融资产管理公司还可以利用交易所市场和银行间市场的收益差，进行套利交易，并参加央行的公开市场业务。这样既可以双边连续报价，调剂头寸，还可以向央行进行融资或融券，并能直接获得央行的政策意图。

因此，金融资产管理公司应立即针对做市准入进行专门研究，组织相关部门成立对应小组，深入研究做市商业务为核心开展资本中介型业务，成为市场组织者、产品设计者、流动性提供者、交易参与者以及风险管理者，进而构筑起可持续的、稳定的业务盈利模式。

表 2　银行间债券市场做市商名单

序　号	做市商名单
1	中国工商银行
2	中国农业银行
3	中国银行
4	中国建设银行
5	招商银行
6	中信银行
7	中国光大银行
8	兴业银行
9	中国民生银行
10	恒丰银行
11	北京银行
12	上海银行
13	南京银行
14	杭州银行

续表

序　号	做市商名单
15	汉口银行
16	中信证券
17	国泰君安证券
18	摩根大通银行（中国）有限公司
19	国家开发银行
20	交通银行
21	花旗银行（中国）有限公司
22	渣打银行（中国）有限公司
23	中国国际金融有限公司
24	广发银行
25	上海浦东发展银行

资料来源：中国银监会（时间截止到2012年12月30日）

（三）设计出多层次的债券品种

由于债券发行主体不同、债券信誉等级不同、投资者分布和偏好不同、批发和零售业务的性质不同、债券流通转让的范围不同，如果我们只对向金融机构的全国银行间债券市场是不够的，还必须面对区域性的债券市场、柜台转让市场，还必须面对做市商、经纪人制度和代理商制度，健全包括托管、结算、中介监督、交易系统等组织在内的不同层次的债券市场服务组织体系。①

因此，金融资产管理公司完全应该利用市场优秀品种缺乏的机会，积极做好面对不同投资者需求的债券市场组织体系的准备，设计出不同种类的系列品种，以适应不同投资者的需要，遵循以下设计原则：

（1）设计不同期限的品种系列，创新不同期限品种之间可以考虑进行掉

① 郭建伟:《发展我国债券市场的战略思考》，载《金融参考》2000年第9期。

期互换、提前赎回等期权业务。

（2）固定利率、浮动利率及不同付息方式等产品，可以考虑形成利率品种系列，例如创新不同品种之间的利率互换和利率期货等产品。

（3）根据流动性不同，积极发展债券类委托理财业务，也就是在注意控制风险的前提下，既可以利用受托资金直接进行债券投资，也可以利用客户托管的国债质押融资申购新股，进行国债、回购和新股申购的联结投资。

（4）设计不同风险等级的债券系列品种，如抵押债券、担保债券、信用债券及其互换债券等。

（四）加大集团资源整合和创新力度，寻求在固定收益资本中介业务上取得突破

一是进一步突出中小企业金融服务特色，打造差异化竞争优势。在总结中小企业集合债券（票据）增信业务发展经验的基础上，加快金融资产管理公司特色增信产品（如“财务顾问＋资产管理”增信）的标准化及复制、推广进程。

二是以规范担保和评级为重点，提升旗下平台的金融服务水平。要探索引入新的信用增级模式和担保机制，在规范管理的同时，加大对中小企业的扶持力度；大力发展信用评级体系，积极拓展企业债券评级和公司债券评级，探索投资人付费和双评级等制度，增强评级机构的公信力。

三是加强债券基金的研究和开发。与股票基金相比，债券基金有不同的风险收益特征，是基金市场的主要品种之一。我国的债券市场即将迎来快速发展时期，债券投资价值也日益受到众多投资者重视。金融资产管理公司有必要加强对债券具体品种及操作技巧的研究，并通过下属基金管理公司设立债券基金，以满足这部分市场需求。①

① 根据中国证监会有关资料，美国债券基金占到基金总数的27%。债券基金不仅是股票市场低迷时，投资者规避系统风险并获得收益的避风港，也是诸如保险公司、社保基金等众多低风险偏好投资者获得长期稳定资本回报的重要工具。

总之，我们建议，金融资产管理公司应积极争取收购银行和证券平台，加大集团资源的优化整合及协同力度，推进债券产品和交易结构创新，全面对接中小企业的投资、融资及交易需求，逐步形成固定收益产品开发设计、顾问咨询、担保增信、投资交易、财富管理的综合性平台，为中小企业的个性化金融需求提供一揽子解决方案，在风险可控的前提下为客户和公司创造长期、稳定的价值。

2013 年 12 月 23 日写于海通大厦

操纵证券交易价格行为样态比较与案例评析

文 / 顾雷

日前，我国A股史上最大“8·16乌龙指事件”已令光大证券坐上了舆论的火山口。有人指责这是一起彻头彻尾的操纵市场价格的违规犯罪行为，有人认为这只是一场市场操作失误行为。一时间，市场众说纷纭，莫衷一是。在这里，我们并不想评判是否违规，是否犯罪，是否属于证券操作行为。无论如何，“乌龙指事件”[①]对市场的冲击是巨大的。这十多年来绝无仅有的奇怪行情，已经将“量化投资”和“套期保值”背后的机构风险失控与跨市场监管真空问题摆到了国人面前，推到了市场面前。

一夜之间，“乌龙指”成为证券市场最热门的话题了。

如今的证券市场，价格是公开的，交易是公平的，时间更是客观的。目前，我们并不急于评判所谓“乌龙”真相，只需要以一个客观的、辩证的眼光来看待这次“乌龙指事件”，研究证券市场的操纵价格问题，真正了解什么是操纵证券交易价格行为，防患于未然，这才是目前我们最应该做的事情。

---

① 乌龙，原出自香港及广东话，意思是搞错了、误会了。乌龙事件就是指因为搞错了而导致不必要损失的事件。而“乌龙指事件”也不是我国独有的，全球都曾经发生过类似的事件。2001年5月，美国雷曼兄弟伦敦分公司的一名交易员，将一笔300万英镑的交易打成了3亿元英镑，金额放大了100倍，结果英国金融时报指数瞬间暴跌120点，百家蓝筹股的300亿元英镑市值化为乌有。2004年，摩根斯坦利的交易员将一笔总额为数千万美元的股票买单错误输入为数十亿美元，结果罗素2000小型股指开盘就上升了2.8%。当纽约交易所察觉情况有异常，通知取消交易时，大盘已经受到了影响。2005年，瑞穗证券将“以16万日元的价格卖出1股J–COM公司股票”的指令，输成了“以每股1日元的价格卖出61万股”的指令，该错误使其损失至少270亿日元（约合人民币18.5亿元）。

一、问题的提出

操纵证券交易价格犯罪，指金融机构或者个人以获取不正当利益或者转嫁风险为目的，利用其资金、信息等优势，制造虚假价格，采用各种手段人为地提高或降低证券市场价格，诱导或者致使投资者在不理解事实真相的情况下做出错误的证券投资判断，并以此赚取巨额利润，扰乱金融证券市场秩序的行为。

在通常情况下，当某种证券在市场上供不应求时价格就会上升，而当某种证券在市场上供过于求时，其价格就会下跌。显然，这种证券供求关系非受人为因素，而仅仅受市场因素的影响，如上市公司经营业绩、收益率高低、年平均利润、负债情况以及产业政策等综合因素。但操纵市场行为人（包括金融机构）却以人为因素影响证券的供求关系，要么以非法手段抬高股价，要么以非法手段压低股价，以达到获取不正当利益的目的。因此，投资者也不得不受制于少数操纵者的个人意志而非市场本身正常的供求关系。显然，这是与金融证券市场的“公平、公正、公开”原则背道而驰的。

（一）各国禁止操纵证券市场的法律规定

从本质上来说，操纵证券（期货）交易价格行为是一种欺诈行为，以欺骗的手段诱使他人买卖证券或者期货，其目的是损害他人利益而使自己获取利益，扭曲证券市场价格，扰乱证券市场正常发挥其资源配置的功能。因此，操纵市场价格对证券市场的危害很大，世界各国无不例外地将证券操纵行为视为非法行为，甚至是犯罪行为，并给予必要的打击。

1929 年 10 月 24 日的“黑色星期四”，就曾差一点引发美国股市的崩溃。为此，美国证券交易委员会（SEC）严厉禁止以下市场操纵行为：各种形式的价格操纵计划；散布操纵性信息；串通共谋，以约定价格，一方卖出而另一方作相应买进；故意抬价压价等操纵证券行情行为、操纵证券交易价格、散布虚假信息或者违反国会或者证券交易委员会据此制定的有关禁止操纵行为的任何法规，均属非法。

美国司法实践中，最为有名的是“所罗门兄弟公司操纵案”和“米尔肯操纵案”。所罗门兄弟公司是美国国债一级自营商，法律规定其代客买卖的比例不能超过该批国债总额的35%。但该公司在几次代客申购国债过程中，假借他人名义，总共购买了每批国债总额的90%，同时，该公司还操纵二级市场国债价格，非法获得巨额暴利。经过美国证券交易委员会（SEC）查处，该公司被没收非法赢利，处以罚款，暂停一级自营商资格。事后，该公司许多客户中断了与其业务关系，该公司董事长也引咎辞职。

米尔肯是20世纪80年代末美国垃圾债券的霸主，经其手承销的“垃圾债券”（高风险、高收益债券的俗称）总额达上万亿美元，通过承销、操纵行情、偷税等活动，其获利约几十亿美元。1990年米尔肯以操纵行情等六项重罪被判10年监禁，此前美国证券交易委员还对米尔肯进行了高达6亿美元的罚款处理。

表1　世界主要国家或地区操纵市场行为方式与处罚比较

内容 国家或地区	操纵市场的行为方式	刑事、民事及行政处罚
日本	日本《证券交易法》第一百二十五条： 1.任何人都不得与他人通谋制造上市有价证券买卖繁荣的假象，以使他人对有价证券的买卖产生误解为目的，而进行下列行为： （1）对该有价证券并不转移所有权而伪装进行买卖交易者；（2）在自己出售有价证券时，与他人通谋以约定价格使其作购买该有价证券之行为；（3）在自己购买有价证券时，与他人通谋以约定价格使其作出售该有价证券之行为；（4）进行以上各款行为的委托或受托。 2.任何人都不得在有价证券市场上以引诱买卖有价证券为目的而进行下列行为： （1）单独或与他人共谋，使之对该有价证券产生买卖繁荣的误解，或行情将有变动而进行买卖交易，或者进行委托或受托的行为； （2）自己或与他人共谋，散布有价证券行情要有	日本《证券交易法》第197条规定，违反第125条规定者，对假装买卖等操纵市场行情的行为，处以3年以下监禁和300万日元以下罚金。

续表

内容 国家 或地区	操纵市场的行为方式	刑事、民事及行政处罚
	变动的流言；（3）进行有价证券的买卖时，对主要事项故意制造虚假的或能够产生误解的表示。 3. 任何人都不得单独或与他人共谋，违反政令规定，以固定或稳定有价证券行情为目的，在有价证券市场不断地进行买卖交易，或者委托或受托行为。	
美国	美国《证券交易法》第九、十、三十二条规定，任何人或国家证券交易所的任何会员，利用邮政、州际商业工具或国家证券交易所的任何设施，操纵证券交易价格、散布虚假信息或者违反国会或者证券交易委员会据此制定的有关禁止操纵行为的任何法规的。从法律禁止操纵证券交易价格的行为方式看，可以说多种多样，诸如冲洗买卖、相对委托、连续交易、散布虚假信息等。无论以何种方式进行，只要足以影响市场行情，就构成操纵证券交易价格犯罪。	美国证券交易法规定： 个人违反者要受到10年以下的监禁和100万美元以下的罚金，单位违反者要受到250万美元以下的罚金。
我国香港地区	香港地区的证券市场虽然受英国法影响而多采用自律型监管体制，但法律也对操纵证券交易价格犯罪进行了明文禁止和处罚。	香港证券条例规定：对操纵证券行情的行为，经公诉程序可以处罚金5万港元及监禁2年，同时，行为人还应向有关受到损害的人员支付损害赔偿金。
我国台湾地区	所谓“证券交易法”第一百五十五条规定：1. 在有价证券集中交易市场无实际成交意思，空报价格，业经有人承诺接受而不实际成交，足以影响市场秩序者。2. 意图影响市场行情，不转移证券所有权而伪作买卖者。3. 意图影响市场行情，与他人通谋，以约定价格于自己出售或购买有价证券时，使给定人同时为购买或出售之相对行为者。4. 意图影响市场行情，对某种有价证券，连续以高价买入或低价卖出者。5. 恶意散布足以影响市场行情之流言或不实资料者。6. 直接或间接从事其他影响市场行情为目的之行为者。	所谓“证券交易法”第一百五十五条规定，操纵证券市场的行为人，对于善意买入或卖出该种有价证券之相对人因此而遭受到的损害，应负赔偿责任。 第一百七十三条规定，对于违反第一百五十五条规定者，处7年以下有期徒刑、拘役或科或并科25万元（新台币）以下罚金。

续表

内容 国家或地区	操纵市场的行为方式	刑事、民事及行政处罚
中国（未包括香港地区、澳门地区及台湾地区）	《证券法》（2013年修正）第七十七条规定：禁止任何人以下列手段操纵证券市场： （1）单独或者合谋，集中资金优势、持股优势或者利用信息优势联合或者连续买卖，操纵证券交易价格或者证券交易量；（2）与他人串通，以事先约定的时间、价格和方式相互进行证券交易，影响证券交易价格或者证券交易量；（3）在自己实际控制的账户之间进行证券交易，影响证券交易价格或者证券交易量；（4）以其他方法操纵证券交易价。	《中华人民共和国刑法》第一百八十二条第一款规定："有下列情形之一，操纵证券、期货交易市场，情节严重的，处五年以下有期徒刑或者拘役，并处或者单处罚金；情节特别严重的，处五年以上十年以下有期徒刑，并处罚金：（一）单独或者合谋，集中资金优势、持股或者持仓优势或者利用信息优势联合或者连续买卖，操纵证券、期货交易价格或者证券、期货交易量的；（二）与他人串通，以事先约定的时间、价格和方式相互进行证券、期货交易，影响证券、期货交易价格或者证券、期货交易量的；（三）在自己实际控制的账户之间进行证券交易，或者以自己为交易对象，自买自卖期货合约，影响证券、期货交易价格或者证券、期货交易量的；（四）以其他方法操纵证券、期货交易市场的。"行为人还可能同时会承担吊销营业执照，取消从业资格等行政处罚。
韩国	1. 任何人都不得在交易挂牌证券时，为了制造出交易活跃的假象或使他人作出错误判断而采取以下行动： （1）事先与他人达成协议，售出证券，而后者则在同一时间，按照与售价相同的价格买入这些证券； （2）事先与他人达成协议，购买证券，而后者则在同一时间，按照与购入价相同价格卖出这	韩国《证券和交易法》第二百零八条规定，有违反该法第一百零五条规定者，将被处以3年以下劳役监禁和2000万元（韩元）以下罚金。

续表

内容 国家 或地区	操纵市场的行为方式	刑事、民事及行政处罚
	些证券； （3）通过采取不转移所有权的办法进行虚假的证券交易； （4）委托或接受他人委托进行本款第一至三项所指的行为。 2. 任何人都不得为了在证券市场上引诱他人购买或销售证券，而采取下列行为： （1）委托他人或受人委托，独自或与他人合谋在进行交易时，制造交易活跃的假象或制造使人误解的表象，或使该证券的价格发生波动； （2）散布谣言，使证券的价格在其本人或他人的操纵下发生波动； （3）蓄意散布关于证券交易的假材料或使人发生误解的材料。 3. 任何人都不能违反总统法令的规定，为了把某种证券的价格钉住或稳定住，委托他人及接受他人委托，独立或联合他人在证券市场上进行交易。 4. 任何人都不能进行以下与证券买卖相关的活动： （1）为了获取不正当的利益，故意散布假行情、不真实的情况或其他谣言，或故意进行欺骗； （2）为了获取货币收入或其他具有财产价值的利益，通过提供虚假的主要事实、使用略去所需资料的文件等手段引诱他人做出错误理解。	

——嘉木制表

（二）我国对证券操纵行为的法律规定

我国政府对证券市场中操纵证券价格行为采取了严厉打击的态度。①1993

① 根据《禁止证券欺诈行为暂行办法》的规定，操纵市场行为包括：（1）通过合谋或者集中资金操纵证券市场价格；（2）以散布谣言等手段影响证券发行、交易；（3）为制造证券的虚假价格，与他人串通，进行不转移证券所有权的虚买虚卖；（4）出售或者要约出售其并不持有的证券，扰乱市场秩序；（5）以抬高或者压低证券交易价格为目的，连续交易某种证券；（6）利用职务便利，人为地压低或者抬高证券价格；（7）以其他方式操纵证券交易价格。其中的有些规定，在后来的证券法中已有所更改。

年4月22日，国务院发布《股票发行与交易管理暂行条例》，第一次对证券市场操纵犯罪行为进行了规定。1993年8月13日，国务院证券委员会发布了《禁止证券欺诈行为暂行办法》，对操纵证券交易价格行为进行了更为详细的规定。2005年修改的《中华人民共和国证券法》第七十七条规定了4种旨在获得不当利益的操纵行为：（1）单独或者通过合谋，集中资金优势、持股优势或者利用信息优势联合或者连续买卖，操纵证券交易价格或者证券交易量；（2）与他人串通，以事先约定的时间、价格和方式相互进行证券交易，影响证券交易价格或者证券交易量；（3）在自己实际控制的账户之间进行证券交易，影响证券交易价格或者证券交易量；（4）以其他方法操纵证券交易价。

根据《中华人民共和国证券法》第二百零三条规定，操纵证券交易价格，或者制造证券交易的虚假价格或者证券交易量，需承担以下法律责任：

首先是行政责任。行政处罚是国家行政机关根据法律的规定对内幕交易施加的法律制裁，这里的行政机关主要是指证券监督管理机构（证监会）。操纵证券交易可能受到以下行政处罚：

（1）没收违法所得。对于因操纵证券交易价格而获得的违法所得要予以没收。

（2）罚款。在没收违法所得的基础上，还要对操纵证券交易价格者并处罚款。罚款数额为违法所得1倍以上5倍以下。

（3）市场禁入。中国证监会发布的《证券市场禁入暂行规定》（证监〔1997〕7号，已失效）规定，上市公司的董事、监事、经理和其他高级管理人员、证券交易经营机构及其内设业务部门负责人、证券登记、托管、清算机构高级管理人员及其内设业务部门负责人、证券投资咨询机构的高级管理人员及其投资咨询人员，操纵市场价格或者对该行为负有直接责任或者直接领导责任而被中国证券监督管理委员会认定为市场禁入者的，自决定宣布之日起，3—10年内不得担任任何证券市场上市公司和从事证券业务机构的管理人员职务；情节特别严重的，永久性不得担任上市公司和从事证券业务机构的管理人员职务。从目前情况来看，我国证券市场中已经有相当多的人员被处罚为市场禁入者，其中不少人为永久不得进入证券市场。

其次是刑事责任。操纵证券交易价格构成犯罪的，依法追究刑事责任。《中华人民共和国刑法》（1997年修订）第一百八十二条规定，操纵证券交易价格，获取不正当利益或者转嫁风险的，情节严重的，处以5年以下有期徒刑或者拘役，并处或者单处违法所得1倍以上5倍以下的罚金。单位犯前款罪的，对单位判处罚金，并对直接负责的主管人员和其他直接责任人员，处5年以下有期徒刑或者拘役。

最后是民事赔偿责任。原先并没有民事处罚，但为了保护投资者的合法权利，伸张正义，最高人民法院已于2002年、2003年相继颁布了司法解释，对操纵证券市场的违规犯罪行为，除刑事处罚外，投资者还可以据此主张自己的民事权利，要求侵权人进行民事赔偿。[①]

（三）实证案例简要分析

随着监管部门加强监管、加大查处和打击力度，证券市场中操纵证券价格的犯罪得到有效遏制，然而，证券市场中仍然存在“黑庄”炒作，严重地扰乱了市场秩序，损害了中小投资者的权益。2002年6月11日，北京市第二中级人民法院开庭审理我国证券市场头号证券大案“中科创业”。2003年6月16日，北京市高级人民法院作出终审裁定，维持原判。

【典型案例】

检察机关认为：股票操纵者吕新建，又名“庄家吕梁”，伙同朱焕良密谋，

---

① 最高人民法院2002年1月15日发布了《关于受理证券市场因虚假陈述引发的民事侵权纠纷案件有关问题的通知》之后，又于2003年1月9日着手起草具体指导人民法院审理虚假陈述民事赔偿案件的司法解释《关于审理证券市场因虚假陈述引发的民事赔偿案件的若干规定》。该司法解释以37条的篇幅对证券市场因虚假陈述引发的民事赔偿案件的受案范围、诉讼时效、受理与管辖、诉讼方式、虚假陈述的认定、归责原则、举证责任、共同侵权、损害赔偿范围的认定等实体法与程序法问题作出详尽的规定。这两个“司法解释”现行有效。

用一系列的手法，在1998年12月—2001年1月，吕新建和朱焕良合谋意图操纵股票代码为0048的“康达尔”的流通股。他们先后指使丁福根、庞博、董沛霖等人在上海、北京、浙江等20多个省、自治区、直辖市等以中科创业投资有限公司、北京克沃科技有限公司等名义或者丁福根、边军勇等个人名义，与100余家出资单位或者个人签订协议，筹资共54亿元。在吕新建的直接指使下，丁福根、庞博等人在申银万国证券公司、中兴信托投资有限公司等120个证券营业部，先后开设了股东账户1500多个，影响0048股票，共计购买和控制了0048股票5600万股，涉案金额高达54亿元，占该股票流通股的55.36%。公诉机关认为，丁福根、董沛、庞博、边军勇等人，利用上海华亚实业发展公司、杭州华亚实业公司等名义操纵证券交易价格，导致“中科创业”股价在2000年年底突然暴跌，连续跌停板10个交易日，严重影响了证券市场的正常秩序，其行为已经构成操纵证券交易价格罪。①

上述“中科创业”案件中，我们清楚地看到，吕新建手下的操盘手们伙同上海华亚实业公司、杭州华亚实业公司以及120余个证券营业部，通过“转托管”等手法，从朱焕良手中接过3000多万股“康达尔”股票，利用其拥有大量资金的优势，进行单独或通谋买卖，操纵市场，对某种证券连续以高价买进或者以低价卖出，或者对同一股票反复买进卖出，以造成这种股票交易活跃的假象，而庄家吕梁自己则在背后指使一切，待价格猛涨阶段抛出股票，以获取巨额利润，而使其他投资者遭受重大损失。

从理论上分析，这些行为完全可以构成利用资金优势或滥用职权操纵证券市场的行为，影响了证券市场价格的走势，诱导或者致使投资者在不了解事实真相的情况下做出证券投资决定，给股民的权益造成了极大损害，构成《中华人民共和国刑法》第一百八十二条的操纵证券市场价格罪。

近年来，在证券市场中，操纵股票价格案件并不少见，而且操纵手段的

---

① 案例来源:《最高人民检察院公报》2004年第46号。

科技含量越来越高，操纵手法越来越巧妙。2012 年 12 月 21 日，中国证监会官网披露了 6 起市场违规案件，包括首例操纵债券市场案，3 起操纵证券市场案，2 起信息披露违规案。其中最引人注目的是唐建平操纵“航天动力”（600343）股票案。据悉，唐建平累计获利 1.68 亿元，监管部门依法没收违法所得，并处以等额罚款，并移交司法机关处理。

二、操纵证券交易价格行为样态之比较

我国政府对证券市场中操纵证券价格行为采取了严厉打击的态度。1993 年 9 月 12 日，国务院证券委员会发布了《禁止证券欺诈行为暂行办法》（已失效），对操纵证券交易价格行为进行了更为详密和系统的规定。《中华人民共和国证券法》（2013 年修正）第七十七条规定了 4 种旨在获得不当利益的操纵市场行为，包括连续买卖、相互委托、冲洗买卖以及其他操纵行为等。

（一）操作市场价格的基本手法与样态

1. 单独或者通过合谋，集中资金优势、持股优势或者利用信息优势联合或者连续买卖，操纵证券交易价格

这里包含了三种行为样态：

一是单独买卖。行为人以影响证券交易行情为手段，单独反复买卖同一种证券，对某种证券以连续高出低进或高进低出的方式，手法主要有冲销转账、拉锯式反复作价、一人多个股票账户“打对倒”，造成证券价格看涨或下跌的虚假行情，诱使其他投资者上当受骗购买该股票。[①]

---

① 所谓“打对倒”是指在不同证券营业部开立账户，以其中一个账户买进而从另一个账户卖出的手法。这也是目前证券市场中最为常见的操纵手法。

【典型案例】

王某在2006年4月18日—2006年7月20日共51个交易日期间，利用其控制的67个证券账户，通过连续交易和对敲行为，累计买入中国纺机股票4233.46万股，卖出4152.47万股，违法所得高达598.25万元。其间，最高持股达437.5万股，占流通股比例为17%，占总股本比例为1.85%。

王某对中国纺机股的所作所为，明显影响了该股股价走势，从2006年5月16日至2006年6月2日，中国纺机收盘价从5月15日的4.57元，最高涨到5月29日的6.45元，涨幅为41.14%，同期大盘下跌0.93%；从2006年7月12日至7月18日，中国纺机收盘股价从7月11日的6.79元最高涨到7月18日的8.72元，涨幅为28.42%，同期大盘下跌3.53%。之后，由于担心中国纺机进入股改程序停牌，王某出掉绝大部分股票，结束了对该股的疯狂炒作。[①]

王某案是一起典型的以“吸筹—控盘—拉锯—对敲—卖出”为主要特征的股票操纵案件。2007年10月，中国证监会认定王某违反了《中华人民共和国证券法》第七十七条的规定，构成操纵证券市场行为，依法没收其违法所得598.25万元，并处罚款598.25万元。由于事实清楚，证据确凿、充分，面对高达1200万元的罚没款额，王某未提出陈述、申辩意见，当庭表示认罪伏法。

二是合谋操作。与其他投资者约定，以双方约定的价格在自己卖出或者买入时做相反的买卖。在相同的时间内针对某证券进行，所交易的证券在价格的数量方面相同或相近，更重要的是交易方向相反。如果行为人虽然以自己不同的账户在相同的时间内进行证券交易，但是其所交易的证券在数量和价格方面不相近、方向也并不相反；或虽在相同的时间进行证券交易，其投资交易的证券在数量和价格方面相近，但其交易方向并不相反；或其所交易的证券在数量和价格方面虽然相近、交易方面也相反，但不是在相同的时间内进行的，都不构成操纵证券市场行为。

① 张翼：《深交所证券教室丛书》，机械工业出版社2011年版。

三是联手操作。这种情况更多发生在机构之间，甚至地方政府与证券公司联合对某只股票进行炒作，共同盈利。参与联合操纵的双方或多方行为人联手对敲，按预定的计划买来卖去，制造对自己有利的虚假行情态势。如A、B、C三人，欲大量购进W公司的股票，便事先串通，先拉升H公司的股票价格，吸引众多投资者的关注乃至大量购买H公司的股票。与此同时，A、B、C故意先卖出部分W公司的股票，在市场上制造出W公司股票利空的消息，使不明真相者随大户的抛售而匆忙出手自己的W公司的股票，此时，A、B、C则正好暗中大量低价购进W公司的股票。

2. 与他人串通，以事先约定的时间、价格和方式相互进行证券交易，影响证券交易价格或者证券交易量

这又分为两种行为样态：一种情况是相对委托。即参与联合操纵的双方或多方行为人按照事前的约定，分别扮演买方和卖方的角色，以约定的交易券种、价格，向不同的券商发出交易委托指令并达成交易的行为。例如，A与B事先合谋约定，以某一价格和数量交易W公司的股票。然后A向C证券公司发出卖出委托指令，而B向D证券公司发出买进委托指令。这种买进卖出的循环每进行一次，W公司的股票约定的价格都比前一次抬高一点，最终达到抬高W公司的股票价格的目的。这种虚假的活跃交易往往会给投资者造成市场交易活跃的印象，于是吸引越来越多的跟风炒股者纷纷购进W公司的股票，操纵者A和B此时则乘机大量抛售W公司的股票，获取巨额利润，最后套牢广大投资者。1995年1月，查处的山东某集团股份有限公司在上海证券交易所和深圳证券交易所通过拉高尾市操纵市场案件，使用的就是这种操纵手法。这种市场操纵一般不容易被人识破，正如有的学者所说的那样："由于相对委托是两个行为人分别通过两个证券公司进行交易的，只要严密掩盖事前共谋的事实，仅仅从交易记录中很难证实联合操纵。"[①]

另一种情况是与他人串通，以事先约定的时间、价格和方式相互买卖并

---

① 姜丽勇主编:《证券违法案例》，经济日报出版社2001年版。

不持有的证券，实践中又称为“洗售”。两个或两个以上交易者同时委托同一券商，相互买进卖出不存在的证券，同时也无任何款项交割的行为，证券价格却因交易量和交易额的增大而发生变化拉高，诱使其他投资者跟进，操纵者乘机抛售牟取不义之财。

3. 在自己实际控制的账户之间进行证券交易，影响证券交易价格或者证券交易量

【典型案例】

2011 年 1 月，证监会对“徐某”等账户涉嫌操纵陕西航天动力高科技股份有限公司（以下简称航天动力）股价行为立案稽查。

经查，唐某通过控制“徐某”等 19 个证券账户在 2010 年 4 月 2 日至 7 月 28 日操纵“航天动力”(600343)股票价格，至 12 月 23 日，合计买卖股票 1.2 亿余股，违法所得 1.68 亿余元。

2012 年 12 月中旬，中国证监会认定唐某利用其控制的证券账户，从事操纵证券市场行为，对涉案人员分别处于 300 万元和 100 万元罚款。[①]

我们认为，唐某的操纵手法是一种典型的通过实际控制的账户之间进行证券交易价格操纵的方法，且违法手段隐蔽，通过融资和多点布局，造成交易行为活跃的假象，意图掩饰操纵股价的实质。唐某案件也是近年来中国证监会开出的最大一笔罚单。

我们在北京市海淀区人民检察院调研时还了解到，近年来证券公司操纵交易价格还有新特点，即证券公司实际控制了许多证券交易账户，不少是由一个证券账户申报卖出，另一个证券账户申报买进，其实质就是在虚买虚卖，或者说是自买自卖，待一定交易量后就会影响股票交易价格或者交易量，进而影响证券市场中股票走势。

---

① 资料来源：中国证监会网站（2012 年 12 月 20 日）。

（二）操纵证券交易价格的特殊手法与样态

这是指《中华人民共和国证券法》第七十九条规定以外的以其他方式非法操纵证券交易价格的行为。我们将证券法和《禁止证券欺诈行为暂行办法》中列举的以其他方式操纵市场行为样态分别归纳如下：

1. 以散布谣言、传播虚假信息等手段影响证券发行、交易，主要包括证券投资机构或股评人士利用新闻媒体制造或传播虚假证券信息的

【典型案例】

邓某1和邓某2均系具有证券投资咨询资格的人员。2008年1月至7月，二人共同采用“先买入股票，再推荐股票，后卖出股票”的行为模式谋利。根据事先沟通和约定，邓某1、邓某2二人同时在东方财富网、中华金融在线等网络媒体上对同一只股票发表观点相同、内容相似的推荐文章36篇。在上述推荐文章公开前，邓某1、邓某2分别通过其代理的证券账户买入二人共同推荐的股票，再在推荐文章公开后卖出该股票。经核查，在上述期间，邓某1通过其代理的杨某1、杨某2证券账户交易二人共同推荐的“美都控股”等20只股票，最终未获利，亏损1,859,929.42元；邓某2通过其代理的陆某、万某和刘某证券账户交易二人共同推荐的“万家乐”等27只股票，最终未获利，亏损2,478,379.46元。[①]

我们认为，邓某1、邓某2以散布谣言、传播虚假信息等手段，对特定股票进行交易，其行为符合《中华人民共和国证券法》第二百零三条的规定，已经构成操纵证券交易价格行为。中国证监会责令邓某1改正违法行为，并处以33万元罚款；责令邓某2改正违法行为，并处以43万元罚款。

---

① 资料来源：刘中、郭俐、陆昊：《新型操纵证券市场犯罪案件实务研究》，北京市人民检察院第二分院（2011年）重点调研课题。

2. 上市公司买卖或与他人串通买卖本公司的股票

根据证券法的有关规定，上市公司不得买卖或与他人串通买卖该公司的股票。因为，上市公司对本公司经营情况、经营效益、发展前景等有关内幕信息最为了解，买卖或串通买卖本公司的股票，容易使该公司股票交易价格非正常上涨，无法真实反映上市公司经营情况和效益状况，是一种谋取不正当利益，扰乱证券市场秩序，损害证券投资者利益的操纵证券市场的行为。

3. 操纵者利用资金优势，大量买进某种证券或某类证券，使该种或该类证券的价格上涨

这是目前大部分机构投资者和少数个人投资者惯用的手段，其所操纵的证券大多数是盘子较小的。

【典型案例】

2010年1月至4月，周某通过其控制的11个账户，集中资金优势连续买卖“成飞集成”“众合机电”两只股票，频繁操纵上述两只股票股价。2010年1月19日至4月2日，周某累计买入“成飞集成”2308.29万股并全部卖出，其交易量占市场同期“成飞集成”成交量的15.11%，账面盈利379.51万元。其间，“成飞集成”股价上涨22.93%，偏离大盘走势22.92%。

2010年3月29日至4月30日，周某累计买入“众合机电”1549.85万股，卖出1377.89万股，其交易量占市场同期“众合机电”成交量的10.17%，账面亏损374.2万元。其间，“众合机电”股价上涨1.71%，偏离大盘走势7.91%。[①]

我们认为，周某的上述行为违反了《中华人民共和国证券法》第七十七条关于禁止操纵股票价格的规定，构成了《中华人民共和国证券法》第二百零三条所述操纵股票价格行为。根据当事人违法行为的事实、性质、情节与社会危害程度，依据《中华人民共和国证券法》第二百零三条的规定，中国

① 资料来源：中国证监会网站（2012年12月20日）。

证监会认定周某操纵证券市场价格，处以100万元罚款。

4. 以抬高或者压低证券交易价格为目的，或者不以实际成交为目的，连续交易某种证券

操纵者大量抛售某种证券或某类证券，使该证券价格下跌，这种情况在我国目前证券市场上主要是由于某些公司为了收购证券，打压证券的价格，以降低收购成本。

【典型案例】

2011年4月26日，王某不以实际成交为目的，利用频繁申报和撤销申报的手段操纵“ST波导”股票，致使“ST波导”股票价格由开盘价5.42元上涨至收盘价5.70元，最高时达到5.75元（涨停价），涨幅为4.01%，振幅达6.93%，影响其他投资者对“ST波导”股票交易价格和供求关系的判断，诱导其他投资者买入“ST波导”股票，之后卖出所持有的“ST波导”股票以图获利。王某操纵“ST波导”股票亏损41,440.08元。

证监会根据《中华人民共和国证券法》第二百零三条的规定，决定对王某处以30万元罚款。[①]

本案中，王某不以实际成交为目的，频繁申报和撤销申报的交易行为，是典型的短线操纵手法。短线操纵具有严重的危害性：一是误导投资者对股票交易价格和供求关系的判断，侵害投资者的合法权益。二是造成股票价格异常波动，扰乱证券市场秩序，扭曲资本市场资源配置功能，影响证券市场的健康发展。

5. 操纵者采用声东击西的方式，操纵某类证券中的一种，以达到操纵同类型其他证券的目的

由于证券具有地区性、行业性及关联性，会形成所谓“概念股”。而这些“概

---

① 资料来源：中国证监会网站（2012年12月20日）。

念股”不一定都是业绩最好、发展最快的股票，但往往是最具代表性的小盘股票。操纵者就经常操纵“概念股”来达到操纵证券价格目的。

【典型案例】

2007年12月17日，中国证监会对操纵股价行为人周某作出行政处罚决定。中国证监会认定，周某在2006年1月至11月，利用在短时间内频繁申报和撤销申报手段操纵“大同煤业”等15只股票价格，违法所得为1,762,239.85元，构成了操纵证券市场行为，予以行政处罚。周某操纵的股票包括大同煤业、四川路桥、嘉宝集团、中纺投资、上海医药、G嘉宝、中炬高新、安阳钢铁、彩虹股份、安彩高科和成都建设等股票。[①]

这15只股票，基本上不是龙头股票，就是小盘股票，周某就是看中这些绩优股的带动作用，频繁交易这类股票以达到操纵这一类股票的目的。中国证监会认定周某构成操纵证券市场行为，没收违法所得1,762,239.85元，并予以行政处罚。

6. 利用职务便利，人为地压低或者抬高证券价格

这主要是行政干预，行业主管机关、控股公司以及行政领导机构，通过行政手段进行干预和插手上市公司实务。当然，也包括证券监管机构对证券市场的行政干预间接造成短暂的股票行情大涨或大跌。

【典型案例】

赵某为了抬高股票价格，以便其本人及朋友能在抛售股票时获利，利用计算机侵入三亚中亚信托投资公司上海新闸路证券交易营业部计算机信息系统，对该部待发送的委托数据进行修改，以致“兴业房产”和“莲花味精”两种股票的价格被抬高。赵某及其朋友趁机抛售股票获利数万元，而三亚营

① 资料来源：《中国证券报》，2008年3月13日。

业部因此遭受295万余元的经济损失。[1]

为维护证券市场的正常管理秩序，惩治操纵证券交易价格的犯罪行为，上海市静安区人民法院于1999年11月11日判决：被告人赵某犯操纵证券交易价格罪，判处有期徒刑三年，并处罚金人民币1万元；被告人赵某赔偿被害单位三亚中亚信托投资公司上海新闸路证券交易营业部经济损失计人民币2,497,604.62元；追缴被告人赵某的违法所得人民币7277.01元，予以没收。

上述6种情况基本上与证券法颁布的几种情况相互补充、相互完善，当然，操纵行为与证券交易价格的变化和证券交易量的变化存在内在因果关系。

三、操纵证券交易价格行为认定难点评析

（一）对操纵行为“连续交易”的理解和认定

操纵证券交易价格的行为在时间上有一个“连续性”的问题。在实践中，同一委托分多次进行仍然是多次交易，而不是一次交易，否则操纵者可以利用同一委托进行多次交易而规避法律的处罚。美国、日本以及澳大利亚等国的证券法律都规定，在任何时间内，买卖同一公司的证券只要超过一次，就构成连续交易。

如果没有一定的交易规模，或者一定的持续时间，就无法达到增加交易量和交易额的目的，也无法达到抬高股价的目的。因此，连续交易往往与虚买虚卖、联合操纵等行为结合在一起。从三者的关系分析，虚买虚卖和联合操纵是操纵行为的规模方面，而连续交易是操纵行为的时间方面。从证券市场的实践来看，如何界定连续交易并没有具体规定，一般认为两次或者两次

① 资料来源：上海市静安区人民法院《刑事判决书》（1999年11月11日）。

以上的买卖就可以算作连续交易，当然两次之间的时间究竟有多长，立法中并没有具体规定，有待于法官根据对证券市场的了解和对操纵市场价格犯罪的把握来确定。目前，司法机构认定连续交易一般有以下几种情况：

1. 必须实施了“两个或两个以上的交易”

何谓“两个或两个以上的交易”？例如，A 于 1 日购买某股票时股价为 10 元，其于当日以 11 元委托买进；2 日，A 又以 13 元委托买进该券种。这显然属于“连续”交易。例如，山东某集团股份有限公司于 1994 年 8 月 1 日上交所临近收市时，通过四个 A 字头个人账户，以连续交易和不转移证券所有权的虚买虚卖方式拉高本公司股票价格，操纵市场，致使该股票的当日收盘价较前日上涨 102%。

【典型案例】

从 2000 年 8 月 1 日到 8 月 31 日，山东某公司证券部先后动用资金 2000 万元，分二十余次买入本公司股票近 400 万股，并将上述股票连同 8 月 1 日之前的存量 84 万余股全部抛出，获利 587 万余元。①

山东某公司证券部的上述行为，显然违反了关于禁止任何单位或者个人以获取利益或者减少损失为目的，利用其资金、信息等优势，连续交易企图操纵市场，影响证券市场价格，诱导或者致使投资者在不了解事实真相的情况下做出证券投资决定，扰乱证券市场秩序的规定，构成了操纵市场的欺诈行为。中国证监会依据《禁止证券欺诈行为暂行办法》第十六条的规定，对该公司做出了处罚决定：（1）对山东该公司提出警告；（2）没收其非法获利 587 万余元；（3）对该公司处以罚款人民币 100 万元；（4）对此次违法行为负有直接责任的高级管理人员李某处以罚款人民币 5 万元。

我们用实证的方法分析，山东某公司从 8 月 1 日到 31 日，证券部先后动

① 资料来源：中国证监会网站。

用资金 2000 万元，分二十余次买入本公司股票近 400 万股，并将上述股票连同 8 月 1 日之前的存量 84 万余股全部抛出。显然，这里的二十余次就是我们讲的连续交易。但如果该公司于 1 个月后卖出，是不是“连续”？就是说，每两个交易之间的间隔应当是多少？对此，不少国家证券法都没有明确规定。例如，澳大利亚《证券法》规定，在任何时间内，买卖同一公司的证券只要超过一次，就可能构成连续交易。美国、日本等国家的证券法中也无此规定。我国目前的证券法律中亦无明确规定，但在证券实务中又是个无法回避的问题。我们认为，应该有一个相对独立的时间观念，否则在瞬息万变的证券市场上，如果两次委托间隔过远，行为人便不太可能达到持续抬高或压低某股份的目的，那时再认定其是操纵市场价格犯罪，就有些牵强了。只要投资者在每个买卖委托之后到下一轮股价反弹等待时间内，再行第二次同券种同交易方向的委托，可以认定是连续的时间段。

2. 价格变化与连续交易行为之间必须有因果联系

例如，A 买进某只股票后，根据信息分析结果，预计该种股票的发行公司将被收购，股价会大幅上扬，于是，A 再次买进，并待该股价因收购因素开始发生作用而上扬后，再行卖出获利。这时，该股价的上扬，就不是该投资者两次连续买进的结果。至少，A 两次连续买进，不是该股价上扬的主要原因。因此，该投资者的行为，不构成连续交易。

3. 因连续交易致使股价变化与实现获利或避免损失的结果无关

有学者认为，因连续交易致使股价变化与实现获利或避免损失的结果之间要有因果关系。例如，A 连续交易将某只股价格抬高 10% 后，正欲卖出获利时，被发现并及时制止，未达到获利目的。这时，仍构成连续交易，而且是既遂，不是未遂。[①] 我们不完全赞成这种观点，至少认为这种“既遂，不是未遂”观点的表述是不完全的。十分明显，A 操纵市场价格的目的应该达到了，股价的抬高是他连续交易的结果；而抬高后的股价是人为的股价，不是由价值

① 姜丽勇主编:《证券违法案例》，经济日报出版社 2001 年版。

规律而形成的真实股价。这已经足以对证券市场和其他投资者构成危害。其中，从可能犯罪人还没有赚取很多利润，但危害结果已发生的角度上看，类似刑法理论中的危险犯，并不要求有真实的危害结果发生。从证券市场的法则认定应该是既遂，而不是未遂。至于没有发生真实的危害结果，在具体的量刑上可以考虑从轻。

（二）对操纵行为“联合洗售”的理解和认定

真正难点在于证券市场中的“联合洗售”的司法认定，因为在证券法和刑法中均无规定。

洗售行为是最古老的证券市场操纵手法，通常表现方式是操纵行为人在两个以上的证券商处开设资金账户和股票账户（或在同一证券商处开设两个不同账户），并同时将种类相同、价格数量大体一致但方向相反的委托指令通知其中两个或两个以上的证券商，或者由操纵行为人通过证券公司的电脑终端亲自下达上述指令。交易成交后，证券和资金换了账户，但证券所有权并未发生根本性改变，仍属于原所有人。例如，A与D实现商量约定价格，先由A委托一家证券公司卖出一定数量的股票，后再由D委托同一家证券公司如数买进。事后，由A将卖出的价款归还D，而D则将股票归还A的行为。由于A和D在每一个价格位置上交易量的变化直接影响其他投资者的判断和决策，如果联合洗售的数量巨大，就能制造一个虚假的证券交易量，会对证券价格产生重大影响。这种行为完全符合《中华人民共和国刑法》第一百八十二条第三款规定的以自己为交易对象，进行不转移证券所有权的自买自卖，影响证券交易价格，或者证券交易量，且情节严重的行为，应该认定为操纵证券交易价格罪。

在认定联合洗售中，特别注意两点：一是，共同的协调行动。各个操作者都积极参与联合洗售行为，一起完成了对某只股票或者某几只股票价格的操纵行为。其中，有的可以表现为作为，有的可以表现为不作为。二是，双方或者多方明白是对某只股票或者某几只股票进行价格上的操纵或者垄断定价。最关键的就是两个操作者具备共同犯罪故意，若彼此间并没有形成共同操纵证券市场价格的犯意，就不能认定为“联合洗售”。

（三）战略投资人与操纵证券交易价格行为的关系

值得一提的是，我国证券市场中战略投资人与操纵证券价格犯罪的关系备受证券业人士关注。设立战略投资人的目的之一就是稳定证券市场，平衡市场个股价格，最大限度地发挥证券商的资金作用。因此，战略投资人容易成为操纵证券价格的指控对象。

一般来说，如果战略投资人实施了定向投资行为，获取了不当利益，但不具备非法操纵证券市场的犯罪目的，则不构成犯罪。例如，战略投资人根据自己对行情的判断、经验进行正常证券投资交易，因交易量巨大而吸引中小散户跟风炒作，进而引发证券市场中某个证券价格的波动，但由于缺乏操纵证券交易价格的故意，与跟风炒作的一般投资者之间没有形成共同的犯罪故意，故不宜认定其行为构成操纵证券市场罪。

当然，如果战略投资人把证券公司作为工具来利用，利用连续交易或者联合多方行为人按照事前的约定，分别扮演买方和卖方的角色，以约定的交易券种、价格交易，其主观方面就有所不同了，具备了共同操纵某个股票价格的主观意图，可以认定其具有操纵证券交易价格的共同犯罪故意。

目前，金融证券市场出现了越来越多的战略投资人，各金融机构也都投资于证券市场。对于长期定向投资个股而引起的股票涨跌与操纵之间究竟有什么界限，目前并没有相应的立法跟进，缺乏保护性条款或者限制性法条，这使司法机构或监管机构在认定操纵交易价格时难以准确认定。因此，我们建议，有关立法部门应该尽快进行相关立法，对战略投资人长期定向投资引发的股票行情变化做出法律规定，以明确罪与非罪的界限，最大限度保护金融市场中的战略投资者。

（四）对操纵行为“情节严重”的理解和认定

操纵证券、期货市场罪在客观构成要件上还要求操纵行为必须达到“情节严重”的程度。根据我们在海淀区人民检察院的调研情况看，目前，司法机构认为是否具有“情节严重”应从以下两个方面来考察：

其一，从操纵者方面来看，情节严重应是指：（1）操纵者因操纵行为获取不正当利益或转嫁风险，数额巨大的，或者非法获取的利润或者减少损失的数额巨大的。具体标准应由有权机关确定，但是，对于个人与单位的数额要求应有所不同。一般认为，对机构操纵证券交易价格的数额应该大于个人投资者操纵证券交易价格的数额。（2）行为人因操纵行为曾两次受过行政处罚又实施该行为的，或受过刑事处罚又实施该行为的。[①]（3）多次实施操纵证券交易价格行为的。（4）与跨国证券犯罪集团联合，操纵国内证券市场价格的。（5）操纵证券价格，严重影响证券交易价格或证券交易量，引发证券市场股价剧烈波动的。（6）采用暴力、胁迫或散布恶劣谣言等手段操纵证券市场的。

其二，从受害者方面来看，情节严重是指：（1）操纵行为给其他投资者造成巨大经济损失的，这里的“巨大经济损失”的具体数额标准，应由金融监管机构后会同最高人民法院共同确定。（2）操纵行为直接导致投资者自杀等严重后果发生的。（3）操纵行为直接导致某一上市公司股价严重背离实际价值，从而引发该上市公司破产或者其他严重后果的。

由于证券法或者刑法中并没有明文规定什么是“情节严重”，因此在金融市场中认定操纵证券、期货市场罪时，除了要注意构成要件，还要特别注意把握上述几种“情节严重”的情况。

2014年1月6日写于永恒胡同

① 根据我国刑事诉讼法的规定，如果行为人受过刑事处罚5年内又实施该行为，符合累犯构成条件的，同时构成累犯，从重处罚。

房地产投资信托的市场前景与方案设计

文 / 顾雷

一、房地产投资信托概述

（一）国外房地产信托基金情况与比较

房地产投资信托基金是一种以发行收益凭证的方式汇集特定多数投资者的资金，由专门投资机构进行房地产投资经营管理，并将投资综合收益按比例分配给投资者的一种信托基金。中国的大部分房地产开发企业自有资金都不超过 20%，而银行贷款又趋于紧缩状态，受房地产开发成本高等因素的制约，一般房地产的销售或租赁都需要一个较长的过程，所以资金短缺是一个长期状态。因此，利用信托工具融通资金便成为一种行之有效的方法。

世界上第一只房地产投资信托基金 1960 年诞生于美国，和二十世纪六七十年代的其他金融创新一样，REITs 也是为了逃避管制而生。随着美国政府正式允许满足一定条件的 REITs 可免征所得税和资本利得税，REITs 开始成为美国最重要的一种金融工具。美国大约有 300 个 REITs 在运作之中，管理的资产总值超过 3000 亿美元，而且其中近三分之二在全国性的证券交易所上市交易。自从 1930 年美国政府二级抵押贷款市场开拓以来，各市场经济国家均推出了多样化且富有弹性的房地产证券化产品。

新加坡 1999 年 5 月颁布了《新加坡财产基金要则》，2001 年颁布了《证券和期货法则》，对房地产投资信托全面作了规定。2002 年，推出新加坡第一只房地产投资信托基金，到目前为止，新加坡共推出了近 30 只房地产投资信托基金在上市交易，总市值超过 100 亿美元。

我国香港地区于2005年颁布了《房地产投资信托基金守则》，并于同年11月首只房地产投资信托基金正式上市，目前共有17个房地产投资信托在上市交易。

自20世纪80年代起，日本就开始发展房地产投资信托基金，当时已经有几十只房地产投资信托基金在东京上市，90年代初期，这种交易一度火爆。但好景不长，受全球信贷危机冲击和亚洲金融风暴影响，日本房地产信托指数（TSEREIT）从2007年5月的最高位下滑了65%，并且2010年至2012年期间房地产市场萎缩一半以上，2011年日本开始考虑放松房地产投资信托基金的税收政策。这些基金必须将其利润的90%以上作为股息派发给投资者，以获得税收减免。①

表1　主要国家和地区对REITS资产要求的规定

美　国	澳大利亚	新加坡	我国香港地区
至少75%的资产为房地产或者与房地产相关的资产	只能以获取租金为目的投资于各类资产项目	至少70%以上资产必须投资与房地产相关资产，但不能投资空地，除非此空地已经得到了开发允许并准备实际开工建筑； 单一开发商未完成项目开发的投资，不得超过REITs总资产的10%	主要投资于可产生持续租金收入的房地产；持有不能产生收益的房地产资产不能超过REITs净资产总额的10%；禁止开发空置土地或者从事物业开发活动

资料来源：《房地产投资信托基金REITS TIMES》

我们以日本东镜公司EASSET的投资政策为例：到目前为止，其资产组合的占比为：写字楼40%，零售类物业40%，住宅20%，东镜都市圈60%，其他地区40%。东镜公司投资写字楼共10件，零售物业共3件，住宅共6件，总投资金额共625亿日元，总租户共674户，可供出租的总面积为9.23万平方米，东镜公司最后的投资收益相当可观。②

① 金月：《日本或将改革房地产投资信托基金税收政策》，新浪财经：https://finance.sina.com.cn/，最后访问日期：2012年9月7日。

② 张明：《日本房地产信托投资基金发展现状及对中国的启示》，新浪房地产网：http://dichan.sina.com.cn/，最后访问日期：2007年7月9日。

（二）我国房地产投资信托基金的发展轨迹

我国的房地产信托投资发展得较晚，到目前为止尚未正式设立运行。2010年，监管层对房地产信托业务逐步规范，要求信托公司审慎开展，但这并不妨碍房地产信托规模快速扩张，房地产信托产品成立数量为397款，同比增幅为110.05%；成立规模达1210.62亿元，同比增幅为208%，并以8.85%的平均收益率领先行业内的其他产品。

2011年，房地产信托市场风起云涌，经历了一轮“过山车”式的发展，上半年爆发式增长，下半年盛极而衰。2011年，国内共发行了1003款房地产信托产品，发行规模为2864.1亿元，与上年同期相比，发行数量增长了66.33%，发行规模同比增长了43.7%。

2012年1—6月，房地产信托产品在全部信托产品中开始萎缩，共成立327款产品，融资规模达701.61亿元，只占信托产品融资总规模比重的22%。

房地产信托作为有效的投资手段可以活跃和刺激金融市场，作为融资手段又可以推动房地产业的发展，对于我国房地产业乃至整个国民经济都具有非常积极的意义。目前，我国房地产企业的资金主要来源于银行，信托融资占比例很少，渠道比较单一。而在美国、我国香港地区等地房地产企业资金来源却很广。房地产信托在我国发展前景广阔。

（三）当前我国房地产金融体系存在的问题

第一，房地产金融过度依赖银行体系。根据中国人民银行对我国房地产投资资金来源分析，其有55%的资金直接来自银行系统，如果将施工企业垫资中来源于银行部分加上的话，比例将高达70%以上。这种通过银行体系来支持整个房地产金融，使金融政策的变化往往给房地产金融和房地产市场带来强烈的硬冲击。第二，房地产金融的资金融通效率偏低。我国金融资源配置能力较弱，一方面存在较大的资金缺口，另一方面却有大量资源闲置。第三，房地产金融的系统性风险偏高。实质上，房地产金融的系统性风险问题是由资金来源的银行高度依赖性及融通效率低下导致的。

总之，住房消费贷款、房地产开发贷款、建筑企业流动性贷款和土地储备贷款等形式的信贷资金过于集中，商业银行实际上直接或间接地承受了房地产市场运行中各个环节的市场风险和信用风险，这种风险就像定时炸弹一样，对我国房地产市场构成实质上的危险。

二、房地产投资信托基金特点与案例分析

（1）与我国信托产品纯属私募所不同的是，REITs在性质上等同于基金，少数属于私募，但绝大多数属于公募。REITs既可以封闭运行，也可以上市交易流通，类似于我国的开放式基金与封闭式基金。

（2）房地产信托投资基金相当于投资虚拟产业资本，其与股票的主要区别在于基金投资于股票，实际是在资本市场上的投资，而信托所做的是实业方面的开发，资金参与的可能是某个项目，并非仅仅入股，可能会参与具体的事宜。因此，两者不能等同相关，尤其在利润、股利、流动性和风险方面区别还是比较大的。

表2　房地产股票与房地产投资信托基金比较

	房地产股票	房地产投资信托基金
主要利润	以房地产开发为主	房地产租赁
股利	不确定	比例较高
流动性	好	好
投资回报	较高	较高
风险	较高	适中
贷款控制	≥ 50%	≤ 50%

——嘉木制表

（3）房地产投资信托基金的资产必须以信托形式持有，同时与托管机构、管理公司、相关实体以及其他集体投资计划的资产分开处理。

目前，我国成功的房地产信托基金并不多，最成功的当属“盛鸿大厦”信托项目。该项目的运作流程如下：

【典型案例】

（1）元鸿公司将其开发、建设的房地产项目——北京盛鸿大厦（市场价值人民币约4.1亿元）委托给北京国投，设立盛鸿大厦财产信托。元鸿公司取得该信托项下全部受益权。

（2）元鸿公司将其享有的受益权分级为优先受益权和普通受益权，并将其享有的优先受益权（人民币约2.5亿元）以转让或质押的方式进行处置。北京国投作为独家代理人代理其转让行为。投资人受让优先受益权后成为优先受益人。

（3）北京国投作为盛鸿大厦财产信托的受托人，将处置信托财产所得全部收入存入北京国投开立的信托专户并管理，用于支付优先受益人本金和收益，在优先受益人未取得全部本金和收益前，其他信托受益人不参与任何分配。

“盛鸿大厦”项目具有“信托+代理”的特点，并在方案设计中运用了超额资产担保和优先——次级受益结构等增信手段，具有典型意义。在本项目中，北京国投作为财产信托的受托人，需要尽职履行受托人的义务。作为受益权转让项目的代理人，北京国投除尽职完成代理转让义务外，不负任何直接责任，但是由于受益人转换，北京国投仍然要为最终受益人的最大利益管理信托财产。

三、金融资产管理公司发展REITs的现实意义

（1）引入房地产投资信托基金有利于完善公司产业结构。开拓房地产信托投资基金，不仅是房地产金融发展的重要标志，是促进房地产金融二级市场的重要手段，而且，利用房地产信托投资基金直接把市场资金融通到房地

产行业，从而缓解了金融资产管理公司现金流不足问题。因此，推出房地产投资信托基金，将大大地提高金融资产管理公司房地产金融的完备性，是金融资产管理公司房地产金融走向成熟的必然选择。

（2）引入房地产投资信托基金有助于分散与降低公司系统性风险，提高金融安全。从房地产金融的角度来看，引进具有市场信用特征的房地产信托基金，将在一定程度上提高金融资产管理公司房地产金融当期的系统风险化解能力。

（3）引入房地产投资信托基金有助于疏通房地产资金循环的梗阻。由于房地产的固有特性决定了房地产投资信托基金具有保值、增值的功能，房地产投资的收益相对比较稳定。因此，房地产投资信托基金的引入，可以避免单一融通体系下银行相关政策对公司房地产市场的硬冲击，减缓具有某些特定目的的政策对金融资产管理公司系统房地产的整体冲击，有助于缓解金融资产管理公司财务系统中的资金错配矛盾。

四、REITs 建立的运作模式初探

（一）目前的运作模式

目前国内的 REITs 试点，有两种模式，分别由央行和证监会牵头。2009 年，央行颁布了《银行间债券市场房地产信托受益券发行管理办法》征求意见稿，央行的 REITs 方案为偏债券型，委托方为房地产企业，受托方为信托公司，通过信托公司在银行间市场发行房地产信托受益券。受益券为固定收益产品，在受益券到期的时候，委托人或者第三方应该按照合同的要求收购受益券，作为结构性产品，可以按照资产证券化的原理，通过受益券分层安排，满足风险偏好不同的委托人与受益人。

而证监会版 REITs 则是以股权类产品的方式组建房地产投资信托基金，将物业所有权转移到 REITs 名下并分割出让，房地产公司与公众投资者一样

通过持有 REITs 份额间接拥有物业所有权，REITs 在交易所公开交易，并且机构投资者和个人投资者均可参与。①

目前，京、沪、粤等地区的 REITs 试点将主要投向保障性住房建设，但是试点工作均未真正开始，进展也有所不同。上海市杨浦区已经开始通过海通证券（600837）房地产信托基金进行试点；天津市 REITs 试点方案或仍采取“以售养租”的政府补贴方式；北京市将以政府持有的廉租房、公租房资产和房租收益委托设立房地产信托，在银行间债券市场发行受益券的方式进行融资。同时，广东省政府印发《关于加快发展公共租赁住房的实施意见》，其中提到要积极创造条件支持以开展政府出资与社会筹资相结合的公共租赁住房股权信托基金融资试点，探索运用房地产投资信托基金加快推进公共租赁住房建设。

从目前国内状况来看，债权型 REITs 由于受到政策及体制的限制较少，将会先于股权型 REITs 推出。而从国际经验来看，虽然股权型 REITs 目前遇到政策和体制（尤其是税收方面）的限制，但它更代表着未来发展的一个方向。②

（二）可以考虑的运作模式

由于我国在发展房地产投资信托基金方面缺乏相关经验，可以借鉴美国 REITs 的发展经验并结合权益型、有限期自我偿付的特点建立以下运作模式：

从基金规模、期限来考察，金融资产管理公司 REITs 在起步阶段基金规模不宜太大，根据发展需求建立适度合理的基金规模对权益型有限期、自我偿付式 REITs 来说非常重要，期限应以 10—15 年为佳。在 REITs 资金筹集上，权益型有限期、自我偿付式 REITs 的资金筹集方式，应以公募为主，其资金

---

① 目前国内 REITs 的“银监会版”和“证监会版”，代表了 REITs 的两个方向：前者是以债券类产品的方式组建 REITs，发行受益凭证，房地产公司继续持有物业的所有权，REITs 在银行间市场交易，主要参与者是机构投资者；后者是以股权类产品的方式组建 REITs，将物业所有权转移到 REITs 名下并分割出让，房地产公司与公众投资者一样通过持有 REITs 股份间接拥有物业所有权，REITs 在交易所公开交易，机构投资者和个人投资者均可参与。

② 郑则鹏：《房地产投资信托基金的中国式纠结》，载《银行家》2012 年 11 月 14 日。

来源中很重要的一部分应是机构投资者的资金。

从组织形态来看，房地产投资信托基金可以分为契约型和公司型两种。金融资产管理公司型依据公司法成立，具有法人资格。公司型具有基金经理和公司股东信息不对称、股东权益难以得到保护、双重税收负担（公司所得税和股东分红个人所得税）等缺点。因此，金融资产管理公司房地产投资基金应首选契约型组织形式。至于变现方式，权益型有限期、自我偿付式REITs的投资项目周期一般较长且需要较强的稳定性，所以更适合其发展。该种模式的投资管理，其投资业务可向以下几个方面发展：（1）以股权的形式投资未上市的房地产公司。将REITs的资金以股权的形式投入未上市的房地产公司可有效地改善其资本结构，降低高负债经营所带来的风险。（2）投资实物性的资产。一种是较成熟的房地产项目，例如，写字楼、购物中心、娱乐中心等，投资这种项目风险较小，经营收入也较稳定。另一种是个别地区受经济衰退影响贱卖的房地产，购买这些房地产之后，可根据当时经济发展状况的需要，对这些房地产进行改建，使其具有更高价值的用途以取得一定的经营收入。

五、金融资产管理公司发展REITs尚需解决的问题

金融资产管理公司发展房地产投资信托基金存在很多障碍，第一个就是政策障碍，第二个是定价理论，第三个是风险管理，第四个是会计税率问题。

（一）政策法律的健全

要在金融资产管理公司发展REITs，必须先制定一套健全的管理制度，然后在条件具备的时候进行立法予以完善。

一般而言，如果房地产信托投资基金的分红比例超过90%，就应该免除公司税项，只向投资者的投资收益征收税收，从而避免双重征税。我国目前的税法体系尚未对银行信贷资产证券化证券明确税收标准，更谈不上房地产

信托投资基金征税标准。但要使房地产信托投资基金真正得到发展，税收问题不可回避。所以，在 REITs 推出前相关制度也必须做好配套修改的准备。

表 3　主要国家和地区对 REITs 的税收政策规定

国　家	REITs 税收规定
美国	1. 分派给投资者的收入部分免交公司所得税； 2. 某些未分派收入须交 4% 的国产税； 3.REITs 与应纳税子公司（TRS）进行关联交易须 100% 纳税； 4. 中介机构所得须 100% 纳税。
澳大利亚	1.REITs 计算出净收入存在差额，差额可以用“递延税项”分派给投资者； 2. 投资者可以收到递延税款抵扣按股份缴纳资本利得税税基； 3.REITs 受托人在澳大利亚境内将投资者收益分配给国外投资者须交税。
我国香港地区	暂无税收优惠
新加坡	1. 分派给投资者部分可以免交公司所得税； 2. 未分派的部分应当缴纳 18% 公司所得税。

资料来源：《房地产投资信托基金 REITs TIMES》

（二）定价理论的建立

相对于证券投资基金根据所购买的证券产品价格定价理论，REITs 的定价要复杂得多，传统的资产评估方法显然不能满足 REITs 资产定价的需要。而 REITs 是通过在证券市场公开发行受益凭证募集资金作为投资资金来源的，该受益凭证按股票交易法则是可以在证券市场公开交易和流通的，这就需要给该凭证一个交易价格。尽管国外有相关定价理论可以借鉴，但国外成熟市场和国内非成熟市场的差别将使直接套用国外的定价方法会产生“橘生于淮北则为枳”的后果。所以，研究适合的资产定价理论是金融资产管理公司发展 REITs 所要解决的理论前提。

（三）风险控制

投资决策阶段要完善投资风险评估，加强市场尽职调查研究，在整个投资管理阶段监控、跟踪投资项目的价值，根据价值的变动趋势确定退出的时机，以有效规避风险。

1. 风险分担方案设计

金融资产管理公司房地产投资信托的风险分担主体主要有投资者、信托公司、商业银行、房地产公司和第三方担保机构，再加上即将引入的保险公司。由他们根据各自的特点、利益、参与房地产信托投资基金的程度及对风险的承担能力等来承担相应的风险。

2. 风险防范的具体措施

（1）建立规避风险机制，控制项目风险。根据监管要求，金融资产管理公司办理投资业务时，必须对投资项目进行尽职调查，及时发现项目中的潜在风险，对风险进行识别、评估，制定相应风险防范措施，确定风险与收益的平衡点，剔除风险过大项目。

（2）实行分散投资原则，进行多样化组合投资。目前，我国绝大多数房地产信托计划都是单一的信托计划。单一的投资项目就意味着无法通过组合投资的方式来有效分散投资的风险，风险集中在一个项目上，没有风险释放机制。目前，金融资产管理公司只能选择低风险或几乎无风险的房地产项目进行投资，这在项目的选择上存在较大的难度，而且难免会有一些项目运作不成功。因此，金融资产管理公司发展房地产信托投资业务，必须制定投资策略和投资组合，进行多元化的投资组合，增加项目的成功率。

（3）增强产品流动性。只有产品具有高流动性，投资者的资金才有较为便捷和安全的退出机制，产品才能表现出更强的吸引力。首先，可以在产品设计中引进开放式的概念，作为受托人的信托公司可以拿出一部分资金来随时增加该信托产品的流通性，可以对资产的市场价值进行评估和处理，适时买入或卖出一些产品的份额，作为对市场调节的手段。其次，应增强与银行、担保公司等金融机构的合作，为信托投资者提供质押和担保服务，一定程度上能够实现质押或担保服务。最后，通过多次信托，延长经营项目的期限，达到分散风险的作用。

3. 完善内部控制

第一，要完善信托公司内部控制的组织体系，建立由董事会、管理层和部门岗位组成的三个层次构成的风险控制框架。第二，要树立全员内部控制意识，增强遵纪守法观念；建立风险预警机制健全财务管理制度；加强和完善检查监督手段，建立应急机制，防止突发的应急性（操作）风险。

随着我国房地产业的发展，市场的竞争将越来越激烈，风险会越来越大，房地产信托投资基金也将面临更加复杂的风险管理新问题。因此，房地产信托投资基金风险管理研究需要适时不断地补充和完善，以涵盖更多的方面和层次，从而更加准确、全面地预测和防范房地产信托投资基金的风险。

2014 年 1 月 6 日写于豆腐池胡同

金融衍生与创新产品的相互促进与策略选择

——以金融资产管理公司金融衍生品种为例

文 / 顾雷

一、金融衍生与创新产品的产生与发展

（一）新时代衍生产品格局变化与构成

20 世纪 70 年代以来，西方金融市场发生了天翻地覆的变化。其中，最引人注目的就是金融衍生产品（Derivative Products）的产生与发展。根据巴塞尔银行监管委员会的定义，“金融衍生工具是一种合约，该合约的价值取决于一项或多项背景资产或指数的价值。”从此，一种可以通过对利率、汇率及股市行情进行判断而采用支付少量保证金来保证合约执行的新型金融衍生产品诞生，走向了世界。

1973 年 4 月，世界上第一个集中性的期权交易市场——芝加哥期权交易所（Chicago Board Options Exchange，CBOE）宣告成立。1975 年 10 月，芝加哥期货交易所首开了利率期货交易——联邦全国抵押协会债券期货。1982 年 2 月，美国堪萨斯市交易所（KCBT）推出世界上第一份股指期货——价值线指数（Value Line Index）期货合约。

20 世纪 70 年代，以美元为中心的布雷顿森林体系由于其无法克服的流动性困境（Liquidity Dilemma）而最终崩溃，汇率再一次通过“利率平价”与利率联系起来。为规避这种汇率和利率风险，大量的场外金融衍生产品应运而生，并一直发展至今。

20 世纪 80 年代之后，在金融自由化浪潮下，国际金融监管的基本趋势是放松管制（Deregulation），作为利润的新增长点，各金融机构纷纷推出金融衍生产

品，加之计算机网络、卫星、光纤通信技术的迅猛发展，信息传递、交易清算异常迅捷，在技术上保证了当时出现的金融衍生产品的交易与数据交换的可能。

到了20世纪90年代，新型金融工具估计已有3200多种。据国际清算银行统计，截止到1998年6月，国际金融市场各种场外衍生产品日平均交易额达12,650亿美元，较1995年同期的约7600亿美元增长近40%，未平仓合约的名义金额从1995年的约47.5万亿美元增加到74.143万亿美元，较同期全球股票市场总值高出3倍。①

进入21世纪，全球金融创新浪潮中涌现出的高科技产品，使金融衍生产品也有了重大突破。市场竞争日趋激烈，各国金融机构都纷纷研创能够适应市场变化和客户需求的产品，金融衍生工具已不能再局限于股指、期货、期权等传统产品，市场上出现了更多金融创新产品，且比例已经超过了外汇、期权、贵金属以及利率等传统衍生产品。

表1　2011年全球金融市场衍生与创新产品交易量

（单位：张）

类　别	2010年	2011年	同比增长%
股票指数	7,416,030,134	8,459,520,735	14.1%
单个股票	6,295,265,079	7,062,363,140	12.2%
利率	3,202,061,602	3,491,200,916	9.0%
外汇	2,525,942,415	3,147,046,787	24.6%
农产品	1,305,531,145	991,422,529	–24.1%
能源	723,614,925	814,767,491	12.6%
非贵金属	643,645,225	435,111,149	–32.4%
贵金属	174,943,677	341,256,129	95.1%
金融创新产品	137,655,075	229,713,692	66.9%
总计	22,424,689,277	24,972,402,568	11.4%

资料来源：《期货日报网》2012年3月15日

① 参见国际清算银行2000年8月《国际银行业与金融市场发展》季度报告。

据美国期货业协会（FIA）对全球80家衍生品交易所的最新统计数据，2011年场内期货、期权以及创新产品成交量约249.72亿张，同比增长11.4%。其中，期货合约交易量约129.45亿张，微增7.4%，创新产品合约交易量约120.27亿张，增长15.9%。①

表2　2011年全球金融市场衍生与创新产品交易总量

（单位：张）

衍生与创新产品	2010年	2011年	同比增长
衍生产品	12,049,275,638	12,945,211,880	7.4%
创新产品	10,375,413,639	12,027,190,688	15.9%
衍生与创新产品合计	22,424,689,277	24,972,402,568	11.4%

资料来源：《期货日报网》2012年3月15日

特别是近10年来，随着基金、银行和保险带来的更多的衍生品，更多金融创新产品呼之欲出，创新产品格局也将随之产生变化。金融衍生品竞争将进入一个崭新的时代。

表3　国内外金融市场衍生产品比较

	国际金融市场衍生品种	国内金融市场衍生品种
股票类衍生品种	股票指数、期权指数、备兑权证	股票指数尚在论证阶段
债券类衍生品种	浮动利率债券、零息债券、垃圾债券、可转换债券	可转换债券、浮动利率国债
贷款类衍生品种	可调整利率的抵押贷款、可转让贷款合同、浮动利率贷款、背靠背贷款	利率尚未实现自由化，与利率相关的贷款类金融新品因缺乏市场基础而难以推出
资产管理类衍生品种	信用证、证券增强信用担保、股权化资产、资产证券化、债务股权互换、无追索权资产销售	债转股；资产证券化业务仅处于探讨阶段，尚未付诸实践，信用类的工具只有信用证、授信额度

① 参见《去年全球衍生品交易所交易量继续增长》，期货日报网：http://www.qhrb.com.cn/，最后访问日期：2012年3月15日。

续表

	国际金融市场衍生品种	国内金融市场衍生品种
期货类衍生品种	期货、期权、互换、远期利率协定、利率、汇率、股指期货以及期权、货币互换、股权互换	商品期货，局限于绿豆、大豆、黄金、铜、铝等品种
证券类衍生工具	借助于电子技术的发展，迅速实现金融业的电子化、网络化	银行业和证券业业务网络化刚刚起步，金融机构在电子化与网络化过程中各自为战，银行自动取款系统和结算系统独立运行、互不兼容

——嘉木制表

诺贝尔经济学奖获得者默顿·米勒认为，发达国家曾经经历过的金融创新浪潮必定会在中国出现。他的预言终于在20世纪90年代初期得到了印证。1992年6月，上海外汇调剂中心首先推出外汇期货交易，这是我国第一次进行的衍生产品交易试点。由于汇率实行双轨制，外汇期货价格难以反映对汇率变动的预期，市场交投冷淡，无疾而终。1993年3月，海南证券交易中心推出了深圳股指期货，由于深圳股市运作不规范，出现大户联手操作，于该年9月股指期货全部平仓停止交易。1992年12月，上海证券交易所推出国债期货合约交易，由于缺乏统一监管和相应的风险控制，爆发了“327国债”违规事件，1995年5月12日，国债期货市场被关闭。

伴随着合格的境外机构投资者（Qualified Foreign Institutional Investors，QFII）制度的诞生，2011年我国推出了具有新时代特征的金融创新产品，诸如浮动利率债券、股票指数、期权指数、备兑权认股权证等，并导入了新的金融管理机制和交易方式，金融衍生与创新产品又得以重新崛起。

（二）金融衍生与创新产品主要特点

近年来，伴随着金融市场的不断发展，金融衍生产品外延也在不断扩大，产生了不少介于传统业务与传统衍生产品之间的创新产品，诸如混合定价招股模式、中国存托凭证（Chinese Depository Receipt，CPR）等新发行模式、资产证券化、股权资产化、信托计划、资产管理计划等。

- 衍生与创新关系
  - 远期/互换
    - 远期外汇合约
    - 远期利率协定
    - 利率互换与货币互换
  - 期货
    - 货币期货
    - 股票期货
    - 利率期货
    - 股指期货
  - 期权
    - 外汇期权
    - 利率期权
    - 股票期权
    - 股票指数期权
  - 金融创新产品
    - 增信担保业务
    - 资产证券化业务
    - 股权证券化、资产信托业务
    - 组合金融工具（股票期权、备用信用权证、可转换债券、可变期票据等）

图 1　新时代金融衍生与创新产品结构关系图

——嘉木制图

金融创新产品可以大大提高组织效率和经营效率，增加投资收益率，降低经营成本。同时，金融创新产品也能为不同的客户提供不同的特色金融服务，深受国内外广大客户欢迎。

（1）杠杆性。金融中的杠杆性即以小博大，金融衍生产品运作中一般以交纳少量的保证金进入市场交易，便可控制资金量巨大的交易合约，杠杆比率设置的高低直接影响到衍生市场风险的高低，影响到交易者对价格波动的敏感程度，使衍生产品交易呈现高风险与高收益并存特性。

（2）表外性。金融衍生产品交易一般不反映在资产负债表上，在交易结果确定之前，潜在的盈利或亏损无法在财务报表中体现出来，表现为交易者的或有资产与或有负债。正是这种表外性的特点，使对金融衍生产品的监管往往困难重重，风险不易被及时发现。

（3）虚拟性。一般金融产品是与实体经济相联系的，而金融衍生产品只与其基础金融产品相联系，本身没有价值，却能给交易者带来收益或损失，这种独立于现实资本运动之外的特性，是对实体经济“虚拟的虚拟”。

（4）转移性。金融创新产品交易通常有套期保值、对冲、套利和资产负债管理等功能，其交易并不涉及基础金融商品所有权的转移，而在于转移与该金融商品相关的价值变化风险或通过风险投资获取经济利益。

（三）产品创新与金融风险对等延伸

金融创新产品在促进金融市场发展的同时，也会给金融市场带来一定的不确定性。正所谓金融衍生与创新产品是一把双刃剑。在为人们提供避险工具促进经济发展的同时，创新产品的投机性和虚拟性也冲击着传统金融安全体系，对我国金融监管提出更严峻的挑战。

20 世纪 90 年代以来，国际金融市场恶性事件不断。英国巴林银行倒闭、日本大和银行事件、美国奥兰治事件，我国“327 国债”事件等，无不与金融衍生与创新产品有关，这些惨痛教训给整个金融市场留下了巨大的创伤。

表 4　金融衍生品交易重大亏损案例

时　间	公　司	亏损金额	亏损来源（交易方式）
1994	美国皮特·加母伯百货集团	1.3 亿美元	利率互换
1994	美国加州奥兰治县政府	15 亿美元	炒作金融工具
1994	印尼达马沙堤投资公司	0.64 亿美元	换汇交易
1994	美国宝洁公司	1.57 亿美元	利率互换
1994	美国艾尔化学公司	6 亿美元	利率互换
1994	美国加州桔县政府	17 亿美元	利率互换
1995	我国台湾地区华侨银行	0.8 亿美元	远期利率合约及国债
1995	英国巴林银行	9.16 亿美元	指数期货
1995	中国万国证券公司	1.2 亿美元	中国国债
1995	日本大和银行	11 亿美元	美国国债

资料来源：刘学贵：《金融衍生产品创新及中国的策略选择》，载《学术界》2003 年第 3 期。

当然，我们不能因为金融衍生产品可能产生的巨额损失而否定其积极作用，正如我们不能因为驾驶汽车可能产生的车祸而否定汽车的作用一样。显然，问题不在于要不要使用金融衍生品，而在于如何正确使用它们，如何有效防范风险。从国外金融衍生与创新产品的成功经验来看，只要健全法律法规，严格管理，严格操作，金融衍生与创新产品的风险还是完全可以控制的。

二、金融衍生与创新产品对金融资产管理公司的促进作用

由于受传统业务和历史原因影响，我国金融资产管理公司主要致力于不良资产的收购与处置，金融创新力度尚显不足，金融创新产品结构相对单一。值得庆幸的是，近两年来，尤其是金融资产管理公司股份制改革目前取得重大进展，业务市场化和专业化水平不断提高，集团公司所属控股金融租赁、保险、担保、信托、评估、投资基金、金融资产交易所以及房地产已基本建立，各平台公司业务日趋细化多样，金融创新需求也日渐增多，各平台公司正不断研制合适自身生存和发展的金融创新产品，并在各自的业务领域中都有上佳表现。这些为今后业务创新进行了制度上、人员上和条线上的准备。可以说，金融资产管理公司发展金融衍生与创新产品的总体条件目前已经基本具备。

表 5　金融资产管理公司经营类创新产品统计表

产品类别	类　型	产品名称
资产收购	传统业务	传统型债权收购
	创新产品	联动型债权收购 + 资产重组
	创新产品	联动型债权收购 + 资产重组 + 收益权管理
	创新产品	结构型债权收购 + 反委托与合作处置
资产经营	传统业务	债权资产转让（拍卖转让）
	传统业务	债权资产转让（招投标转让）
	传统业务	债权资产转让（要约竞价转让）

续表

产品类别	类　型	产品名称
资产经营	传统业务	债权资产转让（资产交易所转让）
	传统业务	债权资产转让（协议转让）
	传统业务	债权委托处置（委托律师事务所清收）
	传统业务	债权资产重组（以资抵债）
	传统业务	债权资产转让（资产置换）
	传统业务	债权资产重组（债权转股权）
	传统业务	股权资产经营
	传统业务	存量资产追加投资
	传统业务	资产管理＋并购重组
	创新产品	资产管理＋夹层式并购重组
	创新产品	信用风险缓释工具

——武哲岭　张弢制表

表 6　金融资产管理公司阶段性投融资业务类创新产品统计表

产品类别	类　型	产品名称
股权投资	传统业务	PRE-IPO 类股权投资
	传统业务	上市公司策略性股权投资
	传统业务	阶段性股权投资
	创新产品	资产收购＋追加股权投资
	创新产品	PE 股权收购＋追加投资
固定收益	传统业务	认缴有限合伙基金份额投资
	创新产品	认缴劣后级有限合伙基金份额投资
	创新产品	资产收购＋认缴有限合伙基金份额投资
	创新产品	投资＋中小企业综合金融服务
	传统业务	债券投资
	创新产品	固定收益附加股权可选择权
投资顾问	传统业务	并购重组顾问
	传统业务	投资（理财）顾问

续表

产品类别	类　型	产品名称
投资顾问	传统业务	投融资顾问
	传统业务	经营管理咨询
投资银行	传统业务	上市公司定向增发认购投资
	传统业务	国际并购
	传统业务	境外上市公司私有化
	传统业务	上市公司资产重组
	传统业务	上市公司股权重组
	传统业务	特殊目的投资
资金营运	传统业务	债券买断式回购
	传统业务	债券现券买卖
	传统业务	债券质押式回购

——武哲岭　张弢制表

表 7　金融资产管理公司中间业务类创新产品统计表

产品类别	类　型	产品名称
中小企业特色服务	创新产品	中小企业财务顾问及不良资产收购综合服务
	创新产品	中小企业集合票据远期收购承诺与资产管理
	创新产品	中小企业集合债券远期收购承诺与资产管理
	创新产品	小额贷款公司中小企业综合金融服务
	创新产品	资产收购 + 中小企业综合金融服务
	创新产品	资产收购 + 中小企业综合金融服务 + 财务性投资
	创新产品	中小企业债务融资计划交易综合服务（天津金交所）
	创新产品	委托贷款 + 中小企业综合金融服务

——武哲岭 张弢制表

表 8 金融资产管理公司下属平台机构创新产品统计表

产品类别	类　型	产品名称
融资租赁	传统业务	直接租赁
	传统业务	售后回租
	传统业务	经营性租赁
信托业务	传统业务	贷款类信托
	传统业务	股权投资类信托
	创新产品	特定资产收益权信托
	传统业务	证券投资信托
融资担保	传统业务	财务性投资担保
	传统业务	分级基金担保
	创新产品	不良资产远期收购承诺担保
	传统业务	商业化收购及重组业务担保
	传统业务	可转股投资担保
	传统业务	信托担保
	传统业务	融资租赁担保
	传统业务	工程保函代理
	传统业务	诉讼保全保函代理
交易所资产交易	传统业务	不良金融资产营销及交易综合服务
	创新产品	金融企业国有资产营销及交易综合服务
	创新产品	委托债权投资计划交易综合服务
	创新产品	融资租赁资产交易综合服务
	创新产品	司法资产交易营销及交易综合服务
金融咨询	传统业务	金融债权估值
	传统业务	资产评估
	传统业务	银行贷款项目评估
	传统业务	企业资信评级
	传统业务	投融资咨询
投资业务	传统业务	受托资产管理
	创新产品	联动收购非金融企业不良资产
	传统业务	可转债投资

续表

产品类别	类　型	产品名称
保险（人寿）	传统业务	贷无忧借款人意外险
	传统业务	团险产品
	传统业务	银保渠道产品
	传统业务	个险产品

——武哲岭 张弢制表

近年来，金融资产管理公司业务蒸蒸日上，各业务条线迅速发展的金融创新产品，反映公司业务突破低端产品向高端产品挺进，已在传统业务中开发出多种创新产品，并越来越显示其强大的生命力。

（一）规避和转移风险

风险管理的最佳思路是风险规避和转移，通过金融衍生工具的运作，将自己所不愿承担的风险转移给市场或者其他愿意承担的人。这符合“不把所有的鸡蛋放在一篮子里”的理念。[①]

虽然近年来金融市场曾经遭受过衍生产品风险的侵害，但由于电子科技与网络的高速发展，监管体系、监管措施及其执行状况的改善，使得对衍生与创新产品的监管日趋严格，市场交易透明度日渐增高，特别是从业人员对金融衍生与创新产品的风险认识有了很大的提高，对创新产品的市场风险完全可测可控。

（二）降低了筹资成本

金融衍生与创新产品可以把金融资产管理公司在各个市场不同的有利因

① 马克维茨（Harry · Markowitz）的证券投资组合理论开创了分散投资风险研究的先河。马克维茨认为，经济活动总是与风险相伴，金融市场越发达，金融风险的可能性和危害就越大。管理经济风险的基本思路应该是风险分散和转移，而不是静止不动和过度集中。

素有机联系起来，充分发挥在资本市场的优势，形成最佳融资条件。金融资产管理公司可以通过平台公司，设立投资不良资产收购业务的特殊基金、信托计划、资产管理计划、理财产品等，以拓宽金融资产管理公司资金渠道的来源，降低筹资成本，补充公司资本金的不足，缓解资金期限错配带来的流动性压力。又如，金融资产管理公司还可以在项目投资过程中对项目企业实施增信业务，通过增信方式发挥杠杆带动作用进行投资，直接减少项目不必要的开支，缩短产品的获利周期。

（三）拓展市场参与者的业务空间

金融资产管理公司可以通过不良资产收购范围内追加固定收益投资业务，向客户提供个性化的产品，包括：一是在项目投资过程中需要对项目企业同步实施的征信业务。二是在不良资产收购业务中，开展不良资产综合收购财务顾问业务、中小企业集合票据、中小企业集合债业务等多种创新业务。三是在资产经营管理和阶段性投融资中间业务中创新业务，诸如特定资产收益权信托、不良资产远期收购承诺担保、固定收益附加股权可选择权等产品。四是适时推出保险衍生与创新产品。2012 年瑞士再保险公司研究表明，在美国 30 个最大的人寿保险公司里无一例外地都参与了各种各样的金融衍生品交易，在 30 个最大的非寿险企业中 15 个参与了衍生品的交易，且参与衍生品交易是呈上升趋势。 总之，这些金融创新产品不仅给四大金融资产管理公司未来战略发展提供了巨大的成长空间，从中获得可观的收入，也为市场客户积累了巨大的财富潜力。

三、推进金融衍生与创新产品之构想

金融资产管理公司应加大对金融衍生与创新产品市场的资金投入，优化已有创新产品，调整创新产品投资结构，提高金融市场资源配置效率，扩大在国内金融衍生品市场份额。

（一）建立风险评估、风险预警和风险应急预案

为了更好地预防可能带来的风险进行事前评估，金融资产管理公司必须坚持“法制、监管、自律、规范”的方针，建立金融创新产品风险专管机构，对各个不同创新产品进行事前预防与评估，建立创新产品风险止损水平和风险预警线，并通过对积累的历史数据进行统计分析，测算出不同业务部门、不同衍生产品、不同信用级别的实际违约率和损失程度，设立救援预案制度，以抵御信用风险，针对不同的平台机构（公司）业务类型，针对不同的创新产品的风险种类，制定不同的风险防范措施和手段，走出一条稳健的金融创新与风险防控之路。

（二）规定信息上报制度，预防流动性风险

金融资产管理公司尽早研究统一的金融创新产品信息上报规则和程序，可以让股东层面、经营管理层第一时间了解和掌握创新产品可能暴露的风险情况，从而相应地制定管控措施，在最短的时间内化解创新产品可能带来的风险。

（三）建立行之有效的业务人员授权机制

金融资产管理公司尽早实行前台交易和后台管理脱钩，对所有创新产品实行公司授权制度，一方面可以通过业务前台、中台部门负责各类衍生与创新产品的监管，另一方面可以通过后台交割、核算和付款来进行确认，支持和监控前台的交易行为，尽快建立交易业务和风险管理分离的制约机制，执行前台拓展业务和后台独立运作，有效杜绝道德风险和经营风险的产生。

（四）加强对金融衍生与创新产品交易的监管

经济学家亨利・考夫曼说：“不论是墨西哥还是巴林银行，它们发生的问题都反映了缺乏充分的监控和管理”，对衍生产品不加以严格管理，任何时候

都将带来灾难性后果。

1. 金融资产管理公司风险部门的内部控制

英国巴林银行和日本大和银行的巨大损失与其说是金融市场风险使然，不如说是内部管理不善造成的。为此，金融资产管理公司必须做到：（1）由公司管理层对衍生品进行监管；（2）对衍生品风险进行持续监控，并建立定期提交管理报告等规章制度；（3）制定全新的公司衍生产品内部管理与稽核程序。

2. 强化一线业务部门自我管理

四大金融资产管理公司必须做好一线业务部门风险管理，包括市场监控系统和财务安全保障系统，做好创新产品的市场监控系统，全程监控参与者操作是否合法，防止创新产品被市场操纵和垄断。同时，健全财务保障系统，包括衍生产品保证金制度，客户资金分离制度，各经营单位（包括办事处、平台公司）最低资本要求制度，财务稽核制度等。

3. 自觉接受监管机构的外部监督

在所有的监管中，监管机构处于核心地位，四大金融资产管理公司应主动接受法律法规的监管，接受对市场参与者的资格审查和市场准入审查，对衍生品市场交易的有关资金调拨予以严格监控，加强对创新产品使用者的监管，防止风险过度集中。

四、认真处理好发展进程中的三大关系

（一）创新品种涌现与主营业务单一的矛盾关系

20世纪90年代以来，全球金融市场几乎都与金融衍生工具有直接或间接的联系。有鉴于此，各国金融监管机构、金融衍生工具经营机构都把对金融衍生工具市场的监管作为一项崭新的研究课题。以美国为例，金融控股集团公司对外投资品种十分发达，股票类投资品种数占总投资品种数的23%，货币市场衍生品种占11%，基金类投资占14%，债券投资占13%，期货投资占

12%，股票指数类投资占9%，权证类投资3%，混合型衍生产品投资占5%。

目前，四大金融资产管理公司主营业务仍然是不良资产收购与处置。但是，四大金融资产管理公司已经开始准备股份制股改，这一变化将导致四大金融资产管理公司未来在投资模式、投资结构、产品结构和产品研制上的改变，未来将不再局限于传统的不良资产处置，面对更多的市场需求，由单一的不良资产处置业务转向投资基金、保险、担保、信托、证券和租赁等综合类业务，产品也由单一的资产处置品种转向多元化的金融创新产品，并逐渐朝着不良资产处置、财务性投资、中间业务衍生产品、固定收益工具和平台机构（公司）创新产品等多元化投融资业务方向发展。总之，开发金融衍生产品也会成为一种趋势。

（二）创新发展与风险防控的协调关系

金融衍生产品是市场经济发展到一定阶段的产物，是金融创新产品发展的过程，也是金融风险防控的过程。

在未来股改完成以后，金融资产管理公司必须高度重视公司转型发展与风险防控的协调关系。一方面，为了确保公司业绩的稳定发展，必须加大对创新产品的研发力度，创造出更多、更好的适应客户需求的创新产品；另一方面，金融创新产品市场交易的复杂性又使金融系统的潜在风险大大增加，对其监管也成为公司面临的急迫任务。因此，将创新发展与风险防控真正统一协调起来，从制度层面上加以预防，处理好公司业务发展与风险防范之间的辩证关系就显得尤为重要。

（三）规则滞后性和业务超前性之平衡关系

金融衍生与创新产品是把双刃剑。如果运用得当，可以有效降低融资成本，提高收益率。如果运用得不好，衍生产品的高杠杆作用还会放大市场风险，导致投资者遭受巨大损失。国外银行、基金和资产管理公司等机构对金融衍生品的使用和信息披露都有明确的指导意见和程序规则。

虽然从理论上来说，规则制度一般总是落后于市场实践的，但如果已经研发了这些创新产品，我们就应该从理论上研究出一整套办法，采取一系列有效措施保护金融创新资源，将理论研究的超前性与市场实践的滞后性缩短到最低程度，对于条件和时机不成熟的产品可以创造条件后再稳步推出，关注产品创新与现行规则制度之间的平衡联系，不能操之过急，必须做到先后有序，错落有致，建立有效的市场主体秩序、行为秩序和监管秩序，健全衍生与创新产品操作规则，走一条“先规范，后发展”的道路，把预防和调控衍生产品风险作为主要目标，认真处理好规则滞后性和业务超前性之间的平衡关系。

2011 年 1 月 6 日写于小石桥胡同

我国台湾地区中小企业融资现状与经验启示

文 / 文显堂　顾雷

一、我国台湾地区中小企业现状

我国台湾地区经济发展取得显著成果，其人均产值由1952年的169美元上升到2011年的21,592美元，这在很大程度上得益于我国台湾地区中小企业做出的巨大贡献。那么，究竟什么样的企业才是中小企业呢？我国台湾地区的中小企业究竟有哪些特点及做出了哪些贡献？

（一）我国台湾地区对中小企业的界定

中小企业在我国台湾地区是有标准的，并不是所有小型企业都可以算作中小企业。我国台湾地区2009年9月修正的“中小企业认定标准”规定，中小企业应该满足下列条件：（1）依法办理公司登记或商业登记之事业；（2）依营业额或资本额与就业人数制定两种标准。以营业额或资本额定：制造业、营造业、矿业及土石采取业为实收资本额在新台币8千万元以下，其他产业则为前一年营业额1亿元以下。制造业、营造业与矿业及土石采取业为200人以下，其他产业别为100人以下。只有符合上述条件的企业才算作中小企业。[①]

（二）我国台湾地区中小企业特点

1. 我国台湾地区中小企业数量巨大，且发展势头强劲

截止到2011年12月30日，我国台湾地区中小企业约124万家，占全部

① 金银亮：《我国台湾地区中小企业融资研究》，载《区域金融研究》2013年第1期。

企业总数的97.68%，其销售总额占全部企业销售总额的38.03%，吸纳了我国台湾地区就业人数的78.06%。到2012年年底，我国台湾地区中小企业数量更是上升至128万家，占我国台湾地区全体企业数量的97%。[①]

2013年，我国台湾地区全部企业数量就突破了130万家（占总企业数量的97.6%），就业人数也超过了900万人（占总就业人数的78.1%）。[②]其中，中小企业为1,247,988家，占全部企业数量的97.68%，比2009年增加了15,973家，增速远远大于我国台湾地区大中型企业增速，也超过了外资企业（在台）的增速。[③]

2. 我国台湾地区中小企业以服务业为主体

我国台湾中小企业总行业数量中服务业的比例超过80%，IT制造行业占据第二位，第三位才是工业；而农业中小企业所占比例较低，基本维持在0.9%左右。造成这种悬殊的原因主要是由我国台湾地区的经济发展特点所决定的。我国台湾地区目前的经济基本上就是以发展第三产业为主，第一、第二产业基本依赖国外，尤其是重型制造业和钢铁业，第三产业特别发达和兴旺。

表1　我国台湾地区中小企业行业分布状况

	2005年	2006年	2007年	2008年	2009年	2010年
全部企业（家）	1,253,694	1,272,508	1,266,664	1,263,846	1,258,260	1,277,585
中小企业数量（家）	1,266,095	1,244,099	1,237,270	1,234,749	1,232,025	1,247,998
比例（%）	97.8	97.77	97.68	97.7	97.91	97.68
增长速度（%）	4.17	1.47	–0.55	–0.2	–0.22	1.3
农业（%）	0.91	0.88	0.87	0.89	0.90	0.91

① 刘聪隆：《我国台湾地区银行业对中、小微企业业务现况与风险管理》，载《第18届两岸金融学术研讨会演讲集》（2013年）。

② 荣康信：《台湾银行对中、小微企业业务现况与风险管理》，摘自《第18届两岸金融学术研讨会演讲集》（2013年）。

③ 金银亮：《我国台湾地区中小企业融资研究》，载《区域金融研究》2013年第1期。

续表

	2005 年	2006 年	2007 年	2008 年	2009 年	2010 年
工业（%）	18.11	18.13	18.79	18.83	18.75	18.67
制造业（%）	10.94	11.64	10.77	10.68	10.55	10.42
服务业（%）	80.98	80，99	80.33	80.28	80.24	80.42
批发零售（%）	53.14	52.86	52.87	52.51	52.13	51.77
住宿餐饮业（%）	8.33	8.62	8.79	8.92	9.21	9.39

资料来源：我国台湾地区“财政部财税资料中心”（2005—2010 年）

3. 我国台湾地区中小企业销售额持续稳定

近年来，我国台湾地区中小企业销售额基本稳定在 30%左右，这在亚洲四小龙国家中也是较为少见的。2010 年，我国台湾地区企业全部销售额为 362,396.37 亿元，比 2009 年增长 20.87%，中小企业销售额为 107,090 亿元，电同比增长 16.45%；2010 年中小企业销售额为 255,306 亿元，同比增长 22.79%。

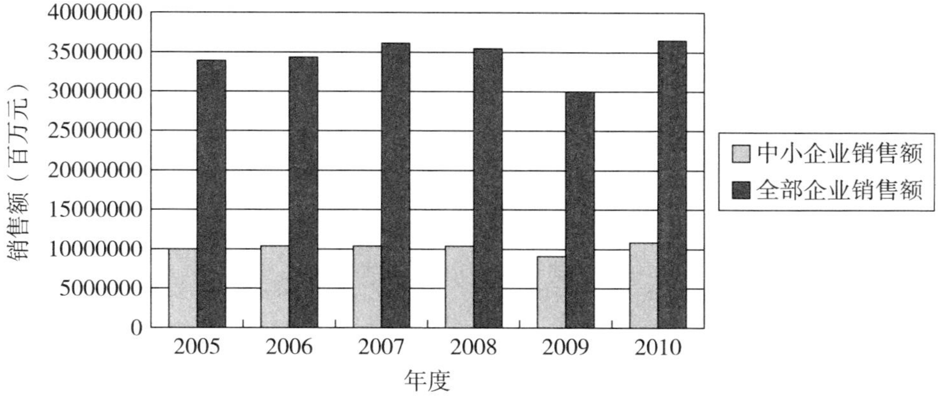

图 1　我国台湾地区中小企业历年销售额走势

资料来源：根据我国台湾地区有关部门（2005—2010）资料整理

（三）我国台湾地区中小企业融资现状

我国台湾地区中小企业融资主要分为间接融资和直接融资两种方式。直接融资所占比例自1994年以来处于上升状态，到2003年已达到26.18%；但从2004开始，又处于下降趋势。无论上升还是下降，我国台湾地区中小企业仍是以间接融资为其主要来源。

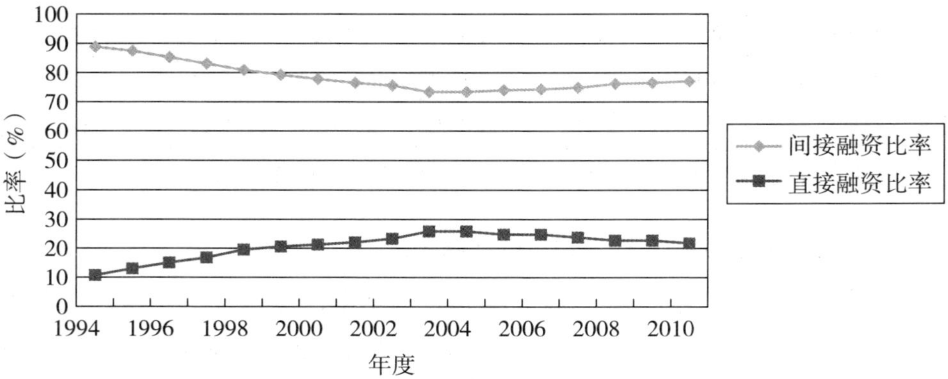

图2　我国台湾地区中小企业融资模式

资料来源：我国台湾地区有关部门《直接金融与间接金融存量分析》（2010年）

我国台湾地区中小企业融资渠道目前主要有银行借款、股权融资、债务融资、短期票券以及资产证券化收益等。2010年，融资比例分别为69.27%、20.21%、8.94%、1.96%和0.62%。

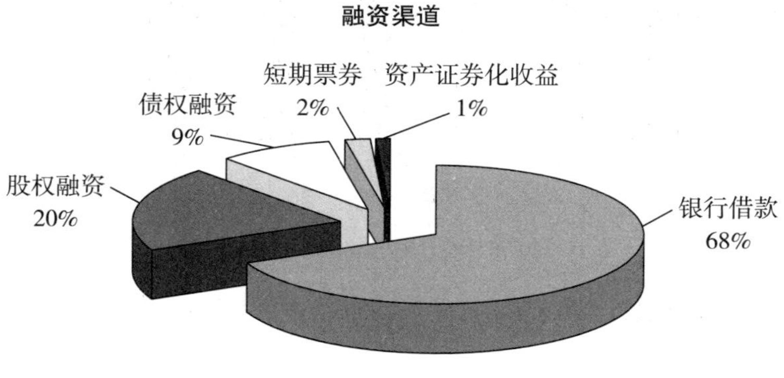

图3　我国台湾地区中小企业融资渠道分析

资料来源：我国台湾地区有关部门《金融业务统计辑要》（2011年）

在我国台湾地区，各银行向中小企业发放贷款在其各项业务发展中占重要地位，尤其是金融系统在中小企业发展过程中，将鼓励银行各中小企业发放贷款看成解决中小企业困难的首要问题。

表 2　中小企业银行贷款分布状况统计表

银行名称	贷款余额（新台币元）	市场占有率（%）	占该行贷款余额比例（%）
合计	2,790,303	75.55	-
第一商业银行	455.825	12.34	41.02
合作金库商业银行	546.999	11.83	25.34
我国台湾地区中小企业银行	341.089	9.23	38.07
我国台湾地区土地银行	253.288	6.86	15.45
兆丰国际商业银行	245.490	6.65	25.44
我国台湾地区银行	239.794	6.49	12.12
玉山商业银行	137.057	3.71	24.34
上海商业储蓄银行	115.242	3.12	37.26

资料来源：我国台湾地区有关部门《金融业务统计辑要》（2011 年）

在上述放款银行中，成立于 1994 年的玉山商业银行是名副其实的“小银行”，上海商业储蓄银行为私营银行，其他银行均属于公有银行。这说明“台湾当局”一直使用公权力，采取措施，积极为中小企业融资搭建“信保基金”等平台部门。特别是，我国台湾地区 2001 年颁布所谓“金融控股法”以来，金融控股公司陆续成立。截止到 2012 年，共有 16 家金融控股公司成立，并成为向中小企业发放贷款的新生力量。这使我国台湾地区中小企业的资金来源又宽松了不少，中小企业融资难的问题得到了极大的缓解。

综上所述，我国台湾地区中小企业蓬勃发展，对于经济增长和提供就业做出了较大贡献。“台湾当局”对中小企业设立、成长等各个环节也都予以大力支持，引导我国台湾地区中小企业健康、持续和稳定发展。

反观大陆国有大型银行对中小企业，尤其是小微民营企业的资金支持力度尚显不足。中小企业不仅面临资金匮乏的窘境，而且人才、信息和技术都显匮乏。因此，如何能够使国有银行为中小企业提供充足的资金支持应该成为我们今后研究的重要课题之一。

中国人民银行副行长潘功胜明确表示，推进金融改革开放是当前大陆宏观经济政策措施的重要组成部分。中国人民银行将与相关金融监管机构继续推进金融改革和创新，不仅要进一步推进利率市场化，还要鼓励民间资本投资入股金融机构和参与金融机构的改造，尤其对中小企业融资问题要进行完善和优化，并尝试由民间资本发起设立自担风险的民营银行，逐步解决中小企业融资困难的问题。

二、我国台湾地区中小企业融资面临的新困境

如前所述，我国台湾地区中小企业与世界上其他地区中小企业具有相同特点：信用较低、信息不对称、财务不透明等。经过几十年的发展，资金问题虽然有所缓解，但在其他方面仍存在一些棘手问题，我国台湾地区中小企业融资面临新的困境。

（1）企业本身规模小，缺乏足够担保物，自然人不容易找到，银行机构也大多不愿意为中小企业进行贷款担保，这就使中小企业在信用担保方面面临更加不利的局面。

（2）中小企业会计制度不健全，高端或者财会人士比较缺乏。大部分高端或者财会人员在我国台湾地区一般有两条出路：一是远走高飞，到美国、加拿大或者西欧国家的大公司工作；二是在我国台湾地区投靠那些著名企业工作，大多不愿意选择普通中小企业工作。这就使中小企业的产品科技含量不足，企业创新能力有限。①

（3）我国台湾地区面对未来经济环境波动反应能力不足。同时，缺少海

① 荣康信：《我国台湾地区银行业对中、小微企业业务现况与风险管理》，载《第18届两岸金融学术研讨会演讲集》（2013年）。

外营销人才，难以打开海外巨大的市场，获利能力波动比较大，尤其对从事外贸业务的中小企业产生了较大的负面影响。

三、我国台湾地区对中小企业融资政策与措施

（一）我国台湾地区积极提供智力支持

目前，我国台湾地区对中小企业辅导，基本上有6项主要任务：一是推动对个别中小企业进行个案辅导事宜；二是推动对中小企业提供必要咨询事宜；三是推动协调上、中、下游厂商合作事宜；四是推动中小企业融资事宜；五是推动中小企业人才培训事宜；六是推动中小企业对外投资辅导事宜。这些辅导任务包括财务融通、经营管理、生产技术、研究发展、资讯管理、工业安全、防治污染、市场行销、互助合作、品质提升等。目前，已形成比较完善的辅导体系。

（二）推动各大银行设立“中小企业融资服务窗”

我国台湾地区金融机构设立“中小企业融资服务窗口”，专业负责各项政策解答，为中小企业融资提供全面信息服务，解决中小企业融资问题。根据有关规定，对中小企业贷款绩效好的银行实行差别奖励措施，提供简易型分行升格为一般分行、分支机构跨区迁移、申请转投资或非营业用办公场所与营业场所外自动化服务设备设置迁移的自动核准等简化申请程序的奖励。根据《第18届两岸金融学术研讨会演讲集》（2003年）提供的数据，2012年全年，我国台湾地区第一商业银行、台中商业银行、彰化商业银行和高雄银行等14家商业银行成为“中小企业融资服务窗口”中的优质银行，仅这14家银行（我国台湾地区共有200多家银行）中小企业贷款金额就高达2,790,303亿新台币，占台湾银行全部贷款金额的26%。

（三）设立专门“窗口”，提供特定服务

我国台湾地区从1968年开始，就通过银行设立中小企业专项服务窗口，

用以通过专项补贴。目前，我国台湾地区已有34家银行设立了“中小企业融资服务窗口”，对中小企业融资提供全面可靠的资金支持。

（四）设立“中小企业专案贷款”和“中小企业信用保证基金”

1. 设立专案贷款

“台湾当局”有关部门通过采取设立专项资金，直接或与银行贷款进行捆绑等方式，协助中小企业获取所需资金。

表3　2008年我国台湾地区中小企业专案贷款情况表

贷款名称	办理对象	方式
辅导中小企业升级贷款	中小企业	每笔贷款由行政院开发基金出资四分之一，承贷银行出资四分之三
行政院辅导青年创业基金	20—45岁创业青年	每笔贷款由中美基金出资二分之一，承贷银行出资二分之一
中小企业发展基金专案贷款	中小企业	中小企业发展基金全额出资
协助中小企业扎根专案贷款	中小企业	经建会自中长期资金提拨专款支付
原驻民贷款	原驻民	由原驻民委员会全额出资
微型企业创业贷款	中高龄失业者创业公司未满1年	由老委会补息

资料来源：我国台湾地区有关部门《2009年中小企业白皮书》（2010年）

2. 基金提升放贷力度

2005年，我国台湾地区相关主管部门颁布了“台湾地区银行加强办理中小企业放款方案”。通过实施这个方案，各银行每年均达成了对中小企业放款2000亿新台币的目标。截止到2010年年底，累计发放贷款达到36,765亿新台币，在发放贷款的过程中，提供了最低50%、最高90%的融资担保，信保基金可谓是功不可没。[①]

① 金银亮：《我国台湾地区中小企业融资研究》，载《区域金融研究》2013年第1期。

截止到 2011 年 6 月底，信保基金已累计协助 30.7 万家企业，自金融机构累计取得 4,340,080 笔贷款，累计融资金额达到 83,543 亿新台币。这对促进中小企业发展的贡献是巨大的。

表 4　我国台湾地区财团法人中小企业信用保证基金

	累计担保企业（家）	担保笔数（件）	担保金额（亿元新台币）	融资金额（亿元新台币）
2006 年	262,441	261,824	3197.04	5304.59
2007 年	273,215	238,801	2906.11	4952.57
2008 年	20,714	237,446	3307.57	5253.51
2009 年	290,572	254,807	4752.48	6312.07
2010 年	302,197	312,593	6925.98	8637.87
2011（1—6 月）	307,720	165,056	3873.41	4841.05

大多数中小企业在经过信用保证基金辅导数年后，逐渐发展壮大并且信用记录良好，逐步通过资本市场公开募集资金或者直接到银行办理授信，再无必要使用信用保证基金。截止到 2012 年 6 月 30 日，获得“创造就业贡献奖”的 169 家企业中有 49 家、“磐石奖”获奖企业 211 家中的 161 家、“中小企业创新研究奖”获奖企业 662 家中的 385 家，均经过信用保证基金的辅导，直接在银行办理信贷手续。①

四、值得借鉴的经验与启示

（一）积极参与制定专业性法律法规，构建法律体系

我国中小企业生存与发展一直缺乏有效的法律保护，尽管公司法、合伙

① 依据我国台湾地区信用保证基金统计，2010 年年底保证余额在 200 万元以下的占 67.63%，500 万元以下的占 82.43%，100 万元以下的占 91.27，显示信用保证基金能够很好地发挥作用，保证贷款主体是中小企业。

企业法等法律对中小企业有一定的规范，但在贷款、担保、上市等融资方面的保护甚少。2003年出台的中小企业促进法在经济法制史上具有一定的意义，是我国真正走向市场经济的标志之一。但是，中小企业促进法也存在局限性。中小企业基本适用公司法、个人所得税法、企业所得税法、会计法、审计法、劳动法、劳动合同法、民法通则和物权法等法律，其余都是各部委颁布的规定、通知或者办法，诸如《中小企业标准暂行规定》《中小企业信用担保资金管理规定》等，缺少《中小企业法》《中小企业信用担保法》《中小金融机构法》等实质意义上的法律，中小企业的法律保障体系还有待于进一步完善。

而截止到2012年年底，全国共有4800万家中小企业，占全国企业总量的98%以上，提供了全国78%左右的城镇就业岗位，实现利税约占工业利税的42%，对全国GDP贡献率达到65%。[①] 如此众多的中小企业，居然没有一部专门规范中小企业的基本法律，这不能不说是立法上的重大疏漏。因此，健全与中小企业相关的法律法规是促进我国中小企业健康发展的重要保证。

（二）提升银行对中小企业发放贷款比例

如上所述，我国台湾地区目前特别设立中小企业银行对中小企业予以资金支持。根据我国台湾地区所谓“中小企业银行办理中小企业放款及消费者贷款之规定”对所谓“银行法”第九十六条第二项的解释即“中小企业银行对中型企业放款不得低于放款总额的30%，对小型企业放款不得低于40%之规定，仍不宜取消或放宽”，专业银行向中小企业的贷款比率不低于60%—70%。

在大陆中小企业中，有相当一部分是城乡企业，技术创新能力较弱，缺乏竞争力，市场风险高，其中不少中小企业是私营企业或合伙企业，管理水平落后，信用观念差，财务制度不健全，信息不透明，这使国有银行等金融机构不能完全把握房贷企业，不敢向其发放贷款。加之部分中小企业仅有的抵押品就

① 刘超、普熙芮:《我国中小企业融资问题及博弈论初探》，载《商场现代化》2013年第7期。

是其有限并且价值低廉的土地、房产和机器设备，其规模也制约了这些抵押品的价值和数量。总的来看，在当前银根有所紧缩的情况下，中小企业融资情况更是雪上加霜。[①]

金融租赁在经济发达国家已经成为设备投资中仅次于银行信贷的第二大融资方式。金融租赁是一种集信贷、贸易、租赁于一体，以租赁物件的所有权与使用权相分离为特征的新型融资方式。当企业在合同期内把租金还清后，最终还将拥有该设备的所有权。通过金融租赁，企业可用少量资金取得所需的先进技术设备，可以边生产、边还租金，对于资金缺乏的企业来说，金融租赁不失为加速投资、扩大生产的好办法；就某些产品积压的企业来说，金融租赁不失为促进销售、拓展市场的好手段。

（三）积极借助网络平台，降低获取信息的成本

众所周知，我国中小企业数量众多，但基本上是以区域发展为主，真正在全国范围内跨地区、跨行业的很少，许多有价值的信息并不通畅，浪费了不少人力资源。我国也可以建立融资网络平台，将同一类型的中小企业集中注册，集中在网络平台上，互通信息，共享资源，不仅可以节约中小企业沟通成本、业务成本，也有利于管控风险，减少资源浪费等问题。

（四）与地方政府中小企业服务机构建立合作关系

“台湾当局”设立“经济部中小企业处”“马上解决问题中心”部门，主要是对中小企业在发展过程中出现的各类问题予以及时、全面、专业的辅导，并依据中小企业个案需求，提供各类融资辅导，债权债务协助或者进行中介协助等，更多地是介入中小企业的经营过程，对中小企业在经营过程中产生的

---

① 胡迟：《中小企业融资难是长期性问题》，载《中国经济时报》2011 年 6 月 15 日。

问题与困难提供及时有效的帮助，帮助中小企业走出资金的困境。[①]可以予以借鉴。

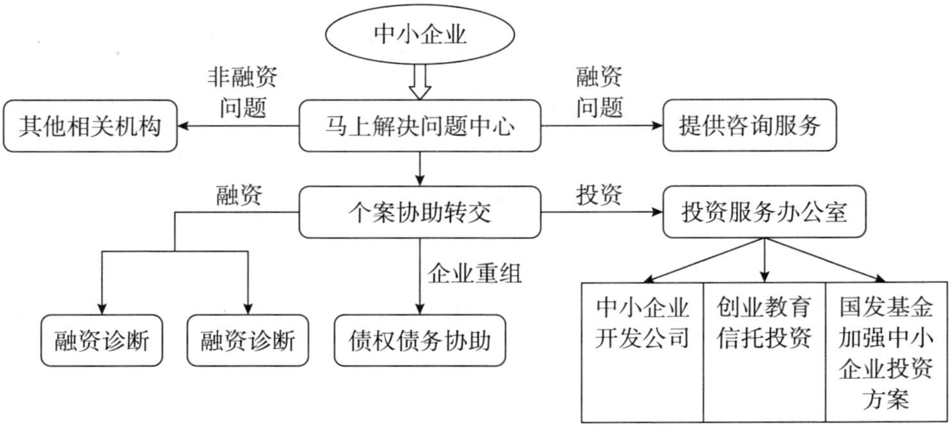

图 4 “马上解决问题中心”工作流程图

资料来源:《我国台湾地区中小企业融资研究》

（五）创新金融产品，多渠道服务中小企业

我国台湾地区设立相关基金，并于 2007 年委托“中小企业处”遴选 18 家投资管理公司，采取搭配投资的方式，向中小企业投资 100 亿元贷款（期限为 10 年）。这些特别贷款担保基金不论在保证对象、保证项目、保证行业、保证额度，或是促进中小企业融资措施等方面，均与“中小企业贷款风险补偿资金”有些类似。

2003 年，北京市商业银行、中国光大银行与泛亚达投资管理公司向社会宣布了其抗击“非典”，扶持中小企业的 60 亿元专项贷款计划，准许中小企业主用私人财产为企业做抵押贷款并承担无限责任。[②]此项贷款政策实际上是

① 荣康信:《我国台湾地区银行业对中、小微企业业务现况与风险管理》，载《第 18 届两岸金融学术研讨会演讲集》（2013 年）。

② 郭安娜:《小微金融的探索与展望》，载《第 18 届两岸金融学术研讨会演讲集》（2013 年）。

将金融机构原来在个人消费贷款方面的经验运用到中小企业贷款上的一种创新尝试，对于企业融资无疑又开辟了一条方便快捷的“绿色非典融资基金”。大陆已经有很多探索与创新，形成了一系列适于中小企业的金融服务产品，进一步探索与创新的空间还很大，可提供适合于中小企业的金融服务产品也有很多，尤其是各级政府中小企业服务机构每年度都有专门用于扶持中小企业的财政资金，如天津市政府每年度为每一家中小科技企业提供100万元的财政资金支持。因此，如何将公司提供的金融服务与政府的扶持资金进行对接，将政府扶持资金作为风险补偿基金而发挥更大作用，依然有着巨大的创新空间。

2014年1月6日写于海通大厦

我国存款保险制度的现实评估、策略选择与立法前景

文 / 顾雷　安营

引言

自 1993 年 12 月 25 日国务院发布《关于金融体制改革的决定》提出建立存款保险基金起，我国存款保险制度已酝酿了近 20 年。中国人民银行早在 1997 年就开始研究存款保险制度。2004 年以后，中国人民银行还会同国家发改委、财政部、银监会等有关部门，对建立我国存款保险制度的必要性和可行性进行了研究论证，提出了建立存款保险制度的基本框架。2014 年 6 月，中国人民银行发布《2013 年中国金融稳定报告》称，当前建立存款保险制度的条件基本具备，但对于存款保险制度出台的具体时间表，中国人民银行一直未有明确规定。但是，中小银行越来越多，广大储户呼声也越来越高，在国内建立存款保险制度已经成为被广泛关注的一个社会问题，似乎已经远远超越了金融范畴。

一、存款保险制度建立之必要

存款保险制度，通俗理解就是银行按照规定参加存款保险、缴纳保费，国家组建专门机构负责管理投保银行缴纳的保险费和其他渠道筹资，建立起存款保险基金。当某家银行出现倒闭、破产等危机事件时，存款保险机构按照规定标准及时向存款人予以赔付，并依法参与或者组织对这家银行的清算。在我国这样一个储蓄大国建立存款保险制度已经刻不容缓。

（一）加快存款保险制度建设，改善金融机构发展环境

在存款保险制度缺失的条件下，国家（政府）实际上承担了隐性的担保责任，国有银行以国家信用为背书为可能的存款风险进行担保，也就是说，当某家银行出现倒闭、破产等危机事件时，国家（政府）负责对存款人进行赔偿或者事后处理。显然，在这种赔付模式下，国家（政府）将面临巨大的风险。

在金融市场改革飞速发展的今天，特别是在利率自由化开始之后，由国家（政府）负责对商业银行存款损失进行赔偿的模式已经不再适应金融领域的变化和发展，存款保险制度的建立已是不容回避的问题。我们认为，建立存款保险制度有助于营造公平公正的竞争环境，可以促进商业银行经营机制市场化，增加商业银行在金融业务创新及风险机制方面的灵活性，最后保证储户的存款和最大利益不受损失。

（二）流动性管理面临新挑战，存款监管必须新突破

当前存款波动较大，银行业金融机构存款增速放缓，大幅波动的现象依然存在。2012 年，金融机构人民币各项存款月均增速为 12.6%，比 2010 年、2011 年分别下降 8.5 个和 3.5 个百分点。银行业金融机构存款季末冲高、季初回落的情况比较普遍，甚至出现跨季月间波幅超过 3 万亿元的情况。截至 2012 年 12 月 31 日，银行业金融机构流动性比例为 47.77%，比上年上升 3.07 个百分点。①

同时，理财和信托等融资性表外业务近年发展也异常迅猛，其中部分业务依靠短期资金滚动对接长期投资，存在期限错配问题。截至 2012 年 12 月 31 日，银行业金融机构表外业务余额为 48.65 万亿元，比年初增加 8.1 万亿元，

---

① 参见《央行发布金融稳定报告：可择机出台存款保险制度》，人民网：http://finance.people.com.cn/money/n/2013/0608/c218900-21786725.html，最后访问日期：2013 年 6 月 8 日。

增长 19.68%。表外资产相当于表内总资产的 36.41%，比年初提高 0.54 个百分点。我们不能排除商业银行表外业务风险向表内传递的可能，也不能排除存在内部收益转移和交叉补贴等可能，存款风险监管亟待加强。①

而存款保险制度可能发展成为重要的监管工具。2009 年 6 月，国际存款保险协会与 BCBS 联合发布的《有效存款保险制度核心原则》中就明确规定，存款保险机构应参与对问题银行的早期监测、及时干预和处置，拥有全面信息和相应的检查权。因此，从中长期来看，实行有效存款保险制度，实行风险差别费率就赋予了未来存款保险公司以一定的监管权限，存款保险制度与银行经营风险挂钩，使银行业未来受到的来自中央银行的监管也将进一步加强。

（三）严守赔付理念，严防道德缺失

存款保险制度的核心是为了解决道德风险的问题。什么是道德风险？比如，商业银行董事长或者高管人员可能会认为银行永远也不会破产，即便他们做出一些过度的投机行为，最终导致不良贷款、坏账，其损失也是由整个存款人承担的。当今国外很多银行都存在这样的问题，存款人实际上面临巨大的道德风险。

但是，我们是社会主义国家，我们的银行必须对广大存款人负责。设立存款保险制度以后，就可以最大限度地保障大多数存款人的利益，通过合理的制度设计最大限度地减少道德风险，为广大储户负责，为广大纳税人负责。

（四）中小银行数量众多，存款保险制度呼之欲出

自 1933 年在美国诞生以来，经过几十年的发展和完善，特别是在 20 世纪 90 年代末亚洲金融危机爆发之后，存款保险制度逐渐被视为一项重要的金融基础设施：除金融稳定论坛（FSF）达成的《建立有效的存款保险制度》、

---

① 参见《央行发布金融稳定报告：可择机出台存款保险制度》，人民网：http://finance.people.com.cn/money/n/2013/0608/c218900-21786725.html，最后访问日期：2013 年 6 月 8 日。

国际存款保险协会（IADI）和巴塞尔银行监管委员会（BCBS）联合发布的《有效存款保险制度核心原则》、国际货币基金组织（IMF）制定的《存款保险制度的最佳实践准则》等软法（Soft Law）规范外，欧盟（EU）还制定了具有硬法（Hard Law）性质的《存款保险制度指引》，要求欧盟成员必须遵守。世界金融史显示，存款保险制度有利于增强市场主体的风险意识，强化市场约束作用，促进形成市场化的风险防范和处置机制、维护金融稳定的长效机制。就我国而言，如果在2008年推出存款保险制度已是“水到渠成”的话，那么在今天来看，此事已是“不能再拖”了。①

根据《中国银行业监督管理委员会2012年报》披露的数据，截止到2012年年底，我国已有1490家银行，其中包括5家大型商业银行、3家政策性银行及国家开发银行、12家全国性股份制商业银行、144家城市商业银行、337家农村商业银行、147家农村合作银行、1家中国邮政储蓄银行、38家外商独资银行、3家合资银行和800家村镇银行，此外还有1927家农村信用社、150家企业集团财务公司、14家贷款公司、49家农村资金互助社。我国银行的数量已经不少，而且还在增加，农村信用社也在改组成农村商业银行和农村合作银行，民间资本正在积极筹建民营银行，村镇银行等新型农村金融机构还在增加。2013年10月13日，甘肃永登新华村镇银行正式挂牌成立，中国村镇银行数量已达1000家。随着银行数量的不断增加，银行竞争日趋激烈，优胜劣汰是必然的事情，建立存款保险制度的呼声日趋高涨。

当前我国金融机构的经营效益比较可观，风险均在可控范围之内。2012年，我国商业银行净利润达12,386亿元。2012年年底，我国商业银行贷款损失准备金为14,564亿元，拨备覆盖率高达295.51%，不良贷款率仅为0.95%，资本充足率和核心资本充足率分别高达13.25%和10.62%，且杠杆率、流动性覆盖率（LCR）和净稳定资金比例（NSFR）结果较高。因此，有学者认为，

---

① 宋清华、管斌：《我国存款保险制度建设的OPT分析》，载《金融机构高管薪酬、系统性风险与金融监管改革研究》（13AJY017）。

金融业以信为本，增强公众信心是维护金融安全的关键。如果政府在金融部门运行状况恶化之后建立存款保险制度，公众很可能会将这一举措理解为金融机构破产的信号，进而加重不安情绪并引发恐慌。① 从这些角度讲，我们认为 2014 年推出我国存款保险制度适得其时！

二、世界主要国家或地区存款保险制度之比较

综观世界，从 20 世纪 70 年代开始，很多国家就已经陆续实行存款保险制度。其中具有代表性的国家有美国、日本、德国，我国香港地区在存款保险制度方面也做出了较好的金融实践。

表 1　世界主要国家／地区建立存款保险制度机构及时间表

国　家	存款保险建立时间	存款保险机构
美国	1934 年	联邦存款保险公司
日本	1971 年	日本存款保险公司
意大利	1987 年	银行间存款保险基金
法国	1979 年	法国存款保险基金
印度	1962 年	存款保险和信用担保公司
韩国	1996 年	韩国存款保险公司
我国台湾地区	1985 年	“中央”存款保险公司
我国香港地区	2004 年	香港存款保障委员会

数据来源：世界存款保险协会（IADI）

（一）美国存款保险制度

美国的存款保险机构由国会依据格拉斯——斯蒂格尔法设立，直接向美

① 宋清华、管斌：《我国存款保险制度建设的 OPT 分析》，载《金融机构高管薪酬、系统性风险与金融监管改革研究》（13AJY017）。

国国会负责，并接受美国会计总署的审计。美国联邦存款保险公司（FDIC）的最高权力机构是理事会。理事会由3人组成，其中1名由货币总监兼任，另外2名由总统提名、议会批准、总统任命。理事会的主席从后2名中产生，理事会的3名成员不能同属一个政党。3名理事的任期为6年，总统在任期内无权对其进行随意撤换，以保持联邦存款保险公司政策的连续性。

美国联邦存款保险公司（FDIC）的首要职能是存款保险以保障消费者利益，其次是检查和监督金融机构以确保金融体系的安全和稳定。它为全美国9900多家独立注册的银行和储蓄信贷机构的8种存款账户提供限额保险。美国现行法律规定，10万美元及以下的存款给予全部赔偿，10万美元及以上的根据具体情形，按照60%—80%赔偿。美国保险费按0.23%的费率每半年缴纳一次（按投保银行每年合格存款的日平均余额计收）；为了降低投保银行的成本，联邦存款保险公司把净保险费（保费收入—营业费用—保险损失准备金—弥补过去超过准备金的损失）的60%返还给投保银行。

（二）日本存款保险制度

日本存款保险制度于20世纪70年代初建立，伴随着经济起伏历经了三次变革，2005年，在全额保险的基础上，建立了定额保险制，使存款保险制度更能适应金融及银行体制的变化要求，更好地发挥其维护金融稳定和银行信用、保障存款人利益的职能。

日本存款保险制度不同于美国。日本存款保险公司（简称DICJ）由政府、央行和民间金融机构共同出资和监理，基本上通过两种方法来处理银行倒闭问题。第一种是偿付法，即DICJ在最高限额内赔付存款金给存款人，以及时保障存款人的合法权益。第二种称为购买和接管法，即DICJ找到一家愿意兼并倒闭银行的合作者来对银行进行重组，并由它来接管倒闭银行的良性存款。DICJ通过对合作者提供资金援助来帮助倒闭银行顺利破产或者被兼并，而那些不良存款卖给DICJ下属的处置回收机构。但是，如果长时间找不到愿意并购的银行，破产银行将暂时移交给DICJ的下属结构——日本桥银行做短期管理，直到确定一家愿意并购破产银行的金融机构为止。

（三）德国存款保险制度

德国存款保险制度由非官方自愿存款保险体系和政府强制性存款保险体系构成，即由德国国内三大银行集团（德斯德纳银行、德意志银行和科玛兹银行）根据各自的需要建立了三个独立的运作体系。

早在20世纪初，德国三大银行集团就已经分别成立了德国银行联邦协会、德国储蓄银行联邦协会、德国城乡合作银行联邦协会，一方面为了保护成员银行和存款人的利益，另一方面也希望在货币、信贷和资本市场等有关业务上与金融管理当局起到沟通桥梁作用。三个协会形成三个保护体系，相互独立，各银行机构自愿参加。

在1950年前后，德国存款保险体系又分成四部分，即商业银行保护系统、储蓄银行保护系统、信用合作银行保护系统以及官方建立的强制银行保护系统。尽管从20世纪50年代开始，德国就出现了一些地区性存款保险组织，但直到1974年郝斯塔特银行倒闭后德国才建起了现行的自愿存款保险制度，并在此基础上建立了流动性联合银行（LCB），以便向有清偿力但缺乏流动性的银行提供流动性支持。①

（四）我国香港地区存款保险制度

受1991年国际商业信贷银行倒闭及1997年国际金融危机导致的多家银行倒闭和挤兑事件的影响，我国香港地区试图引入存款保险制度，并多次以向公众咨询的方式征求业界及公众的意见与支持。2004年我国香港地区立法会通过了《存款保障条例》，存款保障委员会于同年成立，我国香港地区存款保险制度正式确立。

我国香港地区存款保障委员会依据《存款保障条例》吸收所有银行为成

---

① 朱琰、王一峰、肖斐斐等：《存款保险制度国际比较研究》，载《银行家》2012年第11期。

员，除非该银行取得存保委员会的豁免。该会设立存款保障计划基金，并每年向成员收取供款一次。存保基金只能投资于保本且高流动性的资产。存款保险基金的目标水平是银行业受保障存款总额的 0.25%。存款保险基金信贷额度足够应付两家中型银行同时倒闭。存款保障委员会已从外汇基金取得备用信贷，用以当银行倒闭时向存款人发放补偿。补偿上限设定为每家计划成员每名存款人 50 万港元；港元、人民币及外币存款均得到保障。[①]

三、未来我国存款保险制度之畅想

中国人民银行自 1997 年开始着手研究存款保险制度。2004 年以来，中国人民银行会同发展改革委、财政部、国务院法制办、银监会等有关部门，对建立中国存款保险制度的必要性和可行性进行了论证，提出了建立存款保险制度的基本框架。目前，虽然我国推出存款保险制度的时机已基本成熟，但对存款保险制度中一些基本问题仍然存有争议。

（一）在立法上明确损失和风险分担机制

鉴于我国金融业对外开放和近年来国内部分中小金融机构不断暴露的风险，我们必须先期着手研究制定《存款保险条例》，有必要建立一种以法律法规形式体现的强制性存款保险制度安排，促进《存款保险条例》尽早出台。从法律法规上确立存款保险制度的地位，并为存款保险制度的进一步完善与发展提供坚实的法律基础，使存款保险制度的运行有法可依，以防范银行挤兑与系统性金融危机。

（二）在机制上建立存款保险救助职能

综观世界各国存款保险机构，其职能可以分为单一职能和复合职能两种

① 朱琰、王一峰、肖斐斐等:《存款保险制度国际比较研究》，载《银行家》2012 年第 11 期。

类型。单一职能是指存款保险机构只担负着保护存款人利益的职责。复合职能则是指存款保险机构除保护存款人利益外，还要对参加保险的金融机构进行监督、检查，对经营失败或有问题的投保金融机构给予存款赔付或提供资金援助。从世界各国存款保险机构的职能演化过程来看，复合职能正在逐步取代单一职能。我国存款保险机构可以采取复合职能模式，其基本职能包括：

（1）保险救助。这是存款保险机构最为重要的职能。当银行出现经营风险时，存款保险机构动用保险基金对出现清偿危机的银行进行救助，保护存款人利益，重振公众对银行体系的信心，防止银行出现挤兑风波和破产倒闭而导致银行业出现系统性风险。

未来救助的手段可以包括如下方式：第一，转移投保存款方式。存款保险机构将破产银行的投保存款转移到另一家经营良好的银行，存款保险机构支付一定的现金给接收行。第二，购买承担方式。由存款保险机构出面，组成另一家新的机构购买破产的存款机构的所有存款，资助兼并收购。存款保险机构出资支持经营良好的银行对破产银行进行兼并与收购。

（2）监管职能。在制定《存款保险条例》时，我们必须明确赋予存款保险机构适度的监管权。存款保险机构加入监管队伍，还将通过竞争与相互监督来提高整个监管体系的效率，避免监管主体过少可能产生的信息不透明问题。否则，存款保险机构与破产银行之间发生断裂，不利于保障保险资金用途的合法性，不利于实现金融安全网功能。

（三）在渠道上保证存款保险基金的充足来源

存款保险资金来源是存款保险机构向存款人承诺赔付的物质保证，也是存款保险机构信誉的重要标志。考虑到我国对国内所有银行机构实行强制性存款保险的必要性，我国存款保险机构宜采取多渠道、渐进式的存款保险基金形式，以谋求建立一个稳健的存款保险基金。

目前，我国存款保险基金建立还不能完全依赖于投保金融机构缴纳的存款保险费及基金本身的投资收益，可考虑由财政部投入一定数量的初始资金。

同时，为应对随时可能出现的资金需求与银行危机，保证基金充足，应在法律层面上赋予存款保险基金特别融资来源，如向中国人民银行申请再贷款、向中央财政借款和向其他金融机构发行存款保险债券融资等。

（四）在执行上建立有效的赔付机制

1. 投保方式

存款赔付是存款保险机构最本质的职能，也是保证存款保险制度维持金融稳定功能有效性的基础手段。鉴于目前我国银行及居民风险意识较差，如果采取自愿投保方式，一些银行出于对保险成本的考虑，可能不愿意参加存款保险。特别是五大国有商业银行（中国工商银行、中国农业银行、中国建设银行、中国银行和交通银行），如果他们不愿意支付存款保险费用，置身于国家存款保险体系之外，我国的存款保险体系显然是不全面的。因此，我国存款保险制度应采取强制性保险的方式，即依法规定金融机构必须向存款保险机构投保。目前，日本、加拿大就是采取的这种强制保险方式，效果显著，其成功经验可以借鉴过来为我国所用。

2. 赔偿方式

存款保险的赔偿，基本上有两种方式：一是全额赔偿，即在法律规定的最高保险额内给予100%的赔偿，如美国对10万美元以内的存款给予100%的赔偿；二是部分赔偿，即国家法律规定存款者要承担部分损失，如英国规定1万英镑以内的存款损失，只能得到75%的赔偿。瑞士则规定了递减的赔偿率，存款在2万瑞士法郎以内赔偿100%，2万—3万法郎赔偿75%，3万—7.5万法郎赔偿50%。[①]

针对目前我国储蓄存款规模、结构的特点，遵循保护小额存款、促进存款增长、稳定金融市场的原则，我国应对不同的存款对象采用不同的理赔方式。其中，可以规定保险理赔最高额限制，特别是目前我国城乡居民个人储

① 参见《银行业呼唤存款保险制度以隔离风险》，载《中国信贷风险信息库》（2005年）。

蓄存款已超过40万亿元人民币，占银行全部存款的70%以上。如果个人储蓄存款有了保障，银行的压力就会减轻，同时也可以适度缓解赔付机构的压力。

（1）对我国的企业存款应实行有限额赔偿，即规定一个最高限额，在限额以内全额赔偿，超过限额的部分按比例赔偿。这种比例可根据不同时期国内经济水平和存款情况进行微调。

（2）对于我国广大居民的个人储蓄存款，可实行按比例有限额的赔偿方式。当投保银行倒闭时，对居民存款的每个账户可按80%—90%计算应得赔偿金额，而最高限额可根据现行银行账户平均存款来确定。

我们认为，这种全额赔偿与部分赔偿相结合的方式，可以使银行与存款人之间形成一种联合保险，促使存款者谨慎选择银行，督促银行业加强内部控制与管理，增强银行竞争力，促使其稳健经营。

3. 存款保险范围的设定

目前，我国存款保险的种类应以个人储蓄存款为主，企业存款为辅，具体应包括活期存款账户、整存整取账户、零存整取定期存款账户、存本取息账户等。待我国的存款保险制度成熟时，存款保险的范围可以扩大到外币存款、我国银行的国外分支机构的存款以及中外合资银行的本外币存款等。

2014年1月6日写于海通大厦

我国地方政府融资平台研究综述

文 / 顾雷

一、地方政府融资平台概念与特征

（一）地方政府融资平台形成原因和概念

自 2008 年起，为了应对美国次贷危机引发的全球金融危机以及当年我国经济开始出现增速减缓、出口下滑和消费不振的下行情况，中央政府实施了 4 万亿元的经济刺激计划，由此引发了地方政府的投资狂潮。有资料表明，包括中央及其各部门、各级地方政府在内，这轮投资“大爆发”使我国固定资产投资总额超过 50 万亿元，其中就包括地方政府融资平台的融资贷款。

这些特殊时期“救命”式的天量贷款本身就孕育着极大的信贷风险，特别是当贷款主体是非市场化、非实体化的地方政府时，这种贷款的安全形势将变得扑朔迷离。由于地方政府融资平台贷款由地方政府直接或间接承担还本付息责任，一旦地方政府的财政状况和现金流出现问题，政府融资平台的贷款就会沦为次级贷款。这不仅可能引爆银行系统的信贷风险，还可能直接转化为地方政府财政风险。[①]

① 席志刚:《中国政府进入偿债高峰期》，载《凤凰周刊》2011 年 7 月 14 日。

我国现行法律规定，地方政府不能发行债券。① 同时，地方政府也不能成为发展地方经济的借贷人，更不能为地方经济组织提供担保。② 地方政府也不能作为借款人。换句话说，在当前我国地方政府无法发行地方债券的情况下，借助融资平台发展地方经济似乎成为我国社会的一种特殊经济现象，以企业借款名义举借政府债务就再正常不过了。③

于是，2009 年 3 月 18 日，中国人民银行和银监会联合发布《关于进一步加强信贷结构调整促进　国民经济平稳较快发展的指导意见》，提出了“支持有条件的地方政府组建融资平台，发行企业债、中期票据等融资工具，拓宽中央政府投资项目配套资金的融资渠道”，并明确了还款法律责任。这个指导意见被视为地方政府投融资平台的合法身份证，也就是自那时起，地方政府融资平台运作才变得通畅起来。④

从我国实际情况来看，地方融资平台主要是指各级地方政府因城市基础设施开发建设筹资需要，以划拨土地、股权、相关资产整合并冠以投资公司。这些公司大多以地方财政收入作为担保，向银行贷款并投资市政建设、公用事业等项目，将商业银行的信贷资金或发行债券筹集的资金转化为投资项目的资本金，并形成政府可控的脱离财政预算的基建资金，用以解决地方政府

---

① 《中华人民共和国预算法》（1994 年 3 月 22 日发布）第二十七条规定：“中央政府公共预算不列赤字。中央预算中必需的建设投资的部分资金，可以通过举借国内和国外债务等方式筹措，但是借债应当有合理的规模和结构。中央预算中对已经举借的债务还本付息所需的资金，依照前款规定办理。”第二十八条规定：“地方各级预算按照量入为出、收支平衡的原则编制，不列赤字。除法律和国务院另有规定外，地方政府不得发行地方政府债券。”这也为地方融资增加了法律障碍。

② 《中华人民共和国担保法》第八条规定：“国家机关不得为保证人，但经国务院批准为使用外国政府或者国际经济组织贷款进行转贷的除外。”

③ 刘颖：《地方政府投融资平台与地方政府债务》，载《经济研究参考》2010 年第 47 期。

④ 付忠财、刘成玉：《地方政府融资平台信贷风险形成机理与化解对策》，载《西南金融》总第 366 期。

在公共产品供给上的资金不足问题。[①]

从目前我国实际情况看，地方政府融资平台包括地方政府组建的城市建设投资公司、城建开发公司、城建资产经营公司等不同类型的公司。这些平台公司通过划拨土地等资产组建一个资产和现金流大致可以达到标准的融资公司，将融入的资金直接投入市政建设、公用事业等项目。[②]

（二）地方政府融资平台特征

（1）地方城市建设投资公司为其主要存在形式。目前，我国各级地方政府大多通过划拨土地、国债等资产，成立一个资本金和资产等可达到融资标准的城市投资公司，代表当地政府进行城市建设的融资，这已经成为各地方政府融资平台的一种通行模式。[③]

（2）地方政府主导或绝对控制融资平台。政府一直是融资平台的绝对主力，其融资平台主要负责人也都是由当地政府任命或政府官员直接担任。[④]

（3）银行信贷为主要负债形式。从地方融资平台的融资渠道来看，包括银行借贷、企业债券、中期票据、权益融资和信托产品等，但融资平台总负债的90%来自银行借贷。[⑤]

（4）城市基础建设或者保障房建设成为其主要投资项目。资金主要投向城市基础设施建设等项目，其中可包括市政工程、保障房建设和农田水利工程等，基本上都是服务于地方经济社会发展和人民生活的项目。[⑥]

---

① 《国务院关于加强地方政府融资平台公司管理有关问题的通知》（国发〔2010〕119号）规定，地方政府融资平台公司是由地方政府及其部门和机构等通过财政拨款或注入土地、股权等资产设立，承担政府投资项目融资功能，并拥有独立法人资格的经济实体。

② 任龙辉、陈志：《关于我国地方政府融资平台的文献综述》，载《华北金融》2012年第8期。

③ 贾银萍：《关注地方政府融资平台贷款风险》，载《银行家》2009年第7期。

④ 詹向阳：《论地方政府债务与融资平台》，载《上海经济》2011年第11期。

⑤ 李娟娟：《地方政府融资平台的财政风险与化解对策》，载《新金融》2011年第2期。

⑥ 唐洋军：《中小企业融资难与城市商业银行定位》，载《西南金融》2011年第12期。

二、地方政府融资平台的作用

地方政府融资平台，不仅作为投资主力，迅速启动内需并扭转经济下滑的趋势，成功应对国际金融危机的冲击，还加快城市基础设施建设，有效地将经营性资产、非经营性资产、国有企业资产、自然资源整合起来，提高公共资源使用效率，改善了居民生活环境，一定程度上惠及百姓生活，为下一步经济的转型发挥了积极作用，为消费增长创造了更好的条件。

2013 年 10 月 28 日—31 日，我们赴山西省太原办事处进行调研，在李日全同志陪同下，专程拜会了朔州市人民银行、朔州市银监局和国家开发银行朔州支行，详细了解了朔州市地方政府融资平台的有关情况。①

【典型案例】

山西省朔州市自 2010 年以来一直开展地方政府融资平台业务，取得了较好的业绩。截至 2011 年年末，朔州市在金融机构有信贷授信的政府融资平台共 9 家。其中，地市级有 5 家、县级有 4 家，授信总额为 20 亿元，贷款余额为 18 亿元。从担保方式来看，人大参与担保的有 2 家，贷款余额为 9.94 亿元；政府参与担保的有 8 家，贷款余额为 16 亿元；财政参与担保的有 5 家，贷款余额为 2.68 亿元；政府相关部门担保的有 1 家，贷款余额为 0.51 亿元。从还款来源来看，涉及一般预算还款的有 5 家，余额为 16 亿元；涉及基金预算还款的有 4 家，余额为 11.14 亿元；涉及项目单位自有收入还款的有 4 家，余额为 2.6 亿元。

此外，山西省交通运输厅在中国银行朔州分行贷款 8 亿元，其中，2010 年贷款 2 亿元，2011 年贷款 1 亿元，全部为表内授信，已签订合同 12.49 亿元，未提 4.49 亿元，期限 20 年。到期日为 2029 年 12 月 9 日，项目宽限期 4 年，

① 本研究报告案例中引用的有关朔州市地方政府融资平台的文字、数据等资料均来自朔州市人民银行、朔州市银监局提供的相关资料，在此表示感谢。

2013年进入还款期，经测算投产16年内可清偿贷款，贷款担保方式为高速公路收费权质押。目前，朔州地方政府融资平台所有项目运行正常，对当地经济与民生贡献巨大。

显然，朔州市地方政府融资平台的经验是基本成功的，各方面的评价是积极的。具体而言，地方政府平台的积极作用至少有以下几个方面。

1. 缓解了地方融资压力，提供了充足的建设资金

各级地方政府融资平台公司积极发挥自身作用，通过地方政府融资平台向银行借款或发债来解决当期的投资需求，缓解建设资金不足的问题，使城市基础设施建设项目的运作更加市场化、专业化，有效缓解了地方经济增长的压力，增加了不少就业机会，为吸纳商业银行贷款提供了一个重要平台。

2. 改善民生的同时为平台公司提供了发展机遇

很多地方政府通过设立城市建设投资有限公司，启动了大规模的民生工程，诸如保障房工程、供暖燃气工程等，受到了地方人民群众的普遍赞扬，同时也为平台公司的发展提供了机会和动力。

3. 稳定和发展了地方经济，保一方平安

在新一轮的经济建设中，全国各地各级地方政府不断扩大融资规模，将资金投入铁路、公路、机场、水利等重大基础设施和城市电网改造，保障性住房以及科教文卫等社会事业的发展中。

从长期来看，我国正处于工业化、城镇化的加速发展时期，基本建设所需资金数额庞大，各级政府在推动城市建设、改善公共服务方面的作用依然显著。2014年，经济增长还需投资发挥主力作用，地方政府配套资金对投资增长至关重要，地方政府配套资金依然需要政府投融资平台的支持。

三、地方政府融资平台贷款存在的问题

从目前情况来看，尽管地方政府融资平台负债风险整体可控，但融资平

台负债规模过快增长，其中存在的隐患和风险也不容忽视。

1. 出资不实

一些地方政府融资平台公司在设立之初就不规范，主要表现就是出资不实。如一笔资金来回周转，用作几个平台公司的注册资本金，甚至将融资平台关联公司获取的银行贷款挪用作为资本金；有的地方政府将政府部门办公楼、公益性设施等注入平台公司充当资本金，只是名义上划转，没有合法有效的产权过户手续和验资程序。

2. 主体定位模糊

各类政府融资平台基本上都由政府筹划、组建并直接或间接出资，主要负责人由政府相关部门领导兼任，受政府委托从事开发、建设等任务。一部分政府融资平台还实行“一套人马、两块牌子”的体制，既作为融资平台为政府建设项目进行融资，同时还是政府行政部门兼有城建资金的归集、管理职能，造成了地方政府融资平台公司既不像公司、企业，又不像政府机关，融资平台公司主体定位模糊。①

3. 资金使用问题

一般来说，地方政府融资平台公司取得融资后，再层层转拨下属公司或项目使用，借款人和资金使用主体并不一致，金融机构和审计、监管部门对融资平台公司的资金流向和使用很难监管，导致资金挪用风险加大。

4. 过度负债问题

由于存在信息不对称，外部金融机构很难根据融资平台公司自身情况对其进行风险评估。地方政府融资平台公司长期存在过度融资的问题。因为通过融资解决城市建设等资金来源问题，可以积累当地政府的“政绩”。从2011年度我国地方政府融资平台公司贷款债务与地方政府可支配财力比例看，总债务率约为97.8%，部分地方该指标甚至高达300%以上。融资平台过度负债

① 曹大伟:《关于地方政府融资平台公司融资的分析与思考》，载《商业研究》2011年第4期。

增加了其偿债风险。[①]

5. 新官不理旧账现象不时泛滥

融资平台贷款一般是中长期项目贷款，期限一般在 5—10 年。但地方政府是 5 年一届任期。其间，国家相关政策、地方政府领导班子经济发展思路都可能发生变化。在换届后，新一届地方政府可能不愿意为“旧官”买单，出现了“新官不理旧账”的现象。如果出现地方政府不对固定资产投资的效益和安全性负责任现象，外部金融机构再高的“金山”（资金）都难以填平地方政府因换人而形成的投资“无底洞”。

6. 投资项目收益低，还款来源仍存隐患

银行信贷支持各类融资平台，看重的是政府信誉，希望借助地方政府的担保，保证资金安全。但是，银行贷款是否会转化为坏账主要依赖于对融资平台公司各类投资收益的合理评估，不仅仅取决于政府信誉，更重要的是项目本身。

由于公益项目本身大多经济效益较低，部分项目缺乏合理的现金流，尽管有政府信誉作担保，在建成进入还款期后，部分项目仍将面临较大的还款压力，给外部金融机构带来一定的经营风险。

7. 财政收入增长存在不确定性，还款承诺难以保证

政府未来税收作为担保本身存在很多不确定性，政府未来税收多少以及是否一定会用来归还外部金融机构还是未知。如果发生地方政府税收不理想的情况，可能导致地方政府采取地方保护措施延迟支付还款。

从长远来看，有些风险与金融资产管理公司息息相关，诸如以土地为抵押可能导致的系统性风险。如果房地产行业步入深度下行期，造成地价下跌，地方土地出让收入下降，地方政府的偿还债务风险就会突显，造成银行坏账，甚至地方政府为吸收更多资金，有意抬高地价以获取更多银行贷款的现象，在一定程度上给房地产市场注入了不稳定因素。这对于房地产项目占到相当

---

① 曹大伟:《关于地方政府融资平台公司融资的分析与思考》，载《商业研究》2011 年第 4 期。

大比例的公司而言，显然不是一个好消息。

四、参与地方政府融资平台的现实评估

虽然地方政府债务风险潜藏着一定的金融风险，但地方政府融资平台为地方经济的发展所做出的贡献也是有目共睹的，尤其受到广大人民群众的欢迎，由此引起了中央的高度重视，提倡建立合理而高效的地方债券。党的第十八届三中全会决定就明确指出，要进一步完善金融体制，鼓励金融创新，丰富金融市场层次和产品。同时，加快建立国家统一的经济核算制度，建立规范合理的中央与地方政府债务管理及风险预警机制，编制全国和地方资产负债表。[①]

（一）化解地方债务风险是金融资产管理公司的崇高使命

金融资产管理公司的使命就是化解金融风险，介入地方政府债务的处置，这不仅有利于贯彻、落实党的十八届三中全会决定，也有利于开辟新的不良资产收购和处置市场，引领金融资产管理公司走上一条可持续发展之路，为公司未来的金融创新打下基础。

（二）潜藏着巨大商业机会，可以实现互利双赢

地方债务不仅潜藏着不良资产收购与处置的商机，而且在债券发行方面有着巨大的合作空间。截至2012年12月31日，国内共有399家地方政府投融资平台公开发行过企业债券，共计发行512只债券，累计融资6712.5亿元。其中，2011年发行137只，发行规模为1735亿元，创历史新高。根据鹏元资信评估统计，短期借款、长期借款和债券融资三者总和占地方政府投融资平台总负债的85.44%，其中投入保障房贷款项目的债权融资（款项）占比就超过50%。

---

① 参见中共中央十八届三中全会《中共中央关于全面深化改革若干重大问题的决定》。

表 1　我国地方政府融资平台发行规模、融资金额统计表

	2011 年	2012 年
地方政府融资平台（个）	218	399
债券数（只）	439	512
发行规模（亿元）	1582	1735
累计融资（亿元）	6593	13,424.5

数据来源：鹏元资信评估统计

目前，我国正处于城市化建设的高速发展阶段，城市建设投资需求巨大。根据住建部的统计，未来 5 年要完成 3600 万套保障房建设目标，资金缺口很大。而债券融资是解决地方政府融资需求的重要途径，2012 年、2013 年两年地方投融资平台债券发行仍会处在较高水平。[①] 可见，金融资产管理公司介入地方融资平台的机会是广阔的，参与发行地方债券的空间是巨大的。

（三）地方政府的态度与支持程度

目前，我国大多数地区分税制配套的转移支付制度很不完善，实现地区间基本公共服务能力均等化的一般转移支付比重较小，这就使经济欠发达地区财政长期入不敷出，只得求助于借贷。省（直辖市）以下转移支付制度没有真正建立起来，基层政府缺乏稳定可靠的收入来源，预算压力巨大，迫使地方政府变相举债以保证本级政府职能的正常履行。因此，大多数地方政府对于外部金融机构参与本地区有关市政或民生工程建设是支持的，大多数当地银行对于分散风险、共同完成项目的外部金融机构，态度也是积极的。

（四）地方政府融资平台债券风险不是必然发生的

从实证数据分析，债务率（年底债务余额与可支配财力之比）、负债率（年底债务余额与地区 GDP 之比）是反映成熟市场中的地方政府债务压力的重要

① 郭一信：《地方政府融资热度不减　部分平台短期偿债压力大》，载《上海证券报》2012 年 5 月 4 日。

指标。美国规定债务率（州或地方政府债务余额／州或地方政府年度总收入）为90%—120%；新西兰要求地方政府债务率小于150%；巴西州政府债务率（债务余额／州政府净收入）小于200%，市政府债务率小于120%。而我国2012年年末，地方政府债务率只有160%，地方融资平台负债也仅相当于当年GDP的40%。可见，与美国、新西兰和巴西等国家相比，我国地方政府负债的比例总体上还是比较小的。

我国正处于城镇化的初始阶段，土地价值的增值空间很大，经济高速增长仍将持续，政府的还款能力比较强，债务率的警戒线与国际标准基本一致。[①] 从总体上看，我国目前地方政府债务风险不大。

五、化解地方政府融资平台风险的策略建议

我国地方政府性债务余额2011年年底达到12.5万亿元人民币。因此，如此巨大的地方政府融资平台难免会出现一些潜在风险。即便是较为成功的朔州地方政府融资平台，也暴露了一些风险控制的薄弱环节。关键在于我们如何化解地方政府融资平台中已有风险，找出与金融资产管理公司业务发展的契合点，利用地方政府融资平台拓展金融资产管理创新业务，进而寻找新的利润增长点。

（一）选择的注意事项

1. 必须选择具有健全地方政府投融资体制的地区

选择何地作为开展地方政府融资的平台是我们今后遇到的第一个关键问题。我们认为，必须选择那些已经建立地方政府投融资责任制度，建立健全地方政府债务管理体制的地方作为试点。

我们建议，金融资产管理公司可以考虑与地方政府共建“地方债务偿债基金和还贷准备金”制度，确保定期拨付，明确相关实体按时还贷的计划，

---

① 巴曙松：《地方政府债务总体可控》，载《中国经济时报》2011年8月30日。

约束地方政府的债务规模与财力相匹配，使风险降低到最低程度。

2. 必须厘清融资平台和地方政府负债

在参加地方政府融资平台之前，我们必须搞清楚当地融资平台与地方政府的实际负债情况，否则投入再多的资金仍然可能面临无法及时收回的情况。

我们建议，金融资产管理公司可以考虑与地方政府部门，包括财政部门、人民银行和银监局共同参与的融资平台贷款监测联席会议制度，共同研究加强监测的有关措施和办法，并负责统计、评估各融资平台资金运行情况，定期对上述政府部门、金融机构进行通报。同时，金融资产管理公司应主动要求各融资平台加大信息发布力度，通过相关渠道及时了解负债情况，改变当前信息披露不透明的状况。

3. 必须关注各地个体实力的差异

近期，我们在对地方政府融资平台调研时发现，由于行政级别差异、地区经济差异、区域位置差异、发展模式差异、开发进度差异等因素，造成了地方政府融资平台的个体实力存在较大差异。重庆地方政府融资平台的案例可以归纳为以下经验：

（1）关注当地的经济发展、人口结构、财税收入。如前所述，并不是所有地区都存在同等的风险。地方政府融资平台债务风险因地区不同而不同，与地区经济发展水平基本形成错配关系。例如，西部地区的陕西省 2007 年年底债务总额为 1272 亿元，负债率达 23.2%。而东部经济较发达的广东省即使在 2009 年年底地方融资平台贷款余额接近 4000 亿元的情况下，全省各地方政府的债务率还不到 100%、负债率不到 10%，均低于警戒线。[①] 可见，经济更发达地区的地方政府债务风险要小于经济不发达地区。因此，金融资产管理公司必须首先从地区经济发展、地方政府的信用记录、区域的经济环境、地方的财政状况等方面入手，尽量选择那些经济较发达、人口较多，且财政收入较为充盈的地区作为试点。

---

① 苏培科：《影响 2009 年中国股市的几大要素》，载《前瞻 2009 中国股市 · 财经》2010 年第 1 期。

（2）必须关注所在的区域位置。这是因为大多数地方政府融资平台的主要收入来源均为土地出让金收入（小部分是财政补贴收入、房产出租收入、公共设施服务收入等），而区域位置不但可以决定土地价值的高低，还直接影响公司的变现速度。因此，在实施客户选择时，一般趋向于市级平台、主城区区级平台、主城区外的中心城市区级平台。①

4. 必须实现地方政府融资平台风险的差别对待

我们建议，今后在选择地方政府融资平台的时候，金融资产管理公司不宜全面铺开，应针对不同融资平台选择不同的风险措施，选择太原办事处、杭州办事处、福州办事处、海口办事处、南宁办事处、武汉办事处和上海办事处等经济发达地区办事处先行试点，积累经验，在时机成熟时再全面推广。

（二）拟采取的主要救助方式

金融资产管理公司通过与地方政府的深度合作，可以不断挖掘新的非金融机构不良资产资源，整合各地民生工程、保障房工程和水利工程等项目，并不断拓展各类以非金融机构不良资产及相关业务为标的的客户群。因此，金融资产管理公司介入地方政府融资平台，可以考虑采取如下救助方式：（1）发行地方债券，与地方政府合作，在当地主导或者参与发行一定数量的企业债券；（2）收购非金融（不良）资产或金融不良资产，就是根据市场原则购买转让方的（不良）债权，并对收购的债权资产进行经营管理和处置，最终实现利润；（3）直接投资，即金融资产管理公司直接运用自有资金或者银行信贷资金对合适的地方融资平台项目进行适度投资；②（4）股权整合，即对地方政府融资平台项目的股权进行重组，实现最终的预期收益。

---

① 参见重庆办事处《开展地方政府融资平台业务合作浅析》。

② 如果金融资产管理公司使用的是商业银行的贷款，其贷款利率明显高于地方政府所使用的基础利率，因为当地政府有关民生、保障房、水利等工程项目接受程度备受关注，公司直接投资的项目可能会受到限制。

（三）化解风险的重点投资领域

根据中国银监会《关于加强2012年地方政府融资平台贷款风险监管的指导意见》（银监发〔2012〕12号）的规定，地方政府融资平台的主要资金投向集中在五大领域：（1）符合公路法的收费公路项目；（2）国务院审批或核准通过且资本金到位重大项目；（3）土地储备类和保障性住房建设项目；（4）农业发展银行支持且符合中央政策的农田水利类项目；（5）工程进度达到60%以上且现金流测算达到全覆盖的在建项目。其中，公路建设、保障房和农田水利建设均为政府保障民生的重要工程，其在总项目中占比相对较高。

表2　我国地方政府融资平台项目占比统计表

项目类型	所占比重（%）	所占金额（万亿）
土地储备	24.9	3.14
保障性住房	10.6	1.32
文教卫生	9.5	1.18
水利建设	4.8	0.60
总计	50	6.25

数据来源：中国审计署网站（2011年数据）

具体来说，就是重点关注保障性住房、旧城改造、新城建设等商住类项目，这基本上包含在3.14万亿元内的储备。如此巨大的市场，潜藏着巨大的商业机会，完全可以成为金融资产管理公司重点考虑的投资领域，不仅可与金融资产管理公司目前庞大的房地产业务实现对接，带动金融资产管理公司现有房地产项目向纵深发展，也可避免金融资产管理公司因进入一个完全陌生的投资领域而可能导致不可预测的风险。

（四）金融资产管理公司业务的对接点

根据上述化解风险的重点投资领域，按照“风险可控”原则，金融资产管理公司在未来与地方政府融资平台合作时，除上述房地产业务重新整合外，至少还有以下的业务可以开展合作:（1）地方政府融资平台控制或处置的（不良）债权;（2）地方政府融资平台控制或处置的相关股权;（3）地方各企业集团控制的非金融类的（不良）债权;（4）地方各非金融企业通过当地商业银行或者外省（市）商业银行发放的委托贷款;（5）地方各非金融机构的（不良）资产;（6）其他非金融（不良）资产或股权。

结束语

党的十八届三中全会以来，我国正处于工业化、城镇化的加速发展时期，特别是党的十八届三中全会强调“深化改革力度”，2014 年地方经济的增长依然需要投资发挥主力作用。金融资产管理公司应积极参与地方政府融资平台的建设，使城市基础设施建设项目的运作更市场化、专业化，同时也为金融资产管理公司进行资产管理提供了一个重要的创新平台。因此，探索地方政府融资平台业务，特别是在增加办事处、平台公司新的利润增长点方面，对金融资产管理公司的转型发展具有重大意义，值得为之一试。

自助者天助，自强者恒强!

2014 年 1 月 6 日写于海通大厦

我国股票市场资金供求关系动态分析与研判

文 / 顾雷

引言

我国股票市场较长时期以来一直都处于“重融资、轻投资”的状态，市场资金的供求关系一度出现不平衡的局面，表现为融资企业过多，融资金额过大，而资金供给不足。这给资本市场（特别是股票市场）造成持续的融资压力，在一定程度上导致了市场的持续低迷，投资者回报率偏低，投资者参与资本市场的热情不高。这种资金供求关系的失衡对股票市场的长期发展极为不利，不利于股票市场作为支持经济发展作用的发挥。本文对影响我国股票市场资金供求关系的诸多因素进行分析，特别是在资金供求方面，提出了政府应该增加资金入市渠道，鼓励养老金、公积金等长期资金入市，提升 QFII 等外部资金的入市额度等建议，并对未来资金供需关系对公司投资的影响进行了大胆设想和研判，以期实现股票市场资金供给的一种动态平衡。

一、过往资金供需关系市场机制之争论

（一）资金驱动市场理论的争论

1. 资金供给增加必然推动股市上涨的观点

持支持政策观点的人认为，宽松的货币政策和充裕的资金供给会促使资产价格的上升。因为宽松的货币政策会带来更低的资金成本，促进投资和消费，使实体经济增长预期好转，提高股票的预期收益率。金德环、李胜利（2004）在《我国证券市场价格与货币供应量互动关系的研究》中对我国 1997 年 1 月—

2003 年 7 月货币供应量与上证综指关系进行实证研究发现，M1 与上证综指则没有明显的因果关系，而 M0 和 M2 对股指影响较大，其中 M2 的影响是最大的。这说明，宽松的货币政策会使投资者的融资成本降低，手中会拥有更多的资金，投资者会将这部分资金投入股票市场，不断促进股票市场的上涨。

2. 资金供给增加并不必然推动股市上涨的观点

持反对意见者主要认为货币量的增加并不总是会促使资产价格的上涨。因为投资者对于货币存在多种使用需求，包括交易需求、贮藏需求，而并不总是把货币投资于金融资产。在特定时期，投资者会保留一部分货币用于其他需求，这如同形成一个“蓄水池”，对新增的货币形成了缓冲效果。当货币增加时，如果这一缓冲效果完全抵消了货币增加的影响，便不会出现资产价格的上涨。石焕平、牛静妮（2009）在《我国货币供应量对股票价格的影响研究》中，选取货币供应量和利率作为货币政策变量实证分析了 1998—2007 年我国货币政策对股票价格的影响，发现货币政策与股票价格之间不存在长期的整合关系，并认为试图通过货币政策来影响股票价格以达到稳定股票市场的作用，在目前情况下难以达到理想效果。

也就是说，资金供给增加并不必然带来金融资产价格的上涨，有时甚至对金融资产价格上涨没有丝毫作用。美国就曾多次出现股市上涨与货币政策间相关性很差的现象，在货币供应量增长率并不比历史均值水平高的时候，股票市场却出现了大幅上涨，这种上涨主要是由实体经济的超预期发展所引起的。同样地，在实体经济发展不好的时期，单纯地增加资金供给并不能立刻改善企业的营利情况，也不会改善股票价格的预期。甚至有些时候，由于实体经济的持续恶化，会出现增加货币供应与股票下跌并存的情况，这一情况在我国股票市场中也多次出现。

3. 我们的分析

从我们对货币量与上证指数在 1996 年 1 月—2012 年 10 月底（图 1）的统计数据中可以看出，在 2001 年 6 月之前，上证指数同 M1 和 M2 基本保持同一上升趋势，符合货币量与指数存在相关联系的研究结论。但从 2001 年 6

月份之后这一趋势就变得不再明显，以 M1 和 M2 为代表的货币量稳步增长，但上证指数却持续下跌，甚至出现越发背离的现象：

2005 年 11 月—2007 年 10 月，股市急速上涨，虽然货币供应量增长趋势也加快了，但上证指数上涨的速度明显快于货币量的增长，彼此的增速完全不成比例。

2007 年 10 月—2008 年 10 月，上证指数迅速下跌，而货币供应量加速增加，两者走势完全背离。

2008 年 10 月—2009 年 7 月，上证指数同 M2 表现了较明显的同步性，即几乎同趋势和速度地上涨。这一期间也是“四万亿元”投资迅速推出以及有关资产泡沫广受评论的时期；但这一趋势非常短暂，且指标在 2009 年 7 月后产生了完全的背离。一方面是货币量的加速上升，另一方面是股市的震荡下行，并且这种反差同 2001—2005 年相比更加强烈，以 M2 表示的货币量已是 2001 年的 6 倍有余，但上证指数还停留在当初的水平，基本印证了“以 M1 和 M2 为代表的货币量稳步增长，上证指数却持续下跌，甚至出现了越发背离”的研究结论。

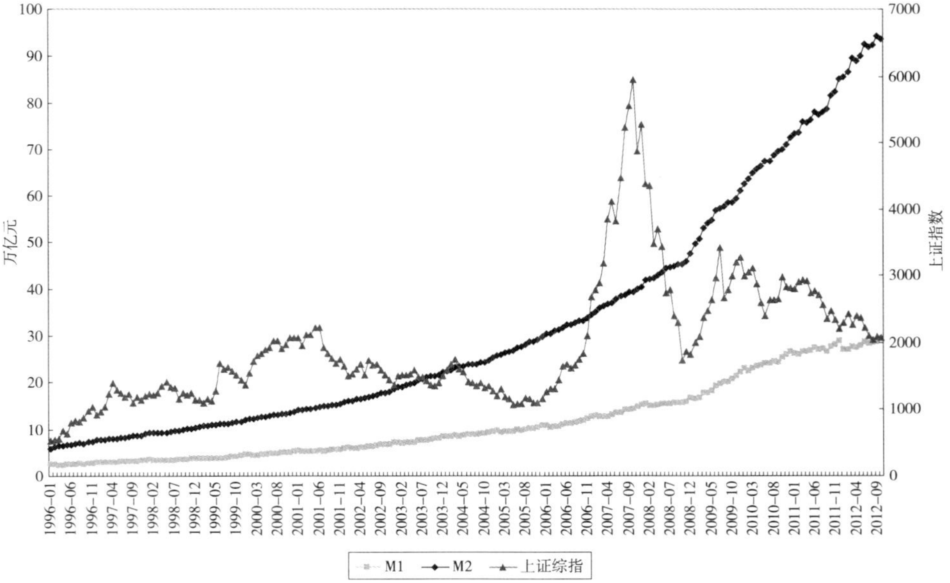

图 1　M1、M2 与上证指数月度数据关系（1996—2012 年）

数据来源：Wind 数据

同样地，上证指数同货币量及 GDP 的相关性并不十分明显，即上证指数虽然表现为更大幅度的波动，GDP 同货币量却保持了较好的平稳趋势。

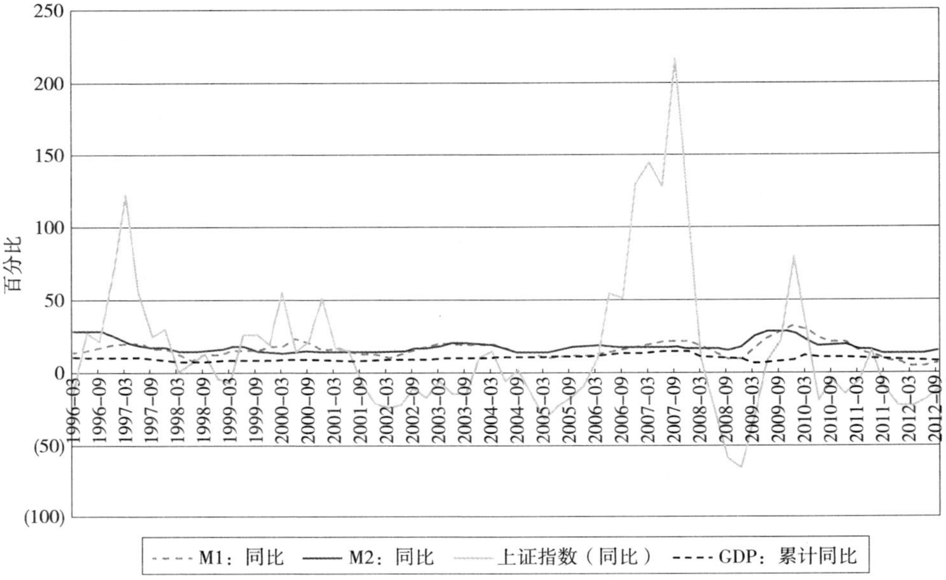

图 2　M1、M2、GDP 与上证指数季度同比情况（1996—2012 年）

数据来源：Wind 数据

通过 2016 年的数据进行考察研究得出这样的结论，即在个别时间段货币量与股票价格会表现为较强的相关性（如 2001 年之前和 2008 年年底至 2009 年年中这段时期），而其他时间却表现为较弱的相关性，甚至背离，资金推动股票市场上涨的证据并不明显。

我们认为，货币量与股票价格并不必然存在对应关系。在宏观货币政策趋紧、货币量供应量有限的情况下，由于实体经济带来资金高收益率，资金更会出现从股市流出转而流向实体经济的倾向，如流向以信托为代表的“影子银行”的理财产品等，而不会流向股市。相反，在股票市场持续上涨时期，大量用于支持实体经济的资金又会通过各种渠道流向股市，引发实体经济空心化，股市资金与实体经济资金需求之间经常发生这种竞争和相互流动。

（二）资金入市的分析与研判

1. 实体经济运行状况是资金供给的决定基础

资金供给首先依托于实体经济的发展，其资产价格波动也反映了实体经济的现实状况。虽然有些时候资金供给关系会脱离实体经济而产生一定的背离，但从长时间跨度来看，资金供给关系和金融资产的价格还是会通过危机或其他方式的调整回归到与实体经济相符的状态。也就是说，实体经济运行情况是决定资金供给的物质基础，特别是实体经济中的就业与消费情况、企业营利情况、利率汇率情况等都是决定资金供给关系的基本因素。

2. 预期收益率是影响资金供需的重要力量

当预期不好的时候，资产组合效应和套利机制会驱使投资者出售该项资产，转而去购买其他收益率较好的资产。在这种情况下，即使投资者手中拥有更多的资金，也不会去购买预期收益率不佳的资产。正如发生在我国 2007 年股市大幅上涨期间的情况，虽然管理层没有大力支持和鼓励资金入市，却出现了居民存款搬家的现象，在良好预期收益的影响下，投资者主动增加了资金的投入。而在 2012 年大部分时间里，由于股票市场表现欠佳，大量投资者选择了离开股市，转而选择银行理财产品、古玩和贵金属等投资，因为这些领域有更高的投资预期。因此，正如伯南克（Bernanke）和肯尼士（Kenneth）(2003)的研究结论，宽松的货币政策虽然能够影响股市波动，但货币供应状况并不是影响股价的主导力量，资金供给之所以能够影响股票价格，主要是由这一变化使人们对货币政策预期偏差，从而对风险溢价预期发生变化而引起的。

二、目前资金供给关系综合渠道之分析

（一）股票市场资金供给的主要渠道

1. 股票市场资金供给的主要渠道构成

我国资本市场经过二十余年的发展，目前初步形成了以个人投资者为主，

辅以多种机构投资者的市场资金供给渠道。从整体来看，我国资本市场资金供给主要依靠我国中小投资者，投资规模偏小，这容易造成盲目跟风，市场投机性有增无减，这种格局给市场改革和监管带来诸多困难。

截至2012年12月31日，我国专业机构投资者持有A股市值占比16.3%，交易金额占比18.5%。显然，相比个人投资者，机构投资者虽具有投资规模大、投资周期长和投资行为规范化等特点，但其资金占比仍然较小。

2. 国外资金供给渠道的启示

从欧美等成熟资本市场来看，机构投资者占有的市值一般达70%左右。其中，一半是养老金和保险公司等长期机构投资者，基金化趋势十分明显，各类法人投资机构凭借雄厚资金实力进行投资活动，对宏观经济发展的影响不断增强。

结合我国股票市场发展现状，我国需要吸引更多以价值投资理念的机构投资者携长期资金入市。拓宽资金入市的途径包括鼓励现有机构投资者增加股市投资比重，放宽投资限制，积极研究尚未入市的长期资金入市可行性（如养老金、住房公积金、银行理财资金等），实施税收等政策来引导资金流向，等等。

（二）银行理财资金入市的分析

1. 银行理财资金入市争论

长期而言，银行理财资金入市对银行业务多元化、股票市场良性发展及社会资源优化配置都具有重大意义。但是，作为追求稳健和安全的银行，在相关理财资金入市政策出台后，是否会选择立即进入股市并不确定。因此，银监会长期以来出台的政策，基本上明确规定除购买新股外，理财资金不得投资于境内二级市场公开交易的股票或与其相关的证券投资基金。由此，银行理财资金入市能否使这一期望结果实现，目前在股票市场尚存较大争议。

2. 银行理财资金入市的有限松动

在我国，虽然银行理财资金一直可以参与股票二级市场投资；但2012年8月，中国证券登记结算有限公司表示，关于银行理财产品开立证券账户从事股票和债券交易，证监会和银监会正在积极研究中，将稳步推进。

我们初步调查显示：2011年，我国商业银行全年发行理财产品22,441款，较2010年上升100.58%；发行规模达16.99万亿元，较2010年增长140.99%，理财资金数量和规模十分庞大。由此，如果银行理财资金入市真的有所松动，投资人购买商业银行各种理财产品的巨大资金量将是对股票市场的一次正面利好，也许可以一改近三年“熊市”的窘态。

（三）养老金入市的分析

1. 养老金入市背景

养老金是由政府、公司、金融机构等向因年老或疾病而失去劳动能力的人按月支付的资金，本着国家、集体、个人共同积累的原则积累、运作。作为生活来源资金，老百姓一直以来对养老金的安全性和稳健性有着极高要求和期盼。2012年3月20日，国务院批准，全国社保基金理事会受广东省政府委托，投资运营广东省城镇职工养老金1000亿元。2012年12月28日，广东省财政厅厅长曾志权在省十二届人大常委会二次会议上作的《关于广东省社会保险基金2012年度决算和2013年第一季度预算执行情况的报告》中表示，截至2012年12月31日，广东省实际委托投资运营时间约为半年多，实际应收收益率约为3.4%，高于同期通货膨胀率，赚了34亿元。按此计算全年收益率为6.8%，高于2012年广东省社会保险基金3.94%的年平均收益率。

虽然目前只有广东省将养老金入市，全国大多数省市自治区都在观望，但广东省的大胆实践，尤其是养老金入市以后盈利消息的正面影响却是长久和深远的。

2. 养老金入市的担忧

我国养老金尚未进行完全的市场化投资运作，收益水平低于同期通货膨胀，是我国公共养老制度的突出问题之一。随着养老基金管理体制的完善和资本市场趋于成熟，有必要逐步提高养老金的股票和股权资产配置比例，其入市可以推动我国资本市场的发展和资源的优化配置，在一定程度上缓解我国当前资金供给相对短缺的压力，促进资本市场供求平衡，也有助于引导消费储蓄习惯，改变人们投资心理，鼓励长期投资，扭转我国长期以来由中短期金融资产支撑长期项目投资的运作状况。

当然，目前社会中对养老金入市存在较大担忧，其焦点是养老金作为保障国人未来生活的最后一道屏障，对安全性提出了极高要求，而在我国股市目前阶段“熊多牛少”的背景下，养老金入市存在较大的收益不确定性。从某种意义上看，目前社会公众的担忧也确实有一定道理。

3. 养老金入市的国际运作经验借鉴

在发达国家养老金的资金运用结构中，股票投资的所占比重普遍较高，在国家养老储备基金、公共养老基金、个人账户基金、补充养老基金方面积累了大量有价值的经验。日本的公共养老基金逐渐实现了资金管理的专业化与投资运作的市场化。在个人账户基金的运作管理领域，丹麦的APT计划通过风险对冲组合与投资组合的综合运用，满足了当期支付与长期增值的双重要求。在个人账户基金管理方面，美国缴费确定型基金的运作有诸多值得借

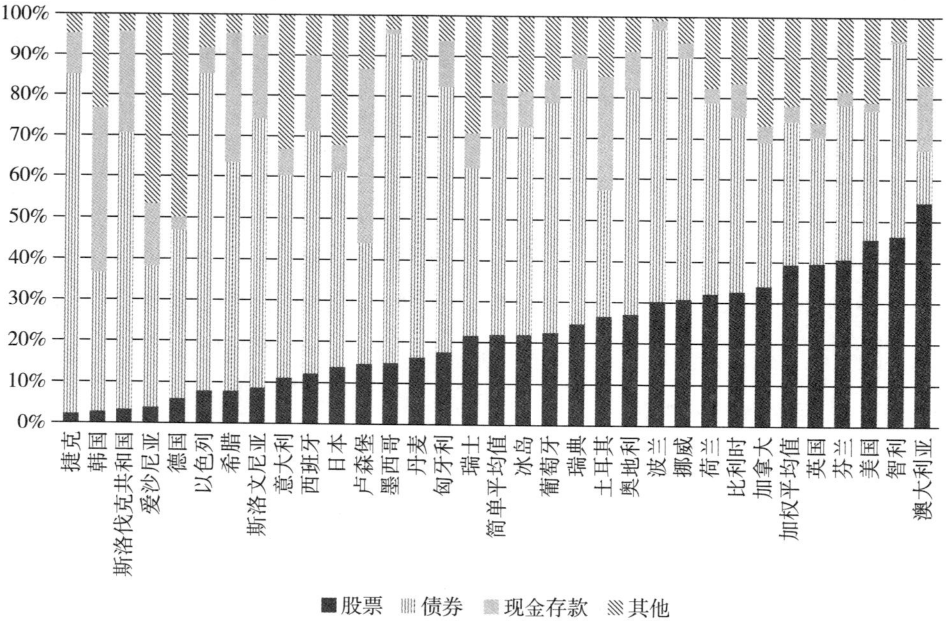

图3 2009年OECD国家养老金资产投资结构

数据来源：www.oecd.org，数据经整理汇总得出

鉴之处。美国企业将个人账户的投资管理权交付给个人账户所有人，企业聘用投资顾问协助提供合适的投资工具供员工选择，员工挑选投资工具来建立适合自己的组合。最终，养老金投资收益可以获得有专业投资理财的保证。

结合我国养老金实际情况，尽管养老金入市存在一些争议，但总体而言，养老金对于股票市场的效率、稳定以及金融创新都有重大意义。当然，为了防范养老金入市风险，保证养老金的安全稳健，必须建立起完善的制度条件，不断完善投资运营制度并建立完善的退市机制；坚持审慎投资方针，坚持资产配置多元化，将基金合理配置到固定收益产品、股票和实业以分散投资风险；等等。

（四）住房公积金入市的分析

1. 住房公积金入市背景

住房公积金是单位及其在职职工缴存的长期住房储金，是住房分配货币化、社会化和法制化的主要形式。截至 2012 年年底，全国住房公积金余额已超过 2.5 万亿元。可见，我国目前的住房公积金的确是一笔巨大的财富，如何运用得当，得到了全社会的共同关注。

根据《住房公积金管理条例》（2012 年修订）的规定，住房公积金可以通过发放住房公积金个人住房贷款、国债投资、银行存款三种方式实现增值收益。但由于种种因素的局限，导致个人住房贷款资金运作效率较低，国债投资品种也较为单一。住建部数据显示，2008 年年末，住房公积金使用率（即个人提取总额、个人贷款余额与购买国债余额之和占缴存总额的比例）为 72.81%，同比降低 1.78 个百分点。住房公积金运用率（个人贷款余额与购买国债余额之和占缴存余额的比例）为 53.54%，同比降低 3.51 个百分点。此后，住建部再未公布过此类数据。这正是因为现有投资渠道无法满足公积金保值增值需求，在此宏观背景下，将投资渠道瞄向 A 股市场，以求保值，也许是住房公积金的一种无奈的现实选择吧。

于是，2012 年 10 月，前中国证监会主席郭树清称，证监会与住建部正在共同研究改进住房公积金的管理和投资运营。目前，中国证监会已委托一些证券公司进行住房公积金投资A股市场方案的研究工作，预计2013年年底将可以向社会征求意见。

2. 住房公积金入市的启发

不可否认，我国今后要正式出台住房公积金入市政策，亟待解决以下问题：第一，法律法规的修订。因为按《住房公积金管理条例》的规定，住房公积金不能进入股市，因此必须对现行法规进行修订，从法律上允许公积金入市。第二，建立风险控制体系，防范风险。而如何建立风控体系、建立怎样的体系来保证职工住房公积金的正常提取与贷款，这是住房公积金入市最核心的问题，首先应在理论界进行深入和必要的讨论，提供一个可行性方案。第三，确定管理体制及运营主体。目前，省、直辖市、自治区并不直接管理住房公积金，而是由所在地住房公积金管理中心实际负责管理运作。在入市前，必须明确是委托专门机构运营还是自己运营。

当然，新加坡公积金运行方式也许值得我们参考。新加坡从1950年开始推行中央公积金制度，实行全国统一管理，并建立了中央公积金局。在投资方面，中央公积金局积极引入了各种投资计划，主要包括股票、单位信托、黄金、政府债券、储蓄人寿保险、非住宅产业计划、填补购股计划等。并且政府还规定，参加投资计划的会员，可以独立选择投资工具实现投资增值，但是必须自担风险，公积金管理局不保证无风险收益。当然，该制度存在一些弊端，如没有再分配功能、缴费率过高等。但不管怎么说，经过几十年的发展，该制度逐步发展演变成为一个包括养老、住房、医疗、证券股票在内的综合性制度，兼具社会保障和宏观调控功能。

（五）保险资金入市的分析

1. 保险资金入市现状

自1980年保险业务恢复以来，我国保险资金的运用基本上仅限于银行存款、政府债券及金融债券。但2003年以后，保险资金运用渠道拓宽步伐加快，目前已允许保险资金投资于各类债券、协议存款、基金、股票。2012年10月12日，保监会发布《保险资金参与金融衍生产品交易暂行办法》，继续为保险资金投资股市

“松绑”，保险集团（控股）公司、保险公司可以附条件地自行参与衍生品交易。

表 1　我国保险总资产和资金运用余额变动表

单位：亿元

年份	2001	2002	2003	2004	2005	2006	2007	2008	2009	2010	2011
总资产	4591	6494	9123	11,986	15,226	19,731	29,000	33,400	40,635	50,482	59,829
资金运用余额	3703	5799	8739	11,250	14,316	17,785	27,000	30,553	37,417	46,047	55,193

资料来源：《中国保险年鉴》公布数据

表 1 及表 2 是我国保险资金近十年来的规模以及资金运用结构和收益率数据。可以看出，这 10 年来保险资金进入股市的大概情况，逐年递增，且投资范围不断扩大。

表 2　2000—2011 年保险资金运用结构及收益率

（%）

年　份	银行存款	债券	投资基金	股票	其他投资
2000	48.7	37.7	5.3	/	8.7
2001	53.0	21.8	5.7	/	19.4
2002	52.0	28.8	5.4	/	13.8
2003	52.0	29.6	5.3	/	13.1
2004	49.2	39.0	6.0	0.4	5.4
2005	36.7	46.9	7.9	1.1	7.4
2006	23.6	53.1	5.1	5.2	4.0
2007	24.4	43.9	9.5	17.7	4.5
2008	26.5	57.9	5.4	7.9	2.3
2009	27.2	51.9	7.1	11.3	2.5
2010	29.7	50.5	5.7	12.0	2.1
2011	32.0	47.0	5.3	6.9	8.8

资料来源：中国保监会网站，中国保监会公布数据

截至2012年12月31日，保险业总资产为6.9万亿元，可以运营的资金为6.4万亿元。从这些统计数据可知，近十年来我国保险资金的总资产规模增长迅速，保险资金投资收益水平呈现稳步提高的态势。据计算，保险行业1999—2005年的年均投资收益率为3.63%，而2006—2012年提升至5.84%。显然，庞大的资金入市，增加了机构投资者的稳定资金供给量，对资本市场规模和结构起到了重要作用。

2. 保险资金投资的国际借鉴

保险业在世界发达国家或地区具有悠久历史，其保险机构在保险资金运用方面有着成熟经验，值得我们学习和借鉴。

第一，在保险资金的投资运作方面，受保险监管体制的影响和制约，不同国家和地区有不同的比例限制要求。

表3　主要国家和地区保险资金投资比例限制表

（%）

	存款	政府债	公司债	股票	抵押贷款	房地产
美国	100	100	100	10–20	100	10
英国	100	100	100	100	100	100
德国	100	100	100	30	10	40
法国	100	100	100	65	5	10
日本	100	100	100	30	100	20
我国台湾地区	100	100	35	35	100	19
我国香港地区	100	100	100	20	100	30
中国（未包括台湾地区及香港地区）	100	100	30	20	0	0

资料来源：中国保监会网站，中国保监会公布数据

从上表看出，各国保险资金在投资和使用上有一定区别。而与它们相比而言，我国对股票、公司债投资比例要求更为严苛，并严禁投资抵押贷款和房地产。

第二，各国投资领域日益多元化，但投资风格趋于稳健。2008年国际金

融危机以来，西方发达国家保险公司的投资趋向保守，主要投资于政府公债、金融债等传统领域，以避免再次遭遇重大金融危机。

第三，各国在保险资金投资方面都非常注重规避投资风险，对保险资金入市均有法律层面限制和自律性限制，并且对保险资金的投资和用途都有较严格的监管。

鉴于保险资金投资对其自身保值增值以及资本市场发展的重要作用，结合我国实际情况，我们应采取如下措施：一是进一步改善保险资金投资环境，加快投资产品创新，积极调整资本市场产品结构；二是进一步拓宽投资渠道，必须注重与控制投资风险相统一；三是适时调整监管模式以适应市场与行业的动态发展需要；等等。

3. 保险资金入市是公司投资的应有之举

在西方发达资本主义国家，保险投资已成为保险业务中不可缺少的重要组成部分。20 世纪 90 年代的美国，寿险公司保险资金的投资比例是债券占 44.3%，抵押放款占 26.2%，不动产占 3.5%，股票占 9.1%，保险贷款占 9.3%，现金和其他占 7.6%。相比之下，我国的保险投资起步较晚，保险资金投资受诸多客观条件的制约，但随着我国金融体制改革的不断深入，证券市场进一步开放与完善，在保险资金可供拓展的各项投资领域中，股市的投资优势逐渐凸显。

对于保险资金可采取的入市方式，目前通行的方式主要有以下三种：一是购买新基金，其中包括二级市场买卖和一级市场配售。从新基金运行一年半的情况看，新基金的收益远远高于同期银行存款利息；新基金年终分配时，90%的收益要以现金的方式分配给投资者。因此，以购买新基金的方式允许保险资金入市，可以说是较为稳妥的选择。二是设立证券投资保险基金，交由专业的基金管理公司来经营。其中，既可以选择已经成立的、业绩较好的基金管理公司，也可以由证券公司等发起成立新的保险基金管理公司。这种方式所存在的问题，主要就是流通变现需要一定的时间，因为股票投资有一定的期限组合要求。近年来出台的政策基本肯定了这种方式的可行性。三是由保险公司通过某种方式，如设立基金管理公司来直接运作保险资金。保险公司对第三种方式普遍接受。这是因为20世纪90年代上半叶保险公司有过较为成功的股市运作经验。

一般而言，第三种投资方式较为合适。保险公司可以选择现有的基金管理公司，负责保险资金的股票市场运作。这样不仅可以减少基金与机构之间的联手交易，而且也为保险资金选择更优秀的经营者及其合作者创造了更为广阔的投资天地，还有利于强化投资的长期化，有利于优化机构投资的多样化。历史上保险资金通过基金投资也获得过不菲的收益，从其自身资产配置、分散风险而言，投资基金仍然会是其应为之举。

（六）QFII现状及对市场的作用

1.QFII资金入市现状

作为一种过渡性制度安排，QFII制度是在资本项目尚未完全开放的情况下，实现有序、稳妥开放证券市场的特殊通道。QFII试点在我国2002年开始实施，2011年12月以后，证监会和外汇局加快了QFII审批速度，实施了一系列扩大开放的措施，包括将QFII总投资额度扩大到800亿美元，同时修改QFII法规，大幅降低QFII资格要求、提高持股比例上限（从20%到30%）、增加运作便利、扩大投资范围（允许投资银行间债券市场和中小企业私募债）等。2012年7月27日，中国证监会公布《关于实施〈合格境外机构投资者境内证券投资管理办法〉有关问题的规定》。该规定本着“放松管制，加强监管”的指导思想，降低了QFII资格要求，简化审批程序，放宽QFII开立证券账户、投资范围和持股比例限制，进一步完善监管制度。

QFII审批速度的加快，显示了证监会及相关部门扩大资本市场对外开放的决心，也有利于丰富我国资本市场的投资者结构，提升上市公司质量，提高资本市场国际化水平和影响力。同时，QFII进入我国股票市场投资，在一定程度上增加了我国对跨境证券投资和资本流动的监管经验，为机构投资者提供国际投资的经验，也是对资本市场实现人民币资本项目自由兑换的积极探索。

表 4　合格境外机构投资者（QFII）审批情况表

年份	批准机构（个）	批准额度（亿美元）	总额度（亿美元）
2003	10	17	40
2004	14	17.75	
2005	7	22.2	增加至 100
2006	13	34	
2007	5	9.5	增加至 300
2008	17	33.98	
2009	19	31.27	
2010	12	31.5	
2011	14	19.2	
2012	48	119.28	增加至 800
合计	159	335.68	

数据来源：国家外汇管理局网站（与证监会审批数据存在差异）

2.QFII 带来的必须关注的投资问题

中国证监会披露，截止到 2012 年 12 月 31 日，已有 192 家境外机构获批 QFII 资格，全部 QFII 投资额度合计为 335.68 亿美元，其中 3/4 左右资金投资于股票市场，QFII 持股市值约占 A 股流通市值的 1.71%，占比仍然非常少，可见 QFII 机构投资者今后的上升空间还是很大的，尤其是李克强总理提出要进一步深化体制改革，分享 20 年改革红利，QFII 入市也许会有所突破。

第一，国外机构投资者对国内股市的参与使国内外股票市场建立起紧密联系，使国际市场一系列的经济因素的变化会通过影响外国投资者的投资组合，来影响他们对国内股票的需求，进而影响国内股票价格。

第二，市盈率水平与国际市场趋同。随着证券市场对外开放进程加快，境外市场的股价和市盈率水平很容易成为境内投资者的参照标准，特别是 A、H 股并存公司的比价效应更为明显，这都会给股市对股票市场投资带来较大的影响。

在我国台湾地区证券市场实施QFII的过程中，其股票的市盈率也逐步与国际市场接轨。1991年，我国台湾地区市场的股票市盈率为32.05倍，是同期纽约市场和伦敦市场市盈率水平的两倍。但是到了2001年10月，我国台湾地区和纽约、伦敦的市盈率水平已经十分接近。市盈率水平趋同的主要原因是投资理念趋于一致从而导致股票价值判断的标准逐渐趋于一致。

表5　沪深两市股票收盘价加权平均每股收益、市盈率、市净率、总股本、总市值统计表

板　块	股票数量	加权平均市净率（倍）	按2012年中报加权平均每股收益计算平均市盈率（倍）	2012年加权平均每股收益计（元）	2011年加权平均每股收益（元）	A股总股本（万股）	A股总市值（万元）
沪深两市	2098	2.07	14.26	0.499	0.489	309,271,589	2,200,537,874
深　市	1157	3.31	26.76	0.360	0.404	64,342,772	619,786,456
沪　市	941	1.73	12.05	0.536	0.511	244,928,817	1,580,751,418
中小板	701	2.83	30.10	0.397	0.446	24,123,120	288,299,693
创业板	355	2.83	36.40	0.399	0.440	6,008,648	87,300,124

数据来源：新浪网统计

截止到2012年12月30日，我国沪市平均市盈率是12.05倍，深市平均市盈率是26.76倍，仍然高于同期纽约市场和伦敦市场市盈率水平，股票市盈率趋同问题依然存在。

第三，价值回归中仍有大量波段机会。一份德意志银行的研究报告认为："从较长的时期看，随着QFII机制的引入，加之中国国内基金管理业的加速成长，可能导致对中国证券市场基本面的评级上升，A股市值不断增加，但由于投资环境更趋理性，A股市场总体会逐步下调"。

我们认为，QFII的外生性不会直接引致市场的下调，但外部投资理念的引进会在一定程度上引导投资理念的渐进式变化，而这种渐进式变化会导致市场出现结构性的调整，可能导致价值评估体系的重新建立。这种结构性的

变化本身就存在大量的机会，这一过程中新兴市场所固有的波动性特征仍会产生大量的波段投资机会。

（七）信贷政策对市场资金的影响与分析

1. 信贷资金进入市场路径分析

1993 年 4 月 22 日颁布的《股票发行与交易管理暂行条例》规定，“任何金融机构不得为股票交易提供贷款”，即明令禁止银行信贷资金违规进入股市。2011 年 8 月，银监会重申严禁信贷资金进入股市，并禁止银行为企业债券提供担保。如果信贷资金大规模入市，势必造成流动性泛滥，导致资产价格泡沫，实体经济可能存在资金短缺现象，即流动性过剩和流动性不足并存，可能孕育巨大风险。由此，我国在政策方面严禁信贷资金进入股市。但在现实中，信贷资金违规入市现象屡禁不止。例如，从 2009 年就引发天量信贷是否渗入股市大争论，2010 年深圳银监局查处多家银行个贷资金违规流入股市，以及银监会多次严禁入市等中都可见一斑。

目前，我国银行信贷资金通常都是间接入市的，大体可分为 4 条通道：（1）证券公司和基金管理公司进入银行间同业市场，将银行信贷资金投入股票市场；（2）证券公司向银行申请股票质押贷款，并将获得的资金投入股市；（3）企业擅自违规挪用银行贷款进入股票市场；（4）个人通过银行贷款炒股。这些间接入市的信贷资金是否全部是有危险的或者不必要的？回答是不一定的。

2. 信贷资金入市的合理性分析

从现代金融市场体系的发展要求来看，银行信贷资金进入股票市场又有必要性。第一，银行业的综合化经营和资产负债管理要求更加灵活地运用信贷资金。我国加入世界贸易组织后，银行业面对势力强大、管理先进、综合经营的外资银行业的强大冲击，因而必然要求多渠道运用资金，提高信贷资金的使用效益。第二，股票市场长期稳定发展需要有相对稳定的补充资金，而资金的人为分隔必然造成资金运动的扭曲，将阻碍货币市场和资本市场的协调发展。

三、未来资金供求关系动态变化之研判

（一）IPO速度与市场资金的平衡问题

1.IPO速度与市场资金流动性关系

目前，我国仍缺乏一个政策架构来保障股票市场的供求平衡。在市场低迷又没有形成良性竞争的情形下，包括首次公开募股（Initial Public Oftering，IPO）、配股等每年还要从资本市场拿走上万亿元的资金。要使资本市场处于动态平衡，核心内容就是要适当放慢IPO的速度，避免供给频率过快。从当前市场看，上市公司每年从市场拿走6000亿—8000亿元资金，就如同一个抽水机，要从市场这个水库中抽走大量用水，但这个水库上游又没有足够的新增流量，水库的水位就会下降，导致市场长期低迷，投资者信心自然严重受挫。

当然，我们不能把市场下跌简单归咎于融资，问题的关键是要建立一种动态平衡的资金供求关系。如果股票市场融资功能完全停止了，也会影响股票市场本身具备的融资功能。

2.结构性缺陷引发的资金长期紧缺问题

由于我国金融体系的结构性缺陷，我国股票市场承受着较大融资压力，其中，商业银行在资本市场上的融资需求巨大且持续，仅上市商业银行每年便可能要在资本市场融资3000亿—4000亿元人民币。通常情况下，为保持8%的经济增长率，我们每年的新增贷款都在8万亿元以上。按照《巴塞尔协议Ⅲ》和银监会的相关要求，8万亿元新增贷款要消耗5000亿元的核心资本，其中上市银行占整个银行的比例是60%—70%。也就是说，上市银行每年要消耗2000亿—3000亿元的核心资本，这也对市场造成了巨大压力。也许，唯有进行股票市场结构性改革和创新，才能解决这一矛盾。

3.IPO重启对公司投资的影响

中国证监会于2013年11月30日公布《中国证监会关于进一步推进新股发行体制改革的意见》。IPO重启对创业板、中小板冲击较大。因为抑

制新股高市盈率发行对A股整体估值影响不大，但从IPO暂停到重启，一方面会吸引部分资金进入一级市场打新股，另一方面会对投资者心理预期造成一定负面冲击，对创业板、中小板中部分估值泡沫化的个股具有负面影响。因此，IPO重启对市场短期有一定负面影响。由此，公司必须注意到IPO重启对于公司股票投资领域的变化，短期来看，估值过高的创业板、中小板（部分）个股将经历去泡沫化的过程，其股票价格必定有所下降，公司对股票市场的投资策略应该做出适当的调整，以适应股票市场的这种政策性变化。

（二）再融资对市场资金的影响与分析

1. 再融资的合理性评价

上市公司的融资必须根据企业发展的需要确定，这就体现在融资的合理性上。企业是否需要融资，还是为了融资而融资，在审核阶段必须要予以明确。企业的融资和再融资说明书必须明确融资的目的，必须保证有足够的回报。如果融资后资产收益率大幅度下降甚至还不如融资之前的利润，那融资就有问题。对于上市公司融资，须要设定一些比较硬性的财务和法律规定，比如最近三年没有受到处罚，没有虚假信息披露，没有会计师和审计师出具否定性意见或者不予肯定的意见，公司没有违法犯罪行为，没有资金被挪用的情况等。

2. 再融资的标准性评价

对于再融资规模，有必要限定更加明确的标准，可以考虑设定一些标准，如再融资规模不能超过净资本、净资产的50%，涉及重大资产重组、收购的，不得超过净资本的100%等。在再融资与上一次融资行为之间时间间隔方面，两次融资之间至少间隔三年。

3. 再融资对公司投资提出了更高要求

上市公司再融资是有客观原因的。第一，随着我国宏观经济增长比较迅速，投资机会增多，加上国内市场流动性比较充分，为上市公司投融资提供了一个比较好的外部环境。第二，国家宏观调控在遏制流动性泛滥的同时，也极大地提升了间接融资成本。尤其是以银行、保险为代表的金融类上市公司显得资金吃紧。加之房地产企业在政策严控的影响下，也面临资金紧张的现状，进行再融资的需要更为迫切。在这种情况下，上市公司再融资可能存在超出了市场的实际承受能力，部分上市公司的再融资规模远远超出了自身实际需求，信息披露不够完整、及时、充分，完全没有考虑投资者的承受能力，不排除某些上市公司夸大资金需求，提出不符合实际的筹资目标，明显带有“恶意圈钱”的嫌疑。

金融资本与产业资本不应是相互博弈的关系，应是双赢共荣地发展。但是，金融资本与产业资本在估值判断上的差异，会使个股走势表现为更加明显的个性化特征。因此，这些相互博弈的关系对我们选择上市公司投资提出了更高的要求，必须对上市公司再融资计划有一个比较深刻的认识之后，才可以进行投资，否则遭受损失的只能是公司的利益。

（三）减持与限售股解禁对市场的影响与分析

1.“大小非”和“大小限”的负面影响

“大小非”和“大小限”对于投资者而言都是悬在头上的“达摩克利斯之剑”，对于市场信心和流动性都是威胁。虽然进行了股权分置改革，但现在有必要重新反思限售股的解禁政策，避免发起人上市后无心长期做好企业的弊端。

2. 解禁影响的有限性分析

在宏观经济政策之外，“大小非”等限售股解禁的抛售压力仍然会对市场预期造成影响。“大小非”解禁对股市是相当大的利空。解禁潮是否会影响股市关键要看市场总体趋势，一旦股指上涨过快，再加上周边市场尤其是美国经济走势并不乐观，“大小非”解禁的负面影响会被放大。

尽管“大小非”经历了股改送股的成本付出，但其购入成本仍然极低，即便按照暴跌后的市价套现，依旧能获得利润。因此，市场很难准确估量解禁后的套利冲动。

对于2008年而言，“大小非”解禁对A股市场阶段性的资金供求面可能产生一定程度影响。

对于个股而言，获得流通权既可能带来投资机会，又可能带来回调风险，投资者应区别对待。在市场总体趋势向好时，若公司基本面较优秀，则限售股很可能带来投资机会。这是因为在限售股解禁前期，因投资者心理压力，股价往往会出现调整。而一旦解禁之后，优质的基本面容易吸引更多的资金关注，股价可能被推高；若市场总体运行趋势偏淡，且公司基本面乏善可陈，则限售股解禁很可能带来显著回调风险。

3.“大小非”解禁对公司投资的参考

“大小非”解禁前后个股涨跌不一，这说明“大小非”减持意愿与大盘涨跌的关联度不是很强。从整体上看，个股在解禁前因担心解禁对股价的影响而走势落后于大盘。但出人意料的是，在解禁后的一段时间内个股平均走势强于大盘。我们发现，解禁后个股整体走势强于大盘主要与“大小非”解禁后上市公司往往有利好配合分不开，如业绩出现高增长、注资重组、定向增发以及高比例转增股本等。这也在一定程度上说明“大小非”筹码解禁后并没有出现大比例的减持。

同样，“大小非”减持期间个股的表现也强于大盘，但减持公告发布当日股价受负面影响，走势落后于大盘。由此可见，限售股解冻后的套现行为对个股的影响在一定程度上是心理层面的。这些股市特有的现象可以为今后公司对股市投资时提供参考。

结束语

本文只是对我国股票市场资金供求关系的一些粗浅的分析与研判，并不十分准确，但可以作为在股票市场运作时对资金的研判的一种参考。对于我国股票市场而言，股票市场资金供求关系可能是最直接影响股票市场的因素，尤其是养老金、公积金、银行理财资金、QFII和信贷政策的状态和走势，将越来越多地影响宏观市场预期以及微观价格走向，这种影响在今后相当长的一个时期内将表现得尤为明显和强烈。我们不能忽视这些因素，尤其在股票市场投资时，也许在某种程度上可以起到一定的参考作用。

2014年1月6日写于海通大厦

量化宽松调整后对房地产与流动性影响的简要分析

文 / 顾雷　张耀琨

一、量化宽松政策的产生背景及原因

（一）量化宽松的三次出台背景

量化宽松（Quantitative Easing，QE）中量化指的是扩大一定数量的货币发行，宽松就是减少银行储备必须注资的压力。当银行和金融机构的有价证券被央行收购时，新发行的钱币便被成功地投入私有银行体系。

在经济发展正常的情况下，央行通过公开市场业务操作，购买市场的短期证券对利率进行微调，从而调节市场。但在量化宽松政策下，央行是通过持续向银行系统注入流动性资金，向市场投放大量货币，所以量化宽松对各国经济体实施的货币政策并不是微调，而是一剂猛药。因此，量化宽松从一开始在市场上露面，就引起市场的广泛关注。

第一次量化宽松：在雷曼兄弟于 2008 年 9 月倒闭后，美联储就紧急推出了量化宽松政策。在随后的三个月中，美联储创造了超过 1 万亿美元的储备，主要是通过将储备贷给它们的附属机构，然后通过直接购买抵押贷款支持证券，借以达到稳定美国货币市场的目的。

第二次量化宽松（QE2）：自 2010 年 4 月美国经济进入步履蹒跚的复苏以来，美联储一直受压于需要推出再一次的量化宽松。2011 年 8 月，美国联邦储备委员会公开市场委员会（FOMC）宣布，将再次实施 6000 亿美元的“量化宽松”计划，美联储发行货币购买财政部发行的长期债券，每个月购买额为750亿美元。其目的是通过大量购买美国国债，压低长期利率，特别是避免通货紧缩，并降低高达9.6%的失业率，借此提振美国经济。

第二次量化宽松可以理解为美联储为了美国经济复苏所作的努力，但最终也导致美元再次泛滥，给其他国家带来汇率波动、资产泡沫等不良冲击。

第三次量化宽松（QE3）：2011年9月底，美国的经济数据如就业数据等已经接近崩溃，复苏无望，美联储为应对无法预期中的危机而不得已展开又一次量化宽松：第三次量化宽松。在美联储带动下，欧洲央行、日本央行后来也陆续推出量化宽松政策，最终导致全球“通货膨胀”，争议四起。

美联储决定“小幅缩减资产购买规模”，从而结束这场历史性行动，一切似乎又回到了原点。然而，量化宽松淡出的背后原因却是耐人寻味的。

（二）第三次量化宽松骤停之原因分析

我们分析，美联储宣布退出QE的主要原因有两个：

一是与自2014年10月会议以来，美国经济温和扩张，就业状况改善，失业率连续下滑有关。与此前相比，美国限制经济复苏的财政政策力度正在减弱，美国道琼斯工业平均指数重新站上14,000点并继续改写历史新高，2013年美国经济平均增长率达2%，远超预期，显示出“财政悬崖”不确定性导致的冲击效应已经有所减弱，经济上行和就业下滑之间的风险已接近平衡。①

① 美国公开市场委员会作出缩减QE规模的主要原因是：“就业市场状况现实进一步改善迹象，失业率已经下滑但仍处于高位。家庭支出和企业固定投资增加，但近几个月楼市附送有所放缓，而且财政政策限制经济成长……通胀一直低于委员会的较长期目标水准。”这与美联储的声明基本保持一致。

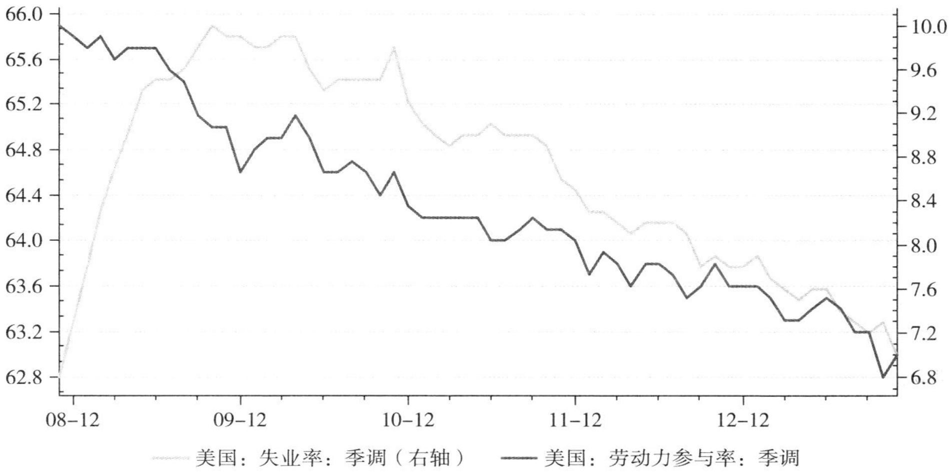

图 1　美国失业率与劳动力参与率

从美国宏观经济数据上看，新屋营建许可、固定资产投资、失业率、失业人数都有不同程度的好转。可以说，美国缩减 QE 规模具有了一定的经济基础。

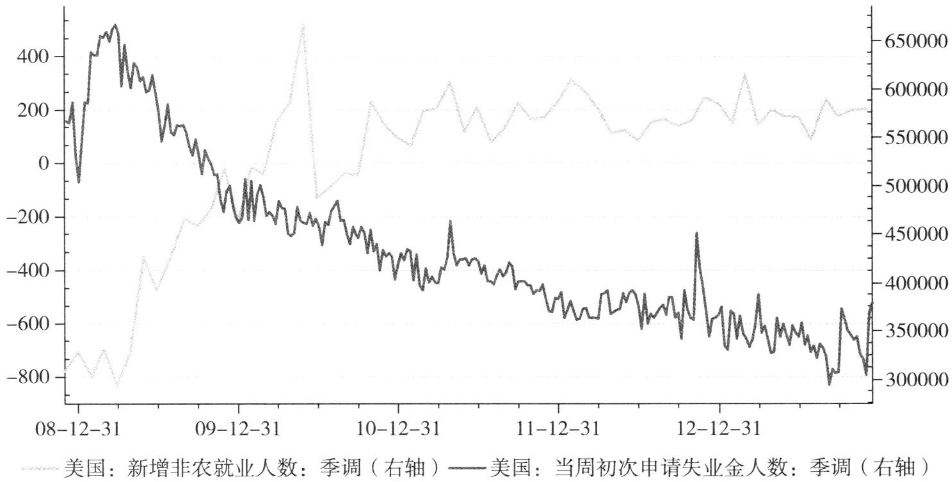

图 2　美国新增非农就业人数与当周初次申请失业金人数

二是与2015年上任的美联储主席珍妮特·耶伦（Janet L.Yellen）[①] 女士有关。我们只要稍加分析其主要经济观点就可以分析出量化宽松政策的未来走势。

珍妮特·耶伦曾经担任美国第十八任总统经济顾问委员会主席，也是美国经济界温和派（鸽派）的代表之一。在谈及就业问题时，其预计美国未来通胀水平将保持较低水平，未来劳动力市场也会明显好转，美联储不应再通过量化宽松政策来刺激美国本土经济了，美联储应该逐步减少货币刺激，适当降低对当前非常规政策工具（诸如资产购买）的依赖，支持经济增长“才是确保美联储货币政策最终正常化的最确定的方式”。[②]

值得关注的是，奥巴马总统已于2013年10月9日提名珍妮特·耶伦担任下任美国联邦储备委员会主席。珍妮特·耶伦的观点对于美国甚至是全球下一步金融走势有着极其重要的影响。由于其一贯秉持的鸽派立场，我们有理由相信她接任主席一职后，美联储不会长期维持宽松立场，将会减少债券采购的规模以达到振兴美国本土经济的目的。于是，与其最终由珍妮特·耶伦下令废除量化宽松政策，不如由自己宣布开始减持计划更为妥帖。从某种意义上说，美联储突然宣布减少QE政策更像是伯南克为珍妮特·耶伦上任所做的一种政策性铺垫，其象征意义大于实际价值。

但是，珍妮特·耶伦对完全解除量化宽松政策还是留有余地的。向好的经济数据并没有完全减轻，珍妮特·耶伦对美国经济复苏的担忧，在谈及就业问题时，珍妮特·耶伦认为，当前7.3%的失业率依旧过高（2013年10月，美国失业率还小幅上升，从9月的7.2%升至7.3%），经济增长和劳动力市场

---

① 珍妮特·耶伦，女，1946年8月3日出生于美国纽约州布鲁克林，美国耶鲁大学经济学博士，美国犹太裔经济学家，第十八任美国总统经济顾问委员会主席；两次荣获柏克莱加州大学哈斯商学院的杰出教学奖；曾任美国联邦储备委员会副主席（任期为2010年10月4日至2014年10月4日）。

② 比特：《分析称伯南克离任前缩减QE为耶伦扫清障碍》，《耶伦听证会证词暗示 联储短期内难给美国经济“断奶”》，和讯新闻：http://news.hexun.com/2013-11-14/159698358.html，最后访问日期：2013年12月20日。

远未发挥其应有的潜能。因此，珍妮特·耶伦明确指出，在经济和劳动力市场明显好转前，美联储不会马上采取缩减货币的政策。因此，对于美国量化宽松政策的最终走势，我们仍要拭目以待。

二、量化宽松调整后对房地产与流动性影响的评估

（一）对房地产泡沫的重新评估

从历史上看，美国货币政策只要开始收紧，必定会引起流动性、房地产等市场的连锁反应。①

如前所述，美国 QE 退出可以直接造成国内市场流动性紧缺。由于我国近年来股市长期低迷，大量投资资本涌向了房地产行业。作为连锁反应，这种流动性短缺效应很快会传递到资本蓄积最大的房地产市场，出现大量抛售也是在所难免的，包括我国香港地区李嘉诚在江苏、上海两地匆忙抛售房产套现60亿元的行为，都是对“上吊式”资金引爆流动性紧张导致“房地产泡沫”破裂的有力证实。②

其实，房地产虽难独善其身，但也不必过于担心。

国内房地产泡沫会不会破裂的首要决定因素是土地供应量。目前，我国土地供给严重不足，建房成本居高不下，房价也就不会简单跟随美国 QE 减少应声落下。有统计数据显示，全国 300 个城市 2013 年 12 个月（全年）土地出让金收入超过 2.7 万亿元，较去年同期上涨了 62.65%，再次创下历史最

---

① QE 退出宣布以后，对不同国家金融市场的价值体系结构的影响也是不同的。对外部融资依赖较强、经常账户逆差较高，财政赤字大的国家，比如印度、巴西和印度尼西亚（甚至是韩国）等国，市场面临的压力要大一些，这些国家房地产价格普遍下跌，市场流动性也遭遇重创。而诸如美国、欧洲和日本等国市场，似乎更多地从美国退出 QE 政策举动中得到了乐观信号，房地产价格趋于上升，市场流动性日渐充盈。

② 余丰慧：《QE 退出或刺破中国房产泡沫》，新浪财经：http://finance.sina.com.cn/column/bank/20130621/080715867098.shtml，最后访问日期：2013 年 12 月 21 日。

高纪录。[①]同时，虽然QE调整后外资撤出加剧，国内房地产流动性趋紧，但是，我们从数据上看，外资在房企开发资金中占比并不大。以2013年房地产开发企业到位资金10.9万亿元为例，其中外资占比不足1%。[②]显然，美国资金的减少对国内房地产的影响不会太大。

国内房地产泡沫会不会破裂的第二个决定因素是地区人口流动量。如果买房人口越来越少，这个泡沫破灭的可能性就非常大。事实上，我国一、二线城市人口连年保持增长，一直可以增长到2050年前后，而三、四线城市人口也不可能下降。相反，在今后的十几年中，人口对住房的刚性需求坚挺，尤其在北京、上海和广州等特大型城市，房地产崩盘的可能性很小。纵是泡沫，也未必会被立即刺破。2013年12月统计表明，全国69个大中型城市房价仍然保持上涨态势，其中北京、上海、广州和深圳同比涨幅高达20%，26个大型省会城市房价同比涨幅也超过10%，2013年前11个月，商品房销售面积为110,807万平方米，同比增长为20.8%。这些情况与2013年年初制定的房价控制目标相差甚远。

虽然党的十八届三中全会指明了2014年土地制度和房地产税改革的方向，但这两项工程的进展并没有那么快。调控也难以触及地方政府的根本利益——土地财政，也就难以控制住房价。也许，出于地方利益的结盟，房地产可能是最后一个受到流动性紧缩影响的领域。因此，我们有理由相信2014年还会延续去年的房地产市场基本面，房价仍会保持温和上涨态势，未来三年内国内房地产企业仍然面临较好的经营环境和利润空间。国家统计局数据显示，2013年是房地产市场调控以来销售面积增长最快的一年，房企业绩近乎实现

① 朱玲：《QE退出后的中国楼市猜想：房企或选择合作开发应对》，新华网：http://www.xinhuanet.com/，最后访问日期：2013年12月21日。

② 许倩：《QE退出冲击来袭：中国房产行业恐难独善其身》，凤凰网房产：https://house.ifeng.com/，最后访问日期：2013年12月31日。

普涨，万科、恒大、碧桂园等多家均提前实现全年销售业绩。[①] 也许，这些情况在一定程度上更证实了我们的判断。

我们认为，美国 QE 退出与我国房地产之间并不存在线性递减关系，即不存在 QE 减少导致住房需求下降的对应关系，因此美国 QE 在短期内不会影响国内房地产市场的供需关系，也不会弱化国内房地产价格居高不下的基本格局。

因此，美国 QE 退出对于我国房地产的影响有限。我国房屋刚性需求总量巨大，人口众多，且有巨额储蓄存款（10 万亿元）作为后援。目前，我国经济增长更多由内部因素驱动，政府也在积极推行拉动内需政策，本土经济很大程度上是依靠自身资源发展经济，对外经济依赖度并不高。自然 QE 也不会挤破国内房地产泡沫，国内房地产“高危价格体系”至少还应维持相当一段时间。

不可否认，不是所有的房地产（企业）都可以抵抗美国 QE 退出后的风险。一旦 QE 退出，这将对海外（境外）企业的房地产投资项目产生巨大影响，诸如对国际投资有限公司海外融资带来难度，导致其融资成本升高和汇率风险加大，可能被迫抛售房产以应对流动性危机。而大量卖房就会增加市场供给，导致房地产价格进一步下降。无疑，这些恶性循环将对国际投资有限公司的未来发展带来较大负面影响。

（二）对流动性走向的重新认识

随着 2015 年美国逐步退出量化宽松，美元将由弱转强，国际热钱可能再次出现异动，从而吸引资本回流，我国国内市场将面临热钱流出、资本流动逆转，国内流动性可能出现重大问题。按照 2014 年年底 850 亿美元（每月）购债规模退出计算，根据货币乘数效应，理论上每月相对收紧流动性 6800 亿

① 朱玲：《QE 退出后的中国楼市猜想：房企或选择合作开发应对》，新华网：http://www.xinhuanet.com/，最后访问日期：2013 年 12 月 21 日。

美元左右。这无疑会导致美国国债收益率急剧攀升、借贷成本大幅增加、美元汇率走高，导致外资大举流回美国本土。从短期来看，这就使人民币由升转贬、外汇储备下降，国内市场流动性也许会出现紧缺现象。

我们认为，我国经济存在的问题主要是结构性和体制性问题，如人民币利率市场化、金融机构资产负债表调整压力，以及转变经济增长方式、去产能等问题，而不是简单的流动性短缺所能涵盖和解释的。

那么，我国流动性短缺与美国 QE 削减计划之间真的就没有必然联系了吗？

也不尽然。外资撤离确实可能造成一定程度上国内流动性资金紧张。但是，一个国家的流动性资金主要还是以本国中央银行的货币政策为主，而不简单取决于美国货币政策的走向。2014 年，美联储没有退出 QE 时我们也闹过钱荒，但当时并未出现明显的外汇储备减少问题。

我国经济不是简单依赖于外部资金支撑和发展起来的。党的十八届三中全会制定了总体发展规划，GDP 要保持在 7%左右的增长速度，地方政府会增加基础设施支出，必须保证强劲的市场流动性，加之我国本身的储蓄是过剩的，流动性本身应该不是问题。必要时，中央银行肯定会对市场注入流动性资金。2014 年 12 月 24 日，中国人民银行紧急注资 3000 亿元进入国内金融市场进行“充血”，也许就是最好的例证。从我国历史上看，央行注资从来就不是第一次，也不会是最后一次。

从长期来看，如果美国大刀阔斧地进行 QE 减退，在美股、债券上涨的同时，美国政府将会遇有极为严重的财政危机。为了渡过财政危机，美国政府只能继续发债，要发债就需要 QE 支持，而在政府发债之时选择退出 QE，不可避免地会激化与政府的关系。美国财政部 2013 年 12 月 31 日的报告指出，美国当年财年财政赤字锐减至 6800 亿美元，创自 2008 年以来新低，还不到 2009 年的一半。但全年利息开支高达 4156 亿美元，较 2012 年增长近 16%！显然，如果没有 QE，美债利率增加，美国财政是承受不起这样高的利息的，甚至好政府是要“关门大吉”的。因此，今后几年美国政府表面退出而实质变相保留 QE 政策都是有可能存在的。也许，美国进入 QE 政策退出长期化则是更明智和现实的一种选择。当然，围绕价格波动之间的博弈一定是非常激烈的。

再者，与第一次和第二次量化宽松相比，第三次量化宽松不再是印钞票为市场“输血”，而是在调整资产结构，对流通中的美元总量没有影响。正如有学者指出的那样，并没有增量，而是锁定市场流量，不会对我国造成实质性的流动性压力。①

总体上看，第三次 QE 缩减规模对我国房地产与市场流动性的影响有限，更多的是市场波动引发的负面心理影响。我们应加强对国内外资金流向的长期跟踪监测，紧盯市场流动性供应量的变化，强化对房地产和资金流动性的动态监管，做到尽早掌握资金流向和流量，制订“资金短缺应急机制方案”，研究具体的“救场”措施，做到心中有数，处变不惊，防患于未然。

2015 年 1 月 8 日写于海通大厦

① 金彧:《谭雅玲:“QE 缩减”对中国是心理影响》，载《新京报》2013 年 12 月 25 日。

并购与重组：如何识别风险与提高公司存量资源的配置效率？

——从金融资产管理公司并购重组模式和案例谈起

文/顾雷　徐植

引言

我国经济的快速发展虽然使其成为世界第二大经济体，但是，我国经济发展中面临经济结构转型、发展方式转变的问题。为此，经济体系不仅需要通过投资这一增量方式进行资源的优化配置，而且需要通过并购重组的方式进行存量资源的优化配置。①

一、并购与重组：资本市场的核心功能

资源优化配置是资本市场的重要功能。资本市场的这种资源优化配置功能主要表现为存量资源的优化配置。资本市场对存量资源的优化配置是通过并购、重组等方式来实现的。

（一）并购重组：提高存量资源配置效率的有效方式

我国经济发展面临经济结构转型、发展方式转变等诸多问题。为此，经济体系不仅需要通过投资这一增量方式进行资源的优化配置，而且需要通过

① 本研究报告引用了《2013年中国资本市场论坛主报告·分论三》的相关数据，在撰写过程中得到了中国人民大学财政金融学院的大力支持和帮助，在此表示感谢。

并购重组的方式进行存量资源的优化配置。既有的研究发现，并购重组可以通过产业的调整、产业结构的优化、资源从低效率公司到高效率公司的转移以及企业效率的提高等方式实现存量资源的优化配置。

1. 并购重组提高存量资源配置效率的机理分析

（1）并购重组可以实现产业的扩张、收缩和整合。

我国经济发展中存在产业结构过度分散与部分产业的产能过剩等问题。产业结构的过度分散，使企业无法形成规模优势，在竞争中处于劣势地位。而产能的过剩可以通过并购重组来实现产业的收缩。通过并购重组，可以提高产业的集中度，消除企业之间低水平的过度竞争，取得规模经济效益，并使优势企业的存量资产实现规模扩张，从而避免产能过度扩张造成整个市场的供需失衡，以及由此导致的恶性竞争的发生。

这似乎再次印证了科尔尼（2004）的研究结论：在所有行业中，都存在一个统一的整合模式。当公司努力争取扩大规模时，市场分散化之后紧随而来的便是强劲的重组与兼并浪潮。[①]

（2）以企业成长为基础的并购重组带动产业结构优化。

企业的成长有两种方式，一种内部成长方式，另一种则是并购等外部成长方式。斯蒂格勒（Stigler，1982）通过对美国企业发展历史进行研究，证明并购重组是企业快速成长的有效途径。综观美国著名大企业，几乎都是以某种方式、在某种程度上应用了兼并收购而发展起来的。这样的规律似乎也毫无例外地发生在中国企业身上。

（3）并购可以实现资源从低效率公司向高效率公司的转移。

资源的优化配置的一个重要特点是，资源从低效率公司到高效率公司的转移。科尔尼（2004）研究发现，在并购重组中，一般是优势企业并购劣势企业，实现优胜劣汰。资本市场会对优势企业给出较高的价值评估。同时，

① 科尔尼：《并购策略——从产业整合实践中提炼出来的操作指南》，丁焕明译，机械工业出版社2004年版。

并购行为在很大程度上决定了股票价格的变化。价格上涨的股票为公司提供了相当可观的“用于收购的现金”，而公司合并反过来也促进了股价的上涨。这无疑会使资源从低效率公司向高效率公司转移。[①]

（4）并购重组可以实现企业效率的提高。

戴思特斯（Duysters）和哈格多恩（Hagedoom）（2002）认为，从技术扩散的角度研究并购对企业经营业绩的影响，在经营战略和组织结构上相近的两个公司合并有利于发挥双方技术协同效应，采用新技术、新工艺，研制新产品，促进技术资源的重新配置。

（二）我国企业并购重组优化资源配置效率成效显著

2006—2011年，共有146家上市公司完成或者正在进行产业整合式重组，交易金额达到7579.85亿元；2006年进行的此类重组，完成后上市公司三年平均总资产、总收入和净利润比重组前分别增长了306%、208%和187%。

2006—2011年，共有67家上市公司通过并购重组进行或者完成了产业升级，交易金额达到3622.52亿元。2006年进行的此类重组，完成后上市公司三年平均总资产、总收入和净利润分别比重组前增长了332%、318%和595%。

2006—2011年，共有82家亏损上市公司通过并购重组，淘汰落后产能，实现扭亏为盈。这些并购重组涉及交易金额1857.10亿元，保障了245万名中小股东和数万名员工的权益。2006年进行的此类重组，完成后上市公司平均总资产、净资产和总收入分别比重组前增长了41%、32%和536%。

2006—2011年共有206家国有控股上市公司进行或者完成战略性并购重组，交易金额为11,246.04亿元。2006年进行的此类重组，完成后上市公司三年平均总资产、总收入和净利润分别比重组前增长了338%、200%和

---

① 科尔尼：《并购策略—从产业整合实践中提炼出来的操作指南》，丁焕明译，机械工业出版社2004年版。

181%。①

虽然并购重组行为日益活跃，但目前并购重组的金额仅占国内生产总值（GDP）的1.9%，远低于发达国家在经济转型时期的比例，也低于新兴市场国家当前的水平。由此判断，我国企业并购重组市场未来发展空间仍然是巨大的。②

（三）我国企业并购重组法律法规进一步完善

2010年8月28日，国务院发布《关于促进企业兼并重组的意见》（国发〔2010〕27号，以下简称国发27号文），明确提出充分发挥资本市场推动企业重组的作用，促进加快转变经济发展方式和调整经济结构。为贯彻落实国发27号文的工作部署和要求，证监会正式发布了《关于修改上市公司重大资产重组与配套融资相关规定的决定》及配套发布的《〈上市公司重大资产重组管理办法〉第十三条、第四十三条的适用意见——证券期货法律适用意见12号》（已失效）。

2011年8月1日，证监会颁发了《关于修改上市公司重大资产重组与配套融资相关规定的决定》；2012年2月14日，证监会发布了《关于修改〈上市公司收购管理办法〉第六十二条及第六十三条的决定》。为了加强重大资产重组相关股票异常交易监管，进一步防范和打击内幕交易，维护资本市场公平秩序。2012年11月6日，证监会正式发布了《关于加强与上市公司重大资产重组相关股票异常交易监管的暂行规定》。

2014年3月7日，国务院印发《关于进一步优化企业兼并重组市场环境的意见》，进一步放宽了并购重组限制，赋予企业更多自主权，激发企业兼并重组的内在动力，成为公司开展并购重组的最新政策依据。

---

① 上述数据参见：《中流砥柱——中国上市公司发展成果》，载《证券时报》2012年2月16日。

② 刘新华：《推进并购重组促进产业升级》，证券时报网：http://news.stcn.com/2012/0825/6733635.shtml，最后访问日期：2012年8月24日。

二、我国并购重组的制度分析与风险识别

（一）对借壳上市模式的制度分析

经我们统计发现，我国借壳上市公司数量逐年增加，2011 年共有 25 家公司完成借壳上市，而到了 2013 年 12 月，作为壳资源进行卖壳的上市公司已达到 31 家。①

从板块上进行分类，近年来成功借壳上市的板块主要集中在券商、地产和矿业，而被借壳的多数为 ST 上市公司，主要还是因为借壳 ST 公司的成本较低。其中，券商板块的借壳上市多集中于 2006—2007 年，而地产板块的借壳上市多集中于 2009—2010 年。在这两年中，借壳上市的地产公司接近 20 家之多。

1. 借壳上市的动因分析

对于借壳上市的动因，不少学者已经做了大量研究。乔晓会（2009）认为，申请 IPO 上市的时间存在不确定性，这是众多非上市公司筹划借壳上市所不能忽视的原因。借壳上市的动因主要可以归纳为以下几个方面：

（1）IPO 渠道不畅。

由于我国对于发行人申请首次公开发行股票具有严格的要求，这使很多企业由于不具备较高的发行条件因而无法实现直接上市。②而对比直接上市，借壳上市对公司成立年限和盈利都没有要求，借壳上市限制要宽松得多，不符合直接上市条件的公司便寄希望于借壳融资，从某种意义上说，IPO 渠道

---

① 数据来源：Wind 数据库，这里的卖壳是指拟上市公司已经与壳公司签署协议并上交证监会审批。

② 我国证券法对发行人申请首次公开发行股票必须满足的持续经营时限、连续盈利、净资产及股本总额有明确规定。《中华人民共和国证券法》第五十条规定，股份有限公司申请股票上市，应当符合下列条件："（一）股票经国务院证券监督管理机构核准已公开发行；（二）公司股本总额不少于人民币三千万元；（三）公开发行的股份达到公司股份总数的百分之二十五以上；公司股本总额超过人民币四亿元的，公开发行股份的比例为百分之十以上；（四）公司最近三年无重大违法行为，财务会计报告无虚假记载。证券交易所可以规定高于前款规定的上市条件，并报国务院证券监督管理机构批准。"

不畅成为其借壳的主要动机。

（2）借壳上市成本较低。

在上市成本方面，直接上市需要支付大量投资银行费用、律师费用和会计师费用等。而借壳上市的费用则低得多，除了支付买壳费用外，无须支付巨额的承销商费用。

（3）IPO 上市的时间成本较高。

在现行发行体制下，公开发行股票需要双重审核。①IPO 审核的时间完全由证监会所掌控，发行人对于公开发行新股所需时间没有明确的预期，时间成本较高。相比之下，借壳上市则完全由企业自身掌控着节奏，借壳方可以根据市场环境自主决定借壳上市的进程，不受新股发行政策的影响。因此，借壳上市作为一种间接上市的方式，成为不少拟上市企业的首选。

2. 借壳上市可能产生的危害

在一定程度上，借壳上市可能对资本市场和中小投资者造成一定的危害。尹中余（2007）就认为，借壳上市可能会伴随着严重的不公允关联交易现象，并有可能引发内幕交易和操作市场的行为。

（1）内幕交易与市场操纵侵害中小投资者利益。

在壳公司收购过程中，与原有大股东相比，壳公司的中小股东因缺乏信息和专业知识，既不能像大股东一样采取反收购措施，也不能像大股东一样参与定价，可能会出现信息不对称问题。壳公司股价往往在消息公布之前就已经开始暴涨，而这种超额收益一般为内幕知情人士所获得，而中小投资者获得消息时，股价往往已经进入了上涨的尾声，高位追入的中小投资者往往会承受巨大的风险。②

---

① 所谓双重审核：一方面，必须通过证监会发行审核委员会的审核；当证监会发审委审核通过之后，证监会还要再次进行审核，而再次审核的时间和审核标准都没有明确的法律规定。

② 所谓内幕交易，是指证券交易内幕信息的知情人和非法获取内幕信息的人利用内幕信息从事证券交易活动。这在借壳上市过程中是屡见不鲜的。

（2）发生不等价的关联交易。

在借壳上市中，借壳方在获得了壳公司的控制权之后会进行反向收购，这便是一个关联交易的过程。[①] 其中，最常见的关联交易就是上市公司利用劣质资产换取优质资产、控股股东协助壳公司进行负债的剥离等。这种不等价的关联交易可能会造成借壳方企业优质资产的流失，并且为以后一系列的关联交易埋下伏笔。2003 年就发生了三联商社借壳郑百文上市时三联商社用优质资产置换郑百文劣质资产而造成三联商社的优质资产流失的案例。显然，从长期观点看，不等价的关联交易可能因控制权的集中而产生操纵行为进而损害中小投资者利益。

（3）换股时壳公司的资产价值高估。

合理估计壳公司的价值是购买壳资源的重要前提。目前，由于我国对“壳公司”的资产估价并没有统一的理论，长期存在高估壳公司资产价值的可能性，加之购买方出于加强控制考虑也有高估壳公司资产价格的倾向，这些均可能造成资产上的流失与资源上的浪费。

【典型案例】

1. 借壳上市总体过程

鹏泰投资于 2006 年 7 月与北京住总集团签订股权转让合同，取得 27.51% 的国有法人股，鹏泰投资同时受让北京市国有资产经营有限公司 1.63% 的国有法人股。至此，鹏泰投资持有中关村 29.58% 的股份成为中关村的第一大股东。黄光裕通过协议收购的方式获得了中关村的控股权。中关村的股权结构如图 1 所示：

① 所谓关联交易，是指具有关联关系的当事人进行资产或资源、劳动人员的转移。这种现象在我国上市公司乃至非上市公司中大量存在。我国证券法律法规并没有硬性规定上市公司关联交易都是非法的，而是规定关联交易需要予以公告。

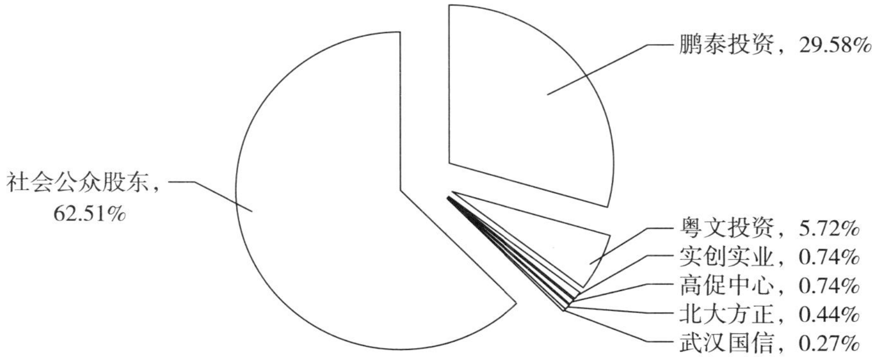

图 1　中关村股权结构图

资料来源：wind 数据库

在取得了中关村的控股权之后，2007 年 6 月 27 日，中关村和鹏泰投资签订了《资产置换协议》，前者以其持有的启迪控股 33.33%股权置换后者持有的中关村建设 48.25%股权。2007 年 12 月 27 日，中国证监会下发意见，对此次股权置换方案无异议。2008 年 1 月 22 日，中关村召开股东大会，审议通过此次置换。经过置换，中关村合并持有北京中关村开发建设股份有限公司 93.25%的股权，公司主营方向转变为地产。置换方案如图 2 所示：

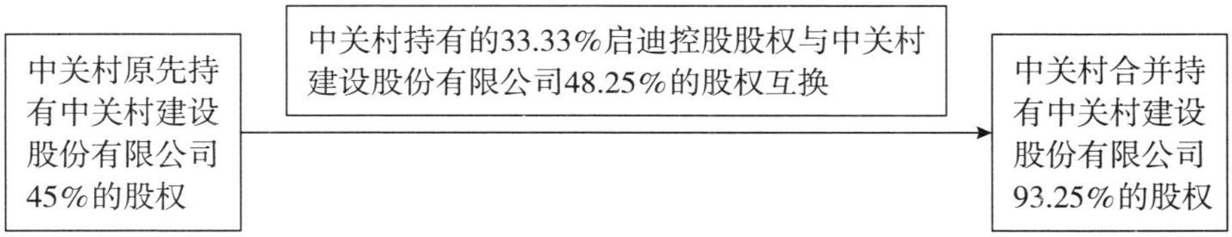

图 2　中关村股权置换方案

资料来源：国泰安数据库

2008 年 5 月 4 日，中关村董事会召开临时会议，审议并通过了《关于非公开发行股份购买资产暨关联交易预案》，宣布："中关村将向鹏泰投资及其一致行动人非公开发行股份，用于收购合并北京鹏润地产（鹏润地产为鹏泰投资下属子公司）控股有限公司 100%的股权，本次注资规模为 180 亿元，拟公开发行不超过 12.27 亿股，非公开发行价格为本次董事会决议公告前二十日交易价格的均价 14.67 元 / 股。"这笔交易是黄光裕借壳中关村最关键的一步，一旦交易达成，鹏润地产资产将注入中关村，从而黄光裕实现对中关村的绝对控股，并由此达成借壳上市的目的。根据《上市公司重大资产重组管理办法》第十一条和第十九条的规定，该交易属于重大重组事项，应当由董事会依法做出决议，并提交股东大会批准。另外，还需经中国证监会发审委和并购重组委的审核批准。但2008年8月29日，中关村公告称，经公司董事会审议通过放弃非公开发行注入鹏润地产的重组方案，至此，鹏泰投资借壳中关村上市以失败告终。

2. 借壳中的内幕交易与市场操纵

根据2009年2月25日《证券市场周刊》的报道，黄光裕在中关村重组过程中涉嫌股价操纵，其具体过程是：首先，2007年4月27日至6月27日间，黄光裕事先打压中关村股价，并累计购入中关村股票976万余股，成交额共计9310万余元，账面收益为348万余元。其次，2007年8月13日至9月28日间，黄光裕指使杜薇等人使用多个账户，累计购入中关村股票1.04亿余股，成交额共计13.22亿元，账面收益为3.06亿元。图3以2007年6月27日为第一个时间点，描述了从2007年6月27日至9月28日间中关村的股价变化。2008年4月28日，证监会对中关村股票的异常交易进行了立案调查。[①]2011年9月，黄光裕因为中关村科技内幕交易一事被股民提出民事赔偿，在展开的第2轮诉讼中，索赔金额已达700多万元人民币。

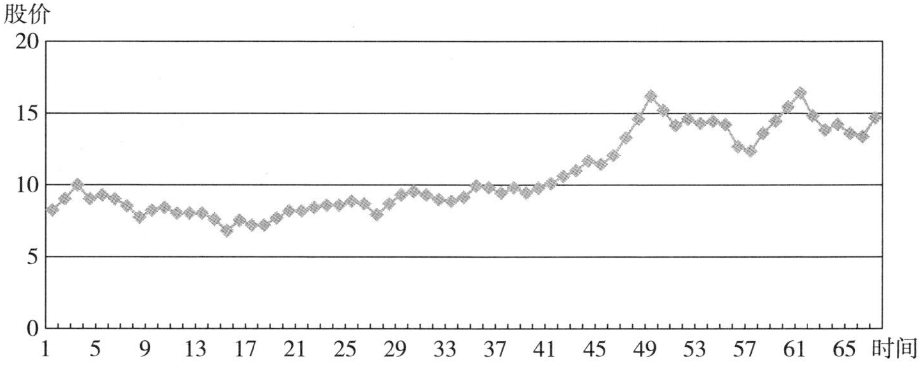

图3　中关村股价走势图

资料来源：国泰安数据库

① 参见《黄光裕死结：3亿元委托理财资金炒股变相行贿》，新浪财经：http://finance.sina.com.cn/stock/s/20090223/09275888080.shtml，最后访问日期：2012年11月26日。

在鹏泰投资借壳中关村上市的案例中，黄光裕作为内幕知情人在中关村有重组之前就已大举买入公司股票，然后利用重组消息操纵市场交易价格从中获利。

（二）对整体上市模式的制度分析

1. 我国整体上市的基本情况分析

自 2004 年“TCL 集团”成为我国首家整体上市的公司以来，至 2013 年，陆续有 147 家集团公司实现整体上市①。

在所有整体上市的公司中，有 14 家采取了换股的方式，133 家采取了定向增发的方式。在通过定向增发实现整体上市的公司中，有 116 家（87%）公司是通过资产收购的途径，其余的是通过股权收购、股权转让、吸收合并、资产剥离和资产置换的途径。在通过资产收购实现整体上市的公司中，以资产为标的物的有 53 家，以股权为标的物的有 78 家，还有两家公司标的物既有资产，也有股权。

国资委2007年制定央企整体上市的初步框架时提出整体上市的四种模式：A+H 模式、反向收购母公司模式、换股吸收合并模式以及换股 IPO 模式。

从我国的情况看来，这四种模式中最常见的是反向收购母公司模式中的定向增发模式，而通过定向增发进行资产收购的公司数量又多于定向增发进行股权收购的公司数量。在整体上市的全部 146 个样本中，通过资产收购进行整体上市的样本数为 116 个，占总体的 79%。资产收购模式存在以下几个优势：

（1）灵活性强，成本较低。资产收购模式可自主选择再融资方式和资产注入时机、节奏、方式和范围，双方可根据需要选择现在注入或将来注入、

① 本部分样本为 2006 年至 2012 年 12 月 30 日成功进行定向增发的上市公司。初始数据来源于 Wind 资讯金融数据终端数据库和 CSMAR（国泰安）数据库，其中需要手工获取的数据主要依据“非公开发行情况报告书”和“资产评估报告”等上市公司的公告文件。

一次性注入或分多次注入。同时，由于不涉及IPO，手续相对简单，从而降低了整体上市的成本。

（2）无二级市场融资压力。由于进行资产收购时绝大多数是面向大股东、大股东关联方增发股份，中间无须支付现金，不会形成巨大的融资压力，也不会对二级市场造成直接的冲击。

（3）易被中小股东所接受。通过增发收购资产而进行的整体上市则无须确定换股价，简化了定价过程，易被中小股东所理解和接受。

2. 定向增发整体上市中的利益输送行为识别

（1）通过低价增发套取利润向控股股东转移。

有很多学者对低价增发的现象进行了研究。黄建中（2006）认为，向特定对象非公开发行新股的制度安排容易引发股价操纵或变相操纵，控股股东通过长期恶意停牌，变相操纵股价进而压低定向增发价格，侵害中小股东利益。郑琦（2008）以2006年6月—2007年10月进行的157起定向增发为样本，按增发对象（大股东、大股东和机构投资者、机构投资者）分组，将三组定向增发的发行价格进行对比研究，发现有机构投资者参与的定向增发，发行价格显著提高；完全面向大股东进行的定向增发，发行价格相对最低，这可能侵害其他中小股东的利益。朱红军（2009）在研究我国上市公司2006年3月—2007年5月的定向增发时，发现在定向增发完全面向大股东时，折价程度最高。大股东定向增发中的认股比例越高，大股东认购比例与其原持股比例差额越大时，增发价格的折价水平越大。可以说，大股东用高折价水平达到了用较低对价购入增发新股，侵占中小股东利益的目的。

在对133个增发整体上市的公司来看，大股东认购比例越高，发行价格相对基准价格比例越低，即折价率越高，如表1所示。可见，面对大股东进行低价增发现象普遍存在。

表 1　大股东认购比例与实施价格相对基准价格比例关系

大股东认购比例（%）	实施价格相对基准价格比例均值（%）
33.33	109.96
66.66	106.35
100.00	103.35
总计平均值	106.18

数据来源：根据国泰安数据库整理

大股东选择了对能够影响增发价格的另一个关键因素——增发基准价格进行操纵，压低定价基准日前的股价，使大股东能够以较低的价格获得增发股票或以相同成本获得更多的股票，达到转移中小股东财富的目的。具体途径有以下两种：

第一，进行盈余管理隐藏利润。控股股东可通过盈余管理隐藏利润，使报表收益惨淡，影响二级市场投资者持股信心，达到在定向增发之前降低股价的目的。主要手段包括以下两种：其一为利用操纵收入、费用的虚假财务手段，可以通过递延、推后收入的确认或多记费用来实现。管理者通常倾向于通过清理不良资产、多提减值准备、增加对有形、无形资产的摊销及广告、研究开发费用等方式高估当期支出，隐藏真实收益。其二为关联交易。我国上市公司与其集团公司之间存在千丝万缕的联系，控股股东可以利用关联方交易转移上市公司利润。

第二，采取一系列手段打击二级市场。通过操纵二级市场压低股价，从而达到压低增发价格的目的。具体的手段有：其一为释放利空消息、联手庄家砸盘、借口限售解禁减持公司股票。由于控股股东持有的股票较多，减持必然引起散户的恐慌跟庄，从而造成股票抛售态势，降低股价。当大股东与某些证券机构联合压价时，该态势尤为明显。其二为利用长期停盘固定增发基准价格。控股股东操纵停盘期高于正常增发的平均停盘期，过长的停盘期后，由于市价还停留在停盘前的价格，而证券市场存在每日涨幅限制，所以即使在价格不断上升的趋势下也低于应有价格。

由此可见，定向增发时控股股东在认购股份过程中，会运用对上市公司的控制能力获得更低的认购价格，并且大股东认购比例越高，压低认购价格的动机越强，获得的以低价认购股票的超额利益越多。这些表现在本研究报告“盐湖钾肥和盐湖集团合并案”中将有详细描述。

（2）从资产认购角度实现利润向控股股东转移。

张祥建和郭岚（2008）研究发现，定向增发资产注入是认购股东（控股股东）和上市公司之间一次重大的交易活动，在定向增发中，控股股东有动机虚假增高资产价值注入上市公司，而交易资产的价值高估会导致公司资本配置效率、公司价值、声誉和后续融资能力的下降。控股股东以存在虚增资产价值的资产认购股份的方式来实现自利的动机。

从资产认购角度实现利益向控股股东转移的损害表现在：一方面，上市公司由于付出了超额资金获取资产，本身就存在交易损失；另一方面，劣质资产由于无法与上市公司原有资产形成优势互补，导致上市公司总体资产的质量、营利能力下降，牺牲了原股东中未获取定向增发资产资格的股东及新的公众股东的利益。具体途径有以下两种：

第一，在整体上市过程中，作为资产注入方的集团公司并不是上市公司，而我国规范整体上市定向增发规则中也没有特殊的信息披露规定，外部信息使用者很难获取这些公司真实的资产收益状况。控股股东可以利用这一信息优势，高估注入资产的价值或者将关联方的劣质资产注入上市公司，通过资产转让获取超额收益。

第二，大股东还通过套现的方式侵占中小股东的利益并获得收益。大股东通过定向增发获得的股份虽然存在36个月的限售期，但大股东可以通过将资产注入上市公司来获得这部分未上市资产的流通权。黄建欢、尹筑嘉（2008）采用实证方法证明，大股东将资产注入上市公司后得到的超额收益率大大高于同期股票指数涨幅，可以获得巨额收益。

（三）对吸收合并模式的制度分析

股份制改革以后，吸收合并模式逐渐成为我国并购重组的主流模式之一。[①]

1. 吸收合并的总体分析

根据我们初步统计，截至2015年1月，我国共有280家上市公司通过吸收合并实现公司的并购重组，其总量呈现上升趋势。同时，在这280家上市公司中，标的物为资产或股权的分别有247家和33家，占总量的88%和12%。我国大多数企业启动吸收合并程序的目的是实现集团的整体上市，如盐湖钾肥换股吸收合并盐湖集团、东软股份换股吸收合并东软集团和葛洲坝换股吸收合并水电工程等。

但是，吸收合并过程中所存在的问题也在不断涌现。诸如，国企整体上市非市场化色彩依然明显，大股东和上市公司在换股时间选择和换股价格的确定方面存在大量的“套利”行为；吸收合并估值定价缺乏足够的弹性和灵活性；吸收合并各种违法违规现象比较严重，主要表现为信息披露不规范、股价异动和内幕交易以及存在大量非公允或其他不规范的关联交易；等等。

2. 盐湖钾肥吸收合并盐湖集团的案例

【典型案例】

青海盐湖钾肥股份有限公司（以下简称盐湖钾肥）通过换股吸收合并控股股东青海盐湖工业集团股份有限公司（以下简称盐湖集团），实现盐湖集团主业资产整体上市。在本次换股吸收合并中，盐湖钾肥为合并方和存续方，盐湖集团股份有限公司为被合并方。合并完成后，盐湖集团的资产、负债、业务和人员全部进入盐湖钾肥，盐湖集团将注销法人资格，同时注销盐湖集

① 根据《中华人民共和国公司法》（2013年修正）第一百七十二条第二款的规定，吸收合并是在两个以上的企业合并中，其中一个企业吸收了其他企业而成为存续公司的合并过程，被合并的企业解散、失去法人资格，其债权债务由存续企业承担。

团持有盐湖钾肥的 234,839,404 股股份，共计新增发 1,057,798,607 股股份。

盐湖钾肥的控股股东是盐湖集团，实际控制人为青海省国有资产投资管理有限公司，盐湖集团隶属于青海省政府国有资产监督管理委员会。盐湖钾肥吸收合并盐湖集团最终所确定的换股比例为 1∶2.90，即每 2.90 股盐湖集团股份换 1 股盐湖钾肥股份。盐湖钾肥吸收合并盐湖集团完成后，主要股东结构变化如表 2 所示。

表 2　盐湖钾肥主要股东股本结构变化

股东名称	换股吸收合并前		换股吸收合并后	
	持股数量（股）	持股比例	持股数量（股）	持股比例
盐湖集团	234,839,404	30.60%	–	–
青海国投	–	–	492,901,654	30.99%
中化股份及其一致行动人	141,907,561	18.49%	380,948,723	23.95%
社会公众股	390,803,035	50.91%	716,717,618	45.06%
合计	767,550,000	100.00%	1,590,509,203	100.00%

数据来源：根据盐湖钾肥公司公告整理

3. 盐湖钾肥换股吸收合并盐湖集团的大股东利益输送行为识别

（1）通过母公司借壳上市再吸收合并，提高控股股东股权比例。

盐湖钾肥吸收合并盐湖集团并没有采用通常的母子公司直接吸收合并方式，而是采用母公司借壳上市后再进行吸收合并的方式进行。通过对以上两种合并方式进行对比，笔者发现，采用母公司借壳上市后再合并的方式使盐湖钾肥发行了更多股份，并使实际控制人获得了更多股权。

如果按照直接换股吸收合并的方式，定向增发股份数量将大大低于借壳上市后吸收合并的增发数量。盐湖集团借壳上市前，按成本加和法估计，2006 年 12 月 31 日为基准日的净资产评估值为 108.13 亿元；按收益现值法估计，评估值为 116.52 亿元。如果盐湖钾肥以 2006 年 12 月 31 日为定向增发的定价基准日，则基准日前20个交易日的股票交易均价为23.79元。而证监会规定定向增发的发行价格不得低于定价基准日前20个交易日股票交易均价的90%，即盐，湖钾肥向盐湖集团定向增发定价不得低于21.41元（23.79元×90%）。那么在不考虑增发费用、溢价、分红调整的情况下，增发股数为5.05亿—5.44亿股。而盐湖集团的实际控制人将获得2.37亿—2.56亿股，占总股本的22.25%—23.75%。

（2）通过盐湖集团借壳上市，可使其每股市场价值高于评估价值。盐湖集团自上市以来，股价一路飙升。经广发证券测算，在合并定向增发的定价基准日，盐湖集团股权价值的评估值为183.73亿元，每股价值为5.99元；盐湖钾肥股权价值的评估值为131.30亿元，每股价值为17.10元。而盐湖集团与盐湖钾肥定价基准日前20个交易日的A股股票交易均价分别为25.46元与53.53元。股权市场价值远高于其评估价值。

盐湖集团借壳上市之后，再进行吸收合并时，其市场价值已由上市时的106.24亿元跃升到两公司合并时的781.02亿元，实际发行股份也达到1057,798,607股，远大于采取一般吸收合并方式的2.37亿—2.56亿股。而由于增发规模巨大，青海省国有资产投资管理有限公司又控有盐湖集团高达46.95%的股权。青海国投控股比例也从增发前的间接控制的30.60%提升到增发后的直接控制的30.99%，显著高于直接换股合并形式下的22.25%—23.75%。

值得注意到是，通过母公司借壳上市后再合并，青海省国有资产投资管理有限公司避免了股权下降，巩固了控股股东地位。如果采用直接吸收合并的方式，青海国投存在丧失控股地位可能。据测算，中化集团直接与间接持股可能达到24.67%—24.74%之间，从而超过青海国投的22.25%—23.37%。而通过借壳上市后再合并的方式，中化集团的间接直接持股比例仅为23.95%。

三、公司并购重组业务资源配置面临的问题

我国金融资产管理公司必须重视并购重组业务拓展中遇到的问题。简单

地说，金融资产管理公司内部资源配置主要存在以下五个问题。

（1）并购经营单位激励问题。目前，金融资产管理公司办事处以年度利润为目的的考核方法容易造成公司业务过度集中于短期高投资回报率且模式成熟的行业，这既增加了行业集中度风险，又放弃了对其他行业的长期培养，削弱了自主创新的力度。

（2）总部各事业部内部协同问题。目前，总部各事业部存在与办事处争利、自身管理职能与业务职能定位不够清晰的问题，集团公司机构协调效应并没有真正有效地开展。

（3）并购流程适应性问题。目前，金融资产管理公司的商业化业务流程以房地产为模板，整个业务流程涉及的各部门、各环节还没有及时调整以适应更多的行业。如，抵质押率的严格要求不适合医药等较轻资产行业，虽然有新的诸如上市公司担保等模式，但多数流程部门对此不了解、不认可；经济资本回报率强制要求导致非回购型的优质股权投资难以真正开展；对于新行业的评估方法以及新业务模式如资产管理计划等的研究比较滞后；信息系统也没有对不同行业信息的管理。

（4）并购企业市场估值体系问题。目前，金融资产管理公司并未真正建立属于自己的并购企业市场估值体系，由此，没有建立服务于企业整体上市估值及定价的数据库，有关规范的针对性和可操作性并不强。

（5）战略人才储备问题。并购重组业务是一项综合性的投资银行业务，对人才的要求较高，目前公司重组人才较为缺乏，没有形成系列人才供应链和人才梯队。

四、公司并购重组业务资源配置实践活动与建议

2014 年 3 月 7 日，国务院印发的《关于进一步优化企业兼并重组市场环境的意见》认为，兼并重组是企业加强资源整合、实现快速发展、提高竞争力的有效措施，是化解产能严重过剩矛盾、调整优化产业结构、提高发展质

量效益的重要途径。因此，我国金融资产管理公司应该抓住机遇，进一步优化企业兼并重组环境。我们提出了十个方面的改良建议。

1. 加快推进简化审批制度

目前，金融资产管理公司审批并购重组的手续仍然较为烦琐，审议过程也过于漫长。我们认为，金融资产管理公司应该缩小审批范围，下放部分审批事项，优化企业兼并重组审批流程，简化相关证照变更手续。

2. 紧扣经济资本理念，有效识别和彻底防范并购风险

金融资产管理公司根据并购市场变化情况，及时更新并购业务系统信息和经营数据，强化重组信息的动态管理，建立定期统计制度以及定人定岗联络机制，优化并购融资服务，丰富企业兼并重组融资渠道和支付方式，有效发挥出资本市场作用。

3. 加强人才储备建设

由于新介入行业的专业性较强，金融资产管理公司需要储备内部人才，建立市场化的人才引进机制。这需要事业部具有一定的用人权限，至少可提请办事处人才内部提调。

4. 有效协调集团公司各经营单位重组职能

我们建议，金融资产管理公司应通过考核方法设计，引导总部事业部强化自身以项目审核和新业务开发引导为主的管理职能，并具有一定的权限调整对办事处的激励。

（1）减少总部事业部与办事处的利益纷争，强化事业部的管理和研发职能，应取消分成制度，除需要总部事业部直管的项目外，将一般项目利润全部归属办事处，而对事业部主要考核其管理的条线利润。

（2）为防范几个事业部之间业务交叉，应引导和规定事业部分别集中精力负责不同的行业或市场覆盖，此举有助于深化行业拓展、统一标准、形成引导核心和项目经验积累。

（3）对办事处积极介入的行业或创新业务模式按110%计算考核利润，此举也同时提高了事业部的条线考核利润，此外对于事业部主动发起的创新标志性的或跨地域的复杂项目可以提请事业部直接运作，这有利于事业部积极开拓创新行业或业务模式。

（4）将适合特定行业运作的不良资产存量项目移交特定事业部。

（5）上述针对办事处长期项目阶段性定性或定量考核目标方法也应该同时运用到事业部股权类或中长期项目中。

5. 妥善处理并购流程适应性

目前，金融资产管理公司商业化业务流程多以房地产为模板，整个业务流程涉及的各部门、各环节还没有及时调整以适应更多的行业。如抵质押率的严格要求不适合医药等较轻资产行业，虽然有新的诸如上市公司担保等模式，但多数流程部门对此不了解不认可；如经济资本回报率强制要求导致非回购型的优质股权投资难以真正开展；如对于新行业的评估方法以及新业务模式如资产管理计划等的研究比较滞后；如信息系统也没有对不同行业信息的管理。

我们建议，这些问题需要在公司的支持下、在项目的实践中不断加以改善，各个部门都应以一种积极应变的心态参与其中，并建立各环节之间的反馈机制、专项评议机制。

6. 完善并购企业的市场估值体系

目前，我国企业整体上市价值评估环境仍较为松散，尤其是对企业整体上市的价值评估与定价并不十分科学，交易双方定价基础的估值工作的中立性也有待改进。因此，金融资产管理公司应建立起全面的资产交易数据库以及评估行业内统一的数据库，从信息获取源头为评估师提供一致的信息平台，引导评估机构规范执业，倡导建立合理的科学的价值评估机制和体系，针对一些通用性参数的确定，如无风险利率、市场风险溢价等，制定操作性强的细化性指南，规范评估师对于参数选取、数据处理方面的具体操作；对于个性特色较强的参数，如个别风险调整系数等，有必要开展深入研究，建立相对规范的指导体系。同时，进一步完善评估行业监管机制，调整监管方式，由重结果向重过程转化，强化对评估过程和依据的监管，加强信息披露，引入市场化监督机制；进一步完善证监会行政监管、评估协会行业自律监管的全方位、一体化监管体制，建立评估机构诚信档案，并向社会公开。强化评估机构的违规责任，对于个别“害群之马”，加大惩处力度，记入诚信档案，提高其违规成本。

7. 加强产业政策引导，鼓励跨国并购

金融资产管理公司应充分发挥市场机制作用，消除跨地区兼并重组障碍，并发挥出金融资产管理公司海外经营机构的优势，促进强强联合，鼓励跨国并购，加强重组整合。

8. 重构并购单位的激励考核问题

我们建议，金融资产管理公司应为不同类别的行业或业务模式设定不同考核指标，如对公司总部鼓励办事处积极介入的行业或创新业务模式按 110% 计算考核利润、对创新项目设立专项奖金等。同时对于短期不盈利长期高收益的项目，尤其是资本市场运作的股权项目，应采用办事处报请、总部审批以阶段性考核目标分摊项目整体预期收益的方法，对于达到年度定性或定量目标的项目通过合理偏保守的估计分摊项目收益，实现较公允的年度利润分配。

9. 进一步完善监管模式

建立以市场主体约束为主导的市场化监管机制、减少行政审批是证券监管的大方向。未来应该进一步放松管制，放宽对并购重组的审批，同时加大对并购重组中内幕交易、操纵市场的打击力度。同时，强化信息披露要求，应允许证券公司等市场机构参与上市公司并购重组；放宽发行股份购买资产的对象数量限制，推行发行股份购买资产中的市场化定价行为；取消企业资产重组中的出售审批；在审批环节上可以进一步简化，对并购重组方案和融资方案实行实施“一站式”审批。

10. 鼓励并购支付和融资方式的创新问题

我国并购支付中大都采用现金支付，一些并购已经采用股权支付。随着并购交易额的增加，采用股权支付和混合支付已经成为必需。虽然 2008 年 12 月，中国银监会出台了《商业银行并购贷款风险管理指引》（已失效），开放了商业银行并购贷款的发放。但目前，国内并购的债券融资还不多见，应该发展利用公司债作为并购的融资渠道。为此，应该积极发展国内并购的债券融资、并购基金，吸引社会资金参与并购重组活动。在未来的交易中，应该支持上市公司采用股权支付和混合支付的方式，鼓励上市公司尝试利用定向发行的权证和可转换债券等金融衍生品进行并购支付。

2015 年 2 月 16 日写于海通大厦

上市公司应收账款现状研究与前景分析

文/顾雷　刘放　钟勇

上市公司是公司各类业务市场拓展的重点优质客户群，通过分析上市公司应收账款规模及市场交易情况，可以从中挖掘丰富的业务资源，发现新的业务机会，对于公司调整业务结构，增强可持续发展能力和市场竞争力都具有重要意义。

一、我国上市公司应收账款基本现状①

应收账款是指企业在正常经营过程中因销售产品、提供劳务、租赁、收费权等向购买单位收取的、经过一定期限才能兑现的款项。上市公司应收账款规模庞大是现阶段我国经济体系的一个重要特点，为了拓展业务市场和抢占业务先机，必须及时对沪深两市A股市场2500多家上市公司应收账款的规模进行综合分析。

（一）上市公司应收账款规模整体分析

从整体规模来看，截至2014年第一季度末，我国所有A股企业应收账款规模达到24,813.41亿元，并从2011年年末的17,730.82亿元增长到2013年年末的22,768.92亿元，年复合增长率达到13.32%；平均规模达到9.98亿元，并从2011年年末的7.19亿元增长到2013年年末的9.12亿元，年复合增长率达到12.62%。

① 本部分数据来自Wind资讯。

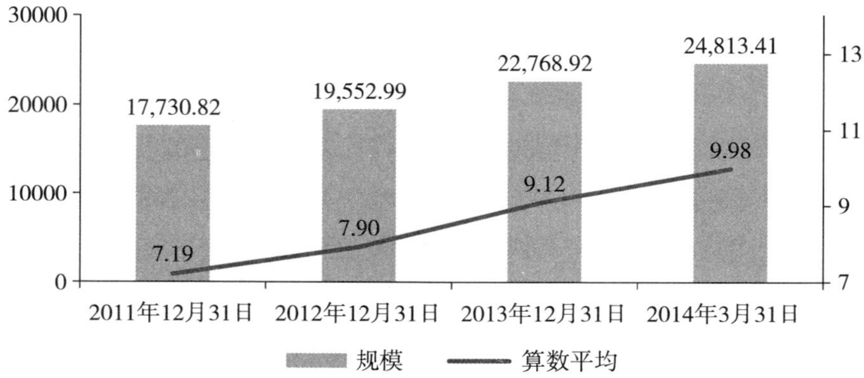

图1　全部A股企业应收账款规模（亿元）

截至2014年第一季度末，A股非金融类企业应收账款规模达到24,458.35亿元，平均规模达到9.93亿元；从2011年年末到2013年年末，其整体规模和平均规模分别由16,021.55亿元、6.51亿元增长到22,513.22亿元、9.11亿元，年复合增长率分别达到18.54%、18.30%。①

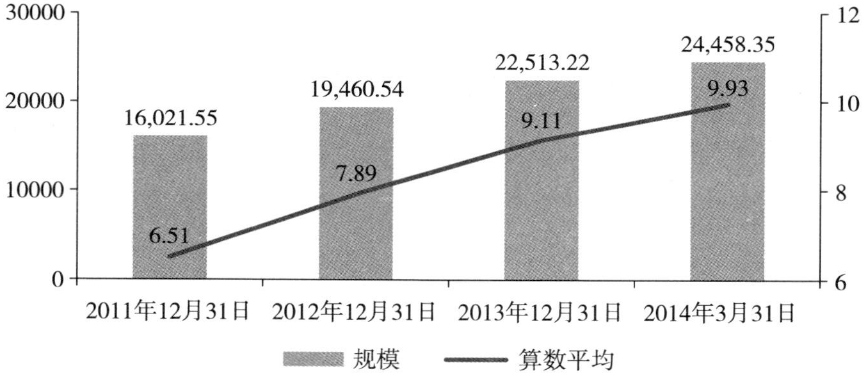

图2　A股非金融企业应收账款规模（亿元）

① 根据Wind资讯统计数据，该数额为上市公司资产负债表中明确列为应收账款、应收款项科目的数额之和，不包括金融企业的应收利息等科目。例如，中国农业银行资产负债表中应收利息、发放贷款及垫款、应收款项类投资等科目和中国人寿资产负债表中的应收利息、应收保费等科目均不在统计范围内，因此它们在统计口径上存在较大的差别。这里非金融上市公司与所有上市公司之间只存在355.06亿元的应收账款差额，就是将银行、保险公司等金融机构的应收账款资产负债表中应收利息、发放贷款及垫款、应收款项类投资等科目剔除了，只包括金融企业资产负债表中明确列为应收账款、应收款项科目的数额，不包括应收利息等科目。

综合来看，我国A股上市公司应收账款整体规模较大，2012—2015年占GDP的比例均保持在3.5%以上。结合当前的宏观经济形势，应收账款整体规模还将保持上升的态势。而从平均规模来看，应收账款规模保持在10亿元左右，在流动资产中占比平均达到15%，由此可以看出上市公司存在规模较大且十分迫切的盘活应收账款的需求。

（二）上市公司应收账款规模行业比较

根据中国证监会行业分类，截至2014年第一季度末，上市公司应收账款整体规模位居前四的行业为（按从大到小）：制造业，建筑业，采矿业，批发和零售业，其中制造业规模达到12,810.11亿元，是建筑业的2.31倍。

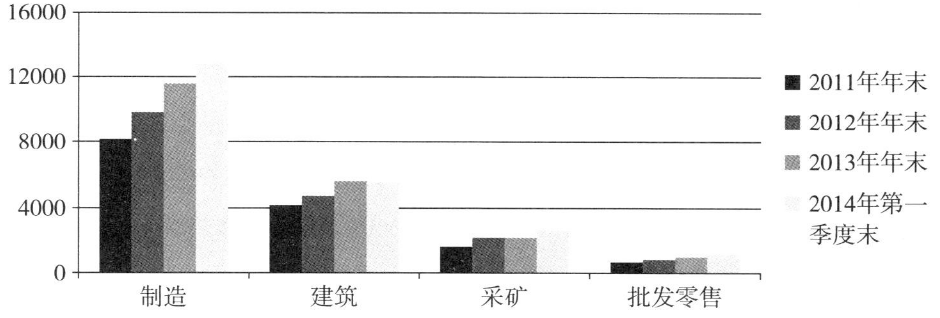

图3　A股企业应收账款行业规模（前四位）（亿元）

如果从非金融行业单个企业平均规模来看，位居前四的行业为（按从大到小）：建筑业，采矿业，电力、热力、燃气及水生产和服务业，其中建筑业规模达到85.39亿元，是采矿业的2.17倍。再从2011年以来各行业应收账款规模的变动来看，除金融业外，其他行业均保持了平稳增长的势头，其中，卫生和社会工作，房地产业，水利环境和公共设施管理业，租赁和商务服务业，从2011年到2013年分别增长1.32、1.08、1.07、0.77倍。

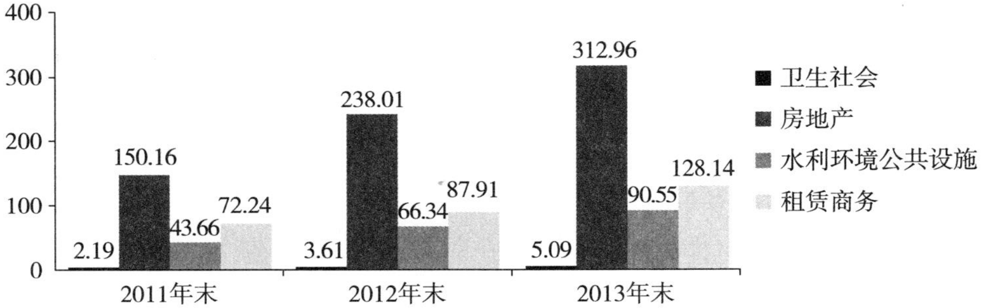

图4　A股企业应收账款增长速度前四位（亿元）

二、我国应收账款主要业务种类和交易平台概况

在上下游及集团公司内部的商业活动中，收款难、“三角债”等是影响我国很多企业正常经营的难题。在经济下行压力较大、实体企业特别是中小企业融资困难的大背景下，多渠道盘活应收账款已是企业生存发展的迫切需求。庞大的市场规模和迫切的转让、盘活需求，使应收账款交易市场蕴藏着丰富的盈利机会，引起了各类机构的高度关注和积极参与。在产品和服务方面，除原始的应收账款质押融资业务外，新型产品和服务不断推出。

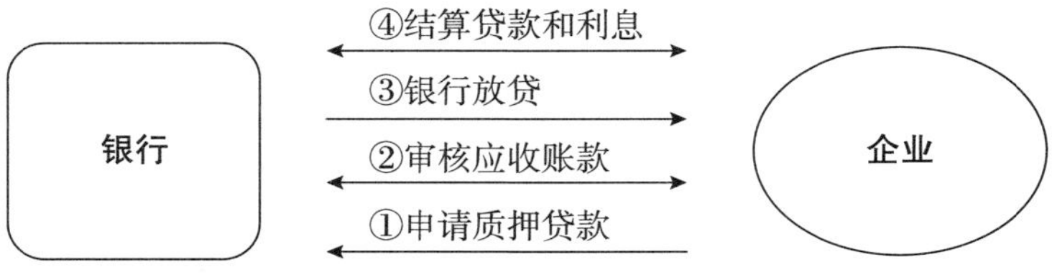

图5　传统应收账款融资模式

（一）应收账款保理业务日渐成熟

1. 界定

应收账款保理是指销货商与保理商（商业银行等金融机构）签订一项转让契约，根据该契约，销售商将其现在或者将来的基于其与购货商订立的货

物销售 / 服务合同所产生的应收账款转让给保理商，由保理商为其提供下列服务中的至少两项：贸易融资、销售分户管理、应收账款的催收、信用风险控制及坏账担保。

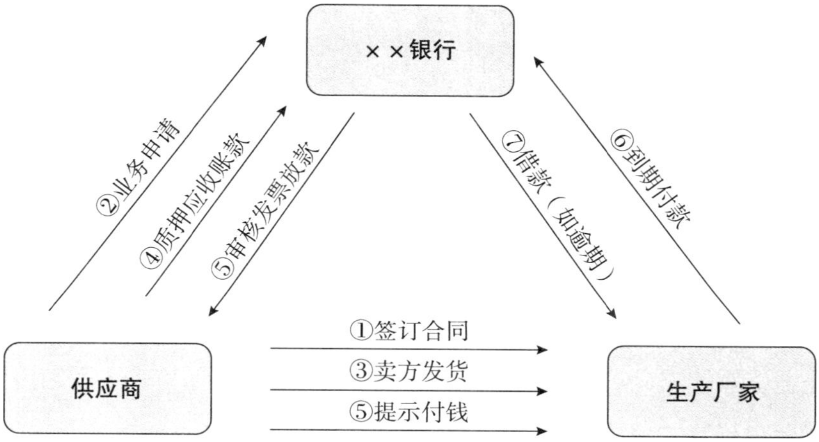

图 6　应收账款保理业务基本模式

2. 规模

中国银行业协会《2012 年中国保理产业发展报告》数据显示，2012 年我国银行保理业务量折合人民币 2.83 万亿元，同比增长 26.94%。其中，国内保理业务量 2.24 万亿元人民币，同比增长 17.83%；国际保理业务量 939.72 亿美元，同比增长 80.16%；进口双保理业务量 31.59 亿美元，同比增长 161%，居全球第四位；出口双保理业务量 104.39 亿美元，同比增长 103%，连续 5 年居全球首位。

3. 优势

应收账款保理是一种优良的融资渠道，对各方均有利。对于保理商而言，可以深入了解客户的经营状况和内部管理状况，稳固和加强与客户的合作关系；此外，可以增加业务收入，优化利润结构。对于应收账款持有者而言，可以降低企业的机会成本、管理成本和坏账成本；可以改善企业财务指标，例如利润、应收账款周转速度等；有利于增强企业的销售能力，保理后会增大对销售的投入力度、间接提高买方的购买力。

4. 不足之处

我国应收账款保理业务尽管发展迅速，但无论是数量上还是质量上，与西方发达国家相比仍有较大差距，经营范围狭窄，规模较小，究其原因如下：我国尚未形成完善的社会信用体系；相关法律法规体系不完善；专业保理人才匮乏；保理业务品种单一；对保理业务认识不足。

（二）供应链应收账款融资业务

1. 供应链金融

从广义来看，供应链金融是指银行等特定金融机构为供应链的资金管理所提供的一整套的财务管理解决方案。从狭义上来看，供应链金融是指基于核心企业雄厚的资金实力和信誉背景，以及供应链上真实贸易关系和担保品，银行等金融机构为整个供应链条上的企业提供融资、保险和结算等相关业务在内的各类金融服务。

2. 背景

20 世纪末以来，作为商业银行的全新业务增长点的一项崭新金融服务，供应链金融逐步受到市场的关注。2008 年金融危机之后，全球经济进入萧条时期，银行贷款规模迅速收缩，进一步促进了供应链金融的发展。现阶段整体资金面趋紧，企业特别是中小企业融资渠道受限，但各类企业却拥有大量应收账款，且融资利用率偏低。与此同时，银行等金融机构面对激烈的市场竞争也急于找到新的产品来提高经营效率。因而，供应链应收账款融资业务成为双方共同的选择。

3. 业务模式

供应链应收账款融资是以供应链整体信用共享为基础，在信贷过程中引入与企业相关联的信用较高的核心企业。供应链中的核心企业从上游供应商手中购买原材料，双方签订购销合同。企业与核心企业协商将应收账款办理应收账款融资业务，核心企业同意之后，由企业（卖方）根据交易文件向银行申请应收账款融资。企业发货给核心企业，并将应收账款让渡给银行进行应收账款融资。银行向核心企业核实应收账款的真实性，并通知核心企业应收账款转让。银行根据交易的情况、企业的信用状况以及核心企业的信用状况等进行放贷。到期时核心企业将贷款汇入银行和企业共同指定账户，银行扣除贷款数目后将余额转入企业（卖方）账户。此时形成闭环的资金流，可以有效地对应收账款进行控制，保证还款来源。

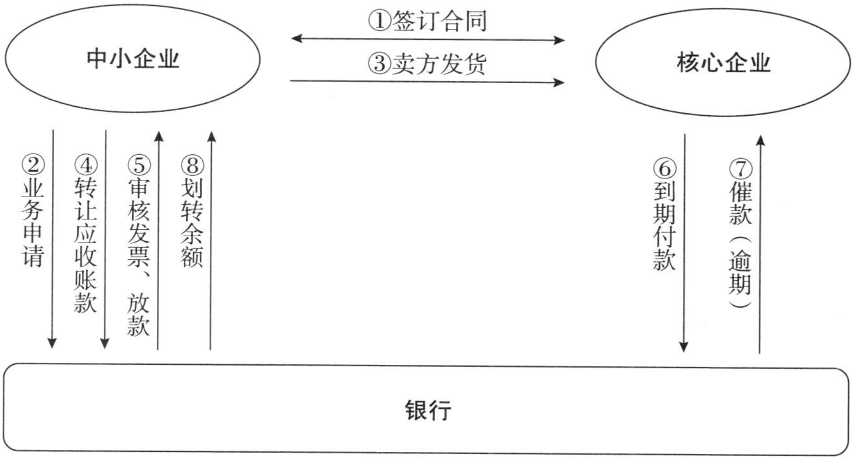

图 7　供应链应收账款融资模式

（三）应收账款证券化有望推行

1. 界定

应收账款证券化是将应收账款直接出售给专门从事资产证券化的特殊目的机构（Special Purpose Vehicle，SPV），汇入 SPV 的资产池，经过重组整合与包装后，SPV 以应收账款为基础向国内外资本市场发行有价证券，根据应收账款的信用等级、质量和现金流量大小确定所发行证券的价格，后用资产池产生的现金流来清偿所发行的证券。我国首单应收账款证券化产品是瑞茂通股份于 2014 年 4 月发行的“万家共赢瑞茂通 ABS 专项资产管理计划”，其基础资产就是瑞茂通对电力行业企业的应收账款。

2. 应用价值

一是有利于企业拓宽融资渠道；二是有利于企业降低融资成本；三是有利于企业优化财务结构；四是有利于企业加强信用管理。

3. 可行性

一是政策及市场环境逐渐成熟，包括资本市场日趋完善、监管体系逐步优化、机构投资者队伍发展壮大等。二是由于应收账款自身特点，盘活具有深厚的现实需求基础。三是融资的基础是建立在企业应收账款这一单项资产之上，更具有灵活性和便利性。四是上市公司在自身经营、信息披露等方面有严格的要求，在进行应收账款证券化时相比非上市公司相对容易，其更愿意采用这种方式融资。

（四）新兴交易平台不断涌现

自 2007 年 10 月物权法实施以来，国内应收账款融资业务从无到有，稳步发展。特别是随着商业银行在贸易融资、供应链融资业务方面的创新以及商业保理的发展，应收账款融资业务呈现积极发展的态势。为加强应收账款的债权人、债务人和银行等金融机构之间的信息沟通，盘活企业应收账款存量，一些传统资产交易平台如重庆金融资产交易所、天津金融资产交易所、广州化工交易中心等，纷纷推出了应收账款融资服务业务，同时各类新兴交易平台不断涌现。

1. 中征应收账款融资服务平台

中征应收账款融资服务平台是由中国人民银行征信中心牵头组织的服务于应收账款融资的金融基础设施，于 2013 年 12 月 31 日上线试运行。平台依托互联网为应收账款融资交易中的各参与机构提供服务，主要功能是聚集应收账款债权人、债务人及出资方，打造应收账款融资信息市场，促成应收账款融资交易的达成。具体业务包括应收账款信息的上传与确认、有效融资需求的推送与融资意向的反馈、融资成交信息的发送、代理应收账款转让和质押登记等。

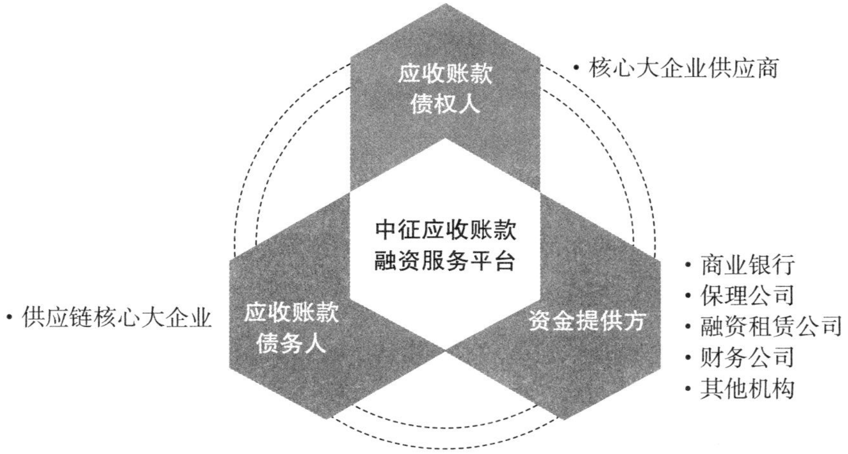

图 8　平台各参与方结构图

2. 中融信（深圳）前海投资有限公司

中融信（深圳）前海投资有限公司是由国际金融专业团队创立、响应国家金融改革而成立的国家级应收账款交易中心，成立于 2013 年，注册资金为 2000 万元，是中国第一家倡导类金融服务业概念、解决企业资金需求瓶颈问题的创新型类金融服务公司。平台把企业良性的应收账款作为交易融资的标

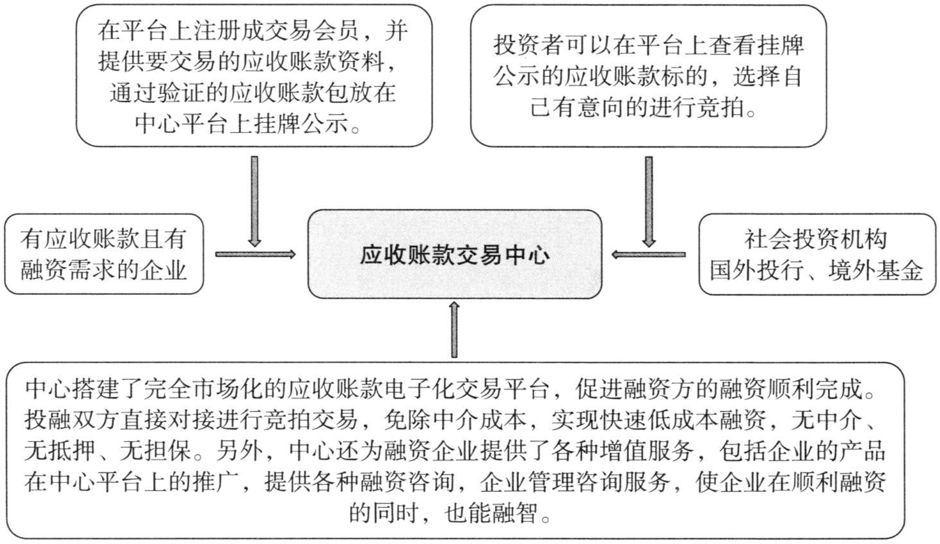

图 9　应收账款交易中心总体运作图

的，提供完全市场化的交易平台，辅助企业以市场化的融资成本顺利完成融资，投融双方直接接触，没有中介成本。

3. 中国应收账款交易（香港）有限公司

中国应收账款交易（香港）有限公司，成立于2013年，是一家以提供应收账款电子化交易服务为基础业务的专业公司，核心产品是建立应收账款电子化交易平台，围绕应收账款电子化交易、市场化运行提供技术及管理人才方面的服务，包含软硬件技术的支持、自主知识产权及专利技术的“应收账款局域移动交易系统”线上服务；数据与增信服务，指导各地区应收账款交易中心制定政策、设计交易变量、引入新的交易工具及模式，展开权威的增信发布和评级；金融要素市场研究及国际数学与金融合作、高端人员培训等。

无论是以上三家，还是其他提供类似服务的交易平台，主要功能是为应收账款融资交易中的各参与机构提供服务，有效促进各类企业应收账款的流通、转让，为各类企业盘活存量资产、拓宽融资渠道、降低融资成本做出了积极贡献，有助于提升金融服务实体经济的效率和效益。根据应收账款的特点，该类交易平台提供的服务与AMC的业务具有高度的契合性，可帮助AMC深入挖掘具有应收账款类不良资产处置和并购重组等金融服务需求的潜在客户，特别是以应收账款为纽带形成的产业链上下游或集团化的客户群，为AMC的业务拓展和产品营销提供一个新途径。

三、金融资产管理公司参与应收账款业务前景分析

（一）应收账款类非金收购市场广阔，潜在利润空间巨大

全球知名信用保险公司科法斯集团2014年2月27日发布的《中国企业信用风险管理调查》显示，2013年，使用赊销的企业中有82%遭受货款拖欠，比2012年高出5%，处于近三年的最高水平；在被拖欠付款的企业中，45%的企业称逾期款项金额大于去年。在目前整体资金面趋紧的情况下，庞大的应收账款规模和普遍的逾期现象，为金融资产管理公司非金收购业务提供了

广阔的市场空间和十分有利的收购机会。结合良好的市场环境和成功的同业经验可知，应收账款类非金收购业务将成为金融资产管理公司利润的增长点。

（二）上市公司应收账款规模庞大，相关业务机会较多

截至2014年第一季度末，我国A股企业应收账款平均规模达到9.98亿元，最近三年以12.62%的速度增长。由此可以看出，上市公司上下游、内部及关联客户等交易规模较大，以上市公司应收账款为纽带形成的商业圈蕴含丰富的市场信息。同时，上市公司也是金融资产管理公司业务发展的重点优质客户群。通过深入分析上市公司应收账款现状及其变化趋势，动态掌握上市公司及其上下游客户、关联客户的业务发展情况，为公司资产管理、并购重组、财务顾问等业务的拓展挖掘更多的潜在客户，获取更多的盈利机会。以应收账款为微观切入点，以经济结构调整和产业转型升级为宏观背景，科学判断行业发展前景和市场活跃程度，充分论证业务发展的可行性，保障公司盈利的安全性。

四、参与应收账款类业务的政策建议

（一）明主体、定方向、建机制，全面提升研究能力

第一，在机构设置或人员安排上，可以由非金收购业务部门员工兼职，也可以由后台专门从事行业研究的有关部门担任。在适当的时候，根据一些大型或重点项目的需要，可以成立由前中后人员共同组成的非常设的研究团队进行有针对性的研究。第二，在内容选择上，重点围绕上市公司应收账款规模、结构的变化，应收账款融资方式的创新和交易市场的发展，以及对公司业务的影响（例如，现存项目客户的应收账款是否存在异常波动及其原因、如何开展下一步业务、新的行业和领域在哪里、如何与其他市场机构开展合作、如何管理风险等）。

（二）凭优势、谋结合、重创新，加快推进产品开发

首先，发挥多元化综合经营优势，现阶段重点以非金收购业务中相对成熟的业务产品为基础，结合当前市场上应收账款融资产品的特色，探究如何实现金融资产管理公司现有业务产品与保理等应收账款融资类业务产品的对接。其次，借助金融资产管理公司发行证券化产品的机会，对金融资产管理公司应收账款证券化产品进行讨论分析，就标的资产选取、中介机构聘任、交易结构设计等重点环节展开研究，形成可行的备选方案。最后，研究以应收账款收购为主要内容的"供应链金融产品"。通过寻找并依托一家核心企业，以其生产经营过程中上（下）游产生的应付（应收）账款为载体，协助上下游企业融资。产品模式设计上可以选择以买方为核心企业的"多对一"模式或者以卖方为核心企业的"一对多"模式。重点解决如何选取核心企业（影响力、吸引力、融合力）、如何通过核心企业整合上下游企业、努力用创新型产品吸引各类潜在客户，将其纳入集团"大资产管理"的业务链条中。

（三）借渠道、创系统、扩功能，重点打造特色品牌

首先，借助一家外部金融信息服务公司，构建"上市公司应收账款分析系统"，系统了解2500多家上市公司应收账款的动态以及派生出来的关联情况，有助于拓展非金收购、并购重组、资产管理、再融资等业务，挖掘上市公司所处产业链上下游的优质客户资源，追踪上市公司资金周转、坏账准备等经营轨迹，降低投资风险。其次，目前对上司公司应收账款系统性分析与研究还处于空白状态，该系统将成为国内主要的应收账款信息来源，成为能反映我国企业应收账款动态变化的"晴雨表"，将扩大公司在同业乃至整个金融业的影响力，打造公司又一特色品牌。最后，在系统构建过程中，可适当学习和借鉴现有应收账款交易服务平台和相关中介机构在平台建设、数据收集和整理、客户拓展和产品推广等方面的成功经验。

2015年1月18日写于海通大厦

中小企业融资选择与金融资产管理公司介入模式

文 / 顾雷

中小企业融资难是一个历史性问题和现实性问题，在中小企业诞生那天，它们就面临初期投入资金少、融资渠道先天不足的问题，在其发展过程中，由于其经营环境不佳，自身留存收益少、受到银行信贷配给限制等后天不足的因素，严重影响着中小企业健康发展。中国社科院关于《中小企业在金融危机复苏中的作用》调研报告显示，30%的中小企业已经在2008年金融危机中倒闭，40%的企业正在生死线上徘徊，只有30%的企业没有受到金融危机的影响。

究其原因，除了企业本身的基础不扎实，更重要的是这些企业的融资能力不强。但是，中小企业在今天的社会经济发展方面起的作用却日益提高，在市场秩序方面起的改善布局的作用日见提升，中小企业在国民经济中的地位和重要性也日趋明显，因此这正是金融资产管理公司介入其中的最佳时机，支持中小企业应该成为可持续发展的原动力之一，以分散房地产集中度过高等风险。

一、大力推动中小企业股权融资

近年来，随着中小板和创业板市场发展，难以在银行贷款的中小企业越来越认识到资本市场的融资优势。资本市场已成为中小企业融资的重要渠道。从目前的中小板和创业板的发展情况来看，股权融资在顺利推进之中，尤其是“新三板”扩容之后，正在成为中小企业股权融资的一个新途径。深圳证券交易所数据显示，截至2013年年末，深圳证券交易所中小板、创业板的上市公司数量分别为701家和355家，分别累计融资大约4700亿元、2300亿元，总市值分别为2.88万亿元、8731亿元。资本市场已经成为支持中小企业发展的重要融资渠道。从上市要求来看，深圳证券交易所中小板市场对发行企业的要求较高。根据《深圳证券交易所设立中小企业板块实施方案》的规定，中小企业板块的上市公司需要符合主板市场的发行上市条件和信息披露要求。相对而言，创业板市场对发行企业的要求相对较低，更加适合中小企业上市融资（详见表1）。

因此，对于那些具有一定的存续期、具有一定的盈利能力和增长性、具有一定的资产规模并且具有自主创新能力的中小企业，可以选择在创业板进行股权融资。这对于金融资产管理公司来说，尤其是需要关注的。

表1 主板与创业板融资要求对比表

条 件	创业板	主板（中小板）
主体资格	依法设立且持续经营三年以上的股份有限公司，定位服务成长性企业，支持有自主创新的企业	依法设立且合法存续的股份有限公司
股本要求	发行前净资产不少于2000万元，发行后的股本总额不少于3000万元	发行前股本总额不少于5000万元
盈利要求	（1）最近两年连续盈利，最近两年净利润累计不少于1000万元，且持续增长，或者最近一年盈利，且净利润不少于500万元，最近一年营业收入不少于5000万元，最近两年营业收入增长率均不低于30%	（1）最近3个会计年度净利润均为正数且累计超过人民币3000万元，以净利润扣除非经常性损益前后较低者为计算依据 （2）最近3个会计年度经营活动产生的现金流量净额累计超过人民币5000万元，或者最近3个会计年度营业收入累计超过人民币3亿元 （3）最近一期不存在未弥补亏损
资产要求	最近一期末净资产不少于2000万元	最近一期末无形资产（扣除土地使用权，水面养殖权和采矿权等后）占净资产的比例不高于20%
主营业务要求	发行人应当主营一种业务，且最近两年内未发生变更	最近3年内主营业务没有发生重大变化

续表

条　件	创业板	主板（中小板）
董事，管理层和控制人要求	发行人最近2年内主营业务和董事、高级管理人员均未发生重大变化，实际控制人未发生变更，高管最近3年内未受到中国证监会行政处罚，或者最近一年内未受到证券交易所的公开谴责	发行人最近3年内董事、高级管理人员没有发生重大变化，实际控制人未发生变更，高级管理人员最近36个月内未受到中国证监会的行政处罚，或者最近12个月内未受到证券交易所公开谴责

资料来源：深圳证券交易所网站

中小企业通过发行上市进行股权融资，对于中小企业的经营发展具有非常积极的作用，表现在以下几个方面：一是通过上市融资，中小企业可以改善自身的财务结构。注册资本和长期自有资金的增加，可以增强企业的研发能力和创新能力，对企业的长期竞争力具有十分积极的作用。二是通过上市融资，中小企业的管理水平将得以提升。作为上市企业，公司的治理结构、信息披露和会计制度都必须更加规范。三是通过上市融资，可以引入有实力的战略投资者。这些专业的投资机构，将对公司未来的资本运作和战略管理产生积极的影响。四是通过中小板和创业板的财富效应，为创业投资构建风险退出机制，有利于引导社会资金向具有自主创新能力的中小企业聚集。以创业板为例，2009—2013年，共有319家创投机构通过355家企业在创业板上市，实现了463笔IPO退出，总计获得账面退出回报789.1亿元，平均账面回报率为915倍。

为增强中小企业股权融资的灵活性，可以考虑设立中小企业股权交易所，借助其集融资、投资、交易、规范运作及孵化筛选于一体的独特功能，为市场化的融资平台创造股权的流动性，为融资、兼并收购创造要素市场。

二、运用投行手段介入中小企业债券发行业务

相对于股权融资来说，债券融资是未来中小企业获取资金的更重要的来

源。以中小企业私募债券为代表的高收益债券品种的不断涌现，将为中小企业进行债券融资提供广阔的舞台。

虽然我国的债券市场规模仍然处于偏低的水平，但我国政府积极发展债券市场的态度日益明确，债券市场未来的发展空间也是巨大的。目前，我国的存量债券规模约为26万亿元，仅相当于GDP的50%；而发达国家这一指标几乎都在100%以上。而高收益债券是债券市场发展中不可或缺的重要组成部分，不仅可以缓解中小企业的融资难问题，还可以为构建完善的债券市场提供重要的投资品种。从美国债券市场上看，高收益债券品种的存量高达1.5万亿美元。在1990年推出144A规则之后，美国的高收益债券市场逐步走向完善，1991—2011年，美国高收益债券（144A规则下发行）的年均发行规模达1000亿美元，平均占公司债券发行规模的32%。2000年以后，保险公司、养老基金、高收益基金这三类投资者在高收益债券市场的投资比例一直在50%—60%。①

从总体发行情况看，目前发行的企业债券规模较少，中小企业发行的大多为利随本清的存单式企业债券，以平价发行，到期一次还本付息，债券可以转让、抵押和继承，但不得作为货币流通。从期限看有1—3年中期债券和3—9个月的短期债券，目的主要是作为企业项目建设或缓和企业流动资金短缺的问题。应该说，企业债券的发行对有效利用社会闲散资金，缓解中小企业资金短缺，促进中小企业发展和地方经济的繁荣发挥了很大的作用。②

金融资产管理公司在转型发展战略中明确以重点服务中小企业为特色，在处置农业银行、工商银行剥离的不良资产过程中，面对散、小、差的中小企业积累了丰富的处置经验，在长期与中小企业、地方政府和监管机构的沟

① 李彤:《关于解决中小企业融资问题的若干建议》，载《国际金融》2013年第7期。

② 根据证监会和交易所的规定，中小企业私募债券期限在1年（含）以上，发行利率不得超过同期银行贷款基准利率的3倍。显然，中小企业私募债券的利率空间还是比较大的，也是证券市场的重要组成部分。发展不仅能拓宽中小企业融资渠道、优化中小企业资本结构，满足投资者多样化的投资需求，而且其对证券市场的完善及国民经济的发展具有重要作用。

通、协调过程中，充分了解中小企业实际情况，其在防范风险方面有着独特的理解和措施。同时，财务顾问及不良资产收购业务相对于担保公司的贷款担保业务而言，一是与银行形成要约收购，一旦企业不能到期归还银行贷款即自动进入收购程序，把金融资产管理公司原来事后收购的化解金融风险的职能提升为事前远期要约收购的防范风险的职能，真正为放款银行有效地防范控制信贷业务风险；二是金融资产管理公司通过创新防范和化解金融风险，强化主营业务功能，为企业提供创新服务增加业务收益，实现三方共赢。①

因此，我们建议金融资产管理公司在适当时间对中小企业私募债券的发行和交易进行调整，鼓励公司事业部、平台公司参与中小企业债券交易，帮助中小企业发行企业债券，通过债券融资渠道为中小企业融资，解决中小企业融资困难的问题。

三、设立风投基金作为中小企业长期融资来源

目前，在我国中小企业的资金来源中，除自有资金外，大多数都是以间接融资为代表的短期资金，相对缺乏长期稳定的资金，难以支持其长远发展。由于保险资金和风投基金投资期限较长、风险承受能力较强，金融资产管理公司引入这些资金是解决中小企业长期资金短缺的主要方向之一。

因此，推动风投基金为中小企业提供融资支持，有利于推动国内经济汇入世界经济潮流，完善中小企业的公司治理，使其参与全球范围的科技与经济竞争。对此，可以鼓励金融资产管理公司设立和运作创业投资引导基金，满足技术密集型中小企业的资金需求。引进风投基金是破解中小企业融资难问题的一个有效手段。

① 梁军：《创新金融服务产品　促进中小企业发展》，载《金融管理探索》2012 年第 1 期。

四、加强担保公司作为中小企业长期融资来源

从实际经验上看，特别是在国际金融危机爆发后，担保公司在缓解小微企业贷款难、促进小微企业发展等方面依然起着重要作用。因此，金融资产管理公司应进一步加强对担保融资业务的有效监管，在促进规范经营、防范金融风险的前提下，完善担保公司的风险补偿机制和风险分担机制，鼓励担保公司扩大业务规模，并在适当的时间，在法律上允许担保公司发挥融资作用，直接为中小企业提供融资，切实满足中小企业的融资需求。这在 2010 年国民经济重新调整以后表现得尤其明显，很多中小企业在融资问题上遇到了前所未有的困难，需要担保机构加以解决。

当然，担保公司融资功能目前仍受到法律上的限制。但是，我们还应该看到，2012 年年底，我国中小企业信用担保机构达 4439 家，当年新增中小企业贷款担保 1.56 万亿元，新增受益中小企业 38 万户。从 2006 年到 2013 年，中央财政累计安排担保专项资金 59.38 亿元，扶持 3327 家，中小企业信用担保机构为 30.7 万户，中小企业提供了 1.8 万亿元贷款担保服务。可以预见，政府主管部门可以通过提供低息资金以及直接注入资本金等方式，对担保公司提供政策支持，以确保其在中小企业融资中发挥应有的作用。① 因此，继续保持担保公司的实际存在，并在金融资产管理集团公司一系列经济活动中通过担保公司引导有限资金，特别是银行信贷资金向公司重点客户（包括中小企业）倾斜，都可以很有效地合理配置其有限资金资源，在一定程度上可以降低其集中度过高的风险。

五、运用小额贷款公司形成多渠道融资方式

根据央行最新统计数据，全国开业的小额贷款公司达 8700 家，成为金融

---

① 李彤：《关于解决中小企业融资问题的若干建议》，载《国际金融》2013 年第 7 期。

发展的新兴力量。然而，尽管全国范围内小额贷款公司的发展势头强劲，但其资金饥渴问题却始终未能得到缓解。

从我国目前金融市场实践看，单纯依赖政府推动的直接融资和间接融资，很难完全解决中小企业融资难问题，必须发挥企业当地的民营金融机构的作用。以小额贷款公司为代表的民营金融机构虽然规模小、实力弱、业务资格欠缺，但其在当地具有一定的客户基础，市场触觉灵敏，在服务中小企业方面具有明显的地缘优势和不可替代的作用，可以有效填补大型银行留下的金融服务死角，切实提高对中小企业的金融支持。因此，金融资产管理公司应该创造性地运用包括小额贷款等在内的多种金融工具和手段，发挥民营类金融机构的积极性，创新融资模式，让更多中小企业获得金融支持。

目前，金融资产管理公司应该积极探索与小贷公司的合作途径和模式，突出服务中小企业的特色业务。我们可以大数据时代的云平台，以小额贷款公司不良贷款数据以及小微金融行为轨迹，构建“小贷公司金融数据平台”，通过对中小企业不良贷款、行为轨迹、网络舆情等相关数据的挖掘和模型分析，及时发现机构经营风险和投融资需求，为金融资产管理公司提供与中小企业合作的决策依据，以便更好地向中小企业提供不良资产收购及委托处置、增信（即远期收购）、贷款等业务，为小微金融开辟资金融通渠道。

2015 年 1 月 26 日写于海通大厦

我国经济领域热点问题的解读与分析

文 / 丁化美　顾雷

党的十八届五中全会旨在谋划未来五年中国发展之路的关键，得到全国普遍关注。从决策层公布的全会公报以及此前在多个场合关于“十三五”的论述，我们可以梳理出不少“十三五”期间我国经济发展的关键着力点。诸如坚持以经济建设为中心，坚持国企改革，坚决转变经济运行模式，深入实施互联网创新驱动发展战略，加快农业现代化步伐以及扶贫开发等，以期推动“十三五”期间经济更高质量、更有效率、更加可持续发展。而在这些经济工作中，以下四个重点领域将更受到市场人士和老百姓的热议。

1.GDP 增长率

GDP 增长水平是 2016 年经济政策与经济工作的定位锚。国家统计局新闻发言人盛来运于 2015 年 9 月 25 日在北京举行的宏观经济形势吹风会上指出，对于中国经济增长目标 7% 左右，是指不低于 6.5%，也不高于 7.5%，高与低可能在一定的误差内。这就意味着，2016 年的 GDP 增长可能会低于 7% 或破 7%，只要是在 6.5% 以上，也算是达到国内经济增长 7% 左右的目标，符合党的十八届五中全会既定的经济发展目标。

2016 年把 GDP 增长设定在 7% 左右，改变了以往的经济增长的思路，是承认当前中国经济发展的一种新常态现实。政府更关注于 GDP 背后的三大指数：就业、城乡居民收入和环境控制，而不再是一味强调 GDP 增长数值；更关注于东西部的协调发展，补齐“短板”，推出“京津冀”“长江经济带”和“一带一路”等多个区域经济战略，区域、城乡发展的协调以及基本公共服务的均等化将成为政策重点。因此，2016 年 GDP 很可能在 6.5%—7% 之间。

再从经济运行的实际情况分析，2015 年第三季度 GDP 增速低于 7% 是六年来的首次。我们认为，这仍属于合理区间。下一步，GDP 增速可能降至 6.5%。2016 年，政府不再追求过度的 GDP 增长，有可能出台让房价回归理性的政策，理顺国内的许多经济关系。否则，对 GDP 增速过度追求只能让国内经济处于恶性循环中。因为当前第三产业已经占中国 GDP 的一半以上，中国进入后工业化阶段，这是当前“最大的新常态”。如果保持过去的中高速增长，继续扩大生产造成产能过剩，这对国内经济也是一种伤害。把 2016 年 GDP 的增长速度下移到 6.5%—7% 之间，显示了本届政府坚持稳中求进的工作基调，坚持以提高经济发展质量和效益为中心，把转方式调结构放到更重要的位置。

总之，展望“十三五”时期，为了完成党的十八大提出的“2020 年 GDP 比 2010 年翻一番的”目标，假设 2015 年 GDP 增长 7%，那么“十三五”期间 GDP 只需要年均 6.6% 的增速。从可持续发展角度看，中央政府没有太大必要把目标定高。再从目前全国经济形势看，资本、劳动、土地和全要素生产率等增长要素都有下行趋势，“十三五”期间 GDP 继续保持 7% 的增速存在一定难度。所以如果中央依然按照传统的规律来决策，“十三五”规划毫无疑问应该将目标定在 6.5% 上下。

2. 利率市场化改革

2015 年利率市场化改革取得了突破性进展，存款利率除活期及一年期浮动设有 50% 上限外，其他存款利率浮动上限全部放开，从宏观货币政策进行了利率市场化的改革，存款利率的放开对市场造成了一定的冲击，并已经给整个金融市场的行为、金融机构的运作方式、金融市场的利益格局带来巨大变化。比如，2015 年连续四次降准降息，对于国内银行业来说，以往那种坐享政策性收益的格局已经开始改变。这不仅表现为居民存款正受到影响，也表现为银行业必须努力谨慎经营，否则将面临的巨大风险。

2016 年的利率市场化改革，不仅在于存款利率的活期及一年期以下的利率全面放开，还在于全面理顺各种金融市场的各种利率关系，利用这些利率关系作为宏观调控的工具。因为，当前中国的基准利率体系与发达市场经济有很大的差别，我国主要是通过商业银行的存贷款利率来进行，而欧美发达国家央行则通过货币市场的拆借利率或回购利率来进行。这些都应该成为2016年我国利率市场化的改革重点。

3. 证券市场的改革

2015年，中国股市进入了一个前所未有的时代，上半年对于中国股市来说，政府最初是希望借助股市的发展与繁荣增加企业融资渠道、降低金融市场的融资成本，以此来促进国内实体经济的发展。但是，由于为历史上前所未有的措施及证券市场管理层经验不足，使这次试验失败、股市泡沫破灭，给股市带来了暴涨暴跌的巨大震荡，12万亿元资金就此蒸发，产生了无数贫困股民。

为什么我们的证券市场如此脆弱？根本原因就在于证券市场内部存在长期的一直没有彻底解决的矛盾，证券市场内部运行机制漏洞太多，导致投资者对证券市场缺乏坚定的信心，一旦遇到风吹草动，股票价格就会像退潮的河道一样，杀跌出局变成常态。

幸运的是，政府已经看到了现代证券市场对经济的影响与作用，意识到了这种恶意做空对国内经济和国际形象的巨大负面影响。2016年，证券监管部门在总结今年证券市场经验教训基础上，进一步推进证券市场发展，对以下几个重点问题加以调整：

一是提高证券市场化程度。目前的证券市场，行政的或非市场性力量配置资源的作用仍然相当明显。2016年，政府将把股票发行审核（核准）制度、上市公司并购重组规则、注册制度、退市机制以及企业上市标准设计和上市公司信息披露选择等诸多环节，纳入法制化的轨道，把去行政化或非市场化作为证券市场发展的重要砝码。

二是提升国际化水平。2016年，证券监管机构会进一步探索资本市场开放和国际化的过渡性措施，进一步研究我国证券市场允许外国（境外）公司在中国（内地）市场上市的问题，诸如考虑提高国际资本进入中国资本市场的投资比例，考虑国际版的设立，以提高证券市场国际化程度。

三是信息披露和市场透明度进一步改善。2014 年，证券市场中仍然出现了像“绿大地”“奥赛康”等虚假陈述、欺诈上市的事件，内幕交易和操纵股价的行为也时有发生，市场透明度和“三公”原则依然面临严峻挑战。因此，2016 年强调上市公司信息披露质量提高的问题，强调市场透明度的改善问题。

四是目前的证券市场投机色彩相当明显，投资功能明显不足。这种市场过度投机加剧了国内证券市场的波动和风险。显然，这种局面并不符合中央金融工作的战略方针，必须得到改变。

五是扩大国内债券市场的容量。在控制债务风险和完善信用评级的前提下，2016 年的债券发行规模可能会进一步扩大，诸如改革发行审批体制，明确债券发行审批和监管的单一主体，统一债券交易市场，打破部门分割，形成统一的开放的市场体系，这些都将成为 2016 年债券市场改革的主旋律。

总之，推动经济体制改革，不断提高市场透明度，提升市场的投资价值，改革证券市场投资体制，拓宽市场资金渠道，形成以机构投资者为主体的多元投资主体，大力提高证券市场的国际化程度，从供给和需求动态平衡的角度，努力造就证券市场的正常成长机制，都将可能成为 2016 年经济工作的主题之一。

4. 互联网金融问题

2015 年两会中央提出“互联网 +”的战略，核心价值就是以互联网思维来改造传统产业，提高资源配置能力和效率。截至 2015 年上半年，我国互联网金融产品网民渗透率为 68.1%，这意味着近七成网民使用过互联网金融产品。微众银行、蚂蚁金服及京东金融已经通过互联网系统形成了一个互联网金融生态圈。

但是，互联网金融在 2015 年展现得淋漓尽致，同时互联网金融的弊端与风险也一览无余，互联网金融的安全性成为消费者最为担忧的一个问题。有安全机构对国内 100 家金融机构移动应用的安全性进行了统计，发现三分之一的移动金融应用拥有超过 9 个以上的安全漏洞，超过 90% 的用户都在担心移动金融支付安全。而在 P2P 领域存在的安全风险则更加严峻。P2P 网贷企业频繁倒闭，并不断出现诸如非法集资、跑路、信用诈骗等几类问题，有些地区还出现了几家金融资金交易所非法运作问题，引发了小范围的资金兑付危机。

所以，更好地引导互联网金融健康发展将成为金融改革的重要一环。监管机构将构建更加灵活的、富有针对性与弹性的监管体系，既要弥补监管缺位，又要避免过度监管。完善互联网金融监督和安全防范制度体系，促进互联网金融的健康稳定发展将成为2016年互联网金融的主旋律，贯穿在互联网金融发展的每一环节中。

2015年10月30日写于天津峰汇广场

今天急砸百万，明天稳赚千万？

——我国 2016 年房价上涨以后局势分析

文 / 顾雷

很多人认为与其将钱存入银行，不如投入房地产，好比投了固化的理财产品。400 万元的房产，15 年后值多少钱呢？ 400 万元 ×（1+6%）×15 ≈ 1147 万元。

这样的观点在当下中国颇有“群众基础”。2016 年 4 月居民中长期贷款占整个贷款 80% 以上，充分体现了目前不少居民都热衷于购买房产。先是北京、上海和深圳，然后扩展到杭州、苏州、南京和合肥等地，甚至发明出“首付贷”，集体沉浸在“今天砸百万房奴，明天赚千万”的美梦之中。

真的会如其所愿吗？真会因为手里的一套小房而成为“千万富翁”吗？

首先，这种结论是建立在住房按揭贷款利率永远在目前最低点，且宽松的国内货币政策保持不变的基础上。事实上，20 世纪最后 20 年，全球主要发达国家平均利率在 10%，中国平均利率仅在 8% 左右，因此未来 15 年内这种低利率改变的可能性很大。如果利率上升，购买住房贷款都可能还不起，哪里还有“赚千万富翁”可言！加之我国宽松的货币政策变化频繁，不要说 15 年，就是 2015 年 4 月与前三个月情况相比都有较大的变化。货币政策一旦收紧，没有接盘者进入，房价还会涨上去吗？

其次，10 年来之所以把房价炒作得越来越高，核心问题就是把住房的属性混淆了，导致炒作房产成为少数投机商牟利赚钱的工具。为此，我国政府 2016 年 5 月 9 日第一次明确承认当前房地产市场存在泡沫，强调国内房地产市场必须回归其基本居住功能，并开始处罚用金融杠杆炒作房价的投机行为。

如果住房泡沫破灭，投机行为戛然而止，房价必然大跌，15 年后的投资价值从何而来？今天的百万又如何成为明天的千万？由此，目前，抢购房地产的投机客可能是接最后一棒者，不要说抢到的是期房，即使是现房，都有可能把购买的房产砸到自己手里。

最后，2016 年房价快速上涨，很大程度上取决于资金杠杆的过度推高。大多数居民千方百计地涌入房地产市场，他们并不在乎自己手上有没有充足的现钱，因为各种各样的融资方式都等着他们，资金杠杆效应激发了城市居民的购房欲望。

可是，不应忘记 2015 年配资撤离股市后广大股民的割肉之痛！2014 年与 2015 年里，股票市场正是经历了场外配资的高杠杆“狂欢”后，发生了翻天覆地的变化，从 6247 点猛跌至 1619 点，估计这是任何股民都无法预测到的。而 2016 年房地产市场狂欢背后的资金推手依然是金融杠杆效应，现在已不太可能再出现场外巨额配资的情形，因为今天的政府已经不可能再像 2016 年那样，以房地产投资为主要手段拉动经济了。也就是说，未来 15 年内中国房地产市场必须消化房地产存量，发生政策调整或者银行利率变化应该是必然之势，房地产市场周期性调整也是必然之举。到那时，资金链断裂，银行出现巨量不良资产，信贷危机导致大量房地产企业倒闭，房价大幅下降，必定使炒房者的期望破灭，并把炒房者变成一贫如洗、债务沉重的房奴。因此，谁又能保证明天的房市不会像今天的股市一样发生翻天覆地的变化呢？今天急砸百万当房奴，明天一定就能稳赚当富翁吗？不一定，至少是不确定！

2016 年 5 月 26 日写于人大静园

冷静、客观地看待深港通的长期利好

文 / 顾雷

2016 年 12 月 5 日，深圳证券交易所和香港证券交易所同时敲响了开市锣，宣告深港股票交易互联互通机制的正式开通。虽然深港通的开通，无论对于国内股市还是对香港股市都是一个利好的消息，因为这不仅表明中国政府对资本市场开放的决心，也开启了人民币开始国际化进程，更为大陆资本市场走向世界资本舞台提供了更多发展机会。

但是，从深港通“开车”首日表现看，交易平平，人气不旺，深港通使用额度 27.11 亿元，远不及两年前的沪港通开通首日热闹非凡的行情。再从这几天的深港通股票交易的情况看，似乎交易不太活跃，成交量也没有多少放大，资金同样出现了“南冷北热”的局面。首日资金“南下”远多于“北上”资金。于是，证券业内就开始有一些“有识之士”质疑深港通了，说什么深港通只会造成大陆资本市场资金外流，特别是在人民币持续走弱的情况下，深港通开通后会加剧资金从内地外流，实际上并没有真正起到活跃大陆股票市场的作用。

对于资本市场中的这些声音，我们认为有必要回应一下。偌大的一个市场，总不能只有一种声音吧。

首先，以深港通为标志，上海、深圳和我国香港地区的三个交易所连接而形成的互联互通平台会成为一个新的共同市场。港股通股票共 417 只，包括恒生综合大型股 100 只、恒生综合中型股 193 只、恒生综合小型股 95 只、不在上述指数成分内的 A+H 股 29 只，约占香港交易所上市股票市值的 89%。我们之所以称之为“共同市场”，是因为在深港通的政策框架下，延续了沪港通主要的交易、结算、监管的制度，但是还有新的突破，即取消了总限额。再加上互联互通从原来的上海延伸到深圳，实际上是把三个大中华地区的交易所联系起来，成为一个事实上的共同市场。因此，深港通可交易的股票基本上覆盖了两地市场大多数股票。显然，深港通开通后，两地股票市场能够互联互通对繁荣两地股市会起到非常重要的作用。

其次，这种互联互通的股票交易机制能够为国内外的投资者创造机会。深港通开通后，超过 80% 的 A 股可以在此机制下供境外投资者购买，而且不受额度和资本账的限制。这两个因素都大大增加了内地 A 股将来被纳入美国指数编制公司（Morgan Stanley Capital International，MSCI）或其他全球股市指数的机会。显然，深港通不仅将有利于上海、深圳两地股市投资者有更多的投资选择，而且还能够吸引大量的资金进入我国股市，让海外的投资者分享中国经济成果，并通过海外投资者来影响中国股市价值取向，改变中国股市的文化。从长期来看，它是中国资本市场对外开放最为重要的一步。

最后，在互联互通机制下，无论是持有上海还是深圳账户的投资者，在通过港股通买卖港股时都是经过专门账户进行交易和结算，不存在资金交割后可以外币形式转作他用的情况。内地投资者在沽出香港股票后，资金便立即转换成人民币，并不是以港币的形式保留或停留于香港。因此，真想把资金外流出去的，以深港通这个渠道也是很难办到的。

当然，我们必须清醒地看到并不是深港通一经开通，大陆资本市场就万事大吉。我们必须客观看待大陆资本市场长期存在的一些结构性问题，也要冷静分析股票市场本身存在的发展规律和投资习惯。

那些长期以来阻碍着深港通市场的无障碍流动的问题，并不会因为开通了深港通就会马上自动解决。由于深圳市场股票的估值明显高出欧美及香港股市，再加上外国投资者对国内市场了解还是不太多，对于外国及我国香港地区的投资者来说，是否愿意马上借道深港通进入大陆股票市场，这可能是一件不得而知的事情。更何况，目前随着美联储加息信息的不断明确，美元正在走向强势，美国对制造业重塑的信心日渐加强，人民币汇率弱势明显。

在这种情况下，外国投资者更不会轻易地进入中国股市购买货币正贬值的资产，持币观望可能最能反映出目前外国投资者的心态。但是，我们必须说明的是，价格高估，并不等于不会有交易。只要我国未来继续保持中高速经济增长，继续保持资本市场稳定发展，我们相信，外国投资者一定会看清市场，下大注投资大陆资本市场的。

再从纯技术层面看，深港通开通的概念已经炒作了一段时间，两个市场的投资者早已有所布局，前期已有一定程度的消化。加之每当接近年底时，许多投资者开始准备收金过年，调整下一年的投资方向。因此，深港通股票交易不太活跃也在情理之中。

由此，我们希望对于刚刚开通的深港通市场，不应反应过激，奢望股市指数会立即上升。两地股市繁荣需要一个逐渐消化的过程，作为一种长期发展战略，它的影响与作用是长期的而不是短期的。犹如沪港通一样，深港通同样需要一个适应过程，要有一个理性的市场反应，这才是一个成熟的资本市场的应有的状态。

2016 年 12 月 12 日写于人大静园

基本养老保险基金入市，真的可以拯救股市吗？

文／顾雷

我国基本养老保险基金（以下简称养老金）的投资步伐已进入启动运行阶段。总体来看，养老金入市进程经历了构想、试点、立法、实施四个阶段。当然，真正进入实施阶段是在2016年11月，国家正式公布养老金的4家托管银行（工商银行、中国银行、交通银行和招商银行），评审出21家投资管理机构（14家基金公司、6家保险公司和1家证券公司），随后16家基金公司、4家保险公司、1家券商入选，养老金入市正式进入倒计时阶段。2017年2月，全国社保基金理事会启动招标工作，签署合同后进入打款程序，首批养老金进入入市运作阶段。

人社部数据显示，截至2017年6月底，北京市、上海市、河南省、湖北省、广西壮族自治区、云南省、陕西省、安徽省共八省已与全国社保基金理事会签署了委托投资合同，合同总金额为4100亿元，其中，1721.5亿元资金已经到账并开始投资，剩余资金将按照合同约定分年分批到位。为此，市场人士大喜过望，反应激烈，越来越多的人士认为养老金入市将推动新一轮牛市，股价极有可能反转上行。

实际上，养老金逐步入市虽然是一种趋势，但是，养老金到账投资，不一定意味着这些资金都会进入股票市场。即使未来可到账的资金规模达到4100亿元左右，但真正配置到股票类资产的资金规模可能会相对有限，因为受以下三个方面因素限制：

第一，根据《基本养老保险基金投资管理办法》的规定，托管机构投资股票、股票基金、混合基金、股票型养老金产品的比例，合计不高于养老金资产净值的 30%。

需要注意的是，养老金投资范围是非常广泛的，除股票之外，养老金可投资银行存款、国债、养老金产品、银行理财产品、重大工程、重大项目和国企改制上市等。再从此前中国证监会颁布的规定看，养老金投资股票、混合基金、股票型养老金产品比例，合计不得高于养老金资产净值的 30%，这就意味着养老金对股市带来的新增流动性规模有限。因此，养老金对于股票市场而言，可能只是“细雨小风润无声”的效果，而不是“惊天动地一声雷”。

第二，作为社会保障体系的“活命钱”，养老金的风险承受能力很低，其投资要求受托部分的 95% 以上在当年不能发生亏损，这就给股票市场带来更多心理压力。但问题是，养老金一旦入市，自然需要承担相应的风险，谁也不能保证只赚不赔。因此，这就足以使养老金不敢轻易大举入市。更有可能的是，小部分养老金入市，以投资稳健型股票为主，并青睐于大盘蓝筹股，不可能使股价产生“过山车”般的奇幻效果，以免发生巨大亏损而无法向全国人民交代。

更何况，养老金关乎大多数人的财富命运，它的入市不具有救市、托市的作用，属于一种资产保值增值，以提升投资运营效率为目的。由此，养老金入市更注重安全性、分散性，更需要注重风险准备金的设立以及阳光化的监督与管理。这样才能保障养老金的平稳运作，实现资产更好的保值增值目的。在这种情形下，很难想象会产生出大涨幅、高收益的走势。

第三，从股票市场实操层面看，目前全国市场 1700 亿元养老金到账，社保基金理事会自行管理的约 600 亿元，委托给管理机构的约 1100 亿元。其中，股票类资产配置规模为 150 亿元左右。换言之，即便是把目前养老金在股票类资产配置的 100% 全部到账，也不足以撬动整个股票市场的行情。

当然，养老金入市并不是毫无用处，还是可以在沪市 3000 点区域的合理价值上下运行，让 A 股整体投资风险在一定程度上获得释放，更可以让一部分资金解套。

2017 年 8 月 9 日写于人大静园

2. 传统金融风险防范

从光大证券“8·16乌龙指事件”再谈内幕交易

文 / 顾雷　孙用楷

引言

惊魂24秒（从11点5分31秒到5分56秒的短短24秒），2013年8月16日，注定载入中国证券历史。从中国石化率先暴走，到工行秒触涨停，包括光大银行等上证50板块33只股票秒封涨停，再到光大证券网站被黑以及金融软件概念股跟风大跌、蓝筹交易型开放指数基金（Exchange Traded Funds，ETF）出现巨量申赎。短短的24秒里，让所有做投资的“小伙伴”都惊呆了。

光大证券究竟怎么了？

中国证监会于2013年8月30日下午通报了对光大“8·16乌龙指事件”的处罚决定：事件被定性为“内幕交易”，对相关4位责任人徐某、杨某、沈某、杨某处以终身证券市场禁入。这也是2013年中国证监会首次公开处罚内幕交易，由于这起案件涉及光大证券，在证券界引起了较大反响。

市场聚焦再一次从操纵证券交易价格转向了证券内幕交易。也许，只有“乌龙指”才能点开证券交易的内幕吧。本文从内幕交易主体、客体和行为方式等方面，对内幕交易行为进行了全面介绍和评析，旨在帮助金融机构、投资者等在今后证券实践中对内幕交易提高警惕，及时识别，尽早防范。

一、内幕交易与案例分析

证券内幕交易（Insider Trading）是上市公司董事、监事、高级管理人员或大股东（实际控制人）等内幕人员，利用职务或业务上的优势，获取上市公司尚未公开但能影响证券价格的重要信息，买入或者卖出所持有的该公司证券的行为。

全世界之所以要严禁内幕交易，就是因为内幕交易所造成的社会危害相当严重，不仅严重侵害其他投资者的合法权益，还影响社会经济秩序的正常进行，内幕交易已经成为全世界证券市场共同面临的难题之一。

【典型案例】

2013年8月16日11时5分，上证综指突然上涨5.96%，中国石油、中国石化、工商银行和中国银行等权重股均触及涨停。经核查，发现事发光大证券系统问题，系其自营账户大额买入所致。当天，光大证券增加了72.7亿元股票持仓。下午开盘后，光大证券将已买入的股票申购成50ETF以及180ETF在二级市场上卖出，并在信息公开披露错单前转换并卖出50ETF、180ETF基金以及卖空IF1309、IF1312股指期货合约，共获利7414万元。错单信息披露后，光大证券继续卖空避险，获利1307万元，获利共计8721万元。

中国证监会认为，光大证券知悉异动真正原因，社会投资者并不知情，本应戒绝交易，待内幕信息公开后再卖空合理避险，但光大证券在信息披露前转化卖出ETF、卖出股指期货合约，其具体行为违反了市场公平交易的原则，明显构成内幕交易。为了维护证券市场秩序，中国证监会依照《中华人民共和国证券法》（2013年修正）第二百零二条的规定，对光大证券做出处罚决定：（1）认定光大证券异常交易构成内幕交易、信息误导、违反证券公司内控管理规定等多项违法违规行为；（2）对四位相关决策责任人徐某、杨某、沈某、杨某处以终身证券市场禁入，并没收光大证券非法所得8721万元，并处以5倍罚款，共计5.23亿元；（3）徐某、杨某、沈某、杨某4名高管辞职，共罚款240万元；（4）梅某身为公司履行信息披露责任人，未作核实即以个人身份发表言论，违反证券法关于信息误导的规定，故对董事会秘书梅某责令改正并处罚款20万元。

2013年8月16日，光大证券在进行ETF交易时，因程序错误，其所使用的交易系统，以234亿元巨量申购180ETF成分股，实际交易达72.7亿元，引发股市大震。光大证券本应戒绝交易，待内幕信息公开后再卖空避险，但光大证券却谎称卖空股指期货合约、转换并卖出ETF只是对冲风险行为。前光大证券董事会秘书梅某曾辩称，这只不过是光大证券发生的因交易软件产生的极端个别事件，并不存在操纵市场问题。①

据我们不完全统计，A股市场于2013年8月16日当天就有超过45万户投资者跟风买入，其中机构投资者有1600多户。显然，明眼人都明白，这种行情的出现绝不是电脑软件产生的“联动失误”那般简单，更多的是由人为的操作所致。

更有甚者，光大证券将234亿元的“自有资金”挂在最高的涨停价格上，最后实际成交12.5亿元。试想，光大证券如果没有事先知晓，怎么敢挂出涨停板的价格？这种行为违反了证券市场交易的基本法则。对此，只有一个解释，就是光大证券有预谋、有组织地利用了内幕信息，并有计划、有步骤地实施了证券价格的干预（或者操纵），导致市场出现跟风和混乱。于是，市场目光自然转向了操纵证券交易价格，转向了内幕交易。

我们认为，即便乌龙买盘并非早有预谋，但光大证券利用信息不对称之机大肆卖空的行为也难逃内幕交易之嫌！

二、内幕交易疑难问题辨析

（一）内幕交易主体之比较

对于内幕交易主体范围的界定，在世界各国都经历了一个漫长的变化

---

① 徐国允：《还原光大证券8·16史上最大“乌龙指”》，网易财经：http://money.163.com/13/0816/20/96E5HQ9K00254R91.html，最后访问日期：2013年10月28日。

过程。早在1934年，美国《证券交易法》中就规定，证券公司的职员和雇员或者他们的亲戚可以成为内幕交易人员。1979年，证券交易委员会（SEC）又把内幕人扩大到诸如证券分析员、负责贷款职员、大股东以及与证券公司有直接业务联系并可获得秘密情报的其他人。1984年，《内幕交易制裁法》再次对联邦证券法进行了重大改进，增加了教唆内幕交易犯的概念。到了20世纪90年代，人们发现，内幕交易更多的是上市公司内部人员采取内外勾结方法，以共同犯罪方式利用内幕信息操纵证券市场。于是，各国对内幕人员的范围划定逐渐扩大到律师、会计师和新闻媒体等人员。21世纪以来，各国更是加强了对内幕交易主体的有效界定，其范围也在不断地扩大之中。

表1　世界各证券交易所内幕交易人员范围与持股比例

证券交易所	公司高层人员	持股比例	中介机构人员	持股比例	业务关系人员	持股比例	新闻及其家庭人员
上交所 SSSE	董事、监事及高管人员	5%以上	律师、会计师、审计师、评估师、投资顾问、工商、税务等	5%以上	主管部门、控股公司经理、秘书、打字员、司机	5%以上	记者、编辑、主持人、编排人员
深交所 SSE	基本同上	同上	基本同上	同上	控股公司的经理、董事会秘书	同上	基本同上
伦敦证券交易所 LSE	董事、监事及高管人员	未有比例	律师、会计师、审计师、评估师	未说明比例	因业务关系而可能获得内幕信息的人员	未说明比例	家庭成员
雅加达证券交易所 JSX	董事、监事、高管人员、主管行政人员	20%以上	律师、会计师、审计师	15%以上	与公司直接发生业务关系的人员	5%以上	未说明
香港联交所 SEHK	董事、监事及高管人员	10%以上	律师、会计师、审计师、评估师	10%以上	因业务关系而可能获得内幕信息的人员	5%以上	未说明

续表

证券交易所	公司高层人员	持股比例	中介机构人员	持股比例	业务关系人员	持股比例	新闻及其家庭人员
柏林证券交易所BSE	董事、管理委员会人员	25%以上	律师、会计师、审计师、评估师和承销商	30%以上	未说明	10%以上	未说明
纽约证券交易所NYSE	高级职员、董事、财务主管	10%以上	律师、会计师、承销商、咨询人员、证券分析师	15%以上	占股权多数的股东、董事会秘书	15%以上	与证券公司有直接业务联系的，并可获得秘密情报的其他人员
台湾证券交易所TWSE	董事、监察人、经理人	10%以上	律师、会计师、审计师、评估师	15%以上	与公司有业务关系、家属等	15%以上	基于职业或控制关系而可能获得内幕信息的人员

——嘉木制表

与当今世界各国或地区关于证券内幕交易人员的规定相比，我国内幕交易的主体主要划分为两类：第一类是知悉证券交易内幕信息的知情人员；第二类是非法获取内幕信息的其他人员。

根据《中华人民共和国证券法》第七十四条的规定，下列人员为知悉证券交易内幕信息的知情人员：（1）发行人董事、监事、高级管理人员；（2）持有公司百分之五以上股份的股东及其董事、监事、高级管理人员，公司的实际控制人及其董事、监事、高级管理人员；（3）发行人控股的公司及其董事、监事、高级管理人员；（4）由于所任公司职务可以获取公司有关内幕信息的人员；（5）证券监督管理机构工作人员以及由于法定职责对证券的发行、交易进行管理的其他人员；（6）保荐人、承销的证券公司、证券交易所、证券登记结算机构、证券服务机构的有关人员；（7）国务院证券监督管理机构规定的其他人。

非法获取内幕信息的其他人员主要是指《中华人民共和国证券法》第七十六条第一款规定的“非法获取内幕信息的人”，是通过不正当手段或者其他途径获得内幕信息的非内幕人员。具体而言，非法获取内幕信息的人主要指：（1）以骗取、窃取、窃听、监听等非法手段获取内幕信息的；（2）通过私下交易等不正当途径获取内幕信息的；（3）利用各种手段从知情人员处套取、索取内幕信息的；（4）使用其他方法或手段获取内幕信息的。

由此可见，我国证券法中规定的内幕交易主体非常宽泛，不仅包括因职务关系、工作关系、管理关系、持股关系等而知悉证券交易内幕信息的人员，还包括从上述知情人员处获取内幕信息的间接内幕信息知情人员，即内幕消息领受人。

表2　世界各证券交易所内幕交易人员范围比较

证券交易所	第一内幕交易人员	第二内幕交易人员	持有内幕信息推定主体
上交所 SSSE	董事、监事、高级管理人员、实际控制人、控股公司领导、董事会秘书、主管部门领导、证券公司、银行、中介机构、新闻机构、记者、秘书、打字员、司机等	法律没有规定	法律没有规定
深交所 SSE	同上	法律没有规定	法律没有规定
伦敦证券交易所 LSE	公司董事、公司的雇员和官员、律师、会计师、投资银行家、正在参与收购人收购策划或已参与了收购人的收购策划的当事人、公务员，包括皇家公务员，指定机构、主管机构和受让机构的成员、官员或职员、自律组织、注册的投资交易所或清算机构	因业务关系直接或间接从第一交易人获得内幕信息人员	法律没有明确规定，判例中时有运用
柏林证券交易所 BSE	公司的法定代表人、监事、股东（如果其占有的股份超过25%，还包括其法定代表人和公司的监事），持有公司股份超过25%的公司雇员、银行及银行监事会的监事、总经理、雇员和在其正常业务过程中获悉内幕信息的公司代理人	法律没有规定	法律没有明确规定，但在司法实践中与其他人员在法律适用上可能执行不同的标准

续表

证券交易所	第一内幕交易人员	第二内幕交易人员	持有内幕信息推定主体
纽约证券交易所 NYSE	高级职员、董事、财务主管、官员、董事和雇员、控股股东、投资银行、律师事务所、会计师事务所的人员	在美国，又称“受领人”，与欧共体和英国的“第二内幕交易人”较为相似，即通过直接或间接渠道占有内幕信息、除第一内幕交易人以外的其他人	判例中承认推定，但有严格的范围限制
欧盟证券交易所 EECSE	公司董事、高级管理人员、股东、中介机构、银行等有雇佣关系的法人或个人	不仅包括直接从第一内幕交易人处获得，还包括直接从发行人处获得内幕信息的不属于第一内幕交易人的人	股东、发行人、监督部门的成员而持有内幕信息的人员，但限制各成员国任意扩大解释
东京证券交易所 TSE	董事、监事、高级管理人员、与公司发生业务关系的政府官员	任何与公司直接发生业务关系的并从上述公司内幕交易人处获知内幕信息的人员	法律明确规定不适用推定
香港联交所 SEHK	董事、监事、高级管理人员、占其总股本10%股份的大股东、配偶、兄弟、姐妹、父母、继父母、子女（亲生或领养的）或继子女、担任董事的机构	因业务关系可能直接或间接从第一内幕交易人取得内幕信息的一切人员	法律没有规定
台湾证券交易所 TWSE	董事、监察人、经理人及持有公司百分之十股份的股东	公司的律师、注册会计师、证券承销商，关联公司或消息受领者	规定类似于消息受领者

——嘉木制表

（二）内幕交易人主观故意与过失形态判断

我国刑法规定，行为人主观上必须具有故意才有可能构成第一百八十条规定的内幕交易、泄露内幕信息罪。一些学者认为,《中华人民共和国证券法》第七十三条规定,“禁止证券交易内幕信息的知情人和非法获取内幕信息的人利用内幕信息从事证券交易活动”,这里的“利用”是一种主观故意的表现形式,其犯罪心理当然是故意。①

从光大证券“8 · 16乌龙指事件”分析,如果利用股指期货进行套期保值,那么在建立现货头寸的同时,应该同时建立期货头寸。如果光大期货如此操作,无人会质疑。但光大证券公告却显示,该公司是在2013年8月9日下午开盘后,才开始不断增加股指期货空单,虽然美其名曰“对冲交易”,但是此时,除光大证券知道股指必然会下跌外,整个市场并无人知晓,广大社会投资者还在憧憬美好未来。这种建立在信息不对称基础上的“对冲交易”,其实质就是行为人(光大证券)故意利用内幕信息和套取不义之财,这种内幕交易行为本身毫无公平性可言。②

《中华人民共和国证券法》第七十六条没有要求行为人在进行内幕交易时具有故意犯罪心理状态。只要是具备了特定身份的人员,并且知悉证券交易内幕信息的,就不得买入或者卖出该公司的证券。这里显然包括过失进行内幕交易的行为。③

当然,《中华人民共和国刑法》第一百八十条规定的内幕交易罪中也没有明确界定行为人主观上必须具备犯罪故意。该条规定,证券交易内幕信息的知情人员只要是“在涉及证券的发行、交易或者其他对证券的价格有重大影响的信息尚未公开前,买入或者卖出该证券,或者泄露该信息,情节严重的”,都可以构成内幕交易罪。显然,立法者在法律上没有明确界定行为人是如何知悉并利用内幕信息的,只要进行了内幕交易活动,情节严重的,就可以认

---

① 周道鸾主编:《刑法的修改与适用》,人民法院出版社1997年版。

② 卢进、杨柳晗:《一错再错,光大自救被指涉嫌犯罪》,载《第一财经日报》2013年9月1日。

③ 《中华人民共和国证券法》第七十六条第一款规定,证券交易内幕信息的知情人和非法获取内幕信息的人,在内幕信息公开前不得买卖该公司的证券,或者泄露该消息,或者建议他人买该证券。

定为内幕交易犯罪。这与《中华人民共和国证券法》第七十六条的立法精神更为接近。因此，那种认为“只要对内幕信息知情或者非法获取内幕信息，又在内幕信息未公开前买卖该证券，也就是利用内幕信息进行证券交易，而不需要再规定利用内幕信息”的观点是可以接受的。①

因此，在司法实践中，我们也不再硬性要求内幕交易人在主观上必须有“利用”的成分，知悉证券交易内幕信息的知情人员或者非法获取内幕信息后，知情人员就不得买卖所持有的证券，故意或者过失都可以构成内幕交易罪的主观形态。也就是说，只要是知悉该内幕信息并在该内幕信息公布前进行证券交易的，都可以认定为内幕交易犯罪。②

（三）内幕信息的甄别与范围界定

《中华人民共和国证券法》第七十五条第一款规定，内幕信息是指“证券交易活动中，涉及公司的经营、财务或者对该公司证券的市场价格有重大影响的尚未公开的信息”。下列各项信息皆属内幕信息：第一，《中华人民共和国证券法》第六十七条第二款所列重大事件。这些重大事件包括：（1）公司的经营方针和经营范围的重大变化；（2）公司的重大投资行为和重大的购置财产的决定；（3）公司订立重要合同，可能对公司的资产、负债、权益经营成果产生重要影响；（4）公司发生重大债务和未能清偿到期重大债务违约情况；（5）公司发生重大亏损或者重大亏损；（6）公司生产经营的外部条件发生的重大变化；（7）公司的董事长、三分之一以上的董事，或者经理发生变动；（8）持有公司 5%以上股份的股东或者实际控制人，其持有股份控制公司的情况发生较大变化；（9）公司减资、合并、分立、解散及申请破产的决定；（10）涉及公司的重大诉讼，股东大会、董事会决议被依法撤销或者宣告无效；（11）公司涉嫌犯罪被司法机关立案调查，公司董事、监事、高级管理人员涉嫌犯罪被

① 马克昌主编：《经济犯罪新论》，武汉大学出版社 1998 年版。

② 王作富主编：《刑法分则实务研究》，中国方正出版社 2001 年版。

司法机关采取强制措施；（12）国务院证券监督管理机构规定的其他事项。第二，公司分配股利或者增资的计划。第三，公司股权结构的重大变化。第四，公司债务担保的重大变更。第五，公司营业用主要资产的抵押、出售或者报废一次超过该资产的30%。第六，公司董事、监事或高级管理人员的行为可能依法承担重大损害赔偿责任。第七，上市公司收购的有关方案。第八，国务院证券监督管理机构认定的对证券交易价格有显著影响的其他重要信息。

结合我国立法与证券市场实践，内幕信息的构成还必须具备以下几点：

（1）信息尚未公开。所谓信息尚未公开，是指证券发行人还没有将有关发行人及其发行证券的资料和信息完全公布。未公开是认定内幕信息的本质标准。一般认为，一项信息非一般投资者可以得到，即为非公开，也就是这种重大信息尚没有为证券市场上所有的投资者所获悉并据以进行证券交易。① 在我国，公开信息应以在中国证监会指定的报刊和专项出版的公报上刊登为准。当然，如果对投资公众可以自由取得的有关公开资料分析而得出的结论，即运用公开信息对证券市场做出的预测和分析不属于内幕信息。

（2）信息的性质为重要信息，对证券市场价格有重大影响。美国称为Materiality，欧洲称为Significant。所谓重要，是指该信息一旦公开将影响市场上有关证券的价格而产生价格波动，并且是足以影响投资者判断的信息。重大性就是对内幕信息的量的限制。这里的量是指信息对于证券市场中相关证券价格的影响程度。因此，在判断是否为重要信息时，一般以采用信息公开后证券价格是否有变动为依据。无论是利好消息，还是利空消息，只要可能会对证券价格产生较大波动的，就可以认定为对证券价格有重大影响。当然，如果信息公布后，股价变动较小或影响不大，就意味着该信息的不重要。

① 依照“有效市场理论”，当某一信息对市场产生有效影响时，该信息才算公开。如何认定信息公开，目前世界各国在实践中大致有三种认定标准：一是以市场消化了该消息为标准，即市场对该信息作出了反应；二是以公司通过召开新闻发布会公布该信息为标准；三是以公司在全国性新闻媒介上公布该项信息为标准。

（3）真实、准确的信息。这一条件可将内幕交易与利用谣传的其他证券欺诈行为区别开来。在欧共体法律中，确切性是与“谣传”（Rumor）相对的，如果仅仅是谣传而非事实，就不能构成内幕信息。对于“真实、准确的信息”应从广义上理解，它不仅包括事实，也包括那些关于正在发展中的事物的准确信息。

从证券市场实践中，我们还总结出以下几条原则，在确定有重大影响信息时加以参考：（1）信息公开后，多数投资者在知悉该信息后是否会对相关证券的投资作出重新判断；（2）相关投资者在知悉该信息后，是否从事了与该信息内容相一致的交易活动；（3）相关公司是否对该信息采取了保密措施，也就是说，事后披露的信息与事前流传的信息是否一致。

（四）他人未接受建议是否也构成内幕交易

对于证券交易内幕信息知情人或者非法获取内幕信息的人，向他人泄露内幕信息或建议他人买卖股票的，我国证券法并没有对他人是否接受内幕信息或者建议而从事证券交易进行规定。因此，从立法本意上看，只要证券交易内幕信息知情人或者非法获取内幕信息的人实施了建议他人买卖该证券的行为，不论他人是否接受了其买卖证券的建议，同样可以构成内幕交易。

（五）内幕交易“情节严重”的表征

根据《中华人民共和国证券法》第二百零二条的规定，内幕交易需承担以下法律责任：

第一，行政处罚。（1）通报批评，即公开通报批评和内部通报批评；（2）责令停止违法行为；（3）责令进行内部整顿，对直接负责的主管人员和其他直接责任人员暂停、撤销其从业资格；（4）罚款，罚款数额为违法所得1倍以上5倍以下；（5）没收违法所得，对于因内幕交易价格而获得的违法所得要予以没收；（6）给他人造成损失的，依法承担民事赔偿责任；如果证券犯罪情节严重，则要移送司法机关追究刑事责任；（7）市场禁入，上市公司的董事、监事、经理、实际控制人和其他高级管理人员、证券交易经营机构及其内设业务部门负责人、证券登记、托管、清算机构高级管理人员及其证券投资咨询机构高级管理人员及其投资咨询人员，被认定为市场禁入者的，自决定宣布之日起，3—10年内不得担任任何上市公司和从事证券业务机构的管理人员职务。

第二，刑事责任。《中华人民共和国刑法》第一百八十条中规定，在涉及证券的发行、交易或者其他对证券的价格有重大影响的信息尚未公开前，买入或者卖出该证券，或者泄露该信息，情节严重的，处以5年以下有期徒刑或者拘役，并处或者单处违法所得1倍以上5倍以下的罚金。情节特别严重的，处5年以上10年以下有期徒刑，并处违法所得1倍以上5倍以下罚金。单位犯前款罪的，对单位判处罚金，并对直接负责的主管人员和其他直接责任人员，处5年以下有期徒刑或者拘役。

当然，只有对“情节严重”的内幕交易行为，才能科以刑事处罚。也就是说，《中华人民共和国刑法》第一百八十条规定的内幕交易罪是以“情节严重”为构成前提。虽然立法机构没有对“情节严重”做出明确解释，但公安部、最高人民检察院于2010年5月7日颁行的《关于公安机关管辖的刑事案件立案追诉标准规定（二）》可以作为认定内幕交易犯罪情节严重的依据。《关于公安机关管辖的刑事案件立案追诉标准的规定（二）》第三十五条规定，涉嫌下列情形之一的，应予追诉：（1）证券交易成交额累计在50万元以上的；（2）期货交易占用保证金数额累计在30万元以上的；（3）获利或者避免损失数额累计在15万元以上的；（4）多次进行内幕交易、泄露内幕信息的；（5）其他情节严重的情形。①

对于证券内幕交易犯罪，在要求其承担刑事责任，对其处以刑罚的同时，仍然可以要求其承担民事赔偿责任。最高人民法院于2002年1月15日公布了《关于受理证券市场因虚假陈述引发的民事侵权纠纷案件有关问题的通知》，又于2003年1月9日公布了《关于审理证券市场虚假陈述民事赔偿案件的若

① 参见：最高人民检察院、公安部颁布的《公安机关管辖经济案件的范围和追诉标准》第二十九条。

干规定》。虽然这两个司法解释只是针对虚假记载、误导性陈述、重大遗漏或者不当披露，仍然可以被用于指导人民法院审理内幕交易犯罪案件。2003—2013年，我国法院系统一共审理了近10起证券内幕交易的民事损害赔偿案件。

结束语

有学者建议，作为中国资本市场影响恶劣的案例，仅仅处以行政罚款、市场禁入还不够，还应该定罪量刑，追究其刑事责任。① 有的市场人士表示，投资者因光大证券内幕交易形成的损失，还可以依法提起民事诉讼索赔。②2013年8月17日在上海成立了“光大证券乌龙指事件受害者维权律师团”。据一些机构测算，因光大证券内幕交易遭受损失的投资者不在少数，初步估算光大可能将面临近30亿元的巨额民事索赔。③

尘埃刚刚落定，就有人为监管机构这个罚单喝彩了，认为这是监管机构给光大证券“乌龙指事件”开出了我国资本市场有史以来最重的罚单，一切仿佛又烟消云散了。④ 好在“乌龙指事件”并没有真正结束，遏制内幕交易的大幕只是刚刚拉开。

2013年10月28日写于方家胡同

① 马光远：《应追究光大证券相关负责人刑事责任》，东方财富网：http://finance.eastmoney.com/news/73972,20130830319196251.html，最后访问日期：2013年8月30日。

② 《证监会对光大开5亿天价罚单索赔额或高达27亿》，中国经营报：http://dianzibao.cb.com.cn/html/2019-06/24/node_1.htm，最后访问日期：2013年8月31日。

③ 武卫红：《多名投资者向光大证券提起民事赔偿诉讼》，新华网：http://www.xinhuanet.com/，最后访问日期：2013年9月5日。

④ 马光远：《严惩乌龙指保住中国股市最后一点尊严》，搜狐网：http://www.sohu.com/，最后访问日期：2013年9月2日。

对国内巨额债务别掉以轻心

——押宝“债转股”是一项危险的游戏

文 / 顾雷

自 2009 年以来，我国的银行信贷扩张出现了前所未有的快速增长。2009—2013 年，银行的信贷增长总额就远高于前 60 年的总和。2016 年第一季度的社会融资规模总额、银行信贷增长及个人住房按揭增长也都达到了历史最高水平。由此产生的国内巨大债务问题，不可小觑。

麦肯锡全球研究院一项研究报告指出，自 2008 年以来，全球债务总额增加了约 60 万亿美元，相当于全球 GDP 的 75%，其中，我国债务数量则最为突出。从 2007 年以来，我国的债务增长了三倍，且债务 /GDP 比率平均数高达 285%，比其他全球主要经济体都高。National Debt Clocks 网站显示，截止到 2015 年 12 月 31 日，我国债务总额已经达到 35 万亿元之巨，几乎是我国 GDP 总量的 300%！这些债务每一秒就会产生超过 34,000 元的利息，平均每个中国人背负了大约 24,000 元的债务。

如此巨大的债务直接导致 10%—20% 的非金融企业处于债务风险中，而这些企业产生的利润，远远低于企业自身的利润预期，最后沦为“僵尸企业”。麦格里分析师维克托·什韦茨（Viktor Shvets）认为，这些国有“僵尸企业”的坏账数额之大，足以引起一场金融危机。

这并不是危言耸听，也不是在讲风险故事。一个债务杠杆快速上升，却无法产生足够总需求以实现潜在增长的经济，是相当危险的。这会让国内经济在受到冲击时显得十分脆弱，导致债务不可持续性。

那么，这是什么原因导致的呢？我国政府采取了大规模放贷的方法来提振经济增长，刺激国内越来越疲软的经济。据中国央行数据和英国《金融时报》估算，2016 年第一季度我们就新增贷款 6.2 万亿元人民币，是有记录以来规模最大的季度增幅，同比增长逾 50%。其中，包括国内外借贷在内，我国 2016 年 3 月底净债务总额达到 163 万亿元人民币（合 25 万亿美元）。这种债务与 GDP 比例的水平远高于其他发展中经济体。这些国内巨额债务在经济增长强劲时往往被掩盖，但随着近年来国内经济增长放缓，银行不良贷款问题慢慢浮出水面，“僵尸企业”信贷违约的系统性风险随时可能发生。

更令人担忧的是，我国债务累积速度——国内债务总额与国内生产总值的比例在 2007 年只有 148%，而在 2016 年（第一季度）已上升至创纪录的 237%，远高于其他新兴市场国家的 170%。

但是，有的地方政府更愿意通过房地产市场价格上涨保住地方经济上涨趋势，以期缓解债务问题。2016 年春季，一、二线城市房地产再次大涨就可以佐证。

这种认识是糊涂的，也是危险的。近年来，银行业的绝大多数贷款流入房地产市场，导致我们银行的绝大多数抵押贷款都与房地产市场有关。在这种情况下，如果房地产市场一直繁荣，且不进行周期性调整，房价只涨不跌，那么银行业与房地产有关的贷款永远是优质资产，其问题也不会暴露出来。但是，根本就不存在只涨不跌的房价。只要房地产市场出现周期性调整，房价下跌就必然出现。房价下跌可能导致房地产企业资金链断裂，房地产企业倒闭，银行再次出现巨量不良资产，导致信贷危机，进而可能引发更为严重的社会稳定问题。

我国不可能再以房地产投资为主要手段拉动经济。政府大力推行债转股计划，企图用债转股解决巨额债务问题。其实，债转股是不可能真正解决国内债务问题的，它只是一项权宜之计。因为债转股只针对可持续经营的企业，银行仅在有限时期内持有股权，而且银行的股权投资将占用更高的风险准备金（四倍），这将减少放贷规模，将直接影响银行本身的利润指标和长远发展。同时，过高的风险准备金又可能促使银行将这些业务移出资产负债表，或者通过复杂交易结构把股权投资转移到其他信贷分类。一旦如此，无疑将会降低银行业透明程度，增加监管风险的难度，反而增加银行系统性风险。

与此同时，一些金融资产管理公司对债转股解决债务问题产生了浓厚兴趣。其实，金融资产管理公司没有在债转股企业组成董事会、选举董事长和聘用总经理的权力，没有企业发展战略的制定和审批的权力，没有对债转股资产的保值、收益和处置的权力。这说明在债转股具体实施过程中，金融资产管理公司对企业的改组、管理、监督缺乏权威性，并对企业进行实质性的干预，缺乏真正意义上的股东权利。加上有的银行不具备经营或企业重组的专业知识，可能继续为现在的关联方提供贷款，客观上允许“僵尸”企业（不可持续经营但仍在运行的企业）存续和经营，债务风险并没有真正消失。

因此，债转股并不是唯一的锦囊妙计，它仅可以缓解国内企业债务的一部分风险。

2016 年 5 月 11 日写于人大静园

中国资本市场监管究竟应“管”什么？

文 / 顾雷

中国上市公司峰会于2016年12月11日在北京举行。会议讨论的重点之一就是2017年如何对我国资本市场进行有效监管。资本市场发展到现在，的确需要加强监管，但对目前处在一个转型期的我国资本市场监管问题，与会专家学者众说纷纭，莫衷一是。

透明监管很多，包括信息披露，市场交易行为的监管，市场交易信息的监管，包括是不是虚假交易，这些都属于透明度监管。透明度监管我们做得相对比较少，尤其是对市场的交易信息的披露的监管是不够的，所以它会引起很多误解、误读。

资本市场的监管最重要的就是透明度，这个是资本市场发展的基石。从1933年美国证券法实施以来，各国法律的修改，都围绕着市场透明度。透明度监管实际上也是保护投资者的利益，所以保护投资者的利益也是各国市场关注的重点，而不是保护上市公司的利益，上市公司有义务披露信息。

无法通过市值、上市公司价值去监督和评判上市公司的价值，监管已经失去了证券市场的清道夫的作用。因此，2017年证券市场的监管，唯一的功能就是保持证券市场的透明度，市场透明度是“三公原则”的基石。如果资本市场没有充分信息披露，没有交易透明度，何来市场公平和公正呢？市场就成了一个尔虞我诈的利益市场，所有黑色交易、内幕交易等证券违规犯罪行为都会自然而生。

尤其是近年来，资本市场金融创新的步伐明显加快，多种新型产品、融资工具、避险机制以及交易技术都有很大的创新，极大地提升了市场效率，拓展了市场交易资源，改善了市场流动性，甚至也改变了原来的交易结构。在一定程度上，资本市场金融创新导致其进一步游离于传统监管视野之外，这也导致了监管滞后，增加了监管的“模糊性”。

为此，2017 年我们更需要加强市场监管。第一，针对资本市场层出不穷的创新，要求监管机构平衡好交易技术创新与风险监控的关系。目前，互联网金融方兴未艾，国家鼓励大计算、云数据、网平台、计量化在股票交易技术中的创新和推动作用，但同时我们必须把这些新型交易方式纳入可检测的范围，最大限度地限制“幌诈”效应，最大限度地增加市场透明度，让日益复杂的交易结构曝光在明亮的阳光下。

2017 年证券监管制度的完善应围绕维护市场透明度这一核心任务来进行。一是提高市场主体透明度，强化市场诚信规范约束。以真实披露为核心，督促上市公司及其控股股东、实际控制人充分完整准确披露各种信息，还投资者一个真实透明的上市公司，强化市场诚信约束，通过不断完善上市公司制度、内部控制和相关制度，强化资本市场优胜劣汰的机制，确保上市公司实际控制人的行为符合法律法规的基本要求。

二是提高市场交易运行的透明度。以充分公开市场信息、打击违法违规为核心，强化市场价格形成机制，完善交易运行信息公开，促进市场信息对称，重点防控打击内部交易，阻止内幕交易等恶性行为。

三是充分发挥新闻机构、新闻媒体及各有关方面的作用，合力提高市场透明度。强化市场监督约束，让正义的阳光普照资本市场的每一个角落。

我们始终要明确这一理念：资本市场涨不涨主要与经济环境、资金实力、创新程度、投资者心理有关，而跟监管没有太多关系。保持市场透明度才是监管者最核心的职能。

第二，监管者不能“兼职”，既当监督员，又是操盘手。2015 年因为资金杠杆问题导致的股灾，最后政府用上万亿元资金来进行救市。在这种情况下，对市场的监管形同虚设，没有了任何意义。

我们认为，这种“兼职”行为既与监管者的市场化和专业化能力有关，更与监管者的监管独立性不够有密切关系。在证券价格上涨过程中，市场出现严重的泡沫化趋势之前，监管部门对上涨的关心大大超过对风险的关注。监管部门有时候甚至误认为股票价格上涨才是监管者的真正目标，以至于对一些可能给市场带来重大潜在风险的工具创新和违规违法行为视而不见。而股价暴跌，必须查找出背后的“黑幕”，以挽救一落千丈的股价。

从某种意义上说，2015 年的我国证券市场股灾的原因之一，就是监管者监管角色错位，把市场发展作为监管的第一要务。究其原因，可能与监管部门没有搞清楚自己的定位有关。目前看来，这属于一种监管功利主义。这就好比一个足球裁判者，评判这个裁判重大的标准是看这场球进了多少个球，这场足球比赛将非常荒唐可笑。足球裁判者会无限地踢球，同时罚守门员下场。显然，这样是绝对不能形成公正的比赛风气的。

其实，监管者只需做一件事，就是专职做好监督工作。如果资本市场有内幕交易、虚假披露、操纵市场等不法行为，不管市场跌还是涨，都要查处。只要是股票大涨，就万事大吉；一旦股价暴跌，无论如何也要查出一些问题来，也就是说，我们有时候把监管者和救市者混为一谈。这是我们监管机构面临的最大问题。政府要明确，其角色是监管者，而不是救市者。监管行为不应该和股价走势相关联。

衡量一个国家金融有没有进展力，今天已经不是看融资能力，而是看财富管理能力、风险匹配能力。我们期待 2017 年资本市场的监管取得突破性提高，能够保持较高的透明度，监管部门心无旁骛，专心做好监督工作，使资本市场再次熠熠生辉，保持长久、旺盛的生命力。

2016 年 12 月 20 日写于人大静园

重罚“多伦股份”：修改大股东减持无须“鲜言”

文 / 顾雷

2017年3月30日，中国证监会网站发布《中国证监会行政处罚决定书》，正式宣布对鲜某处以没收违法所得5.78亿元，并处28.92亿元罚款，对其非法减持股份和信息披露行为，给予警告并处以60万元罚款。同时，鲜某也被终身禁入证券市场。这是证监会开出的对单个自然人的“史上最大罚单”。龙薇传媒在规定时间内未有办理万家文化股权过户手续，赵某收购万家文化5%股权一事告吹。一时间，证券市场对证券法的修改呼声再一次响起，市场人士普遍担心“赵某或弃壳，投资者损失谁买单”，必须对大股东随意减持和任性收购问题进行更为细致和有效的调整和处罚，否则我国证券市场大股东违规减持难以真正杜绝。

现行证券法于2014年修正。自2005年全面修订以来经过十多年的发展，资本市场的发展水平、复杂程度都不可同日而语。目前，我国证券市场中“匹凸匹”更名乱象、“万科宝能收购案”、“万家文化”收购案……，无一不是花样翻新的挑战大股东持股条款的底线的“玩法”，也是对证券市场“三公”原则的嘲弄。

“史上最大罚单”这一记重拳给证券市场上的“大鳄”“妖精”敲响了警钟，只要是扰乱资本市场秩序、侵害投资者利益的，一律坚决处理。但是，如何稳、准、狠地处理这些资本市场“大鳄”“妖精”，确实需要我们冷静反思。2016年股市异常波动给我们提供了一定的经验和教训，我们必须吸取这些教训，修改证券法不能总是纠缠“一读”中设想的创新性改革，诸如注册制推出、金融产品创新等内容，应该关注大股东减持行为合法性、收购行为的安全性及信息披露的及时性等问题。为此，我们呼吁在2017年4月提交人大常委进行审议的证券法修订草案，必须纳入规范上市公司持股5%以上的股东、实际控制人、董事、监事、高级管理人员等（以下简称大股东）减持的细化条款，并追加处罚大股东“任性收购”条款，势在必行，不容拖延。

虽然对于大股东持股问题，早在2016年1月7日，中国证监会就发布了《上市公司大股东、董监高减持股份的若干规定》（已失效），对大股东减持做出一系列限制，即大股东在3个月内通过交易所集中竞价减持股份的总数不得超过公司股份总数的1%，需要提前15个交易日披露减持计划。但是该规定只是行政规定，并不具备法律效力，而现行证券法对大股东减持并没有特别细化说明，仅仅笼统表述为：依法发行的证券，法律对其转让期限有限制性规定的，在限定的期限内不得转让。这种笼统规定已经不能解决证券市场中的新问题。

因此，证券法草案中应该修订该条款，对于大股东持有的上市公司IPO前发行的股份，以及上市公司非公开发行的股份进行减持的，其持股比例、期限，卖出时间、数量、方式以及对大股东减持的范围等进行明确规定。同时，限制大股东随意减持股份行为，限制大股东委托设立的结构化资金信托计划等变相非法减持股份行为，明确大股东减持的原则框架、减持方式、减持适当性原则、减持纠纷解决机制等规定，强化投资者保护和强化信息披露条款，对非法减持投资者赔偿机制、非法收购投资者保障基金进一步明确和细化，才能对非法减持和任性收购行为有效遏制。

证券法的修订关系资本市场法律制度的顶层设计，涉及的问题比较复杂，也关系保护投资者的权益。特别是2015年证券市场异常波动后，暴露了一些新的问题，我们需要总结经验教训，重新进行论证，尽快完善资本市场相关法律，才能让“大鳄”“妖精”逃不出制度监管的“五指山”。

立法机构应该对大股东随意减持和任性收购进行规制，因为这不仅仅是停牌问题上的犹豫不决，更是应该从制度层面彻底解决的问题，是从根本上保障投资者损失的赔偿的问题。这不仅是在后金融危机时代，各国金融立法的一个重要趋势——由投资者保护扩展为金融消费者保护，更是将其作为金融法制改革和金融监管的基本思路的体现。

2017年4月6日写于立水桥

银行争发“同业存单”，谁来支持实体经济？

文 / 顾雷

2017 年 3 月 28 日，中国银监会办公厅公布《关于开展银行业“监管套利、空转套利、关联套利”专项治理工作的通知》（银监办发〔2017〕46 号），剑指同业业务，并对部分同业业务冠以“同业空转套利”帽子，凸显监管机构引导资金脱虚入实、防控金融风险的意图。

中国银行业协会数据显示，2016 年，我国银行同业存单发行规模高达 13.02 万亿元，为 2015 年发行量的 2.5 倍。截至 2017 年 3 月底，同业存单余额已达 7.18 万亿元，占同期债券市场交易量的 35.3%。显然，同业存单发行量已经远超国债、公司债和企业债的总和，成为我国债券市场的主力军。为此，中国银行业协会于 2017 年 3 月专门组织“票据专业委员会”成员单位赴合肥、南京进行调研，专门研究银行业同业票据发行量过大的问题。

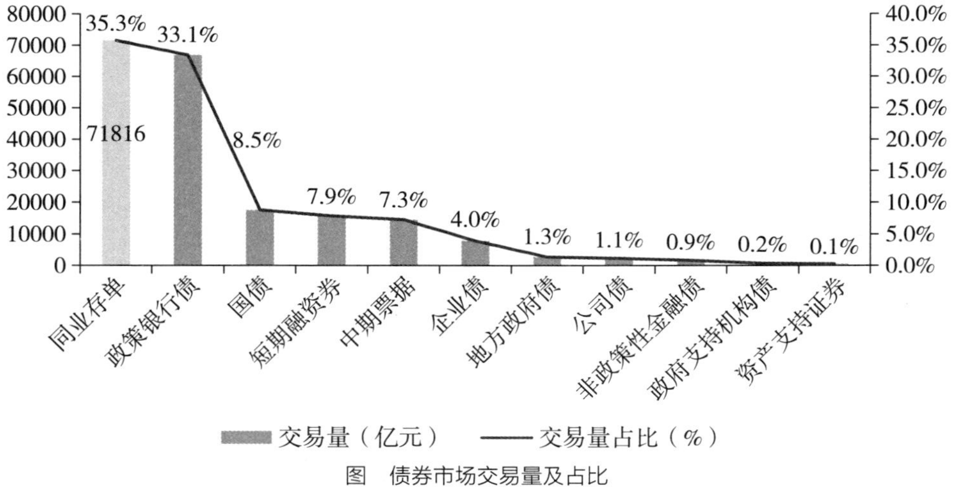

图　债券市场交易量及占比

数据来源：Wind 资讯

但是，一次调研无法解决银行业同业存单泛滥问题，更不能阻止同业存单“量价齐升”的趋势。究其原因，在市场信用风险抬头情况下，购买利率高达 5% 的同业存单不仅可以满足预期收益，而且其信用风险较企业信用债更可靠，存单比长融更受企业欢迎。于是，线上的同业存单利率一路走高，呈现“同业存单 + 同业理财”产品的异常火爆场面。

问题是，银行同业存单并不是一件完美无缺的产品，直接带来不容忽视的两个问题。其一，在国内银行间市场中，2017 年 3 月下旬，同业存单利率已经普遍超过 5%，甚至逼近 6%。这让资质并不那么好的企业怎么还能以低于 4% 的水平发债？那些真正需要资金发展生产的企业，根本发不出企业债券，或者不得不以高出同业存单的市场利率发行企业债券，不得不担负更高的财务成本。在一定程度上，银业同业存单过多已对实体经济造成了负面影响。Wind 数据显示，截至 2017 年 3 月底，全国共有 408 家银行宣布了当年发行 15.2 万亿元同业存单的计划，较 2016 年增长 12.8%。如果按照这样的发展速度，用不了几年，我国企业债券市场就会萎靡不振，成长乏力，再次印证了“存单不死，债券不活”的说法。

其二，中小银行通过自发自购、同业存单互换等方式定向发行同业存单，这些资金只在银行资金体系内流转而未流向实体经济，属于典型的资金空转。这种资金“脱实向虚”饿瘦了实业部门，喂饱了部分金融机构。2016 年银行业票据大案频出，爆发的票据案规模已超过了 100 亿元，就是金融机构“钱生钱”空转的直接恶果。

中国银监会 2017 年第一季度下发的 25 条处罚决定，48% 的处罚对象都是商业银行，其中有三家股份制商业银行的违规事实高达 47 项，包含同业业务、票据业务、对外贸易等多项处罚决定，其比例之高，不禁让人惊讶和不安。

为此，中国银监会于 2017 年 4 月 7 日专门公布《中国银监会关于银行业风险防控工作的指导意见》，强调银行必须支持实体经济，严禁与非法票据中介等机构开展业务合作，防止再现重大案件。但是，实际效果并不理想。由于同业存单计入应付债券，无须缴准，不存在提前支取问题，中小银行自然痴迷于发行同业存单。

笔者认为，银行应该促进资金更多流向实体经济，防止脱实向虚，以有效缓解中小企业融资难、融资贵问题。归根结底，同业存单是可以交易的同业存款，类似于银行向金融机构发行的短期债券，除提高金融机构间资金流动性外，同业存单并不能真正解决企业资金缺口的实际困难。2017 年以来，随着一行三会“控风险、去杠杆”政策取向的强化，银行更不能“躺着挣钱”。尤其是在创新产品日趋复杂的互联网时代，金融产品的交叉性风险也随之加大，不能排除个别银行通过同业存放、卖出回购等方式吸收同业资金，对接投资理财产品、资管计划等，放大杠杆、赚取利差，或者通过同业投资充当他行资金管理“通道”，虚增资产负债规模、少计资本、掩盖风险的可能。

2017 年 4 月 27 日写于人大明德楼

警惕债转股成为僵尸国企负债循环的“复活”游戏

文 / 顾雷

自 2016 年 9 月 22 日国务院办公厅公布了《关于市场化银行债权转股权的指导意见》，正式开启第二次债转股以来，不少国有企业实施了债务转增股本，降低了自身负债，增强了企业营运资本。在 2017 年各省份的政府工作报告中，吉林省、河北省、山东省、浙江省、广东省等 14 个地方政府纷纷晒出 2016 年处置“僵尸企业”成绩单：广东省淘汰出清 2385 家国有“僵尸企业”，浙江省处置 555 家“僵尸企业”，山东省 125 家省管“僵尸企业”退出……但是，总体效果并非预期的那么好，其中达成债转股交易也只有 4500 亿元，仅占企业债务余额的 0.75%。煤炭、钢铁、水泥、有色金属等行业“僵尸企业”死灰复燃的消息不绝于耳。更令人不安的是，国资委梳理出需要专项治理的“僵尸国企”2045 户，其中超过 60% 的居然是第一次债转股的国有企业。

距离第一次债转股（1995 年）才短短 17 年，这些转股企业再一次陷入生存危机，再度沦为“僵尸国企”。这恰恰说明，国有企业的病根并不会因为一次债转股而消失，第一次债转股没有真正让处于困境的国企走上健康之路。财政部公布的数据显示，2016 年年底国企负债总额是 87 万亿元，国企负债每个月仍然以 10% 的速度增长。这些数据说明，债转股可以缓解国企困境，但并不能彻底解决国企长期负债的顽症。因为单纯实施债转股，虽然企业可以在短期内降低企业杠杆率（或许可以降低杠杆率 10% 左右），重新获得一笔无限期不用还本付息的贷款资金，企业资产负债表好看了，但没有解决长期亏损、生产停滞、输血存活的问题，反而可能掩盖企业债务和银行不良资产风险。

对此，我们有理由担心，一家无力偿还到期债务而债转股的国企，银行虽然成为其大股东，但股权（票）获取收益以及分配股息的时间并不确定，银行是否可以收回贷款是一个未知数。为了防止企业破产，保住自身利益，银行只能进一步借贷，再转股，再借贷……从而进入国企负债转股的“死亡游戏”循环。

如果第二次债转股只是把企业不良贷款转换成银行的不良资产，再让银行储户买单，将再度成为国有企业负债循环的“复活”游戏，会让更多“僵尸国企”披上债转股的马甲继续苟延残喘。这不仅会迟滞我国市场化进程，阻碍供给侧结构性改革，还会伤害全体人民的利益，将来面临更为严峻的就业安置等问题，不利于社会稳定。显然，这样的结局，与“调结构、转产业和去杠杆”的经济改革思路背道而驰，无异于养痈遗患，后患无穷。

从这个意义上看，第二次债转股再也不能一转了之，必须防止那些扭亏无望的“僵尸国企”因负债循环而起死回生。《上海证券报》就曾报道，过去三年中，仅中国银行业协会内部通报的700多家逃废债企业，就导致银行上千亿元债权化为乌有，转股造成巨额亏损无人负责，最后不了了之。

为此，我们必须坚持市场化运作方式，关键是建立市场化退出机制，不给濒临破产的“僵尸企业”喘息机会，进一步完善债转股企业的重组方案，让国有企业摆脱债务怪圈，解决导致国企负债比例居高不下的顽症。目前，一些地方已在探索建立动态监测新机制，用市场化、法治化手段，推动“僵尸企业”兼并重组、破产清算。比如，广东省将对“僵尸企业”实行逐年滚动排查，实施动态管理，严格执行环保、能耗、质量、安全等相关法律法规和标准，坚决淘汰不达标落后产能，严控过剩行业新上产能；广西壮族自治区则提出建立“僵尸企业”数据，提升环保、能耗、质量、安全、技术等指标标准，将不具备竞争力的企业排除在标准之外，及时发现和提出出清措施。否则，第二次债转股有可能再次被当成“僵尸国企”恶意逃废债务的一种方式。

2017年5月8日写于立水桥

侵害公民个人信息行为入刑

文 / 顾雷

随着互联网信息化的快速发展，信息资源成为重要的生产要素和社会财富。但是，侵犯公民个人信息犯罪也处于高发态势，特别是个人信息泄露问题日益严重，而且与电信网络诈骗、敲诈勒索、绑架等犯罪呈合流态势，社会危害更加严重。公民个人信息安全成为一个全社会高度关注的问题。

为保护公民个人信息，2009 年 2 月 28 日起施行的《中华人民共和国刑法修正案（七）》增设了刑法第二百五十三条之一，规定了出售、非法提供公民个人信息罪和非法获取公民个人信息罪。但是，当时互联网信息化并不像现在一样发达，其面临的问题也不像现在的复杂和众多，例如什么样的公民信息可以被收集，谁可以收集，在什么情况下收集，如何收集？信息泄露的违法责任到底有哪些？《中华人民共和国刑法修正案（七）》一直缺乏一个明确、完善、细致的规定。2009—2016 年，全国法院共审结的出售、非法提供公民个人信息、非法获取公民个人信息刑事案件只有 1464 起，生效判决人数也只有区区 2112 人。

在这 7 年查办案件过程中，网民普遍反映，侵犯公民个人信息罪的定罪量刑标准较为原则，不易把握，更有一些法律适用问题存在认识分歧，影响了案件办理。为此，为有效防范侵犯公民个人信息犯罪，最高人民法院会同最高人民检察院，于 2017 年 5 月 8 日颁布了《最高人民法院、最高人民检察院关于办理侵犯公民个人信息刑事案件适用法律若干问题的解释》（以下简称《解释》），并于同年 6 月 1 日起施行。这个司法解释有效维护了人民群众个人信息安全，坚决遏制了互联网领域侵犯公民信息的违法犯罪行为。

第一,《解释》对非法“提供公民个人信息”的认定范围作了进一步明确。也就是说,包括姓名、身份证件号码、通信(通讯)联系方式、住址、账号密码、财产状况、行踪轨迹等可以识别特定自然人身份或者反映特定自然人活动情况的各种信息都是不可侵犯的。具体而言:一是在“人肉搜索”案件中,行为人未经权利人同意即将其身份、照片、姓名、生活细节等个人信息公布于众,通过信息网络或者其他途径予以发布,向特定人提供公民个人信息,以及通过信息网络或者其他途径发布公民个人信息的,都可以认定为《中华人民共和国刑法》第二百五十三条规定的“提供公民个人信息”,情节严重的,可以追究刑事责任。二是违反国家有关规定,通过购买、收受、交换等方式获取公民个人信息的,或者违反国家有关规定,“在履行职责、提供服务过程中收集公民个人信息”的,都属于“非法获取公民个人信息”,情节严重的,可以追究刑事责任。

第二,对侵犯公民个人信息罪“情节严重”的行为做了明确规定。简单说,(1)非法获取、出售或者提供行踪轨迹信息、通信内容、征信信息、财产信息 50 条以上的;(2)非法获取、出售或者提供住宿信息、通信记录、健康生理信息、交易信息等其他可能影响人身、财产安全的公民个人信息 500 条以上的;(3)非法获取、出售或者提供第 1 项、第 2 项规定以外的公民个人信息 5000 条以上的;(4)行为人将非法获取、出售或者提供行踪轨迹信息,被他人用于犯罪,知道或者应当知道他人利用公民个人信息实施犯罪,向其出售或者提供的,都可以视为“情节严重”;(5)违法所得 5000 元以上的;(6)曾因侵犯公民个人信息受过刑事处罚或者二年内受过行政处罚,又非法获取、出售或者提供公民个人信息的。《中华人民共和国刑法》第二百五十三条第一款规定,违反国家有关规定,向他人出售或者提供公民个人信息,情节严重的,处三年以下有期徒刑或者拘役,并处或者单处罚金;情节特别严重的,处三年以上七年以下有期徒刑,并处罚金。

当然,对于一些行为人建立网站、通讯群组供他人进行公民个人信息交换、流转、销售,非法牟利的,情节严重的,构成《中华人民共和国刑法》

第二百八十七条非法利用信息网络罪。同时构成侵犯公民个人信息罪的，还可依照《中华人民共和国刑法》第二百五十三条侵犯公民个人信息罪定罪处罚。

实践中，网络服务（运营）商恶意利用泄露的个人信息进行各类违法犯罪活动屡见不鲜，或者经监管部门责令采取改正措施而拒不改正，致使用户的公民个人信息泄露，造成严重后果的，《解释》也有明确规定，可以依照《中华人民共和国刑法》第二百八十六条规定，以拒不履行信息网络安全管理义务罪论处。

由此可见，《解释》根据法律规定和立法精神，对侵犯公民个人信息犯罪的定罪量刑标准和有关法律适用问题作了全面、系统的规定，也是对涉公民财产、人身权益犯罪惩治的一项重要举措。如今，我们正处于互联网快速发展的信息社会中，互联网技术使用频率越来越高，互联网信息使用范围也越来越大。因此，在制度上和技术上健全、完善、细化公民个人信息的保护，是一个涉及每个公民权益乃至社会安全的重要问题，不可小觑，且刻不容缓。

2017 年 5 月 9 日写于人大贤进楼

他山之石，可以攻玉

——谈当前去金融杠杆与经济发展问题

文 / 顾雷

在供给侧结构性改革过程中，我国经济增速下降，引发了专家学者对国内银行坏账和人民币贬值的担忧。这是可以理解的，但不能就此否定去金融杠杆在我国现阶段存在的必要性。目前，国民经济负债率很高，必须去杠杆，企业负债率也很高，必须去杠杆，有些地方政府的债务日趋增高，也必须去杠杆。否则，债务问题、杠杆问题就不会得到根本解决。

中国金融杠杆率过高，债务增速过快，特别是在当前经济下行周期，还债压力可能导致风险乘数放大，便债务崩溃的“明斯基时刻（Minsky Moment）”不期而至。因此，未来几年中国经济结构性改革的重点之一，就是提高直接融资比例，改变非金融企业的“高杠杆基因”货币在金融体系内部空转现状，抑制银行体系的信用创造冲动，将货币资金从金融市场内部释放，回归实体经济，营造一个良好的金融生态，使国民经济健康有序发展。

解决好这件事，不是简单地讨论注册制是否适用，IPO 是否增发的问题，实际上也不是解决资本市场化问题，而是要解决退市的问题，也是解决企业资本金的市场化补充机制问题，更是供给侧结构性改革在金融范畴、资本范畴的一个核心问题。当然，完成去金融杠杆，至少需要持续三年到五年，我们应该保持乐观和执着的态度。在去杠杆刚起步的今天，任何言过其实或者急于求成的说法，在金融实践中都是有害无益的。

中央银行公布的数据显示，2017 年 5 月末，广义货币（M2）余额为 160.14 万亿元。从整体来看，同比增长了 9.6%。这说明，当前国内经济增长依靠货币的倍数仍然过大，不利于实体经济的发展。因此，中央银行一个很重要的工作就是缩表，即整个货币供应增长速度需要收缩，绝不能再无序扩张。

但是，仍然有相当多业内人士认为中国不同于美国，中央银行不能缩表过快，否则会造成企业经营困难。笔者认为，这是一种不全面的说法。2008年美国次贷危机后，如果没有中国积极的财政政策，如果没有中国以“四万亿元”为代价的投资计划，美国经济不可能这么快走出低谷。正是这“四万亿元”给了地方政府通过金融市场举债融资的渠道，也给了国有企业大规模扩张信贷资产的空间，最终带来了今天不得不面对的不良信贷资产居高不下的局面。

难道说，中国人民当初拯救了世界经济，现在却不允许中国政府为激活存量信贷而作出结构性调整？中国政府昨天帮助化解了美国次贷危机，今天却不允许中国企业为降低流动性风险而作出预防性努力？显然，我们采取紧缩货币供应量的政策不应该受到任何怀疑和指责。

有的学者提出，当前我国拥有的资产净值显著上升，从 20.9 万亿元上升到 102.8 万亿元，再加上居民高储蓄率、政府部门高净资产以及 4 万多亿美元的外汇储备支撑，在可预见的未来发生债务危机概率并不高，为何现在还要大张旗鼓地去金融杠杆呢？其实，欧洲债务危机就是从信用业务大举扩张开始的。在货币宽松政策刺激下，欧元区各国银行间同业拆借、回购、债券以及信托资产、租赁资产等非银信用大举扩张，非央行货币金融机构总资产增速从 2005 年 5.6% 猛升到 2008 年 15.6%，总资产规模接近 30 万亿欧元，较 2000 年翻了将近一倍。2008 年以后，随着西班牙、爱尔兰、荷兰和希腊的房地产泡沫破灭，欧洲债务危机凸显，银行资产质量不断恶化，坏账激增。希腊银行不良率从金融危机前的 5% 直奔 26%，几乎濒临破产。西班牙、意大利的银行不良率也从不到 1% 的低位大幅飙升至 6% 的高位，濒临危机边缘，形成了“阿喀琉斯之踵”。

在杠杆拉动型经济中，随着信用扩张，信用资金的边际投资效率将会递减。2007 年，我国 1.5 个单位的新增债务就可以拉动 1 个单位的名义 GDP；

可是2016年我国6.5个单位的新增债务才能拉动1个单位的名义GDP。这说明我国债务居高不下的同时，越来越多的新增信贷是用来还债的，资本市场像是由信用和债务构筑而成，危如累卵。所以，并不能轻松得出“在可预见的未来发生债务危机概率并不高”的论断，只有坚持去除金融杠杆，大幅减少和出售非核心信贷资产，让商业银行良性信贷重居主流，让依赖资金杠杆的投资银行业务回归到传统银行模式，才能使社会经济发展更有活力，更能持久。

1991年以后，日本的地产和房价已经涨到了无以复加的地步，亚洲第一，全球第二。但是，随着日本央行开始加息，先是地产泡沫破灭，然后房价应声下跌。日本央行一开始并没有重视，依然沿用较为宽松的监管政策，对商业银行也没有采取限制贷款措施，心存侥幸，寄希望于日本虚拟经济的崛起和提振。但是，原本寄予厚望的虚拟经济不仅没有快速拉动日本经济，反而使日本市场金融杠杆大行其道，直接流向地产并迅速成为不良贷款，不良资产率从20世纪90年代的1%飙升至2000年的15%以上。这导致资金回笼困难，引发流动性风险，而现金流的紧张又逼迫抛售先前配置的房产，引发房价大跌，反过来又加剧信用风险，金融杠杆依然是大行其道，形成了恶性循环。金融杠杆在实体经济与资本市场之间产生的不良信贷风险愈演愈烈，难以有效向实体经济“输血”，导致日本经济至今难以彻底复苏。

日本的教训是深刻的，也是沉重的。反观我国近年来在货币宽松、金融监管趋松的背景下，银行、保险等金融机构主动加杠杆，大量资金流向房地产，推高了房地产价格，金融机构承担的信用风险和流动性风险双双上升。这与日本的情况有些相似，必须引起我们的高度警惕。

虽然说风险与金融与生俱来，没有风险就没有金融，没有杠杆也没有金融。但是，我们不能小觑金融信用和流动性带来的金融杠杆风险。因为在宽松货币政策的情况下，商业银行往往会主动加杠杆，推升资产价格暴涨以谋求利润最大化。一旦央行从严监管，上调利率，资产价格下跌会使银行资产缩水，流动性风险可能率先爆发。与此同时，为了减轻流动性风险，银行不得不抛售资产，触发信用危机。于是，流动性风险和信用危机相互传递，互为因果，形成恶性循环。最终结果是肥了银行；毁了市场；富了投机商，穷了企业家。这就是日本的教训，我们应该警惕；这就是杠杆的灾难，我们必须避免。

有的专家学者一直强调赶超英美，企盼成为金融强国。可是，他们只看见英美在资本市场中取得的成绩而没有看见这些国家在金融杠杆上跌的跟头，有些类似于“只见贼吃肉，不见贼挨打”。目前，我们可以赶超英美的只是对风险的防范手段，绝不是步英美杠杆激增引发金融危机的后尘。

如果片面增加信用贷款，只追求金融资本的自身利润，那不是金融大国，只是金融投机；如果一味强调杠杆效应，那不是金融强国，而是畸形发展。好比一个人，每天只用一条腿蹦跶，虽然简单快捷，但能走得长远吗？

2017 年 6 月 27 日，李克强总理在大连“2017 年夏季达沃斯论坛”开幕式上指出，现阶段中国必须去除金融杠杆，提高金融资本转换产业资本的动力，解决市场公平性问题，让中国经济延续稳中向好的态势。总之，去金融杠杆的一个目标是抑制金融的无序扩张，并不是拒绝金融，更不是消灭风险，只是切割政府信用背书，建立对信用资产的良性控制，实现市场出清和金融资源的最佳配置，使资本扩张与经济增长速度保持一致，打造一个具有国际竞争力的营商环境。

2017 年 8 月 7 日写于人大静园

股市与债市，可以共患难不能同富贵

文／顾雷

经过多年快速发展，我国资本市场已初具规模，尤以股票和债券市场规模最为庞大，共同构成企业最主要的融资场所，也是投资者最主要的投资渠道。虽然单个市场都独立存在和发展，但是股票市场和债券市场收益率在理论上存在关联。

从宏观的角度看，经济处于上升周期时，市场普遍向好，投资者浮盈较多会有更乐观情绪和更高风险偏好，并引导投资者倾向于配置安全程度更低但收益更高的股票资产，导致资金进入股市流出债市；而相反的情况是，当经济处于不景气时，市场交易冷清，投资者情绪低落，风险偏好降低，更倾向于将资产配置转向防守型但收益率更低的债券资产，从而造成资金流出股市进入债市。也就是说，无论是通过脉冲响应分析还是通过方差分解方法都可以看出这种动态相关的波动关系，其联动特征在长期行情中十分明显。

再从微观的角度看，出于对获利性的考虑，投资者会在一个市场遭受损失后，卖出另一个市场的证券从而保持一定的“流动性”。以沪深300指数和中小板指数衡量的不同细分股票市场与债券市场之间的联动特征为例，两个市场之间似乎没有太明显的区别。也就是说，当某一个市场价格达到投资者所能忍受的极限时，都会引发资产价格大幅波动，投资者就会自发调整资产配置的结构。

由此，我们不难得出如下结论，我国股票市场和债券市场已经具备了以投资收益率表征联动特征。这种特征以动态相关系数来衡量时，更多地表现为市场价格和投资主体形成的互补关系，股票市场和债券市场在长时间内相关性较强。

2018年1月13日写于立水桥

后 记

本文集是一篇有关金融市场理论和实践的长文，其中既有丁化美博士在天津金融资产交易所业务活动中的演讲稿、新闻媒体的采访文章，也有顾雷博士公开发表的金融类学术文章。

出版文集的想法，最早始于2015年夏天。当时，我还是天津金融资产交易所总经理助理，整日忙于业务开拓和股份制改制。有一天傍晚，丁化美总经理来到我的办公室，他提出撰写一本有关信用交易和直接融资方面的书籍。我当时真的是不置可否，于是沉默许久……现在回想起来，确实挺惭愧的。好在那天下午的阳关一直照耀着我们的思想，温暖着我们的思绪，让我们认识到更应该把十多年从事金融资产交易的心得体会提供给金融行业同人一起交流，把我们对互联网金融市场的建议整理出来与同行们一起分享。于是，经过我们两年的努力，文集在今天终于面世。

值此文集出版之际，衷心感谢聂伟迅局长为本文集作序。当然，我们还要感谢金融业界，尤其是金融资产交易领域的各位同人、朋友和同事，没有他们的精心指导和热情帮助就没有这本文集。感谢天津金融资产交易所李可书副总裁的大力支持，帮助我们最后选定出版社。感谢天津金融资产交易所董事会办公室、品牌办公室的支持。

文集最后得以出版，还要感谢中国法制出版社的大力支持。王林林编辑深入天津金融资产交易所，和我们两位作者面对面交流，多次指导本文集的选编工作，对原文作了一定的修改，使我们在文集编撰过程中少走了一些弯路。正是王林林编辑的辛勤工作，使文集符合出版要求，文字也更加通畅起来。在此，我们向中国法制出版社王林林编辑表示感谢。

当然，文集还存在诸多不足之处，其中多是我们在金融市场中的学习心得，由于互联网金融市场发展日新月异，尤其是金融资产交易所市场发展更是突飞猛进，书中有些观点不免具有阶段性特征，虽然可资参考借鉴，未必一定完全合适于现在的互联网金融市场。另外，由于时间仓促和水平有限，本书如有疏漏或不当之处，欢迎各位业内同人和广大读者批评指正。

2019 年 4 月 9 日作者谨识于上海植物园

图书在版编目（CIP）数据

金融市场法律实务新解 / 顾雷，丁化美著 .—北京：中国法制出版社，2019.9（2019.10 重印）

ISBN 978-7-5216-0495-5

Ⅰ. ①金… Ⅱ. ①顾… ②丁… Ⅲ. ①金融法—研究—中国 Ⅳ. ① D922.280.4

中国版本图书馆 CIP 数据核字（2019）第 180447 号

责任编辑：王林林　　封面设计：杨泽江

金融市场法律实务新解

JINRONG SHICHANG FALÜ SHIWU XINJIE

著者 / 顾雷　丁化美

经销 / 新华书店

印刷 / 三河市紫恒印装有限公司

开本 / 710 毫米 ×1000 毫米　16 开　　印张 / 26.5　字数 / 378 千

版次 / 2019 年 9 月第 1 版　　2019 年 10 月第 2 次印刷

中国法制出版社出版

书号 ISBN 978-7-5216-0495-5　　定价：78.00 元

北京西单横二条 2 号　邮政编码 100031　　传真：010-66031119

网址：http://www.zgfzs.com　　**编辑部电话：010-66067369**

市场营销部电话：010-66033393　　**邮购部电话：010-66033288**

（如有印装质量问题，请与本社印务部联系调换。电话：010-66032926）